SV

Mary Lavin
In einem Café

Erzählungen
Aus dem Englischen
von Katja Scholtz

Suhrkamp

Der Verlag dankt dem »Ireland Literature Exchange« (Übersetzungsfonds), Dublin, für die finanzielle Unterstützung der Übersetzung.

Erste Auflage 1996

Quellenhinweise am Schluß des Bandes

Druck: Druckhaus Beltz, Hemsbach
Printed in Germany

Inhalt

Inmitten der Felder

Wie ein Fels im Meer war sie umgeben von wogenden Feldern, das schwere Gras umspülte das Haus, und das Vieh watete hindurch wie durch Wasser. Sogar die sachten Bewegungen der Tiere vermißte sie, wenn sie sich am Abend entfernten, um Schutz im Wald zu suchen. Manchmal mochte von einem Heuschober auf der anderen Seite des Flusses ein nasses Licht aufblitzen – nicht einmal von einem bewohnten Haus! Und dennoch war sie hier in Meath ohne ihn weniger einsam als irgendwo anders. Kümmernisse und Sorgen am Tag, und in der Nacht unbestimmte, namenlose Ängste – das waren die Steine vor dem Eingang des Grabes. Aber wer konnte das schon verstehen? Sie meinten, daß sie sich an jeder einzelnen Erinnerung an ihn festklammerte. Was wußten sie schon über Erinnerungen? Was war es anderes als eine Bezeichnung für vertrocknete Liebe und dumpfe Sehnsucht? Sie versuchten sogar, ihre eigenen kleinen sinnlosen Erinnerungen bei ihr abzuladen. »Jedesmal, wenn ich hier hinausschaue, stelle ich mir vor, daß ich ihn sehe«, sagten sie immer, wenn sie beim Fortgehen unruhig ihren Blick über die dunkel werdenden Felder schweifen ließen. »Ich denke, ich muß ihn gleich hinter den Bäumen hervorkommen sehen.« Um Himmels willen, dachte sie dann. Ich hatte ihn für eine Minute vergessen!

Er war es nicht, den *sie* sah, wenn sie auf die Felder hinausschaute. Es waren die häßlichen Flachsbüschel, die die Spitzen des Grases weiß machten und es aussehen ließen wie ein Meer im Sturm, bedeckt mit zerwehtem Schaum. Dieses Gras mußte gestutzt werden. Und wieviel das wohl kostete?

Wenigstens Ned, der alte Hirte, wußte, wer ihr helfen konnte. »Bartley Crossen ist der Richtige für Sie, Ma'am. Ihr Mann kannte ihn gut.«

Zuerst konnte sie ihn nicht einordnen. Dann erinnerte sie sich.

»Ach ja – das ist seine Scheune, die wir da sehen, nicht? Natürlich. Ich kenne ihn gut – vom Sehen, meine ich.« Und das stimmte – sie sah ihn vor sich, wie er in einem großen verdreckten Auto auf der Straße vorbeispritzte, die Räder immer lehmverschmiert, und seine Frau auf dem Vordersitz neben ihm.

»Ich werde ihn vorbeischicken, damit er mit Ihnen sprechen kann, Ma'am«, sagte der Hirte.

»Bevor es dunkel wird!« warnte sie.

Aber das brauchte sie ihm nicht zu sagen. Der alte Mann wußte, wie sie immer versuchte, vor Einbruch der Dunkelheit oben zu sein, und sich einschloß in ihrem Zimmer, das mit dem verbunden war, in dem die Kinder schliefen, und wie sie inständig betete, daß sie nicht mehr nach unten kommen müsse aus irgendeinem Grund – vor allem nicht, um an die Tür zu gehen. Das war es, was sie am meisten fürchtete: ein Klopfen nach Einbruch der Dunkelheit.

»Aber natürlich, Ma'am, wer würde in Ihre Nähe kommen, wenn er weiß, daß Sie eine alleinstehende Frau mit kleinen Kindern sind, die aufwachen und schreien könnten? Und wo könnten Sie schon sicherer sein als inmitten der Felder, wo Sie umgeben sind von den unschuldigen, schlafenden Tieren?«

Wenn er selbst spät am Abend noch bei ihr vorbeimußte aus irgendeinem Grund – um heißes Wasser zu holen, um einem Tier einen Fußwickel zu machen, oder um den Tierarzt zu rufen –, gab er acht, daß er sich lange, bevor er das Haus erreichte, bemerkbar machte. »Ich bin's, Ma'am!« rief er gewöhnlich. »Komme! Komme!« rief sie dann dankbar und mit der Geschwindigkeit eines Echos zurück. Sie öffnete ihre Tür, rannte hinunter und riß die Haustür auf. Ganz gleich zu welcher Stunde! Ganz gleich wie schwarz die Nacht! »Gehen Sie jetzt zurück ins Bett«, sagte er aus der Dunkelheit, wo sie die schwingende Hoflampe näher und näher kommen sah, wie das Licht eines sich der Pier nähernden kleinen Bootes. »Ich werde das Licht ausmachen. Ich finde schon allein hinaus.« Beruhigt von dem Gedanken, daß jemand im Haus war, krabbelte sie dann tatsächlich zurück ins Bett und war überdies fast eingeschlafen, bevor sie die Tür zuschlagen hörte. Dann hörte es sich an wie das Schlagen einer Millionen Meilen weit entfernten Tür.

Es gab keinen Anlaß zur Sorge. Er würde sich darum kümmern, daß Crossen früh genug kam.

Es war lange vor Einbruch der Dunkelheit, als Crossen draußen vorfuhr. Seine Frau war wie immer bei ihm, aufrecht neben ihm sitzend, so wie Leute vor langer Zeit in bauchigen kleinen Einspännern saßen, kerzengerade und mit zusammengepreßten Knien. Der Hirte war mitgekommen, aber nur er und Crossen stiegen aus.

»Möchte Ihre Frau nicht hereinkommen und warten, Mr Crossen?« fragte sie.

»Nein, nein, Ma'am. Sie sitzt gerne im Auto. Nun, wo ist das Gras, das geschnitten werden muß? Liegen irgendwelche Steine herum, die die Sense stumpf machen könnten?« Während er um die Giebelseite des Hauses lief, schaute er auf das Land hinaus.

»Nicht einen Stein oder Stumpf wirst du finden«, sagte Ned. »Hier kannst du mit deiner Sense alles erledigen, wo du woanders zwanzigmal wetzen müßtest.«

»Das seh ich«, sagte Bartley Crossen, aber geistesabwesend, wie sie meinte.

Er war über den Rasen zu dem wackeligen Holztor gelaufen, das zu der Weide führte, und lehnte sich dort an. Er schien jedoch gar nicht die Felder anzusehen, sondern die kleine Reihe von verkümmerten Dornbüschen, die entlang des Flußufers wuchsen und deren Äste so schwer über das Wasser hinaushingen, daß ihre Wurzeln fast aus dem Lehm herausgerissen wurden.

Plötzlich drehte er sich um und seufzte. »Ach, ich hätte es

mir gar nicht anzusehen brauchen! Ich kenne es gut.« Als sie sich überrascht zeigte, lachte er auf, wie ein junger Mann. »Als junger Bursche habe ich hier unten damals einem Mädchen den Hof gemacht«, sagte er. »Das ist inzwischen verdammt lange her, das kann ich Ihnen sagen!« Er drehte sich zu dem alten Mann um. »Du erinnerst dich vielleicht daran.« Dann blickte er wieder zu ihr. »Ich glaube, daß Sie zu dieser Zeit nicht einmal geplant waren, Ma'am«, sagte er, und etwas Freundliches lag in seinem Blick und in seinen Worten. »Sie möchten das Grasschneiden bald erledigt haben, nehme ich an? Wie wäre es mit morgen früh?«

Ihr Gesicht erhellte sich. Aber es mußte noch der Preis ausgehandelt werden. »Es wird nicht so teuer wie Mähen, oder?«

»Ach, ich werde Sie schon nicht ausnehmen, Ma'am«, sagte er. »Das verspreche ich Ihnen!«

»Das ist sehr freundlich von Ihnen«, sagte sie ein wenig skeptisch.

Hinter Crossens Rücken nickte Ned zustimmend. »Lassen Sie es dabei, Ma'am«, flüsterte er, als sie zurück zum Auto gingen.« Er ist ein Mann, dem Sie vertrauen können.«

Und als Crossen und seine Frau weggefahren waren, beruhigte er sie noch einmal. »Ein anständiger Mann«, sagte er. Dann lachte er – es war ebenfalls ein junges Lachen für einen Mann seines Alters; es war wie ein kleiner Knuff in die Seite. »Aber haben Sie gehört, was er gesagt hat – über das Mädchen, dem er hier unten den Hof gemacht hat? Wissen Sie, wer das war? Es war seine erste Frau! Wußten Sie, daß er zum zweiten Mal verheiratet ist? Aber naja, das ist so lange her, daß es mich nicht wundern würde, wenn Sie niemals davon gehört haben. Überlegen Sie mal, wie er über sie gesprochen hat, als ob sie irgendein Mädchen wäre, das er fast vergessen hatte! Die Dornenbüsche erinnerten ihn an sie! Dort haben sie sich immer getroffen, noch Kinder, als sie miteinander anbändelten.

Die arme Bridie Logan – sie war so wild wie ein Hase.

Und sie war verrückt vor Liebe, so jung sie auch war! Sie waren zusammen, als sie noch zur Schule gingen. Bloß nahm es niemand ernst – er vielleicht am wenigsten von allen – bis zu dem Winter, wo er wegging nach Clonakilty, um Landwirtschaft zu studieren. Da begann sie, ihm zu schreiben. Jeden zweiten Abend sah ich sie zum Briefkasten an der Kreuzung laufen. Und natürlich wußte das ganze Dorf, wohin der Brief ging. Seine Familie war außer sich, als er im Sommer nach Hause kam und verkündete, daß er Bridie heiraten würde, anstatt zum College zurückzugehen. Trotzdem brachte sein Vater die beiden dann in einem Haus auf seinem eigenen Land unter. Es ist das Cottage, das jetzt für Stallfütterungen genutzt wird – auf der Rückseite des neuen Hauses. Ach, aber Sie können nicht beurteilen, wie es damals war! So albern sie auch war – und dumm wie Bohnenstroh –, Sie hätten mal sehen sollen, wie sie sich um dieses Haus kümmerte. Sie hätte es weggeschrubbt, wenn nicht bald ein Baby unterwegs gewesen wäre. Er ließ sie den Schrubber von da an nicht mehr in die Hand nehmen!«

»Aber sie war doch wohl nicht zimperlich, oder?«

»Bridie? Sie war so kräftig wie eine junge Ziege! Aber ich habe Ihnen erzählt, daß sie verrückt nach ihm war, nicht? Nach der Heirat jedenfalls wurde das nicht besser – eher schlimmer. Sie konnte nicht genug für ihn tun! Es war, als ob sie von irgendeinem Fieber angetrieben worden wäre. Man brauchte ihr nur in die Augen zu sehen, um das zu merken. Wissen Sie, ich glaube nicht, daß ich seitdem je wieder eine Frau gesehen habe, die so vor Kraft strotzte wie sie! Haben Sie schon mal kleine Vögel in der Luft herumfliegen sehen, die scheinbar nur so aus Lust und Laune herumfliegen? Und haben Sie schon mal gesehen, wie sie ab und zu einen kleinen Satz in der Luft machen, gerade so als ob sie sich selber zwingen wollten, noch ein bißchen höher zu fliegen – höher als sie sollten? Ich hatte jedenfalls das Gefühl, daß sich so Bridie benahm, wenn sie im Haus hin- und herflitzte, dieses und jenes tat, um ihn stolzer und stolzer auf sich zu machen.

Als hätte er noch stolzer werden können, als er es ohnehin schon war; das Baby war allmählich ja schon zu sehen!«

»Sie ist nicht im Kindbett gestorben?«

»Nein. Genaugenommen jedenfalls nicht. Sie bekam das Kind, ganz leicht, und sogar zu Hause, was ihn nur ein paar Schillinge kostete, die er einer dieser Frauen bezahlen mußte, die damals für so etwas ins Haus kamen. Und alles ging gut. Es dauerte nicht lang, bis man sie wieder aufstehen ließ. Ich war am ersten Morgen dort, als sie das Haus wieder für sich hatte. Sie war angezogen und auf den Beinen, als ich ankam und er gerade zum Melken hinausging.

›Ach, es ist großartig, wieder rausgehen zu können‹, sagte sie, als sie an der Tür stand, ihm nachsah und tief die Morgenluft einatmete. ›Warte! Ich kann doch mitkommen zum Melken!‹ rief sie ihm plötzlich hinterher. Dann warf sie einen Blick zurück auf das Baby, das in seiner Wiege am Fenster schlief.

›Nein, das ist zu weit für dich, Bridie!‹ rief er. Die Kühe waren unten auf der kleinen Weide am Fluß – Sie kennen die Weide an der Straße, unten am Berg, auf dieser Seite vom Dorf. Er wußte, daß sie anfangen würde, ihn zu beschwatzen, und machte sich deshalb mit den Kannen schnell durch das Tor davon.

›Recht so!‹ sagte ich mir. Doch da bemerkte ich, daß sie über den Hof gerast war.

›Ich kann mit dem Fahrrad fahren, wenn es zu weit zu laufen ist!‹ sagte sie. Und schon saß sie auf dem Fahrrad und fuhr durch das Tor.

›Bridie, hast du den Verstand verloren?‹ rief er, als sie an ihm vorbeisauste.

›Unsinn, was kann mir das schon schaden?‹ schrie sie zurück.

Ich wurde starr vor Schreck, als ich ihr nachsah. Und ich dachte, ihm ginge es genauso, als er die Kannen fallen ließ und ihr den Berg hinunter folgte. Aber wenn ich es recht überlege, glaube ich, daß genau das Fieber, das immer in ihr gewütet hatte, auch in ihm angefangen hatte zu wüten. Verrückt vor Liebe, das ist es, was sie waren, beide – sie nur darauf aus, ihn zu gewinnen, und ihm war das nur allzu recht!

›Warte auf mich!‹ schrie er, aber noch bevor sie unten angelangt war, begann sie zu bremsen, indem sie wie ein Kind ihren Fuß absetzte, und dabei wirbelte sie so eine Staubwolke auf, daß wir sie kaum noch sehen konnten.«

»Sie hat zu scharf gebremst!«

»Sie doch nicht! Im Handumdrehen hatte sie das Fahrrad zum Stehen gebracht, war abgesprungen, riß es herum und strampelte wie verrückt den Berg wieder hinauf, den Kopf unten auf dem Lenker wie ein Rennfahrer. Aber das war ihr Ende!«

»O nein! Was ist passiert?«

»Mit einem Mal hörte sie auf zu treten, und das Fahrrad kam fast zum Halt, und dann begann es, den Berg rückwärts wieder etwas hinunterzufahren, als ob es auf dem losen Schotter am Straßenrand ins Rutschen gekommen wäre. Ich dachte jedenfalls, daß es so war, und er dachte wohl dasselbe, denn wir beide rannten sofort den Berg hinunter. Zwar fiel sie nicht hin, bevor wir sie erreichten, aber was nützte das schon? Es waren irgendwelche inneren Blutungen. Wir schafften sie ins Bett, und die Nachbarn kamen angelaufen, aber sie starb noch vor dem Abend.«

»Das so etwas passieren muß! Und das Baby?«

»Na, das war ein kräftiges Kind! Und es entwickelte sich zu einem prächtigen Kerl. Es ist der Bursche, der jetzt den Traktor für ihn fährt – der älteste Sohn, Bartley.«

»Ich nehme an, die zweite Ehe taugte letztlich mehr?«

»Stimmt. Und sie ist eine gute Frau – die zweite. Wie sie Bridies Kind großzog! Und die Wiege Jahr für Jahr mit eigenen Söhnen auffüllte! Ja, ja, natürlich, am Ende wendet sich immer alles zum Besten, egal was!« sagte er und begann, sich zu entfernen.

»Warten Sie einen Augenblick, Ned«, bat sie eindringlich.

»Glauben Sie wirklich, daß er sie vergessen hatte – jahrelang, meine ich?«

»Ich könnte meine Hand dafür ins Feuer legen«, sagte der alte Mann. Und dann sah er sie genau an. »Ihnen wird es genauso gehen«, fügte er freundlich hinzu. »Verlassen Sie sich drauf. Alles vergeht mit der Zeit und wird vergessen.«

Auf ihr skeptisches Kopfschütteln reagierte er mit einem energischen Nicken. »Wenn der Baum fällt, wie kann der Schatten bleiben?« sagte er. Und er ging davon.

Das frage ich mich auch, dachte sie, als sie zum Haus zurücklief, und sie beneidete die Menschen vom Land um ihre Fähigkeit, die Fehler der Natur wiedergutzumachen, so wie die abgestochene Sode sich wieder in den Rasen fügt.

Als sie an diesem Abend nach oben in ihr Zimmer ging, sah sie wieder hinaus auf den Fluß, und sie dachte an Crossen. Hatte er wirklich vergessen können? Es fiel ihr schwer, das zu glauben, und mit einem Seufzer nahm sie ihre Bürste zur Hand und zog sie durch ihr Haar. Wie alles andere an ihr in der letzten Zeit, war auch ihr Haar vernachlässigt und hing schwer nach unten, aber nachdem sie es ein paar Minuten schnell gebürstet hatte, wurde es heller und leichter, und bald tanzte es um ihr Gesicht wie die Gischt über einem Wehr. Es war immer so gewesen, schon, als sie noch ein Kind war. Sie brauchte nur das erste schmerzhafte Ziehen der Borsten zu spüren, und schon rief ihre Mutter: »Schau mal, schau! Das ist Elektrizität!«, und einen Augenblick lang leuchtete ein blauer Funken wie ein Stern in den grauen Tiefen des Spiegels.

Das war alles, was sie in diesen dämmrigen Tagen, in denen dunkle Schattentäler zwischen den einzelnen Möbelstücken lagen, über Elektrizität wußten. Hatte es mit der schlechten Beleuchtung der Zimmer zu tun, daß sie ihn damals so häufig gesehen hatten, diesen kleinen blauen Stern? Mit einem Mal überkam sie das Verlangen, ihn noch einmal zu sehen. Sofort stand sie auf und schaltete das Licht aus.

Genau in diesem Augenblick wurde unten der Eisengriff des Türklopfers hochgezogen und dann von einer kräftigen, sicheren Hand an die Tür geschlagen.

Es war kein verdächtiges Klopfen. Das gab sie zu, obwohl sie starr vor Angst in der Dunkelheit saß. Und dann hörte sie eine fast vertraute Stimme selbstsicher von unten rufen.

»Ich bin's, Ma'am! Ich hoffe, ich störe nicht!«

»Oh, Mr Crossen!« rief sie erleichtert aus, öffnete ihre Tür, lief über den Flur und riß das Fenster auf der Vorderseite des Hauses auf. »Ich bin sofort unten!« rief sie.

»Nein, kommen Sie nicht nach unten, Ma'am!« rief er zurück. »Ich muß Ihnen nur ganz kurz etwas sagen.«

»Aber natürlich komme ich!« Sie ging zurück, um ihren Bademantel zu holen und ihr Haar hochzustecken, aber da hörte sie, wie er auf dem Kies von einem Bein auf das andere trat. Es war ein milder Tag gewesen, aber am Abend war die Luft kühl geworden, und obwohl es später Frühling war, wehte ein scharfer Ostwind vom Fluß herüber. »Ich komme runter und lasse Sie ins Warme«, sagte sie, während sie ihr Haar hochdrehte und mit einer Hand an den Kopf hielt. Ohne die Zeit zu finden, es festzustecken, lief sie eilig barfuß die Treppen hinunter, um die Tür aufzuriegeln.

»Sie waren doch dabei, ins Bett zu gehen, Ma'am«, sagte er vorwurfsvoll, als sie die Tür öffnete. Und wo er eine Minute zuvor noch so ungeduldig gestanden hatte, stand nun sie regungslos in der offenen Tür. »Ich habe gesehen, daß das Licht unten aus war, als ich die Einfahrt hochkam«, sagte er zerknirscht. »Aber ich hatte nicht angenommen, daß Sie schon nach oben gegangen waren, um sich schlafen zu legen!«

»War ich auch nicht!« log sie, um ihn zu beruhigen. »Ich war nur oben, um meine Haare zu bürsten. Sie müssen mich entschuldigen«, fügte sie hinzu. Ein Windzug von der Tür hatte ihr den Bademantel von den Knien geweht, und um ihn wieder zurückzuziehen, mußte sie ihre Hand von ihrem Haar nehmen, so daß es auf ihre Schultern fiel. »Würde es

Ihnen etwas ausmachen, die Tür für mich zu schließen?« fragte sie etwas verlegen und begab sich zur Treppe zurück. »Bitte gehen Sie in das Wohnzimmer, ja?« sagte sie und nickte mit dem Kopf zu der Tür des kleinen Zimmers, das von der Halle abging. »Machen Sie sich Licht. In einer Minute bin ich wieder unten.«

Aber obwohl er gehorsam eingetreten war und die Tür geschlossen hatte, blieb er unbeweglich in der Mitte der Halle stehen. »Ich hätte gar nicht hereinkommen dürfen«, sagte er. »Ich weiß, daß Sie ins Bett gehen wollten. Sehen Sie sich an!« rief er wieder mit derselben vorwurfsvollen Stimme, als ob er sie erneut zum Widerspruch herausfordern wollte. Er schaute ihr Haar an. »Entschuldigen Sie, daß ich das sage, Ma'am, aber ich habe noch nie so schönes dichtes Haar gesehen. Gott segne es!« sagte er schnell, als ob er fürchtete, unhöflich gewesen zu sein. »Eine Kleinigkeit macht doch einen großen Unterschied«, sagte er unvermittelt. »Sie sehen aus wie ein junges Mädchen!«

Unwillkürlich mußte sie lächeln. Trotzdem wollte sie nichts mehr davon hören. »Ich fühle mich jedenfalls nicht so!« antwortete sie barsch.

Obwohl das nicht in ihrer Absicht gelegen hatte, schien ihre Antwort ihn zu freuen und angenehm zu beruhigen. »Ah, Sie sind bestimmt eine vernünftige Frau! Das merkt man«, sagte er und kam zu dem Treppenabsatz, wo er sich bequem auf das Geländer lehnte. »Bleiben Sie, wie Sie sind, Ma'am«, sagte er. »Ich muß Ihnen nur kurz etwas sagen, und es lohnt sich nicht, daß Sie deswegen erst nach oben gehen. Lassen Sie es mich hier und jetzt sagen und mich dann meines Weges ziehen. Die Frau wird meinetwegen aufbleiben, und das möchte ich nicht!«

Sie stutzte. Sollte die Anspielung auf seine Frau *sie* beruhigen? »Ich glaube, ich sollte meine Hausschuhe holen«, sagte sie vorsichtig. Sie hatte kalte Füße.

»Oh, ja, ziehen Sie sich etwas an die Füße!« rief er und bemerkte erst in diesem Augenblick, daß sie barfuß war. »Eigentlich fällt mir schon längst nicht mehr auf, was eine Frau trägt. Ich bin überhaupt schon längst aus dem Alter heraus, in dem man Frauen wahrnimmt.«

Sie hatte etwas gesehen, das sie sich an die Füße ziehen konnte. Unter dem Tisch in der Halle stand ein Paar alte, mit Fell gefütterte Stiefel, die Richard gehörten. Sie hatte sich nicht dazu durchringen können, sie zusammen mit dem Rest seiner Kleidung wegzugeben, und obwohl sie groß und klobig an ihr aussahen, schlüpfte sie oft mit ihren Füßen hinein, wenn sie mit schmutzigen Schuhen von den Feldern zurückkam. »Also, kommen Sie hinein in die Wärme«, sagte sie. Sie kam die paar Stufen wieder herunter und zog sich die Stiefel an. Dann öffnete sie die Tür zum Wohnzimmer.

Sie war froh, daß sie heruntergekommen war. Es wäre ihm nie gelungen, das Licht anzumachen. »Mit dem Hauptlicht stimmt etwas nicht«, sagte sie, als sie an der Wandtäfelung nach dem Stecker der Leselampe tastete. Er befand sich an einer ungünstigen Stelle, hinter dem Schreibtisch. Sie mußte sich hinknien.

»Was stimmt damit nicht?« fragte er, während er mit dem Interesse des Landmanns an praktischen Dingen den Schalter ergebnislos rauf- und runterdrückte.

»Ach, nichts Gravierendes, glaube ich«, antwortete sie abwesend. »Hier!« Sie hatte den Stecker gefunden, und das Zimmer wurde von einem hellen, weißen Schein erleuchtet.

»Warum lassen Sie den Stecker nicht einfach in der Steckdose?« fragte er kritisch.

»Weiß ich nicht«, sagte sie. »Ich glaube, mir hat einmal jemand erzählt, es sei sicherer, bei Leselampen nachts den Stecker zu ziehen. Es könnte einen Kurzschluß geben, oder Mäuse könnten an der Schnur knabbern oder irgend so etwas – ich habe vergessen, was der Grund war. Ich habe mir angewöhnt, es so zu machen, und jetzt bleibe ich dabei.« Sie kam sich ein wenig albern vor.

Aber ihn beschäftigte es. »Ich glaube nicht, daß etwas

passieren kann«, sagte er ernst. Dann wechselte er das Thema. »Wegen morgen, Ma'am!« sagte er, etwas salopp, wie sie meinte. »Ich wollte Sie unbedingt heute abend treffen, weil ich schließlich kein Mann bin, der seine Versprechen nicht hält – schon gar nicht gegenüber einer Frau.«

Worauf wollte er hinaus?

»Sagen wir so«, sagte er schnell. »Sie werden verstehen, Ma'am, daß es für mich keinen Unterschied bedeutet, ob ich Gras stutze oder Heu mache. Die gleiche Zeit. Der gleiche Arbeitsaufwand. Der gleiche Verschleiß des Sensenblatts. Verstehen Sie das?«

Mißtrauisch nickte sie.

»Nun, also Ma'am, natürlich wäre ich der letzte, der leugnen würde, daß es für Sie nicht ganz das gleiche ist. Vom Stutzen bekommen Sie keinen sofortigen Ertrag so wie vom Heu – «

»Es gibt überhaupt keinen Ertrag!« rief sie verärgert aus.

»Ach Ma'am, kommen Sie! Gutes Grasland macht sich doch ebenso bezahlt wie alles andere – Sie wissen, daß Sie von vernachlässigtem Land keine schönen, saftigen Leckerbissen für Ihre Tiere bekommen, sondern höchstens dreckiges altes Hedegras, das sich unter ihren Füßen verheddert. Es stimmt, daß Sie keinen sofortigen Ertrag bekommen, und deshalb habe ich ja, wie Sie wissen, einen Sonderpreis für Sie gemacht.«

»Das weiß ich!« sagte sie ungeduldig. »Aber ich dachte, dieser Teil wäre geklärt.«

»Ich werde es ja auch nicht rückgängig machen, falls Sie das meinen«, sagte er freundlich. »Ich will gerne für Sie tun, was ich kann, Ma'am, um so mehr als ich sehe, daß Sie keinen Mann haben, der die Dinge für Sie in die Hand nimmt, sondern nur sich allein.«

»Oh, ich komme bestens allein zurecht!« sagte sie mit erhobener Stimme.

Wieder hatten ihre Worte eine andere Wirkung als beabsichtigt. Er lachte gutmütig. »Das denken alle Frauen gerne!« gab er zurück. »Gut«, fuhr er in einem anderen Ton fort, und es ärgerte sie festzustellen, daß für ihn anscheinend etwas zwischen ihnen geklärt worden war, »es wäre mir recht – und Ihnen ist es bestimmt einerlei –, wenn Ihr kleiner Auftrag Zeit hätte bis zum Ende der Woche, sagen wir, bis die Heuernte insgesamt nähergerückt ist. Bis dahin habe ich nämlich meine Mähgeräte alle geschliffen und in Ordnung gebracht. Während ich jetzt, wo hier und da noch etwas gepflügt werden muß, immer von einer zur nächsten Minute umspringen und wechseln muß, zwischen dem Pflug und der Mähmaschine.«

»Als ob noch irgend jemand pflügen würde um diese Jahreszeit!« Ihr Blick verhärtete sich. »Wen nehmen Sie vor?« zischte sie.

»Na, immer mit der Ruhe, Ma'am. Niemanden. Zumindest nicht ohne Ihr vorheriges Einverständnis.«

»Ohne mir abzusagen, meinen Sie wohl!«

»Ma'am, nun werden Sie nicht böse. Ich versuche doch nur, es für alle möglichst einfach zu machen.«

Aber inzwischen war sie sehr verärgert. »Es ist immer dasselbe. Ich dachte, Sie würden mich anders behandeln! Jetzt soll ich warten, bis dieser fertig ist und jener, und am Ende sind meine Felder verwildert!«

Er machte einen etwas betretenen Eindruck. »Ach nein, Ma'am, das wird keineswegs der Fall sein. Obwohl manche Leute natürlich gegen das Stutzen sind, wissen Sie!«

»Ich bin nicht dagegen!«

»Ich meine zwar auch, daß es etwas bringen kann«, sagte er zögernd. »Aber so wie ich es sehe, ist Unkrautschneiden im Juli eine Art Stutzen.«

»Gras, das gemäht wird, bevor es Samenstände bildet, wird an den Wurzeln so dick, daß kein Unkraut wachsen kann!« rief sie so verärgert aus, daß ihr nicht auffiel, wie resolut sie klang.

»Meine Güte, ich wußte nicht, daß Sie sich so gut auskennen, Ma'am«, sagte er und sah sie bewundernd an, aber sie merkte, daß er sich von ihr nicht kleinkriegen lassen würde. »Und doch, Ma'am, Sie können wohl nicht behaupten, daß ein paar Tage einen großen Unterschied machen?«

»Ein paar Tage könnten einen gewaltigen Unterschied machen! Dieses Gut hat einen steinigen Boden, obwohl es so grün und saftig ist. Ein paar Tage Dürre, und er ist bis auf den Grund ausgetrocknet. Und wie soll ich dann mähen? Was für eine Garantie hätten wir dann für die ›schönen saftigen Leckerbissen‹, von denen Sie vorhin gesprochen haben?« Verärgert äffte sie seinen Tonfall nach, ohne darüber nachzudenken.

Er hob die Hände. »Herrje. Ich nehme an, auch ein Mann darf zugeben, wenn er sich geschlagen gibt«, sagte er. »Auch von einer Frau. Und Sie können nicht behaupten, daß ich mein Versprechen nicht gehalten habe.«

»Ich kann nur sagen, daß Sie es wirklich darauf angelegt haben«, erwiderte sie unwirsch, obwohl es sie besänftigte, daß sie ihren Willen bekommen hatte. »Darf ich Ihnen etwas anbieten?« fragte sie dann, bemüht, der Auseinandersetzung einen Anstrich von Endgültigkeit zu verleihen.

»Nein, nein, Ma'am! Nichts, danke! Ich muß jetzt nach Hause.« Er erhob sich.

Sie erhob sich ebenfalls.

»Hoffentlich denken Sie nicht, daß ich versucht habe, Sie auszunutzen«, sagte er, als er zur Tür ging. »Es ist nur so, daß wir alle versuchen müssen, das Beste für uns zu tun, was wir können – ist es nicht so? Aber Sie kommen gut allein zurecht, das muß ich sagen. Es hätte niemand je gedacht, daß Sie nach dem Tod Ihres Mannes hierbleiben würden. Ich nehme an, Sie haben es wegen der Kinder getan?« Er sah die Treppe hinauf. »Schlafen sie schon?«

»Oh, schon lange«, antwortete sie gleichgültig. Sie öffnete die Haustür.

Wie zuvor drang die Abendluft sofort herein. Aber diesesmal brachte sie aus der Ferne den schwachen Duft von frisch gemähtem Heu mit sich. »Irgendwo gibt es schon gemähtes

Heu!« rief sie überrascht aus. Und sie hob ihr Gesicht dem süßen Duft entgegen.

Eine Minute lang sah Crossen an ihr vorbei hinaus in die Dunkelheit, dann blickte er sie an. »Sind sie hier abends nie einsam?« fragte er plötzlich.

»Ob ich Angst habe, meinen Sie?« korrigierte sie ihn eilig und kühl.

»Ja! Ja, das meinte ich«, sagte er verwundert. »Aber warum sollten Sie Angst haben! Wo unter dem Himmel könnten Sie sicherer sein als gerade hier mit all Ihren Feldern um Sie herum!«

Was er sagte, war so wahr, und er selbst, wie er dastand mit seinem Hut in der Hand, so normal und natürlich, daß es wirklich absurd war anzunehmen, daß sie, sobald er aus der Tür war, wie ein Kind die Treppe hochhasten würde! »Sie werden es nicht glauben«, sagte sie, »aber manchmal fürchte ich mich zu Tode! Ich bin fast gestorben, als ich Ihr Klopfen an der Tür hörte. Deshalb war ich oben – ich hatte Angst«, sagte sie in einem weiteren Anfall von Vertrauensseligkeit. »Ich gehe immer sofort hoch, wenn es dunkel wird. Oben in meinem Zimmer fürchte ich mich nicht so sehr.«

»Seltsam«, sagte er, und sie konnte merken, daß er ihre Art als unbegreiflich frauenhaft empfand. Trotz allem zeigte er Mitgefühl. »Sie sollten nicht allein sein! Das ist die Wahrheit«, sagte er. »Es ist ein Jammer!«

»Man kann es nicht ändern«, erwiderte sie. Irgend etwas von seinem Mitgefühl wollte sie gerne abschütteln, während gleichzeitig irgend etwas da war, das sie festhalten wollte. »Könnten Sie etwas für mich tun?« fragte sie plötzlich. »Würden Sie hier unten das Licht ausmachen und warten bis ich oben bin, bevor Sie aufbrechen?«

Als sie das gesagt hatte, kam sie sich einen Moment lang albern vor, aber sie spürte sofort, daß er gern noch mehr für sie getan hätte. Er machte sich ernsthaft Sorgen um sie. Und es war nicht nur der gegenwärtige Augenblick, der ihn bekümmerte, sondern er schien sich um das ganze Problem ihrer Abgeschlossenheit und Einsamkeit Gedanken zu machen. »Gibt es niemanden, der bei Ihnen bleiben könnte – auch nachts? Es müßte natürlich eine Frau sein«, fügte er schnell hinzu, und ihr wurde warm ums Herz, als sie bemerkte, wie er diese Lösung ohne ein Wort von ihr sofort wieder verwarf. »Sie wünschen sich keine Frau im Haus«, sagte er unumwunden.

»Ach, mir geht's gut, wirklich. Ich werde mich daran gewöhnen«, sagte sie.

»Und trotzdem ist es ein Jammer«, erwiderte er. Aber es klang hilflos. Er deutete ihr zur Treppe. »Heute nacht jedenfalls wird Ihnen nichts passieren«, sagte er. »Gehen Sie jetzt nach oben, und ich mache das Licht aus.« Er hatte sich bereits umgedreht, um zurück ins Wohnzimmer zu gehen.

Aber aus irgendeinem Grund war es nicht genau das, was sie sich vorgestellt hatte, und sie begann nur widerwillig, die Treppen hinaufzugehen.

»Warten Sie einen Augeblick! Wie mache ich das hier aus?« rief er, bevor sie auf der Mitte der Treppe angelangt war.

»Ach, das mache ich wohl besser selbst aus«, sagte sie, als sie an die ungünstige Stelle des Steckers dachte. Sie lief wieder nach unten, ging an ihm vorbei in das kleine Zimmer, kniete sich hin und zog an dem Kabel. Sofort war das Zimmer von Dunkelheit überflutet. Und sofort war ihr klar, daß sie etwas Dummes gemacht hatte. Es war etwas anderes, als eine Lampe an einem Schalter neben der Tür auszuknipsen und dann sofort in die erleuchtete Halle zurücktreten zu können. So schnell sie konnte, stand sie auf, aber genau in diesem Augenblick bemerkte sie, daß Crossen sich in die Tür gestellt hatte. Die Umrisse seines Körpers zeichneten sich vor dem Licht dahinter ab. »Den Rest überlasse ich Ihnen«, sagte sie, um das sonderbare Schweigen zu brechen, das sich in dem Haus ausgebreitet hatte.

Aber er rührte sich nicht. Er stand da, in der Mitte der Tür. »Die anderen Schalter sind dort drüben bei der Haustür«, sagte sie. Sie wollte ihn auf keinen Fall streifen. Warum rührte er sich nicht? »Dort drüben«, wiederholte sie, während sie ihren Arm ausstreckte und auf die Schalter zeigte. Aber anstatt dorthin zu gehen, nahm er ihren ausgestreckten Arm und versperrte den Weg, indem er seine andere Hand ausstreckte und seine Handinnenfläche gegen den Türpfosten preßte.

»Sagen Sie«, flüsterte er, wobei seine Worte übereinander stolperten, »sind Sie nie einsam – überhaupt nie?«

»Was haben Sie gesagt?« fragte sie mit klarer Stimme, da seine belegte Stimme sie anwiderte. Sie hatte kaum gehört, was er sagte. Sie dachte nur daran, wie sie an ihm vorbeikommen könnte.

Er beugte sich nach vorn. »Wie wär's mit einem kleinen Kuß?« flüsterte er, und um sie besser festhalten zu können, zog er die Hand zurück, mit der er sich gegen die Wand gestützt hatte, aber bevor er sie mit beiden Händen zu fassen bekam, hatte sie ihren Arm von ihm losgerissen, sich unter seiner Achselhöhle hindurchgeduckt und war kurz darauf draußen in der erleuchteten Halle.

Dort draußen – denn Licht war der einzige Schutz, den sie vor ihm brauchte, dem alten Dummkopf – fing sie an zu lachen. Jetzt brauchte sie nur darauf zu warten, daß er kleinlaut hinter ihr herkam.

Aber es geschah etwas, womit sie nicht gerechnet hatte. Sie hatte nicht damit gerechnet, daß in seiner Verlegenheit irgend etwas Ergreifendes liegen könnte. Die Art, wie er ins Licht stiefelte und nicht einmal seinen Blick hob, war wirklich bemitleidenswert. Und sie war so überrascht und so gerührt, daß sie ihm ihre Hand entgegenstreckte, noch bevor er überhaupt ein Wort sagen konnte. »Machen Sie sich keine Gedanken«, sagte sie. »Ist nicht schlimm.«

Selbst in diesem Moment sah er sie nicht an. Er nahm nur ihre Hand und drückte sie dankbar, seinen Kopf immer noch zur Seite gedreht. Und bestürzt stellte sie fest, daß seine Nase lief. Wie ein kleiner Junge rieb er sie mit der Rückseite seiner Faust. »Ich weiß nicht, was in mich gefahren war«, sagte er langsam. »Ich werde allmählich alt. Ich dachte, ich wäre längst aus diesem Alter heraus.« Wieder wischte er sich über das Gesicht. »Jedenfalls aus dem Alter, mich so gehenzulassen«, fügte er unglücklich hinzu.

»Ach, es war doch gar nichts«, sagte sie.

Er schüttelte seinen Kopf. »Ich hatte nicht einmal einen Grund, das zu tun.«

»Aber Sie haben nichts getan«, wandte sie ein.

»Für mich war es nicht einfach nichts«, sagte er niedergeschlagen.

Eine Minute lang standen sie beide still da. Die Haustür war immer noch angelehnt, aber sie wagte nicht, sie zu schließen. Was soll ich jetzt bloß mit ihm machen, dachte sie. Wenn ich nicht vorsichtig bin, werde ich ihn die ganze Nacht nicht los. Wie spät war es überhaupt? Die Nacht schien jegliches Zeitmaß verloren zu haben. »Gut, Mr Crossen, wir sehen uns morgen früh!« sagte sie so nüchtern wie möglich.

Er nickte, rührte sich aber nicht. »Sie wissen, daß ich Ihnen gegenüber nicht respektlos sein wollte, Ma'am, oder?« sagte er dann und sah sie flehend an. »Ich habe Sie immer sehr geschätzt. Und Ihren Mann auch. Ich mußte heute abend an ihn denken, als ich in die Nähe des Hauses kam. Und ich mußte wieder an ihn denken, als Sie an die Tür kamen und wie ein junges Mädchen aussahen. Ich dachte, was für ein Jammer, daß er Ihnen genommen wurde, wo Sie doch beide noch so jung waren! Ach, was ist überhaupt in mich gefahren? Und was würde Mona bloß sagen, wenn sie das wüßte?«

»Aber Sie werden ihr doch nichts davon erzählen, hoffe ich!« rief sie. Was für einen Eindruck würde es machen, wenn er seiner Frau erzählte, wie sie barfuß und mit offenem Haar nach unten gekommen war! »Passen Sie bloß auf, daß Sie nicht versehentlich irgend etwas sagen!« warnte sie.

»Ich glaube nicht, daß ich das tun werde«, sagte er, aber

er sagte es unsicher und verdrießlich, und er lehnte sich zurück gegen die Wand. »Sie ist mir eine gute Frau gewesen, Mona. Ich möchte nicht, daß irgend jemand etwas anderes denkt. Sogar die Jungs könnten Ihnen das bestätigen. Sie war ihnen während all der Jahre eine gute Mutter. Sie hat niemals auch nur den geringsten Unterschied zwischen ihnen gemacht. Manche behaupten, daß sie zu Bartley besser war als zu irgendeinem der anderen! Sie hat ihn aufgezogen, seit er eine Woche alt war. Sie wohnte direkt nebenan, wissen Sie, damals als –« Er zögerte. »Als ich mit ihm allein gelassen war«, schloß er mit müder Stimme. »Sie kam am ersten Abend herüber und nahm ihn mit zu sich ins Bett – und das war beim besten Willen keine Kleinigkeit für eine Frau, die keine Ahnung von Kindern hatte und auch nicht mehr gerade ein junges Mädchen war, trotz der großen Familie, die sie mir später schenkte. Sie nahm ihn an diesem Abend mit nach Hause und kümmerte sich um ihn. Nicht jede Frau würde das tun und die Verantwortung für ein Neugeborenes übernehmen. So etwas vergißt ein Mann so leicht nicht! Ich weiß, viele würden sagen, daß jemand anders ihn genommen hätte, wenn sie nicht da gewesen wäre, aber keiner außer ihr hätte es so gemacht wie sie.

Sie hatte ihn immer den ganzen Tag bei sich in ihrer Hütte, fütterte ihn und kümmerte sich um alles. Aber am Abend, wenn ich von den Feldern zurückkam, brachte sie ihn nach Hause und ließ ihn in seiner kleinen Wiege am Feuer neben mir. Dann ließ sie verlauten, daß sie einiges bei sich zu Hause zu erledigen hätte und stahl sich davon und ließ uns allein. Allerdings war das nicht der wahre Grund, weshalb sie ihn bei mir ließ. Sie wußte, wie ich dasitzen, ins Feuer starren und mich fragen würde, wie ich die kommenden Jahre wohl aushalten sollte, und sie ließ das Kind bei mir, damit ich aus diesen Gedanken herausgerissen würde, und sie hatte recht. Ich kam nie zum Grübeln. Gewöhnlich fing das Kind an zu weinen oder zu jammern, und dann mußte ich hinausrennen und sie zu ihm holen. Manchmal hörte sie ihn vielleicht auch selbst und kam angelaufen, ohne daß ich sie rufen mußte. Ich dachte oft, daß sie wohl jedes Fenster und jede Tür in ihrem Haus offenstehen hatte, aus Angst, ein Geräusch von einem von uns beiden nicht mitzubekommen. Und so wurde ich nach und nach wieder zu einem lebendigen Menschen. Ich habe mich oft gefragt, was passiert wäre, wenn sie nicht gewesen wäre. Es gibt Männer, die völlig orientierungslos sind und sich für den dunklen Weg entscheiden, sobald sich ihnen der helle Weg verschließt. Und ich gehörte zu dieser Sorte Mann.

Ich habe Ihnen erzählt, daß sie den Kleinen während des Tages immer mit sich nahm und ihn am Abend wiederbrachte? Aber natürlich holte sie ihn wieder zu sich, wenn die Dunkelheit der Nacht hereinbrach. Dann nahm sie ihn mit in ihr Bett. Aber so wie die Monate ins Land gingen und er größer wurde, merkte ich, wie schwer es ihr fiel, mir ihn überhaupt wegzunehmen. Er hatte angefangen zu lachen und mit seinen Händchen zu spielen und leistete mir echte Gesellschaft. ›Ich frage mich, ob ich ihn heute nacht nicht bei Ihnen lassen sollte‹, sagte sie dann Abend für Abend. Und manchmal kam sie hereingelaufen und ließ ihn in die Mitte des großen Doppelbettes in dem Zimmer neben der Küche fallen, aber in der nächsten Minute riß sie ihn wieder an sich. ›Ich hätte Angst, daß Sie sich auf ihn legen! Sie könnten ihn erdrücken, Gott bewahre uns davor!‹ ›Sie sollten ihn besser nehmen‹, sagte ich dann immer, obwohl ich ihn selber nur ungern weggab zu dieser Zeit. Aber ich hatte auch Angst, daß er nachts anfangen könnte zu weinen, und was hätte ich dann tun sollen? Wenn ich sie mitten in der Nacht geholt hätte, hätte es viel Tratsch gegeben. Es gab ohnehin genug Tratsch, kann ich Ihnen sagen, obwohl es keinen Anlaß dafür gab. Für mich hätte es keinen Unterschied bedeutet, wenn sie überhaupt keine Frau gewesen wäre – können Sie sich das vorstellen? Aber eines Abends, als sie ihn hochhob und hinlegte und hochhob und hinlegte und sich nicht entscheiden konnte, ob sie ihn mitnehmen sollte oder nicht, mußte ich lachen. ›Schade, daß Sie nicht bei ihm bleiben können – das würde das Problem doch lösen‹, sagte ich. Ich hatte sie eigentlich nur aufziehen wollen, aber sie wurde feuerrot, und als nächstes brach sie in Tränen aus! Aber im gleichen Augenblick schon hatte sie das Kind auf den Arm genommen und es in ihren Mantel gewickelt. Dann, nachdem sie mir einen schrecklichen Blick zugeworfen hatte, rannte sie mit ihm aus der Tür.

Tja, und so fing es an. Ich hatte keine Ahnung, daß sie irgend etwas für mich empfand. Ich dachte, es war nur wegen des Kindes. Aber Männer sind Dummköpfe, wie Frauen wissen, und sie wußte als erste, was richtig und gut für uns beide war. Und auch für das Kind. Manche Frauen haben eine tiefe Einsicht, was solche Dinge anbetrifft! Und Gott ließ mich dann erkennen, was für eine Frau ich in ihr hatte, und ich merkte, daß es besser war, sie zu nehmen als der nachzujammern, die gestorben war. Und war das nicht vernünftig von mir?«

»Natürlich war es vernünftig von Ihnen«, sagte sie schnell.

Aber er lehnte sich wieder zurück gegen die Wand, und der bittere Ausdruck in seinen Augen kehrte zurück.

Ich werde ihn nie los, dachte sie verzweifelt. »Ja, was haben Sie denn?« rief sie ungeduldig. »Vergessen Sie es einfach, hören Sie?«

»Das kann ich nicht«, sagte er schlicht. »Und es geht nicht nur um mich – es ist die Frau, an die ich denke. Ich habe ihr eine Schande bereitet!«

»Ach, um Himmels willen. Mit ihr hat es doch überhaupt nichts zu tun.«

Überrascht sah er sie an. »Sie geben sich doch etwa keine Schuld?« fragte er.

Sie hätte gelacht, wenn sie nicht bemerkt hätte, daß sie Fortschritte machte – noch einen Hieb und sie würde ihn los sein. »Warum wollen sie denn überhaupt irgend jemandem die Schuld geben!« rief sie. »Es hat mit keinem von uns etwas zu tun – weder mit Ihnen, noch mit mir, noch mit der Frau, die zu Hause auf Sie wartet! Es war die andere! Dieses Mädchen – Ihre erste Frau! Sie war es! Geben Sie ihr die Schuld! Sie hat es getan!« Die Worte waren aus ihr herausgeplatzt. Einen Augenblick lang glaubte sie, sie werde hysterisch und könne nicht aufhören. »Sie dachten, Sie könnten sie vergessen«, sagte sie, »aber sehen Sie nur, was sie mit Ihnen gemacht hat, als sie die Gelegenheit dazu bekam!« Sie hielt inne und sah ihn an.

Er stand in der offenen Tür. Er blickte nicht zurück. »Möge sie in Frieden ruhen«, sagte er, und er trat hinaus in die Nacht.

Eine Familienähnlichkeit

»Laura, es ist fast April. Vielleicht gibt es schon Schlüsselblumen im Wald«, bemerkte Ada beiläufig, während sie und ihre Tochter ihren Vormittagskaffee tranken und darauf warteten, daß es Zeit wurde, Daff aus dem Bett zu holen. Daff war vier, aber sie wurde immer beim ersten Hahnenschrei wach und mußte meistens danach noch einmal schlafen gelegt werden.

»Was für eine gute Idee, Mutter. Laß uns rübergehen, sobald sie wach ist.« Laura sprang auf und ging zum Fenster, um über die Felder auf den kleinen Buchenwald am Rande des Grundstücks zu sehen. Sie konnte sich genau vorstellen, wie die braune Lehmerde unter den Bäumen übersät war von Schlüsselblumenbüscheln, von denen jedes wie ein handgemachtes Sträußchen in einem Kranz von grünen Blättern arrangiert war. »Ob ich sie wecken soll? Sie schläft schon lange genug.« Laura ging in Richtung Halle. »Daff?« rief sie vorsichtig die Treppe hinauf. Dann rief sie ein bißchen lauter. »Daff?«

Ada war hin- und hergerissen zwischen der Überzeugung, daß ein Kind niemals genug Schlaf bekommen könne, und dem Wunsch, das Geplapper ihrer kleinen Enkeltochter zu hören. Ada wünschte sich, daß Laura und Richard sich diesen dummen Kosenamen abgewöhnen würden. Daphne war doch ein so schöner Name. »Ein Wunder, daß du sie nicht Dotty nennst«, sagte sie verärgert, als Laura zum Tisch zurückkam.

»Ach Mutter, lassen wir das, bitte«, sagte Laura. Darüber hatten sie sich schon zu häufig auseinandergesetzt. Andererseits wollte sie sie nicht beleidigen. »Wessen Kind ist es denn nun?« fügte sie hinzu. Das war seit Daffs Geburt ein Scherz zwischen den beiden, der schon oft eins dieser plötzlichen Gewitter hatte abwenden können, deren Ausbruch aus heiterem Himmel aller Takt und alle Liebe nicht verhindern konnten.

Ada, die argwöhnte, ein wenig gedemütigt worden zu sein, machte einen zaghaften Versuch, das letzte Wort zu haben. »Einem so hübschen Kind gegenüber ist es nicht gerecht«, sagte sie.

»Sie ist süß, nicht?« sagte Laura, um die Auseinandersetzung zu beenden, und als im nächsten Augenblick auf dem oberen Flur ein Schritt zu hören war, eilten beide Frauen zum Treppenabsatz – Ada, um ihre Arme auszubreiten, so daß Daff hineinspringen konnte, und Laura, um einen Armvoll Jacken von dem Treppengeländer zu nehmen. Trotz der Sonne könnte es frisch draußen sein. »Wir wollen keine Minute verlieren«, drängte Laura und steckte Daffs Arme in die Ärmel einer weißen Vliesjacke, die Ada für sie gekauft hatte.

Ada schloß die Augen. Die Arme eines Kindes waren so zerbrechlich, und als Laura sich umdrehte und versuchte, sie auch in einen Mantel zu zwingen, wandte sie sich ab. »Das ist dein Mantel, Laura.«

»Na und?« Laura war so gelassen, daß Ada zögerte, noch weiter zu protestieren.

Als Laura noch jünger und ziemlich mollig war und sie selbst noch von stattlicher Statur, hatte sie sich häufig Kleider und Blusen von ihr ausgeliehen. Jetzt war es Ada, die sich freute, hin und wieder von ausrangierten Kleidern Gebrauch machen zu können, einem Regen- oder Bademantel oder sogar einer zerrissenen Strumpfhose, falls sich die Laufmasche an der Ferse oder am Oberschenkel befand, wo man sie nicht gerade sah. Aber dieser Mantel war so weit. Ada seufzte. Das Alter hatte sie bis auf die Knochen ausgezehrt wie ein von winterlichen Winden gelichtetes Feld. »Ich könnte doch leicht nach oben laufen und meine eigene Jacke holen, Laura.«

»Aber wieso?«

Ja, wieso eigentlich? Mit einem weiteren Seufzer schlug Ada den Mantel um sich, und dick eingepackt machte sich das Trio auf den Weg zum Wald. Es war tatsächlich sehr frisch, aber nur im Schatten des Hauses. Als sie aus dem Schatten des Giebels heraustraten, war es außergewöhnlich warm für die Jahreszeit. Um zu dem Wald zu gelangen, mußten sie über einen Zauntritt klettern.

»Komm, Großmutter hilft dir, Daff«, bot Ada an.

»Ach, laß sie, Mutter. Sie kann das gut alleine.«

Besser als ich, dachte Ada betrübt, als ihr und nicht Daff über den Zaun geholfen werden mußte. Daff tauchte bereits mutig bis zum Bauchnabel ins Gras. Die Natur war wirklich bemerkenswert weit für April. Die Zeichen, wenigstens ein paar Schlüsselblumen zu finden, standen gut.

Laura war in bester Form. »Laß uns für Daff eine Blumenkugel machen, Mutter, wie du mir immer welche gemacht hast, als ich klein war. Ich habe wirklich nie herausbekommen, wie du die Blütenköpfe so zusammenstecken konntest, daß man die Stengel nicht sah.«

»Schwarzes Garn. Ich hatte immer eine Rolle in meiner Tasche. Hätten wir bloß daran gedacht, heute welches mitzunehmen.« Ada achtete kaum auf das, was Laura sagte. Sie beobachtete, wie Daff vorankam. Das hohe Gras bedeutete für eine Vierjährige nur schweres Vorwärtskommen. Dann richtete sie ihre Aufmerksamkeit wieder auf ihre Tochter. »Blumenkugeln macht man mit Wiesenprimeln, nicht mit Schlüsselblumen, Laura.«

»Naja. Vielleicht finden wir ja auch Wiesenprimeln.«

»Nicht im Wald. Man findet sie nur auf Weiden oder Wiesen.« Ada sah sich um. »Es könnte sogar welche auf diesem Feld geben.« Plötzlich fuhr sie heftig zusammen. »Ist dort Vieh?« Instinktiv griff sie nach Daffs Hand.

»Immer mit der Ruhe, Mutter. Die Tiere sind hinten auf der anderen Seite. Sie kommen erst abends hierher zurück, um Schutz zu suchen. Das Gras in der Nähe von Bäumen ist ihnen zu sauer. Sieh mal. Sie legen sich hin. Kein Wunder. Es ist ein herrlicher Tag.«

Ada unterdrückte ihre Ängste so gut sie konnte, indem sie

beobachtete, wie Daff sich tapfer weiter vorkämpfte. Für Ada selbst stellte sich heraus, daß der Wald doch weiter entfernt war, als sie angenommen hatte. »Findest du nicht, daß wir sie tragen sollten, Laura?«

»Du? Oder ich?« Lauras Stimme klang spitz. »Du scheinst es noch nicht bemerkt zu haben, Mutter, aber inzwischen ist sie ein schwerer Brocken. Manchmal erstaunst du mich wirklich. Du weißt, daß ich mich zur Zeit nicht überanstrengen soll.« Sie stupste Daff in den Rücken. »Beeil dich«, sagte sie. Aber sie spürte Adas Mißbilligung, und ihre nächste Bemerkung war ein offensichtlicher Versuch, freundlich zu sein. »Das war wirklich eine gute Idee von dir, Mutter.«

»Ich hoffe nicht, daß du enttäuscht wirst«, sagte Ada zurückhaltend. Ihr Blick wanderte zu einer Grasböschung hinüber. In Wirklichkeit war ihr nicht ganz wohl bei diesem Ausflug. »Wenn ich es richtig bedenke, ist ein Wald eigentlich auch nicht der richtige Ort, um Schlüsselblumen zu finden. Schlüsselblumen wachsen am ehesten auf einer sonnigen Böschung.« Sie streckte ihren Arm aus: »Wie dort drüben. Schau. Was habe ich dir gesagt?« Verschwommen, aber unverkennbar wie das Schimmern von Sternen in der Milchstraße war die grüne Böschung mit Unmengen von Schlüsselblumen übersät.

»Oh. Magst du nicht mehr weitergehen, Mutter? Ist das der Grund?« fragte Laura. »Du könntest ja von hier zurückgehen, wenn du möchtest, und ich könnte Daff noch bis zum Waldrand nehmen und ihr die –«

»Die Schlüsselblumen zeigen? Die sind dort auf der Böschung.«

»Stimmt.« Halbwegs friedlich gab Laura nach. »Du könntest ja mit Daff dorthin gehen und dich setzen, während sie einen kleinen Strauß pflückt, und derweil gehe ich in den Wald. Es ist Ewigkeiten her, seit ich dort gewesen bin, und es ist wichtig, daß ich Bewegung bekomme.«

Wie durch einen feinen Stich mit der kleinsten jemals hergestellten Nadel und einer so winzigen Öse, daß man das

Garn kaum einfädeln konnte, wurde Adas Herz von Traurigkeit durchbohrt. Hatte ihre Tochter gemerkt, daß sie nachließ? Sie, die bis vor kurzem noch unermüdlich gewesen war und über weit mehr Energie als Laura verfügt hatte.

»Ich möchte mich nicht hinsetzen, Laura«, sagte sie. Es durchzuckte sie bei der Erinnerung daran, wie ihre eigene Mutter bestimmte Worte immer mit nörglerischem Nachdruck hervorgebracht hatte. »Das Gras könnte feucht sein«, fügte sie kleinlaut hinzu.

»Feucht? Diese Böschung, auf die seit Tagesanbruch die Sonne scheint?« Laura lachte, aber als sie zu ihrer Mutter blickte, besann sie sich anders. »Ich glaube, es täte uns allen ganz gut, eine kleine Pause zu machen«, sagte sie. »Komm, Daff. Hier lang.«

Warum mußte sie bloß so streng mit dem Kind reden, fragte Ada sich. »Die Schlüsselblumen sind dort drüben, Liebes«, erklärte sie. Als Daff sich nicht von der Stelle rührte, wandte sie sich an Laura. »Das Kind ist wirklich müde«, sagte sie.

»Um so besser. Vielleicht schläft sie hiernach ausnahmsweise einnmal eine Nacht durch.« Wütend fuhr Laura herum. »Letzte Nacht hat sie mich nämlich mindestens dreimal geweckt.«

»Ich habe nicht einen Mucks gehört. Warum hast du mich nicht gerufen?« Ada versuchte, ihre Stimme zu beherrschen.

»Und wenn ich es getan hätte?«

Ada war sich nicht sicher, ob ihre Tochter meinte, daß sie nicht hätte helfen können, oder ob sie damit sagen wollte, daß sie nicht bereit gewesen wäre, aufzustehen und zu helfen. Mißmutig sah sie auf den Boden. »Warum hast du mich nicht gerufen? Warum nicht?« insistierte sie.

Laura sah sie kalt an. »Habe ich dich nicht oft genug sagen hören, daß es keine süßere Musik gibt als das Schreien eines fremden Kindes?«

Himmel! Wie Laura einem die Worte im Munde verdrehen konnte. Ada war empört. »Nicht dein Kind, Laura.

Nicht mein eigenes Enkelkind. Nicht Daff.« Sie konnte sich nicht erinnern, jemals so etwas gesagt zu haben, es sei denn, um irgendeine junge Mutter in einem Hotel zu beruhigen, deren Kind während der Nacht geschrien hatte. »Ich wünschte wirklich, du hättest mich gerufen, Laura.«

»Nun hör damit auf. Bitte. Es ist schließlich auch nicht nur letzte Nacht so gewesen. Jede Nacht ist es dasselbe. Ich bin mit den Nerven fertig. Ich mache fast nie ein Auge zu.«

Sie waren langsam weitergegangen und näherten sich dem Rain, als Ada unter ihren Füßen auf dem dünner werdenden Gras einen Kuhfladen entdeckte. »Du hast doch gesagt, daß die Tiere hier nicht weiden«, sagte sie und eilte auf die Böschung zu. Von dort aus ließ sie ihren Blick über das Feld wandern. »Ich kann sie nicht mehr sehen. Wohin sind sie gegangen?« fragte sie ängstlich. Es gab nicht nur einen Kuhfladen. Sie sah mehrere.

»Wen interessiert das?« Laura wandte sich ab. »Und, Daff? Was hältst du von den Schlüsselblumen?« Es gab Unmengen von Schlüsselblumen. »Darf ich die pflücken?« fragte Daff ehrfürchtig.

»Aber natürlich, Liebling.«

»So macht man das, Daff.« Ada vergaß die Tiere. Mit ihren noch sehr beweglichen Fingern grub sie unten zwischen den dicken Blättern eines großen Büschels von zwanzig oder noch mehr Blumen, wühlte dicht an den Wurzeln und zog eine Schlüsselblume mit einem langen Stengel heraus, kühl und grün, am unteren Ende leicht rosa angelaufen. »Wir wollen nicht ihre armen Köpfe abreißen, ja?« sagte sie fröhlich. »Und wir nehmen von jedem Büschel nur eine, so daß genügend für andere Leute übrigbleiben.« Es machte ihr großes Vergnügen, das junge Geschöpf einzuweisen. Es freute sie festzustellen, daß Daff konzentriert aufpaßte. Beim nächsten Mal dürfte es keinen Grund zur Schelte geben, weil sie im Garten eine Blume köpfte.

»Meine Güte, Mutter. Das sind nur wilde Blumen. Laß sie doch ihren Spaß daran haben.«

»Sie könnte kaum mehr Spaß daran haben«, entgegnete Ada, als Daff stolz eine Schlüsselblume mit einem bohnenstengellangen Stiel emporhielt. »Eben weil sie wild wachsen, können wir ihr gut beibringen, wie man sie am besten pflückt.« Sie führte Daffs Hand zu dem feuchten Boden eines weiteren Büschels. Dann, als sie feststellte, daß Daff den Dreh herausbekommen hatte, begann sie selbst, einen Strauß zu pflücken, den sie in ihr Zimmer stellen konnte, wobei sie darauf achtete, auch ein paar Blätter für einen kleinen Blätterkranz zu pflücken. Aber als Laura – ohne zu beachten, daß sie dabei mehrere Büschel zerdrückte – sich auf der Böschung niederließ und zurücklegte, um sich zu sonnen, fühlte Ada sich instinktiv gehalten, sie zu warnen. »Es ist noch zu früh im Jahr dafür, Laura.«

Unverzüglich setzte Laura sich auf, aber nur, um besser eine ärgerliche Antwort geben zu können. »Es ist mir egal, wenn ich eine Lungenentzündung bekomme. Du hast nicht die leiseste Ahnung, wie erschöpft ich bin, Mutter. Als ich so alt war wie Daff, hattest du Angestellte, die dich vorne und hinten bedient haben.«

Dieser Ausbruch verblüffte Ada dermaßen, daß sie sich plötzlich hinsetzte. »Du hast eine völlig falsche Vorstellung, Laura. Die einzige Hilfe, die ich jemals hatte, war ein unfähiges Mädchen aus dem Dorf, das für ein paar Stunden zum Putzen kam. Um die Kinder habe ich sie sich nie kümmern lassen.«

»Schön dumm.« Laura ließ ihren Kopf ins Gras zurückfallen.

Ada starrte vor sich hin. Was hatte diesen Angriff ausgelöst? »Dein Vater, der war natürlich großartig«, sagte sie. »Wenn du nachts aufgewacht bist, war er es, nicht ich, der mit dir auf dem Flur auf und ab gegangen ist.«

Wieder saß Laura kerzengerade. »Willst du damit sagen, daß Richard nichts tut? Du vergißt, daß er uns versorgt. Ich kümmere mich um das Kind.«

»Das bestreitet ja niemand. Glaube nicht, Liebes, daß mir

entgangen ist, wie müde du in der letzten Zeit aussiehst. Es ist nicht leicht für mich, dich so bleich und ausgelaugt zu sehen.«

Laura, die auf dem Boden lag, wo ihr hübsches Gesicht von Blumen umrahmt war, machte eine Bewegung, als ob sie sich zum dritten Mal aufsetzen wollte, aber statt dessen drehte sie ihren Kopf und starrte Ada mit einem Blick an, der sie diesmal nicht wie eine Nadel, sondern wie eine Heugabel durchbohrte.

»Was willst du eigentlich von mir, Mutter? Schlimm genug, sich erledigt zu fühlen. Muß man da auch noch gesagt bekommen, daß man erledigt aussieht?«

»Habe ich das gesagt?« Ada starrte unglücklich auf den Strauß wilder Blumen in ihrer Hand. »Hier, Daff, du kannst meine haben«, sagte sie. Daff schüttelte den Kopf, ihr Interesse an Schlüsselblumen ließ bereits nach. Die paar, die sie gepflückt hatte, lagen verstreut auf dem Boden herum. Ada legte ihren Strauß neben ihnen nieder, wo er auseinanderfiel. Die Stengel sahen inzwischen eher rosa als grün aus. Wie Würmer, dachte sie schaudernd. Vielleicht sollte sie von der einen oder anderen Erfahrung aus ihrer eigenen frühen Zeit als Mutter erzählen, um Laura zu zeigen, daß sie ihre Abgespanntheit verstand. Ihr fiel auch gleich etwas ein. »Als du klein warst, hat mich meine Mutter immer verrückt gemacht, wenn sie mir erzählte, daß ich diese Jahre eines Tages für die besten meines Lebens halten würde.« Aber als Ada sich die abgedroschenen Worte selber sagen hörte, spürte sie, daß es stimmte. Dann setzte Laura plötzlich zu einer so überflüssigen wie leidenschaftlichen Erinnerungsrede an ihre Großmutter an, einer Rede, die unter diesen Umständen möglicherweise verletzend gemeint war.

»Arme Großmutter. Ich war immer so traurig, wenn du gemein zu ihr warst.«

»Gemein? Ich?« Ada zuckte zusammen.

Laura, der ihre eigene Boshaftigkeit kaum entgangen sein konnte, zeigte sich in keiner Weise reuig. »Ich habe sie geliebt. Sie war so eine liebe kleine Person und meistens so fröhlich und glücklich. Sie war immer gerührt vor Dankbarkeit, wenn ich zu ihr ins Zimmer kam und ihren Geschichten zuhörte. Sie hatte einen unerschöpflichen Vorrat davon. Wir hatten viel Spaß. Wir zwei haben immer so viel gelacht, wenn wir zusammen waren.«

»Worüber?« Ada war beunruhigt. Und als Laura geheimnisvoll lächelte, fühlte sie sich zur Rechtfertigung aufgefordert. »Deine Großmutter hat es mir sehr schwer gemacht, als sie alt wurde. Das kann ich dir sagen.«

»Du hast sie nicht verstanden. Das war dein Problem«, sagte Laura so süffisant, daß Ada verächtlich wegsah. Die Sonne schien zwar immer noch, aber Ada fröstelte, als ob sie hinter einer Wolke verschwunden wäre. »Sie hat immer meine Haare gebürstet«, fügte Laura hinzu und schloß ihre Augen. Ada kam es so vor, als ob die Nostalgie ihrer Tochter nicht aufrichtig war. »Wenn es ihr paßte«, versetzte sie. »Immer wenn ich ihre Hilfe brauchte, schien sie etwas Wichtigeres zu tun zu haben.«

»Was zum Beispiel?« Laura öffnete ein Auge.

»Dies und das.« Es machte Ada nervös, festgenagelt zu werden. »Zum Beispiel hat sie ewig Zeitungen gelesen, sogar Zeitungen, die schon eine Woche alt waren.«

»Was noch?«

»Laß mich überlegen. Sie hat stundenlang Zeitungsschnipsel ausgeschnitten, die scheinbar irgendeine besondere Bedeutung für sie hatten. Weiß der Himmel warum. Mit Zeitschriften das gleiche. Ach ja, und noch etwas. Sie hatte eine Sammlung von alten Postkarten, die sie ständig ordnete.« Ada machte eine Pause. Irgendwie schienen diese Beschäftigungen ihrer Mutter nicht auszureichen, um das fürchterliche Durcheinander in ihrem kleinen Zimmer zu erklären. »Sie hamsterte Bindfäden und verbrachte Stunden damit, sie auseinanderzufriemeln, oder Stücke, die für den Gebrauch zu kurz waren, zusammenzuknoten. Dein Vater hat mich oft gebeten, sie dazu zu bewegen, ihre Tür geschlossen zu halten. Natürlich hat sie das nie getan. Deine Großmutter machte, was sie wollte.«

»Mir leuchtet nicht ein, was es für einen Unterschied gemacht hat, ob ihre Tür offen oder geschlossen war, dort oben im Haus. Es ist doch nie jemand dorthin gegangen, nur er und ich und wer immer ihr das Essen gebracht hat.«

»*Ich* habe es ihr hochgebracht. Was meinst du, wer sonst? Ich mußte ihr immer Tabletts hochbringen, weil sie nie zu den normalen Essenszeiten nach unten kommen wollte. In kleinen Dingen war sie sehr eigenwillig. Und falls sie sich tatsächlich mal dazu bequemte, nach unten zu kommen, war es immer zu einer selbsterwählten Zeit, wenn nämlich der Abwasch erledigt war, die Töpfe und Pfannen weggeräumt und die Küche gefegt war. Du weißt, wie lästig das für Angestellte sein kann.«

»Nein.« Als ob die eine Silbe noch nicht tödlich genug wäre, fuhr Laura fort. »Man kann nicht davon ausgehen, daß alte Menschen völlig normal sind.«

»Soweit ich mich zurückerinnern kann, ist sie immer so gewesen«, widersprach Ada. »Ich kann mich nicht entsinnen, daß sie jemals etwas zum richtigen Zeitpunkt getan hätte. Wenn ich als Kind aus der Schule nach Hause kam, war mein Essen nie auf dem Tisch. Sie hatte am Abend nicht einmal das Abendessen fertig, wenn mein Vater müde und hungrig vom Büro nach Hause kam. Es machte ihr nichts, uns warten zu lassen, während sie sich um irgendeinen Quatsch kümmerte.«

»Zum Beispiel?«

»Oh.« Ada seufzte müde. Diese Erinnerungen an ihre Mutter wurden zu schmerzlich, als daß sie weiter darüber nachdenken wollte. »Ich glaube, zu dieser Zeit war es Briefeschreiben«, sagte sie teilnahmslos. »Stundenlang saß sie am Eßtisch, schrieb Seiten und Seiten herunter und lief dann zum Briefkasten, bevor sie uns überhaupt irgendwelche Aufmerksamkeit schenkte.«

»Briefe an wen?«

»Wie soll ich das wissen?« Dieses Verhör brachte Ada zur Verzweiflung, aber genau in dem Augenblick war es, als ob ein Lichtstrahl auf die Hand der längst verstorbenen Briefeschreiberin fiel, und sie war verblüfft über das, was er enthüllte. »Warte, Laura. Ich weiß es doch. Sie schrieb an ihre eigene Mutter. An meine Großmutter. Wie konnte ich das vergessen? Jeden zweiten Tag schrieb sie ihr, lange, endlose Briefe.«

»Das überrascht mich nicht. Sie liebte ihre Mutter von Herzen. Sie hat immer von ihr gesprochen«, sagte Laura verträumt. Dann öffnete sie unvermutet beide Augen, und ein Ausdruck von Erstaunen zeigte sich auf ihrem Gesicht. »Herr im Himmel. Die Mutter deiner Mutter wäre Daffs Ururgroßmutter. Du willst doch nicht sagen, daß du dich an sie erinnerst, Mutter?«

»Aber selbstverständlich erinnere ich mich an sie. Meine Mutter hatte ein Foto von ihr neben sich am Bett. Ich erinnere mich, daß sie große dunkle Augen hatte, sanft und glänzend mit einem sonderbar verletzbaren Ausdruck, ähnlich einem Reh oder einer Gazelle. Dadurch, daß meine Mutter ständig von ihr erzählte, wurde sie zu einer wirklich anwesenden Person in unserem Haus, das kannst du mir glauben.« Wieder hatte Ada eine Vision von der toten Hand, die die Liebe, die ihren Stift über das Papier jagte, fast nicht bändigen konnte. »Ich glaube, ich war eifersüchtig auf meine Großmutter«, sagte sie gedankenvoll. »Ich ärgerte mich über den Platz, den sie in der Zuneigung meiner Mutter einnahm, nicht nur meinetwegen, sondern auch wegen meines Vaters. Ich haßte sie. Wenn ich zurückblicke, ist mir allerdings klar, daß sie ein schweres Leben gehabt hat. Sie hatte immerhin zwölf Kinder. Kannst du dir das vorstellen? Es ist wohl kein Wunder, daß meine Mutter ihr so ergeben war; vielleicht bin ich ungerecht und auch dickschädelig gewesen.«

Überraschend streckte Laura ihre Hand aus und tätschelte ihr das Knie. »Es ist alles so lange her, wie will man das schon wissen?« sagte sie. »Und ist es jetzt wirklich noch von Belang?«

Ada freute sich über die Geste, auch wenn die Worte taktlos waren. »Manchmal bedauere ich, daß ich ihr nicht besser zugehört habe, wenn sie über die Vergangenheit sprach. Irgendwie hatte ich nie die Zeit.«

»Man kann sich immer Zeit nehmen.« Lauras Stimmung war wieder umgeschlagen. »So wie ich es in Erinnerung habe, hast du immer erwartet, daß sie dir voll und ganz zur Verfügung stand, nur weil sie bei euch wohnte.«

Ada empfand dies als so unverzeihlich, daß sie schnell das Thema wechseln mußte. »Was macht Daff?« fragte sie, obwohl das Kind nur ein paar Meter entfernt war und völlig glücklich zu sein schien. Aber während sie sprach, gab Daff einen begeisterten Schrei von sich, und sie sah, daß sie – von den Schlüsselblumen gelangweilt – zu dem Kuhfladen zurückgelaufen war und gerade ihre Finger hineinstecken wollte. »Laura. Halte sie davon ab«, kreischte Ada. Sie selbst hätte nie schnell genug aufstehen können.

Ungeschickt erhob sich Laura. »Daff. Faß das nicht an, du Dussel«, rief sie, packte das Kind und schüttelte es. »Willst du dreckig werden? Komm sofort da weg.« Daff hinter sich herziehend, ging sie außer Atem zurück zur Böschung.

»Er war wohl schon getrocknet«, sagte Ada in der Hoffnung, die Sache etwas herunterspielen zu können.

»Wenn sie ihre Finger hineingesteckt hat, wissen wir bald, ob er trocken war oder nicht.« Ada bremste sich. Laura sah wirklich müde aus; sie hatte sich wieder auf der Böschung niedergelassen und ihre Augen geschlossen, während Daff noch immer unsicher vor ihr stand.

Ada war der Ansicht, daß das Kind genug Buße getan hatte. »Du kannst spielen, wo du möchtest, Liebes, solange du dich nicht schmutzig machst«, sagte sie. Aber Daff stand immer noch unglücklich da und wartete auf ein Wort von ihrer Mutter. Nach einer Minute mußte Ada auf den bekannten Köder zurückgreifen, um die Aufmerksamkeit einer

Mutter zu erlangen. »Wem ist Daff ähnlich, Laura, was glaubst du?« fragte sie.

Laura biß nicht an. »Wen interessiert das?« sagte sie.

»Das kommt darauf an.«

»Was willst du damit sagen?« Laura öffnete argwöhnisch ein Auge.

»Naja, du kannst wohl dankbar sein, daß du deiner Großmutter ähnelst, meine Liebe«, sagte sie. Bestürzt stellte sie fest, daß Lauras Ausdruck augenblicklich von Argwohn in Ärger umschlug. »Liebes, ich weiß, daß du es nicht haben konntest, als ich das schon einmal gesagt habe, aber ...«

»Wundert dich das etwa? Als ich klein war, hast du immer gedroht, daß ich so werden würde wie sie.«

»Ach, ich wollte nur nicht, daß du ihren Charakter erbst. Aber in der Blüte ihrer Jahre war sie eine ausgesprochen schöne Frau, und man konnte dir nichts Besseres wünschen, als äußerlich ihr nachzuschlagen. Sag, was du willst, aber das bist du auch. Du bist ihr wie aus dem Gesicht geschnitten.

Du hast dich immer aufgeregt, Liebes, weil du sie nur als alte Frau kanntest. Als sie jung war, war ihr Gesicht wie das Gesicht auf einer griechischen Münze. Und bis zum Schluß war ihre Haut weich und glatt. Sie war dieser dunkle Hauttyp, bei dem man nie Falten sieht, anders als bei mir oder eigentlich dir. Verstehe mich nicht falsch. Ich bin immer stolz auf deine Porzellanhaut gewesen, aber solche Haut ist nie so unempfindlich wie diese dunkle Haut.« An dieser Stelle beugte sie sich nach vorn und prüfte das Gesicht ihrer Tochter. »Laura. Hörst du zu? Ich hoffe, daß du dich eincremst, besonders wenn du nach draußen in den kalten Wind gehst. Falls nicht, wirst du eines Tages mit zerplatzten Äderchen aufwachen. Aber um auf die Ähnlichkeit zwischen dir und meiner Mutter zurückzukommen. Kennst du das Foto, auf dem sie eine weiße Bluse mit *broderie anglaise* trägt, ihr schönes kastanienbraunes Haar hoch aufgetürmt, das, wo sie mich auf dem Arm hat? Sie war sehr jung, als das gemacht wurde.« Plötzlich atmete Ada tief ein. »Ach was, Laura. Sie muß da in deinem Alter gewesen sein. Laß mich überlegen.« Sie begann, schnell an ihren Fingern zu zählen. »Ich kann es einfach nicht glauben. Du bist jetzt schon älter, als sie damals war. Mindestens ein Jahr älter. Nein, zwei Jahre. Laura, hörst du mir überhaupt zu?« fragte sie. Sie beugte sich wieder zu ihr hinüber. Laura schlief.

Ada kam sich verlassen vor, als ob Laura weggegangen wäre und sie allein gelassen hätte. Dann fiel ihr Daff ein. Daff stocherte in irgend etwas mit einem Zweig herum. In dem Kuhfladen? Nein. Oder doch. Das Kind rührte darin herum und setzte einen widerwärtigen Gestank frei. Verzückt begann das Kind, daraufzuschlagen und so den weichen Mist auf seine Kleider, sein Gesicht und sein glänzendes Haar herunterprasseln zu lassen.

»Laura. Laura.« Ada schüttelte ihre Tochter. »Schnell. Wach auf. Daff ist wieder bei dem Kuhfladen.« Sie selbst war so erschöpft, daß sie sich einfach nicht mehr darum kümmern konnte.

Limonade

Es konnte nicht reichen. Jedenfalls nicht die Limonade.

»Möchtest du noch eine Flasche?« fragte Onkel Pauddy.

»Nimm einfach eine, wann immer du möchtest«, sagte Onkel Matt. Er nahm sie mit hinter die Theke und zeigte ihr, wie man den Flaschenöffner benutzte.

Sie nahm sich ein paar Flaschen, weil sie Spaß daran hatte, die Deckel abzumachen, aber eigentlich hatte sie von Limonade wirklich genug. Wenn man die Onkel reden hörte, konnte man meinen, sie hätte bis zu ihrer Ankunft in Irland nie Limonade bekommen. Auf dem Schiff hatte sie genug bekommen. Drüben in Boston hatten Papas Freunde sie häufig eingeladen.

»Ganz gleich, wie's mit dir steht, Dinny«, sagten sie immer, »aber das Kind können wir nicht durstig nach Hause gehen lassen!« Gerechterweise mußte sie den irischen Onkeln allerdings zugestehen, daß es an der Limonade in Irland nichts zu deuteln gab. In Boston wußte sie nie, ob Mama oder Papa echte Limonade meinten oder die Sorte, die Papa trank. Es war verwirrend – wie der Abend, bevor sie sich nach Irland einschifften.

Alle Freunde von Papa und Mama waren zu ihnen gekommen, um sich zu verabschieden, das heißt, alle Freunde von Papa. Mama wollte sie nicht.

»An unserem letzten Abend!« seufzte sie, als Papa ihren Besuch ankündigte.

»Ich weiß, ich weiß«, sagte Papa, »aber ich habe sie gar nicht gefragt. Sie haben sich selber eingeladen – aus lauter Herzensgüte!« fügte er hinzu.

» – oder vielleicht auch«, schnaubte Mama, » – als ein Mittel gegen die Trockenheit!«

»Ach komm, sei nicht mißgelaunt an unserem letzten Abend«, bat Papa.

Und so kamen sie also, all die alten Spießgesellen. Es gab im Wohnzimmer kaum Platz für alle, nicht zuletzt wegen der mit neuen weißen Stricken verschnürten und vertäuten Schrankkoffer und Kisten mitten auf dem Boden und einem großen Strauß Astern, der in nassem Zeitungspapier eingewickelt auf einer der Kisten lag.

»Bitte nicht auf die Astern setzen!« sagte Mama den ganzen Abend.

»Einen Moment, einen Moment, Jungs«, rief Papa, als die Freunde zur Tür hereinkamen, und er hob den roten Plüschrock hoch, in den die Tischbeine gehüllt waren, und zog eine Kiste darunter hervor. »Wir könnten diesen Kasten loswerden und mehr Platz schaffen, wenn mir ein paar von euch helfen, ihn zu leeren!«

Alle bis auf Mama lachten.

»Ach, kommen Sie, Ma'am«, sagte einer der Freunde und deutete auf die runden Blechsiegel, die an allen Knotenstellen des zusammengedrehten Drahts festgelötet waren. »Was kann schon passieren, wenn sie mit Medaillen bedeckt ist?«

Mama schenkte ihm keine Beachtung.

»Dinny, du hast mir dein heiliges Ehrenwort gegeben.«

»Das habe ich! Das habe ich!« rief Papa, »aber es gilt erst, wenn dein Schiff abfährt, Kleine! Komm jetzt, sei keine Spielverderberin.«

Einen Augenblick später war die Kiste aufgebrochen, und Papa lief in die Küche und kam mit einem Stoß Gläser zurück, die er wie Blumen an den Stielen anfaßte.

»So, wer möchte Limonade?« rief er. Dann biß er sich auf die Lippe.

»O Mann, Liebling«, sagte er und eilte zu Maudie hinüber. »Bin ich ein Rabenvater. Ich hab vergessen, echte Limonade für dich zu besorgen.«

Es lag an seiner Bekümmertheit, nicht an ihrer Enttäuschung, daß Maudie Tränen in die Augen traten.

»Da«, rief Mama, als sie die Tränen sah, »ich wußte, das so etwas passieren würde!«

Aber Maudie wischte die Tränen eilig fort.

»Es macht nichts, Mama!« rief sie. Sie schüttelte Papas Schulter. »Wirklich nicht!«

»Es macht nichts?« Papa sah sie an. »Wirklich, Kleine?« Der glückliche Ausdruck kehrte in sein Gesicht zurück. Jetzt hatte er nur noch eine Kleine zu beschwichtigen. »Wie wär's, wenn wir ihr ein bißchen von dem hier geben – ordentlich verdünnt natürlich –, um es wiedergutzumachen?« flüsterte er Mama zu.

Mama fehlten beinahe die Worte.

»Dinny Delaney! – Immer wenn du so etwas von dir gibst, weiß ich wieder, daß es richtig von mir ist, zu –«

Aber Papa hielt ihr mit seiner Hand den Mund zu, und er sprach sehr leise, so daß keiner außer Maudie es hören konnte.

»Kein Wort mehr davon!« sagte er. »Na na. Abgemacht ist abgemacht. Ein kleiner Urlaub – so wollten wir es doch nennen, und du brauchtest ihn unbedingt; wenn überhaupt irgend jemand ihn verdient hat, bist du das, Kleine. Ein kleiner Urlaub. Gründe werden nicht gefragt und nicht gegeben. Haben wir das nicht beschlossen? Und vergiß das auch nicht, wenn du drüben ankommst.« Einen Moment lang sah er sehr böse aus und stierte auf das Bier in seinem Glas. Dann blickte er auf. »Ein kleiner Schluck würde dir sicher auch nicht schaden – aus gesundheitlichen Gründen«, fügte er eilig hinzu. »Ich sag dir, du brauchst überhaupt nicht so hochnäsig zu gucken, und morgen um diese Zeit bist du vielleicht froh, wenn du dich an meine Worte erinnerst, aber die beste Vorbereitung für eine Seereise ist einfach ein Tropfen von diesem Zeug hier«, und er klopfte auf das Glas in seiner Hand. »Ich merke, daß du nicht auf mich hörst, aber ich weiß, wovon ich rede, und ein Barkeeper – warte! –, was rede ich, es war überhaupt kein Barkeeper, sondern ein Steward an Bord, der hat mir selbst von einer jungen Frau auf einer seiner Überfahrten erzählt, genau dein Alter, die so krank war, daß der Schiffsarzt dachte, es wäre vorüber mit ihr, und das wäre vielleicht auch so gewesen, wenn nicht der Steward gewesen wäre, der ihr ganz geistesgegenwärtig einen Schluck Alkohol die Kehle hinuntergezwungen hat. Es ist die Wahrheit, ich sag's dir, Kleine. Und denk dran, falls das Kind krank werden sollte –« An dieser Stelle wollte er sich wieder neben Maudie setzen, aber Mama stieß einen Schrei aus.

»Paß auf, die Astern!« rief sie. »Ach, jetzt sind sie kaputt«, sagte sie, als sie sie hochnahm und genau inspizierte.

Sie hatten etwas gelitten. Viele der leicht angeschlagenen Blütenblätter hatten sich gelöst und lagen wie Wollreste über den Boden verstreut.

»Ich wollte sie so gern mit auf die Reise nehmen«, jammerte Mama.

»Wie oft haben Sie die Reise schon gemacht, Ma'am?« fragte einer der Freunde höflich.

»Wie oft habe ich den Atlantik überquert, Dinny?« fragte Mama, wartete seine Antwort allerdings nicht ab. »Viermal«, sagte sie. »Dieses Mal natürlich mitgezählt«, ergänzte sie gewissenhaft.

»Du bist noch nicht ganz drüben, Kleine!« sagte Papa. »Es gibt ja sowas wie Eisberge, weißt du«, sagte er, und er wandte sich um und blickte ernst zu seinen Gästen. »Trotz all unserer wissenschaftlichen Fortschritte und dergleichen sind wir die Eisberge noch nicht los.«

»Was sind Eisberge?« fragte Maudie.

»Ach, gar nichts«, sagte Papa rasch, »und überhaupt, wer weiß, vielleicht bekommt deine Mama sowieso noch Heimweh und überlegt es sich in der letzten Minute anders, und dann fährst du überhaupt nicht weg!«

»Oh, aber ich *will* wegfahren«, rief Maudie. »Ich habe allen erzählt, daß ich fahre, den Lehrern in der Schule und allen!«

»Also willst *du* mich auch verlassen, ja?« sagte er, und er starrte tief in sein inzwischen leeres Glas.

»Fang mit ihr bloß nicht so etwas an – mit einem *Kind*«, rief Mama. »Natürlich freut sie sich auf die Aufregung. Und überhaupt weiß sie – oder eher: wurde ihr gesagt –, daß du im Frühling kommst und uns zurückholst.«

»Ja, das hat man ihr gesagt, ich weiß«, sagte Papa finster. Aber wieso klang seine Stimme so sonderbar? Und wieso sprach Mama mit so erhobener Stimme und posaunte ihre Worte in jede Richtung?

»Für Dinny wird es die vierzehnte Überfahrt sein – wenn er zu uns kommt«, sagte sie.

Alle waren verblüfft.

»Vierzehnmal über den großen Teich!« rief der alte Pa Spiddal maßlos beeindruckt. Sein echter Name war überhaupt nicht Spiddal. Das war der Name des Ortes in Irland, aus dem er stammte. Er redete so viel davon, daß man ihn nie anders nannte.

»Das stimmt«, schaltete Papa sich wieder ein. »Und genaugenommen müßten manche Überfahrten doppelt gezählt werden, weil man die Überfahrten von heute nicht mit meinen ersten Überfahrten vergleichen kann. Ach, die Überfahrten damals! Habe ich euch jemals von der Zeit erzählt –«

»Ganz bestimmt hast du!« rief Mama eilig, aber die anderen gierten danach.

Sie alle waren Iren, allerdings keine gebürtigen Iren, und insofern bedeutete die Teilnahme an diesem Abschied von Dinnys Frau und Kind eine doppelte Sehnsucht für sie, eine Sehnsucht nach dem alten Land, aber ebenso nach den alten, inzwischen verstorbenen Leuten, mit deren Augen allein sie das verlorene Land je wahrgenommen hatten.

»Also«, sagte Dinny und ignorierte Mama, »damit ihr euch eine Vorstellung davon machen könnt, wie wir damals hin- und hergeschaukelt wurden, muß ich euch erzählen, daß die Tische Ränder hatten, so daß die Tassen und Untertassen nicht auf den Boden rutschen konnten. Nein! Moment mal. Ich glaube, das muß doch schon bei späteren Überfahrten gewesen sein – in den ganz frühen Tagen, als ich als junger Kerl meine erste Überfahrt machte, waren die

Tassen und Untertassen an die Tische festgekettet, es waren Emailletassen, vielleicht auch aus Blech, aber –«

»Dinny!« Mamas Wangen glühten. »Das galt doch wohl nur für das Zwischendeck!« rief sie.

»Ja – sicher auf dem Zwischendeck«, sagte Papa, ohne daß es ihm peinlich war. Mamas errötetes Gesicht war ihm nicht aufgefallen. »Ich weiß nicht, wie es in der ersten Klasse aussah«, fuhr er fort, »obwohl es im Falle des Untergangs keinen großen Unterschied machen würde, wie ich früher immer gesagt habe.«

Aber obwohl ein oder zwei der Freunde lachten, bemerkte Maudie, daß zwei der Frauen Blicke wechselten. Und genau in diesem Augenblick spürte sie eine verstohlene Bewegung unten nahe bei ihren Füßen, die über den Rand eines Schrankkoffers baumelten. Als sie – ebenfalls verstohlen – hinunterblickte, sah sie, wie die alte Ma Spiddal ihren Fuß ausgestreckt hatte und mit der Spitze ihres schwarzen Schnürstiefels vorsichtig, aber bestimmt die zwei großen Überseekoffer auseinanderschob.

Aber Mama sah es auch. Sie nahm die Astern hoch.

»Möchten Sie gerne die Aufschriften sehen, Ma Spiddal?« fragte sie knapp. »Zwar reicht Zwischendeck heutzutage fast an die damalige erste Klasse heran«, sagte sie und zeigte – nein –, hielt die Aufschriften unter Ma Spiddals Nase –, »und doch lohnt es sich für uns nicht, hier und da auf ein paar Dollar zu achten, als ob wir Emigranten wären!«

»Oh, aber es ist mehr als nur ein paar Dollar Unterschied, meine Liebe«, sagte Ma Spiddal mit einer Mischung aus Widerwillen, Neid und vor allem Reue.

»Naja, das ist ohnehin Dinnys Sache, nicht meine«, sagte Mama ein bißchen sanfter. Etwas überrascht blickte sie auf die Astern in ihrer Hand. »Ich sollte sie wohl besser ins Wasser stellen!«

»Wasser!« – Papa schüttelte sich heftig – »ist heute abend ein gotteslästerliches Wort«, sagte er und tauchte wieder in einen Kasten, um einen weiteren Stoß Flaschen hervorzuholen.

Aber Mama flüsterte ihm irgend etwas zu, und im nächsten Moment fühlte Maudie sich gewaltsam auf Papas Arm hochgehoben. Und auf dem ganzen Weg die Treppe hinauf wippte ihr Kopf von einer Seite zur anderen.

»Bin ich auf dem Schiff?« rief sie. »Geht es unter?«

»Siehst du?« rief Mama Papa zu. »Ich hoffe, du bist jetzt zufrieden mit deinem alten Unsinn! Eine schöne Zeit werde ich mit ihr auf dem Schiff haben!«

»Also, soviel ist sicher«, rief Papa, »jeder, der dich so hört, wird denken, daß deine Abreise meine Idee war statt –«

»Statt was?« zischte Mama.

»Ach, was nützt es schon, jetzt darüber zu diskutieren«, sagte Papa, und er kramte in seiner Tasche. »Hier«, sagte er. »Ich kann dir die Fahrscheine genausogut jetzt geben.«

Mama nahm sie und sah sie sich an.

»Einfache Fahrt?«

»So wirst du dich ungebundener fühlen«, antwortete Papa.

»Es ist günstiger, eine Rückfahrkarte zu kaufen.«

»Nur, wenn man zurückkommt«, sagte Papa seltsam.

Trotz ihrer Schläfrigkeit stachen Maudie diese Worte durch das Herz. Und Papa merkte es.

»Wer weiß, Kleine? Vielleicht komme ich ja rüber und bleibe selber da«, sagte er scherzhaft, aber die Scherzhaftigkeit überzeugte nicht einmal ihn selbst. »Gib mir die Fahrscheine noch mal kurz zurück.« Er zog einen Stift aus seiner Tasche und malte ein kleines Kreuz auf die Rückseite eines Fahrscheins. »Das heißt Limonade«, sagte er zu Maudie. »Zeig es dem Steward auf dem Schiff, und er weiß Bescheid. Es ist mein Zeichen. Es bedeutet, daß ich dafür bezahle, wenn ich das nächste Mal rüberfahre – Mama wird sich um alles kümmern, falls es irgendwelche Schwierigkeiten gibt.«

Mama riß die Fahrscheine wieder an sich, allerdings wenig erfreut.

»Können wir nicht *einmal* ein ernstes Wort miteinander reden?« fragte sie. »Ist es nicht beschlossene Sache, daß du im März kommst und uns zurückholst?«

»Das war anfangs so geplant«, antwortete Papa.

»Und?« sagte Mama.

»Und?« sagte Papa. »Ja, ja, ich komme, in Ordnung«, sagte er langsam, »aber wer weiß, ob wir nicht alle dortbleiben.«

Mama sah ihn skeptisch an.

»Möglicherweise sind die Leute dort drüben gar nicht besonders nach deinem Geschmack.«

»Ach, du bist mißgelaunt, nicht? Mißgelaunt bis zum Schluß. Ich muß dir mal was sagen. Bevor ich überhaupt ein Auge auf dich geworfen habe, hatte ich beabsichtigt, eines Tages ins alte Land zurückzukehren. Ich erinnere mich nicht an die alte Sprache, obwohl ich sie die alten Leute an unserer Feuerstelle immer habe sprechen hören. Ich habe zwar nicht verstanden, was sie sagten, aber ihr Plaudern kam einem so natürlich vor wie das Krächzen der Dohlen über den Schornsteinen. Ich erinnere mich an ein Sprichwort, das abends am Kamin immer an das Ende eines Rosenkranzes gehängt wurde: *Bás in Éirinn* – Mögest du in Irland sterben –, das wünschte sich meine Mutter für uns alle, daß wir es weit genug bringen würden, um ins alte Land zurückkehren zu können.«

»Es gibt nur eine Möglichkeit, diesen Wunsch zu erfüllen«, sagte Mama mißmutig, »und ich kann mir nicht vorstellen, daß du dir jemals irgend etwas leisten kannst, wenn du so weitermachst.«

»Hier täuschst du dich. Wie so oft! Und Eigentum kostet zu Hause nicht so viel wie hier, mußt du wissen. Kürzlich hat mir noch ein Freund erzählt, daß einem bestimmte Landgüter hinterhergeschmissen werden – sie verschenken sie, in Leitrim und Roscommon.«

»Da unten, ja?« rief Mama. »Ich danke bestens!«

Papa sprang vom Bett auf.

»Da haben wir es wieder. Was bringt es schon, irgend etwas mit einer Frau wie dir zu planen! Gott höchstpersönlich würde es dir nicht recht machen! Ich bin überzeugt, daß du selbst im Himmel enttäuscht bist, wenn du dort anlangst!«

»Das würde mich auch nicht wundern!« rief Mama. »Ich bin inzwischen dermaßen an Enttäuschungen gewöhnt. Aber ich glaube nicht, daß du eine Ahnung hast, wovon du redest! Leitrim! Roscommon! Von morgens bis abends hätte ich keine Menschenseele zum Reden!«

»Wie hier!« schrie Papa. »Wie kommt es, daß ich überall Freunde habe, wo ich hinkomme?«

Aber da schossen Mama die Tränen in die Augen.

»Frag *mich* das nicht, Dinny«, sagte sie. »Liegt nicht all der Ärger, der jetzt oder eigentlich immer zwischen uns herrscht, in der Antwort? Ach, ich bin so müde, müde, müde.« Sie hob ihren Kopf und schien angewidert den Stimmen und dem Gelächter zu lauschen, das aus dem Wohnzimmer die Treppen hinaufdrang. »Du solltest wohl besser zu ihnen nach unten gehen, sonst denken sie noch, daß etwas nicht stimmt. Oder bleiben sie die ganze Nacht?«

»O Gott, nein!« sagte Papa und packte bei diesem Anlaß noch ein Stückchen Gälisch aus. »Ich werde ihnen einen Wink mit dem Zaunpfahl geben: eine Runde noch, und die nennen wir einen *deoch an dorais* – einen Schluck für die Tür!«

»Kommen wir wirklich nicht zurück, Mama?« sagte Maudie, als er nach unten gegangen war.

»Warum fragst du das?« sagte Mama scharf. »Würdest du nicht gerne in Irland bei all deinen Onkeln und Tanten bleiben und zu einer schönen Klosterschule gehen, wo die Nonnen dir Anstand und Benehmen beibringen könnten?«

Es war vier Uhr am Morgen, und bei Tageslicht hätte man die Küste Irlands wie einen am Horizont treibenden Streifen Seetang sehen können. Aber so konnte man nichts als das Aufblitzen des Leuchtturms sehen.

»Aufwachen, Maudie, aufwachen, nun kannst du zum ersten Mal Irland erkennen. Schau!«

Alles, was Maudie zunächst durch das mittlerweile vom Atem beschlagene Bullauge sehen konnte, waren die gleichen Unmengen von grauem Wasser, die es während der Überfahrt täglich umspült hatten, mit dem Unterschied, daß es jetzt von aufblitzenden Lichtern aus dem Maschinenraum erhellt war. Als sich ihre Augen an das Halbdunkel gewöhnt hatten, konnte sie erkennen, daß es weit draußen auch von weißen Blitzen seiner eigenen kalten Gischt erhellt war. Dann öffnete sich in der Ferne plötzlich eine schwarze Faust, um eine blaue Kugel Licht loszulassen, und schloß sich wieder, dann öffnete sie sich, um sie wieder einzufangen – schloß und öffnete sich, schloß und öffnete sich, schloß und öffnete sich –

»Das war doch nicht wirklich Irland? Das waren doch nur alte Felsen, oder?« fragte sie etwas später zaghaft, als sie sich im Tender vor Cobh befanden und eine grüne Küste noch immer weit enfernt oben auf dem Wasser schwamm.

Sie fühlte sich sehr müde, schlief aber nicht ein, bevor sie im Zug saßen.

Dann sank sie erschöpft in die roten Ripssitze, die nach Staub und Kohlenrauch rochen, und es kam ihr wirklich so vor, als hätte sie ihre Augen gerade erst geschlossen, als Mama sie rüttelte, damit sie aufwachte und sie öffnete.

»Komm, ich mache dich zurecht«, sagte sie. »Dies ist die vorletzte Station, und dann sind wir – da!«

Maudie wußte, daß sie fast »zu Hause« gesagt hätte, es aber schnell zu »da« geändert hatte. Obwohl sie müde war, spürte sie bei Mama eine gewisse Teilnahmslosigkeit. Wo war das Stürmische an ihr geblieben, das sie aufgeweckt hatte, um Fastnet Rock zu sehen?

Und dann – plötzlich –, noch bevor der Zug am Bahnsteig richtig zum Halt gekommen war, wurde die Tür ihres Abteils aufgerissen, es wurde geschrien, gelacht, Mama wurde geküßt, ihr Gepäck beschlagnahmt – und zwar von den drei schönsten jungen Männern, die Maudie je gesehen hatte. Es waren die Onkel, die phantastischen Onkel.

»Aber wir sind doch erst bei Clare Junction!« rief Mama.

»Wir konnten es nicht abwarten!« riefen die Onkel wie Schuljungen alle auf einmal. »Wir haben ein Gig genommen, um euch entgegenzukommen. Von hier aus fahren wir mit euch im Zug weiter.« Sie quetschten sich in ihr Abteil. »Wie geht's euch? Wie geht's euch? Endlich willkommen zu Hause. Es war Zeit zurückzukommen!«

Maudie war überwältigt. So ein Lachen! So ein Küssen! Kein Wunder, daß Mama sie so sehr vermißt und immer von ihnen und ihren Späßen und Geschichten erzählt hatte.

»Möchte irgend jemand hier raus?« rief Onkel Pauddy beim Halten des Zuges. »Vorsicht Stufe, Vorsicht Stufe«, warnte er, als sie an dem schwach beleuchteten Bahnhof ausstiegen. »Nimm meinen Arm«, rief er, als sie in die rabenschwarze Straße hinter dem Bahnhof hinaustraten.

»Ich kenne mich aus«, sagte Mama gereizt. »Was ist mit den Koffern?« Aber Onkel John-Joe war bereits dabei, sie auf einen kleinen Karren zu laden, der an eine Mauer gelehnt stand.

»Die benutzen wir, um Porterfässer zur Abfüllhalle zu transportieren«, erklärte er Maudie. »Sag mal, hast du jemals von Porter gehört?«

»Ist das so etwas wie Limonade?« fragte sie vorsichtig. Alle lachten.

»Der arme Dinny!« sagte John-Joe.

»Daran also erinnerst du dich nach all den Jahren!« sagte Mama.

»Wie geht es ihm überhaupt?« fragte Matt eilig.

»Oh, es geht ihm gut«, sagte Mama.

»Das freut mich zu hören«, sagte Matt ernst. »Wahrscheinlich kommt er doch bald hinter dir her.«

»Das hat er jedenfalls vor«, sagte Mama knapp.

»Das wird großartig«, sagte Matt. »Wir könnten ihn vielleicht überreden, ein Häuschen zu kaufen und dann für immer hierzubleiben.«

Sie hatten den Bahnhof inzwischen ein ganzes Stück hinter sich gelassen und befanden sich in einer engen Straße ohne Gehweg, wo sie in der Mitte der unbefestigten und matschigen Straße nebeneinander herliefen.

»Sag nicht, daß heute Jahrmarkt war«, sagte Mama, als sie in eine Pfütze trat.

»O doch, genau das«, sagte John-Joe bedauernd. »Heute war der zweite Tag des großen Oktoberjahrmarkts.«

»Was habe ich mir da für einen Tag ausgesucht!« rief Mama.

»Komm schon«, sagte Matt. »Führ dich nicht auf wie ein zurückgekehrter Yankie.«

»Aber das bin ich, glaube ich«, erwiderte Mama.

»Ach was, im Gegenteil«, rief Matt. »Drüben hast du ja nur einen kleinen Urlaub gemacht – diesmal werdet ihr alle für immer Station zu Hause machen – wart's nur ab.« Er drückte Maudie.

Aber Mama kam nachdenklich auf Matts Worte zurück.

»Ein Urlaub, ja?« sagte sie. »Zehn Jahre! Das war aber ein langer Urlaub!« Dann lachte sie. »In Dinnys Augen ist *das* der Urlaub – die Rückkehr ist der Urlaub in Dinnys Augen!« Sie gingen ein paar Schritte weiter. »Ich frage mich, wer von euch recht hat?« sagte sie, aber als sie um die Ecke bogen, klatschte sie plötzlich in die Hände. »Mein altes Zimmer!« rief sie. »Ganz erhellt! Wie lieb von Cass! Wie geht es ihr? Wie geht es Cass? Wenn man bedenkt, daß ich mich nie nach ihr *erkundigt* habe. Schau, schau, Maudie«, sie zeigte auf ein rosafarbenes Licht, das am Ende der Straße aufleuchtete. »Das war mein Kinderzimmer, das war mein Zimmer an der Giebelseite«, rief sie. »Oh, ich habe mich so nach diesem Licht, nach diesem Zimmer zurückgesehnt!« Sie begann zu laufen. Und als sie die Eingangstür erreichten, ging sie direkt auf die Treppen zu und rief über ihre Schulter: »Ich habe vergessen, dir zu sagen, daß sich die Wohnräume über dem Geschäft befinden.« Aber Maudie sah sich nur begeistert um.

Ganz oben waren entlang dem rottapezierten Korridor an der Wand in kleinen Abständen rote Blechlampen angebracht. Hinter jeder Lampe befand sich ein bogenförmiger Rückstrahler aus Blech, der die rote Tapete so hell anstrahlte, daß es aussah, als ob sie blutete.

Schließlich gelangte sie an das Ende des Korridors, und dort sah sie eine kleine Frau stehen.

»Cass!« rief Mama und rannte auf sie zu.

»Ich bin nicht nach unten gekommen, weil –«

»Ach, warum auch!« rief Mama, als sie sich trafen und sich küßten.

»Und?« fragte Cass und trat zurück. »Wie sieht's aus? Wie geht es Dinny?«

»Oh, es geht ihm blendend – blendend«, sagte Mama.

»Ich hoffe nicht, daß du damit gerechnet hattest, in deinem alten Zimmer zu wohnen«, sagte Cass dann. »Ich bin dort eingezogen, ich war nicht davon ausgegangen, daß du zurückkommst«, fügte sie verteidigend hinzu, »außer vielleicht, um Urlaub zu machen.«

»Schon in Ordnung«, sagte Mama. »Bring uns irgendwo unter. Ich bin so müde, daß ich auf dem Boden schlafen könnte!« Aber mitten in der Tür zu dem Zimmer blieb sie stehen. »Was ist es anderes als ein Urlaub?« fragte sie.

Cass antwortete nicht.

»Hast du gedacht, daß ich nicht zu ihm zurückkehren würde?« fragte Mama.

Da tauchte Onkel Matt mit einem Koffer auf seinem Rükken auf.

»Wir werden schon dafür sorgen, daß Dinny sich hier ein Haus kauft!« sagte er. »Und nun, Cass, wie wäre es mit einer Tasse Tee? Und was möchte das Kind haben? Wie wäre es mit einer Flasche Limonade? Hm?«

»Um diese Zeit noch?« rief Mama. »Naja, dann muß sie

sie mit ins Bett nehmen! Ich werde sie ausziehen, während du die Limonade holst«, und sie ging in ihr Zimmer.

»Kommst du klar?« fragte Cass, bevor sie hinausging und die Tür schloß.

Als sie gegangen war, sah Mama sich im Zimmer um.

»Ich muß schon sagen, ich kann es ihr nicht zum Vorwurf machen, daß sie aus *diesem* Zimmer ausgezogen ist«, stellte sie fest. »Ich hatte keine Ahnung, daß es so häßlich und düster ist. Und direkt über dem Geschäft! Hör mal!« Von unten hörte man das Geräusch von Schritten, die so hallten wie in einem leeren Raum. »Das ist Onkel Pauddy, der dir deine Limonade besorgt«, sagte sie und runzelte die Stirn. »Also, mein *altes* Zimmer war über den Hinterzimmern«, sagte sie, während sie das Bett aufschlug. »Man hörte nie etwas. Ich beschwere mich natürlich nicht. Und überhaupt weiß ich, was hinter alldem steckt.« Sie senkte ihre Stimme. »Eifersucht! Weißt du, als jüngste Tochter hätte ich nie das beste Zimmer bekommen sollen. Aber«, und jetzt flüsterte Mama so leise, daß Maudie sie fast nicht verstehen konnte, »ich war der Liebling deiner Großmutter«, sagte sie. »Sie hat mich immer verwöhnt. Das hat Tante Cass übelgenommen. Bis zu diesem Augenblick war mir das nicht klar. Und wie gesagt, ich mache ihr keinen Vorwurf, daß sie es sich nach meinem Weggang genommen hat. Ich finde nur, sie hätte es mir für die Dauer dieses Besuchs überlassen können.«

Also *war* es nur ein Besuch. Wie die Grenzen ihres Aufenthalts anschwollen und wieder schrumpften … Wenn sie allerdings an die leuchtenden, rubinroten Wände dachte und an die schönen bogenförmigen Reflektoren hinter den Lampen, wurde ihr bewußt, daß sie solch einen Palast nie wieder verlassen wollte. Die Fenster hatten Scheiben in wechselweise rotem und grünem Glas in der Form von Diamanten. Buntglas! Ein echter Palast! Und auf dem Flur direkt vor ihrer Tür hatte sie einen großen Sockel gesehen, auf dem ein mit Farn gefüllter Messingbehälter stand. Und der Sockel war aus Marmor. Wahrlich ein Palast!

Am nächsten Tag wachte Maudie vor Tagesanbruch auf. Binnen einer Minute war sie aus dem Bett und angezogen und draußen auf dem Flur.

Aber wo war nun bloß die blutend rote Tapete? Jetzt, wo die Lampen nicht angezündet waren, verbreiteten sie kein blutiges Leuchten, und die bogenförmigen Ränder der Blechreflektoren waren stumpf vom Rost. Und der Marmorsockel! Als sie ihn mit ihrer Hand berührte, fühlte er sich an wie weiches warmes Holz. Die rote Maserung war aufgemalt. Der Marmor nur nachgeahmt. Und über die gemaserte Oberfläche spazierten – das sagte wohl alles – kleine hellbraune Geschöpfe, die aussahen wie die, die in der Kirche immer auf den Bänken herumkrabbelten und von denen Mama behauptete, es seien Holzläuse. Sie stand da und sah sich um. Jedenfalls war es sehr pfiffig von ihnen, es wie Marmor *aussehen* zu lassen. Sie war nun darauf vorbereitet, daß das Buntglas auf dem Flur ebenfalls unecht war.

Und genauso war es; es war nur einfaches Glas, auf das man rotes und grünes Transparentpapier in dem Muster von Diamanten geklebt hatte. Und dort, wo das Papier nicht ganz bis zum Fensterrahmen reichte, befand sich nur einfaches Glas, und man konnte hindurchsehen. Maudie beugte sich hinunter und ging näher heran. Man sah nicht einmal nach draußen, sondern hinunter in das Geschäft, und dort war Onkel Pauddy, der genau zu ihr hochblickte, und im nächsten Moment kam er zum Treppenabsatz, um sie zu treffen. Das war, als er sie hinter die Theke nahm und ihr zeigte, wie man den Flaschenöffner handhabt.

»Nimm noch eine Limonade. Komm schon!« drängte er leichtsinnig. Um acht Uhr morgens! Es war komisch, wie schlecht ihr in kürzester Zeit von der Limonade wurde. Mit Keksen wäre es wohl etwas anderes gewesen, aber es hatte ihr niemand angeboten, sich einen Keks zu nehmen, wann immer sie wollte, obwohl es in der Mitte des Geschäfts eine große Keksdose mit einem Glasdeckel gab. Es war Tante

Cass, die das Geschäft leitete, und sie hatte die Freigebigkeit der Onkel von Anfang an kritisch beäugt.

»Hast du keine Angst, daß dir schlecht wird?« sagte sie.

»Mir wird nie schlecht!«

»Oh, mein kleiner Finger hat mir aber etwas anderes gesagt –«

Was für eine Gemeinheit! Aus lauter Trotz öffnete Maudie den Deckel der Keksdose und nahm sich nicht einen, nicht zwei, sondern gleich drei große Kekse.

»Du wirst keinen Spaß daran haben, wenn du zu viele davon ißt«, sagte Cass. Dann blickte sie aus dem Fenster und gab einen kurzen Schrei von sich. »O je«, rief sie. »Dort ist ein kleines Mädchen, das sofort seine beiden Augen für einen Keks hergeben würde!«

Maudie fuhr herum. Am Schaufenster stand ein Mädchen, ungefähr so groß wie sie, das einen kurzen Augenblick lang hereinschaute. Aber ach, es war so dünn, und seine Haut so dunkel, oder so schmutzig, und es hatte so verfilztes Haar, das über seine Schultern hing! Maudie konnte nur einen flüchtigen Blick von ihr erhaschen, denn als sie hinaussah, verschwand das Mädchen mit einem finsteren Blick hinter der Giebelseite.

»Warum gibst du ihr keinen Keks?« fuhr Maudie Tante Cass aus einem boshaften Impuls heraus an. Dann fiel ihr etwas Besseres ein. »Ich werde das tun«, rief sie, und nachdem sie noch einmal tief in die Keksdose gegriffen und eine Handvoll Kekse herausgefischt hatte, rannte sie zur Tür.

»Komm zurück!« rief Cass. »Komm sofort zurück. Das geht nun wirklich zu weit!«

Aber Maudie war schon weg. Sie eilte hinaus in die dunkle Straße. Zuerst dachte sie, daß sich das Mädchen in Luft verwandelt hätte, aber als ihre Augen sich an die Dunkelheit gewöhnt hatten, bemerkte sie, daß es noch da war, in einer Ecke zwischen dem Giebel und dem großen Hoftor, und sie hatte ihre knochigen Schultern hochgezogen, wie Engel zuweilen auf heiligen Gemälden dargestellt sind, die Flügel so weit um sich gelegt, daß sich die weißen Enden ihrer Flügelknochen beinahe auf der Brust treffen.

»Hallo!« Maudie sprach genauso, als wenn sie mit jemandem redete, der in keiner Weise anders und komisch war. »Möchtest du einen Keks?« fragte sie.

»Ich habe kein Geld«, sagte das Mädchen schroff.

»Aber ich schenke ihn dir.«

»Wieso?« sagte das Mädchen.

»Naja –« Maudie sprach schleppend, um Zeit zu gewinnen. »Ich habe sie selbst umsonst bekommen.« Auf diese Weise sollten sie ungefährlicher wirken.

Das Mädchen sah noch ängstlicher aus als zuvor.

»Du mußt es in der Beichte sagen, falls du sie geklaut hast«, flüsterte sie. »Du must es dem Priester erzählen.«

Und mit einem seltsamen Schaudern verschwand sie.

Maudie ging zum Laden zurück. Beunruhigt stellte sie fest, daß Cass über sie redete. Und Mama war auch da.

»Willst du damit sagen«, sagte Cass mit errötetem Gesicht, »willst du damit sagen, daß du keinen Unterschied darin siehst, ob sie sie für sich nimmt oder ob sie sie nimmt, um sie auf der Straße zu verteilen?«

»Es zeigt, daß das Kind einen menschenfreundlichen Instinkt hat, finde *ich*«, sagte ein Onkel.

»So würde ich den Instinkt nicht nennen«, sagte Cass. »Aber was kann man schon erwarten – den Untätigen beschert der Teufel Scherereien – was kann man schon erwarten, wenn das Kind nicht da ist, wo es hingehört – in der Schule!«

»Aber Cass, meine Pläne sind so vage«, sagte Mama. »Und es gibt nur die staatliche Schule.«

»Für uns war sie auch gut genug, oder nicht?«

»Jedenfalls müßte ich erst Dinny fragen«, sagte Mama schwach. »Ich weiß nicht, was er dazu sagen würde. Aber sag mal«, fuhr sie etwas reger fort, »wo geht dieses arme Kind zur Schule, das Kind, von dem wir gerade geredet haben, das Kind von Mad Mary? Ich weiß, daß sie einem leid tun muß, aber ich kann mir einfach nicht vorstellen, daß sie normal sein kann, so wie sie in dieser Bruchbude lebt und mit dieser Person als Mutter –«

»Ist es das Mädchen, das ich vor dem Haus gesehen habe?« rief Maudie. »Das Mädchen –«

»Nicht dazwischenreden!« sagte Mama gereizt. »Das hat nichts mit dir zu tun. Wie gesagt«, fuhr sie fort, indem sie sich wieder den anderen zuwandte, »es ist nicht so, daß mir das Kind nicht entsetzlich leid täte. Ich kann mir nur nicht vorstellen, daß so ein Kind der richtige Umgang für –«

Onkel John-Joe unterbrach sie.

»Und was meinst du, sollte man mit so einem Kind machen? Wo sollte man es hinschicken, wenn nicht zur Ortsschule?«

»Tja –« Mama zögerte. »Ich weiß nicht, aber ich bin sicher, daß man in Amerika –«

»Amerika! Amerika!« rief Tante Cass ärgerlich. »Wenn es so herrlich war, warum hast du sie dann nicht dortgelassen? Was Freunde angeht, so hatte ich angenommen, daß Dinnys Umgang dort drüben einer deiner Haupteinwände gegen die Gegend war!«

Mama riß ihre Augen auf.

»Wer hat dir das erzählt?« rief Mama.

»Du, wer sonst?« anwortete Cass.

»Ach, Cass«, rief Mama dann, »du bist noch immer dieselbe! Jemand braucht nur ein kleines Wort zu sagen und es nur halb so zu meinen, und du trägst es jahrelang verbittert nach, um es ihm ins Gesicht zurückzuschleudern, wenn er es am wenigsten erwartet.«

»Aber du *hast* es gesagt!«

»Ach, und selbst wenn!« rief Mama und wandte sich zu den Onkeln. »Sie hat meine Worte verdreht!« Sie sah sich nach Maudie um und schloß sie in ihre Arme. »Ja doch«, rief sie auf einmal, »es würde nicht schaden, wenn das Kind aus der Atmosphäre in diesem Haus hin und wieder herauskäme. Wo ist mein Hut? Ich gehe sofort hinunter zum Kloster!«

»Ruhig, ruhig!« beschwichtigte Onkel Pauddy sie.

Aber Maudie kannte Mama. Es war nicht nur die Limonade, die zur Neige ging.

Die Schule war am anderen Ende der Stadt. Eine Reihe kleiner Jungen rannte barfuß und mit unförmigen Schulranzen auf ihren Rücken neben Maudie und Mama her, als sie die Straße hinaufgingen.

»Gehen sie zu meiner Schule?« fragte Maudie.

»Sie haben ihre Schuhe in ihren Schulranzen, Liebes«, sagte Mama. »Sie kommen vom Land.« Und plötzlich lachte sie. »Zu meiner Zeit mußten sie dem Lehrer jeder ein Stück Torf für seinen Ofen mitbringen. Wir, die Stadtkinder, brachten einen Penny mit. Ich frage mich, ob es diese alte Sitte noch gibt? Ich muß mal fragen!«

Maudie bummelte hinterher.

»Oh, Mama, sieh dir mal diese kleinen Häuschen an! Sind die echt?« Man konnte eine ganze Reihe strahlend weißgetünchter Häuser mit gelben Reetdächern sehen.

»Komm, Liebes«, sagte Mama. »Dort ist das Kloster. Schau. Kannst du es durch diesen Torbogen sehen?« Sie deutete durch einen alten Steintorbogen direkt vor ihnen, unter dem die Straße herlief, als ob es überhaupt nichts Ungewöhnliches wäre, daß eine Straße unter dem Torbogen eines alten Klosters herführte. Als ob es überhaupt keine Straße wäre, sondern ein Fluß! Und als sie und Mama hinuntergingen, zitterte Maudie. Er war kalt und feucht.

»Oh«, rief sie aus, denn als sie nach oben zu den glitzernden nassen Steinen blickte, fiel ihr ein großer Tropfen eiskalten Wassers direkt ins Auge.

Wahrscheinlich lag es daran, daß sie das Haus auf der anderen Seite des Torbogens nicht sah, bis sie beinahe daran vorbeigegangen waren, oder vielleicht lag es auch daran, daß Mama sie fester an sich zog, als sie dort vorbeigingen; als sie hinsah, zitterte sie jedenfalls erneut.

Eigentlich war das Haus genau wie die anderen, genauso

groß und mit einem Fenster rechts und links von der Tür – zwei Augen und ein Mund –, bloß hatte dieses Haus so traurige Augen und einen so hungrigen Mund, und alles darumherum war so dreckig und trist. Aus dem fauligen Reet wuchs Gras, ebenso wie aus den Spalten der baufälligen Mauern, während sich vor der Tür lauter Pfützen befanden. Und in den Pfützen wuchsen grüne Sachen – oder bewegten sie sich? Aber Mama versetzte ihr einen Stoß.

»Starr nicht so«, flüsterte sie. »Es würde ihr nichts ausmachen, herauszukommen und uns mit einem Stein zu beschmeißen oder eine Schüssel Schmutzwasser über unseren Köpfen auszukippen. Das hat sie beides schon gemacht, oder zumindest hat man mir das erzählt.«

Das also war Mad Marys Haus! dachte Maudie, aber im nächsten Augenblick war sie so traurig, daß ihr die Tränen kamen. Lebte hier das arme Mädchen, das Mädchen, das sich an der Giebelwand zusammengekauert hatte? Lebte es hier in diesem schrecklichen, schmierigen Haus im Schatten des Torbogens?

»Was ist hinter der Mauer?« fragte sie ängstlich, weil es keine weiteren Häuser gab, sondern nur eine Mauer von losen, mit Efeu umrankten Steinen, mit Lücken an einigen Stellen, von denen aber keine groß oder tief genug war, um einen Blick hindurch zu ermöglichen.

»Ach, nur ein alter Friedhof«, sagte Mama ungeduldig. »Vor langer Zeit gab es dort ein Mönchskloster, und dieser Torbogen gehörte dazu. Aber hier ist die Schule!«

Denn inzwischen befanden sie sich auf einem ordentlichen, asphaltierten Fußweg, der zu einem Schulgebäude führte, das so ordentlich wie ein Schuhkarton aussah, mit hineingeschnittenen Fenstern auf allen Seiten. Und als sie es erreichten, sahen sie viele Reihen von Schülern, die alle mit offenem Mund hinausstarrten.

»Aha, hier haben wir unsere kleine Amerikanerin«, sagte eine große junge Nonne, als sie auf sie zukam und ihre Hand nahm. »Kennt sie die anderen Kinder schon?«

»Leider nicht«, sagte Mama.

Aber gerade in dem Augenblick entdeckte Maudie ein bekanntes Gesicht.

»Die kenne ich!« rief sie und zeigte dorthin, wo in der allerletzten Bank und ganz allein das merkwürdige Mädchen in einem zerlumpten schwarzen Kleid saß. »Darf ich neben ihr sitzen?« fragte sie voll gespannter Ungeduld, aber sie bemerkte sofort, daß etwas nicht stimmte. Die Nonne hielt immer noch ihre Hand fest.

»Oh, aber würdest du nicht lieber vorne sitzen, Maudie?« fragte sie und warf dann, indem sie Maudie zurückzog, einen schnellen Blick auf das Mädchen in Schwarz. »Ich glaube im übrigen nicht, daß Sadie Dawe dich gerne neben sich sitzen ließe! Es tut mir leid, das sagen zu müssen, aber Sadie ist nicht sehr freundlich. Darum sitzt sie allein dort hinten. Sadie hat noch nicht gelernt, daß wir uns auf eine bestimmte Weise benehmen müssen, wenn wir gemocht werden wollen und Freundschaften schließen wollen.«

Das war pure Lüge! Maudie war sich ganz sicher.

»Mir ist es egal, wie Leute sich benehmen«, rief sie, »wenn ich sie mag! Vielleicht möchte sie *meine* Freundin werden.« Und ebenso wie der Wassertropfen von dem Torbogen direkt in Maudies Auge gefallen war, lächelte sie direkt in Sadies Gesicht.

Einen Moment lang herrschte Spannung. Und dann lächelte Sadie zurück, genau in Maudies Gesicht.

»Nun, heute darfst du dort sitzen«, sagte die Nonne und warf Mama einen beschwichtigenden Blick zu, aber Mama zog Maudie zurück, um ein letztes Wörtchen mit ihr zu reden.

»Wie kannst du so sehr sein wie dein Vater!« flüsterte sie verärgert. »Wieso mußtest du von allen Kindern in der Stadt ausgerechnet dieses Kind aussuchen?«

»Es tut mir leid, Mama«, sagte Maudie, obwohl ihr klar war, daß sie sich nicht für die Gegenwart entschuldigte, sondern für die Zukunft. Dann rutschte sie auf die Bank neben Sadie.

Sadies Impuls zu lächeln war jedenfalls verflogen. Als Maudie sie aus dem Augenwinkel anblickte, sah sie, daß sie ihren Kopf mit einem mürrischen, verschlossenen Blick abgewendet hatte. Nur einmal, als die Nonne für eine Minute zur Tür gerufen wurde, drehte Sadie ihren Kopf.

»Welchen Weg seid ihr zur Schule gekommen?« fragte sie.

Maudie sah ihr ins Gesicht.

»An eurem Haus vorbei!« sagte sie unbekümmert.

Und nach einer Minute, während der sie wie gelähmt schien, lächelte Sadie nicht nur, sondern kicherte. Durch dieses Lachen ermutigt, flüsterte Maudie ihr etwas zu.

»Was passiert in der Pause?«

»Sie spielen!« sagte Sadie.

Maudie fiel das Pronomen auf.

»Spielst du nicht?«

Schließlich drehte Sadie sich ganz herum.

»Sie wollen mich nicht«, sagte sie. »Was die Nonne gesagt hat, ist nicht *wahr.*«

»Ich wußte es!« sagte Maudie triumphierend. »Aber ich kann deine Freundin sein, oder?«

»Vielleicht will dich dann niemand anders«, sagte Sadie düster.

Als es wenige Minuten später zur Pause klingelte, liefen die anderen Schüler alle nach draußen auf den Schulhof und ließen sie allein.

»Wie ich dir gesagt habe!« bemerkte Sadie.

Sie gingen über den Schulhof.

»Was machst du?« fragte Maudie.

»Ich setze mich auf die Mauer.«

»Doch wohl nicht die ganze Zeit?«

»Die ganze Zeit. Aber du brauchst nicht bei mir zu bleiben, wenn du nicht bleiben möchtest.«

»Ich möchte aber«, erwiderte Maudie standhaft.

»Wieso?«

Wieso? Es lag Maudie auf der Zunge zu sagen, daß der Grund Mitleid war. Sie schluckte schnell.

»Weil du meine Freundin bist!« sagte sie.

Und als Sadie auf die Mauer kletterte, kletterte sie ebenfalls hinauf. Sadie hatte ihr Mittagessen in der Tasche. Es war in einer fettigen Papiertüte eingepackt und bestand aus zwei dicken Scheiben Brot mit einer Schicht Butter dazwischen, die so dick und hart war wie Käse. Maudie holte ihre Apfelsine heraus.

»Ist das alles, was du hast?« fragte Sadie, und Maudie fürchtete, daß sie ihr von ihrem Brot anbieten würde. Aber das tat sie nicht. »An meinem ersten Schultag«, sagte sie plötzlich, »hat mir die Nonne eine Apfelsine gegeben, und ich habe hineingebissen wie in einen Apfel. Ich hatte noch nie zuvor eine gegessen.«

Maudie wollte gerade loslachen, als sie Maudies Gesicht sah.

»Sie haben mich alle ausgelacht«, sagte Sadie, »sogar die Nonne.« Sie blickte zu Maudie.

»Weißt du, was ich gemacht hätte?« sagte Maudie. »Ich hätte auch gelacht! Ich wäre *gestorben* vor Lachen! Und ich sag dir was. Du hättest auch gelacht – wenn du jemanden gesehen hättest, der es so macht!«

Aber Sadie schüttelte ihren Kopf.

»Ich würde nie jemanden auslachen, nie«, sagte sie, »egal, was er macht.«

Danach ließ Maudie eine Weile ihre Beine baumeln.

»Das ist komisch, weißt du«, sagte sie. »Ich wette, du bist anders, wenn du groß wirst.«

»Nein, ich werde nie anders sein als jetzt«, sagte Sadie inbrünstig. »Ich werde nie anders sein als an meinem ersten Schultag.«

»Bestimmt werde ich mich auch nicht sehr verändern«, sagte Maudie wenig überzeugt, und dann stellte sie fest, daß Sadie ihr gar nicht zuhörte. Sie starrte hinaus über den auf der anderen Seite des Schulhofs liegenden Klostergarten hinweg, dorthin, wo man wegen des abschüssigen Bodens die Überreste des Mönchsklosters deutlich erkennen konnte und unter deren Schatten ihr eigenes Haus. An der Tür des Hauses konnte man eine Figur stehen sehen.

»Ist das deine Mutter?« fragte Maudie ängstlich.

»Ja«, antwortete Sadie knapp, und als die Figur hinter der Tür verschwand, sank sie in den Schultern erleichtert zusammen. »Ich sitze immer so, daß ich sie sehen kann«, sagte sie, »denn wenn ich sie hier hochkommen sähe, würde ich – würde ich –«

Anscheinend gab es keine Worte für das, was sie unter den so gefürchteten Umständen tun würde. »Weißt du, sie ist einmal hochgekommen«, sagte sie dann langsam. »Es war, weil man mir gesagt hatte, daß ich ein Stück Torf mitbringen sollte. Sie war der Meinung, daß ich einen Penny mitbringen sollte, wie die Stadtkinder. Für mich war es in Ordnung, ein Stück Torf mitzubringen, weißt du. Es machte mir nichts, weil der Torbogen die Grenze zwischen Stadt und Land ist, und wir wohnen hinter dem Torbogen, aber meine Mutter dachte, daß sie andere Unterschiede machen.«

»Und war das so? War es das, was sie störte?«

»Ach, weiß ich nicht«, sagte Sadie. Mit einem Mal klang sie müde. »Das hat nichts ausgemacht. Sondern die Art, wie sie durch die Tür kam.« Plötzlich schlug sie die Hände über ihr Gesicht.

»War sie –« Beinah hätte Maudie »verrückt« gesagt. »War sie sehr sauer?«

»Nein nein, sie war sehr ruhig und sprach sehr sanft und höflich, aber das Schreckliche war, daß alle sofort nachgegeben haben. Wir hatten eine Aufpasserin, aber sie rief die Nonne, und sie beide haben nachgegeben und gesagt, es wäre schon in Ordnung; ich könnte einfach mitbringen, was ihr lieber war!«

»Aber war das nicht toll?«

Sadie schüttelte den Kopf. »Es war schrecklich«, sagte sie. »Sie hatten *Angst* vor ihr, weißt du.«

Es war heraus.

Während Maudie ihr zuhörte, fühlte sie sich so schrecklich traurig, daß sie nur stumm dasitzen konnte, aber nach einer Minute fiel ihr auf, wie gut es war, daß Sadie wußte, was andere dachten. Man würde nicht versuchen müssen, ständig taktvoll zu sein.

»Wann ist sie so geworden?« fragte sie beiläufig. »Ein bißchen komisch, meine ich?« fügte sie hinzu.

»Ich glaube, sie war noch nie ganz richtig«, sagte Sadie langsam und wählte ihre Worte mit Bedacht, »aber es wurde schlimmer, nachdem mein Bruder gestorben war.«

»Oh, davon wußte ich gar nichts«, rief Maudie.

»Davon spricht auch keiner«, sagte Sadie. »Es war wegen etwas, was *sie* getan hat, daß er starb.«

Maudie spürte vor Angst ein fürchterliches Pochen in ihrem Hals, aber im nächsten Moment wurde sie beruhigt.

»Die arme Ma«, sagte Sadie, »es war ihre Dummheit. Und irgend jemand hatte ihr gesagt, daß es ihn heilen würde, irgendein böser Mensch muß das gewesen sein, oder jemand, der im Kopf noch verrückter war als sie!«

»Was war es denn?«

»Er hatte einen Ausschlag. Es war nur ein Ausschlag, aber irgend jemand hatte ihr geraten, ihn zu waschen, und zwar in –« Sie hielt inne. »Ich kann es dir nicht erzählen«, sagte sie dann plötzlich. »Vielleicht kannst du es dir denken«, fügte sie mit glühenden Wangen hinzu. »Jetzt klingelt es jedenfalls, wir müssen zurück in den Unterricht.«

Sie bekamen keine weitere Gelegenheit, miteinander zu sprechen, bis es um drei Uhr klingelte. Und dann war Mama dort, die auf Maudie wartete.

»Bis morgen, Sadie«, rief Maudie ihr zu. »Halt mir den Platz frei!«

»Vermutlich besteht kaum Gefahr, daß er dir weggenommen wird«, sagte Mama kalt, »und eins sag ich dir, Maudie: Du wirst mir einen Gefallen damit tun, wenn du beim Abendessen nicht zuviel von deiner neuen Gefährtin redest!«

Dabei war es Mama selbst, die von Sadie redete. Zweimal, mindestens zweimal, als Maudie in das Zimmer kam, redete sie von ihr mit den Onkeln.

»Und als ob es dort kein anderes Kind gäbe«, sagte sie beim ersten Mal. Sie hörte sofort auf, als Maudie ins Zimmer kam. »Macht nichts, erzähl mir ein andermal davon«, sagte sie.

Aber sobald sie aus dem Zimmer war, waren sie schon wieder bei dem Thema. Sie hörten sie nicht zurückkommen.

»Ach, wie abscheulich«, rief Mama. »So etwas würde man doch höchstens bei einem primitiven Stamm erwarten!«

»Tja, das arme Geschöpf, sie hat für ihre Dummheit gezahlt, als sich die Wunden entzündeten und er unter fürchterlichen Qualen starb.«

»Ist es seitdem so?«

»Nehme ich an«, sagte Onkel Pauddy, »obwohl sie nie das war, was man beisammen nennen würde. Eine Zeitlang nach ihrer Heirat und vor der Geburt des Mädchens war sie halbwegs normal, und sie hielt ihr Haus einigermaßen sauber, sie klatschte immer etwas Kalk auf die Wände und machte dieses und jenes, aber nach einiger Zeit verlor sie den Mut, und nach und nach verlor sie auch ihren Halt.«

Erst da erblickte Mama Maudie. »Ich dachte, du wärst draußen«, sagte sie.

Es wurde nicht weiter über die Dawes geredet. Maudie hatte keine Ahnung, was Mad Mary so Ekelhaftes und Fürchterliches getan hatte, und so richtig wollte sie es auch nicht wissen.

»Warst du sehr traurig wegen deinem Bruder?« fragte sie tags darauf, als sie auf der Schulmauer saßen.

»Naja, alles war weniger schlimm, als ich ihn noch hatte, falls du das meinst«, antwortete Sadie. »Wir haben uns nie richtig unterhalten – so wie du und ich, meine ich –, weil er zu klein war. Er war erst sieben. Er bekam nicht einmal einen richtigen Sarg, und das lag nicht daran, daß wir arm waren. Es lag daran, daß er klein war – es war nur eine kleine weißgestrichene Kiste.« Auf einmal drehte sie sich zu Maudie um. »Als sie ihn in die Erde herunterließen und Lehm darauf warfen, dachte ich, daß sie nun wirklich durchdrehen würde, und ich konnte sehen, wie die anderen Leute sie beobachteten; sie müssen alle dasselbe gedacht haben. Ich fühlte mich schrecklich. Weißt du, was ich mir gewünscht habe, ich habe mir gewünscht, daß ich das wäre in dem weißen Sarg. Weil er so weiß war und Tony da drin, sah es so aus, als wäre es gar nicht so schlimm, tot zu sein. Es schien nicht so schlimm zu sein, wie dort mit all den Leuten zu stehen und zu denken, daß sie etwas anstellen würde, um mich für alle Ewigkeit zu blamieren.«

»Aber das hat sie nicht getan?«

»Nein, hat sie nicht«, sagte Sadie überrascht, als fiele es ihr selbst zum ersten Mal auf.

»Bestimmt tat es dir leid, daß du gewünscht hast, auch tot zu sein«, sagte Maudie. »Wäre es nicht schrecklich, wenn sie überhaupt niemanden hätte?«

Sadie sah sie an. »Das habe ich mir nie überlegt«, antwortete sie langsam. »Ich überlege mir immer, wie es für mich ist, sie zu haben; ich habe mir nie überlegt, wie es für sie ist, mich zu haben. Ich habe mir sogar nie richtig überlegt, wie es für sie war, Tony nicht mehr zu haben.« Plötzlich schien ihr etwas einzufallen. »Möchtest du Tonys Grab sehen? Sie hält es sehr ordentlich. Das muß ich sagen! Und das ist nicht einfach. Das ist nicht so wie der neue Friedhof, wo man kein Unkraut aus dem Boden wachsen läßt. Das alte Mönchskloster ist voller Ranken und Unkraut. Kaum hast du sie von deiner Grabstelle zurückgeschnitten, wuchern sie von den anderen Grabstellen wieder herüber.«

»Er ist doch nicht etwa in dem alten Mönchskloster begraben, oder?« platzte es unwillkürlich aus Maudie heraus. »Ist das nicht sehr unheimlich, daß er direkt hinter euch begraben liegt?«

»Ich verstehe nicht, was es für einen Unterschied machen soll, wenn er dort ist«, sagte Sadie. »Und für meine

Mutter ist es besser so. Sie hat das Gefühl, daß er in ihrer Nähe ist. Und die Leute können nicht bei ihr herumschnüffeln und behaupten, daß sie zuviel Zeit am Grab verbringt, weil sie sie gar nicht rein- und rausgehen sehen können, wenn sie über die Mauer steigt. Hinter dem Haus gibt es eine große Kluft, und Tonys Grab ist nur ein Stück davon entfernt. Es gab auf dem Weg einmal eine große Stelle mit Brennesseln, aber sie hat sie plattgetreten, und inzwischen brennen sie nicht mehr. Es ist ein schönes Grab. Sie hat schöne Sachen darauf, weiße Marmorrosen und eine Silbertaube mit einem Blatt im Schnabel. Das war von anderen Grabsteinen abgefallen, aber sie hat sie nicht geklaut, weißt du, sie hat sie nur im Gras gefunden, weil sich niemand mehr um die Gräber kümmert, und das Gras hat sich überall wie eine große Decke ausgebreitet. An manchen Stellen ist es sogar über die Grabsteine gewachsen. Am Anfang waren das natürlich alles kleine oder abgebröckelte Steine. Und manche Steine sind in die Gräber abgesunken, wo der Boden nachgegeben hat. Wußtest du, daß ein Grab absinken kann? Wenn der Sarg billig ist und zusammenbricht, fällt das Grab in der Mitte zusammen. Da muß man wirklich vorsichtig sein, sag ich dir. In Null Komma nichts kann man sich das Bein brechen oder das Fußgelenk verstauchen, und es bringt kein Glück, auf einem Friedhof hinzufallen, wußtest du das? Wenn du auf einem Grab hinfällst, stirbst du innerhalb eines Jahres!«

»Das glaube ich nicht!« sagte Maudie, aber trotz allem spürte sie einen Schauder der Aufregung. »Woher weißt du das? Wer hat dir das erzählt?« fragte sie.

»Ach, ich weiß nicht, wer mir das erzählt hat«, anwortete Sadie, »aber man lernt viele solche Dinge an einem Ort wie dem Mönchskloster, indem man einfach herumläuft und die Grabsteine liest. Es liegt ein Mann dort begraben, und drei Frauen von ihm sind mit ihm zusammen dort begraben. Was hältst du davon? Und der Stein über ihm ist in zwei Hälften zerbrochen. Ich wette, du weißt nicht, warum?«

»Vielleicht mußte er so oft verschoben werden, weil alle Platz brauchten?«

»Nein!« sagte Sadie verächtlich. »Das Grab wurde ausgeraubt! Manchmal haben Räuber die Särge von verheirateten Frauen ausgegraben, um ihre goldenen Eheringe einzuheimsen, und sie dachten, daß sie eine große Beute machen könnten mit drei Frauen in einem Grab. Aber sie hatten Pech, weil er den einen Ring für sie alle benutzt hatte. Er ließ ihn nicht zu ihnen in den Sarg legen, bei keiner von ihnen, bis er selber starb, und er hatte ihn an seinen kleinen Finger gesteckt, aber die Diebe kamen nie auf die Idee, in seinem Sarg nachzusehen.«

In diesem Moment läutete die Schulglocke. Sadie sprang von der Mauer hinunter.

»Ach, ich könnte dir Hunderte von Geschichten erzählen«, sagte sie.

»Ich wußte nicht, daß ein Friedhof so interessant sein kann!« sagte Maudie.

»Ach, sie sind nicht alle interessant!« erwiderte Sadie. »Der neue Friedhof ist der langweiligste Ort, auf den du je einen Fuß gesetzt hast. Dort wirst du mich im Leben nicht antreffen, obwohl ich viel Zeit in dem alten Mönchskloster verbringe. Aber natürlich bin ich nicht so wie Mutter. Ich weiß es. Wenn man tot ist, ist man tot.«

»Und weiß sie das nicht?« Maudie sprang auch von der Mauer herunter.

»Warte, bis du Tonys Grab siehst!« rief Sadie. »Ich nehme dich heute nachmittag mit hin.«

Für den Rest des Tages wurde Maudies Herz bei jedem Gedanken an den Ausflug zu dem alten Friedhof von einer angenehmen Furcht erfüllt; aber als sie an diesem Nachmittag um vier Uhr auf die Mauer kletterten und sich dann in das hohe gelbe Gras fallen ließen, empfand sie eine andere Furcht: nicht so angenehm.

Es stimmte, daß das Gras nie gemäht wurde. Es war hart und verfilzt. Als sie sich hineinfallen ließen, verfingen sich ihre Füße sofort, zumindest kam es Maudie so vor. Sadie machte große, federnde Schritte und stolperte nie. Ob es wohl stimmte, was sie über das Hinfallen auf einem Friedhof gesagt hatte?

»Oh, warte auf mich, Sadie«, rief sie.

»Psst, psst«, sagte Sadie eindringlich. »Die Leute brauchen nicht zu wissen, daß wir hier sind.«

Maudie blickte über ihre Schulter zurück. Es schien ihr unwahrscheinlich, daß irgend jemand etwas mitbekommen hatte. Immer wenn sie draußen an der Mauer vorbeiging, kam ihr dieser Ort still und verlassen vor. Jetzt schien es so, als sei die Stadt draußen verstummt, wie eine stehengebliebene Uhr, während überall um sie herum kaum wahrnehmbare Geräusche in ihre Ohren drangen. Auf dem verfilzten Gras machten sogar ihre Schritte Lärm. Der Wind, der nur sanft in dem die Grabsteine hinaufkletternden Efeu säuselte, ließ die spitzen Blätter so gegen die Steine schlagen, daß sie ein geheimnisvolles Klopfen verursachten. Und irgendwo aus dem Gras hörte man auf der einen Seite ein sonderbares Geräusch, halb seufzend, halb singend, als der Wind über ein verrostetes Gewirr von Drähten strich.

»Was ist das?« rief sie und sprang zurück. »Ist das eine Rattenfalle?«

Sadie lachte.

»Das ist eine Immortelle«, sagte sie, aber es war ihr unmöglich, Maudie zu zeigen, wie sie ausgesehen hatte, bevor die Glashaube zerstört und die unechten Blumen kaputtgemacht worden und im Unkraut verlorengegangen waren. »Komm. Ich kann es nicht abwarten, dir unser Grab zu zeigen. Ich kann es von hier sehen«, und sie hob ihren Arm und deutete in die Richtung.

Aber kaum hatte Maudie gewagt, ihr einen Schritt zu folgen, da wich Sadie unvermutet zurück.

»Vielleicht möchtest du es gar nicht wirklich sehen. Vielleicht gerätst du in die Brennesseln. Vielleicht gehen wir lieber ein anderes Mal!«

»Es gibt wohl irgend etwas, das ich nicht sehen soll!« rief Maudie vorwurfsvoll. Und, da sie durch Sadies Armbewegung die Stelle des Grabes nun kannte, rannte sie voraus und in Windeseile darauf zu.

Das Grab war wie eine kleine Lichtung in dem Wald von Ampfer und alten Nesseln. Es hatte eine kleine quadratische Form, genauso ordentlich wie irgendein Grab auf dem neuen Friedhof, und es war so wunderhübsch geschmückt, mit so vielen verschiedenen Sachen, mit Marmeladengläsern, die mit Goldlack gefüllt waren, kleinen Gipsfiguren und, wie Sadie gesagt hatte, zerbrochenen Stücken einer Marmorstatue, einer Schriftrolle, einem kleinen weißen Kreuz und ja, fest in den losen Lehm eingebettet, einem weißen Engel mit ausgebreiteten Flügeln, von denen nur einer ein bißchen, ein ganz kleines bißchen an der Flügelspitze beschädigt war.

»Aber es ist wundervoll, Sadie«, rief sie zurück. »Genau, wie du gesagt hast. Ich verstehe nicht, warum du nicht wolltest, daß ich –«

Aber genau in dem Moment, als sie das sagte, verstand sie, warum Sadie umgedreht war. In der Mitte des Grabes, zwischen all den Teilen von Marmor und Gips, stand – oder vielleicht sah sie auch nicht richtig – Maudie ging langsam nach vorn –, doch, da stand eine Flasche Limonade, eine volle Flasche, ungeöffnet.

Dann trat Sadie zu ihr.

»Ich wollte nicht, daß du sie siehst«, sagte sie langsam. Dann sprach sie fürchterlich schnell. »Das macht sie nicht sehr häufig; es ist lange her, seit sie es zum letzten Mal gemacht hat. Ich dachte, sie hätte damit aufgehört oder es vergessen oder so. Ich hätte dich nicht mitgenommen, ich habe bloß gedacht, daß sie damit aufgehört hätte, aber jetzt – naja, jetzt hast du es gesehen!«

Ein leicht bedrückendes Gefühl überkam Maudie, obwohl es, abgesehen von Tonys Grabstelle, nur wie ein großer ungepflegter Garten war, als sie sich umsah. Trotzdem wurde die Bedrückung größer, und sie spürte, daß sie anfangen würde zu weinen.

Sadie starrte sie ungläubig an.

»Ich dachte, daß du lachen würdest«, sagte sie. »Ich dachte, daß du mit mir fertig wärst, wenn du merkst, daß sie dermaßen verrückt ist. Ich dachte, du würdest sagen, daß es kein Wunder ist, daß man sie so nennt – so, wie man sie nennt!«

Maudie wischte ihre Augen.

»Ich glaube, du könntest auch darüber lachen, wenn du es anders betrachtest«, sagte sie und machte tatsächlich einen Versuch, ein bißchen zu lachen. »Glaubt sie, daß sein Geist wiederkommt und sie trinkt?«

»Ich glaube schon«, antwortete Sadie, und sie beide standen dort und starrten auf die Limonade. Und allerdings war es ein komischer Anblick, wie sie dort auf dem Grab stand. Jetzt hatte Maudie tatsächlich das Gefühl, jeden Augenblick lachen zu müssen. Vielleicht hätte sie es auch getan, wenn der Anblick sie nur nicht an etwas anderes erinnert hätte.

Wie merkwürdig es doch war, daß sie die Limonade so leid geworden war, als sie die Onkel anfangs damit überschüttet hatten, und daß sie jetzt, seitdem sie ihr sie nicht mehr aufzwangen, wieder so sehr danach dürstete. Danach dürstete? Der Anblick der Flasche dort auf dem Grab reichte schon aus, um ihre Kehle so trocken wie Löschpapier zu machen. Sie schloß ihre Augen und leckte sich die Lippen. Sie konnte sich genau vorstellen, wie der Deckel aufgemacht wurde, zuerst langsam, dann in die Luft flog und Millionen kleiner perliger Bläschen aufstiegen, um dann seitlich an der Flasche herunterzurinnen. Um nicht ein einziges Bläschen zu verlieren, würde sie die Flasche über ihren Kopf halten und die Limonade ihren Hals hinunterlaufen lassen. Was für ein Verlangen sie plötzlich überkam! Sie öffnete ihre Augen. Ich muß nach Hause, dachte sie. Ich muß mich erniedrigen. Selbst wenn nur

Tante Cass im Laden ist, ich muß mich erniedrigen und sie um eine Flasche bitten. Ich halte es nicht aus.

Aber was war mit Sadie? Wieder fiel ihr Blick auf die Flasche auf dem Grab.

»Ich hätte gedacht, daß sie sie dir geben und nicht so verschwenden würde«, sagte sie. Sie beugte sich nieder und sah sie sich genauer an. Das Etikett war neu und glänzend. »Stellt sie jedesmal dieselbe Flasche hin?« fragte sie. Aber noch bevor Sadie antworten konnte, sichtete sie auf einer Seite in einem Büschel von Nesseln und unter einem Stück alter Mauer, die einst zum Hauptschiff des Mönchsklosters gehört hatte, Glasscherben, ein Stück eines Flaschenhalses, dessen vergoldeter Verschluß noch fest auf der ungeöffneten Flasche saß. »So eine Verschwendung! Sadie!« rief sie plötzlich, und sie bückte sich und hob die Flasche auf, »wäre sie nicht glücklich, deine Ma, wenn sie herkommen und sie leer vorfinden würde? Wenn sie denken würde, daß er zurückgekommen ist und sie getrunken hat?«

»Meinst du, wir sollten sie ausschütten?« fragte Sadie entgeistert.

Maudie war perplex.

»Naja. Das *könnten* wir tun«, sagte sie, »aber das wäre eine üble Verschwendung, meinst du nicht?« Als sie sich an etwas erinnerte, was Sadie ihr selbst bei ihrer ersten Begegnung gesagt hatte, senkte sie ihre Stimme. »Verschwendung ist eine Sünde«, sagte sie. »Bei deiner Ma ist das natürlich in Ordnung«, sagte sie und linste zu den zerbrochenen Flaschen in den Nesseln, »sie ist wohl nicht *verantwortlich*. Aber ich finde nicht, daß *wir* es wegschütten sollten. Jedenfalls«, sagte sie forsch und sah Sadie dabei gar nicht an, »bin ich durstig. Du auch? Es ist sehr warm hier!«

Eine Minute herrschte Stille.

»Ich bin *sehr* durstig!« wiederholte Maudie.

Da schien Sadie weich zu werden, und sie sagte irgend etwas so leise, daß Maudie es kaum verstehen konnte.

»Ich auch, und wie!« sagte Sadie.

»Damit ist die Sache klar!« erklärte Maudie, und sie umfaßte die Limonadenflasche fester und sah sich ungeduldig um. »Bloß wie machen wir sie auf, das ist die Frage?«

Eine ungestüme Hochstimmung riß sie mit. Sie merkte, daß Sadie ebenfalls mitgerissen wurde. Ihre wilden Augen standen nicht mehr in Widerspruch zu ihrem Gesicht. Und eine kräftige rote Farbe schoß in ihre Wangen. Und was noch seltener war: sie machte einen Witz.

»Sie hätte den Flaschenöffner dalassen sollen!«

Bei dem Gedanken an Mad Mary schluckte Maudie Luft, aber sie wurde schnell von dem Gedanken beruhigt, daß sie bald die sprudelnde goldende Limonade schlucken würde. Und schließlich war es ein Akt der Nächstenliebe.

»Findest du, wir sollten den Flaschenhals kaputtmachen? Wir könnten ihn mit einem Stein abschlagen. Ach nein, warte mal.«

Sie sauste zum Grab hinüber. Zwischen der Sammlung von Gipsemblemen und Marmorstücken befand sich ein Metallstreifen mit einer lateinischen Inschrift. Vielleicht ist er von einem Sarg abgefallen, dachte sie, aber bei der Vorstellung mußte sie bloß kichern. Sie hob ihn auf. »Damit wird es gehen!« rief sie und preßte ihn zwischen die kleinen festsitzenden Zähne am Deckelrand und drückte ihn mit aller Kraft nach oben. »Hurra!« Der Deckel flog wie ein Vogel in die Luft, und langsam folgte der Schaum, der erst nach oben quoll und dann an den Seiten der Flasche hinabrann.

»Schnell, leck mal«, rief sie, »keinen Tropfen verschwenden!«

Sie hielt die Flasche in die Luft empor, so daß sie beide aneinandergepreßt mit ihren lechzenden offenen Mündern den unsagbaren Strom auffangen konnten.

Während sie die Flasche noch immer über ihre Köpfe hielten, sah Maudie nach unten über das Grab und erblickte Mad Mary.

Beim Anblick dieser stillen und regungslosen Figur in ihren schwarzen Lumpen, die wie ein Gespenst ohne jede Vorwarnung erschienen war, ging all ihre bis dahin im Herzen erstickte Furcht in Flammen von Angst und Schrecken auf. Nicht einen Knochen konnte sie bewegen, nicht ein Körperteil, nicht einmal ihre Zunge, die inmitten eines Schluckes stehengeblieben war. Und eine Sekunde später erblickte auch Sadie ihre Mutter.

»Oh Jesus, Maria und Joseph! Sie bringt uns um«, schrie sie laut, als ob die Frau vor ihnen taub wäre. »Sie wird uns töten!«

Waren sie weit von der Lücke in der Mauer entfernt? Maudie wollte sich umdrehen und nachschauen, aber dazu hätte sie die Frau aus den Augen lassen müssen. Und ihre Augen waren alles, womit sie sich verteidigen konnte. Sie starrte Mad Mary in die Augen. Und dann rannte Maudie zu Sadies Verwunderung nicht zurück, sondern nach vorn.

»Wir wollten nichts tun, wissen Sie«, rief sie. »Sie wäre nur verkommen!«

»Das weiß ich, Kind, inzwischen weiß ich es«, antwortete Mad Mary, und sie sah Maudie überhaupt nicht an, sondern nur hinunter auf das geschmückte Grab. »Er ist nun irgendwo, wo ich ihm nicht mehr helfen kann«, sagte sie, »und vielleicht ist das gut so.« Sie hob ihren Blick und sah Sadie an. »Es wäre angebrachter, wenn ich es ihr gäbe. Er war nur ein Kind, aber natürlich ist sie auch nichts anderes.« Sie hielt inne. »Und was bin ich manchmal schon mehr. Hätte nicht nur ein Kind so was gemacht wie ich, Essen auf ein Grab zu legen? Wenn ich noch viel länger so weitergemacht hätte, hätte man mich weggebracht, und zu Recht.«

»Ach, so redet man nicht!« rief Maudie.

Mad Mary sah sie an.

»Wessen Kind bist du?« fragte sie, ohne eine Antwort abzuwarten. »Was hast du mit der Limonade gemacht? Hast du sie verschüttet?« Denn die Flasche war Sadie aus ihren lahmen Fingern gefallen. »Möchtest du noch etwas?« fragte sie. »Bring sie mit nach Hause, Sadie«, sagte sie, »und ich besorge noch welche für euch zwei.«

Aber genug war genug für einen Tag.

»Lassen Sie Sadie mit mir kommen«, rief Maudie, »und wir werden welche von meinen Onkeln bekommen. Und wir müssen nicht dafür bezahlen«, rief sie und sah Mrs Dawe flehend an. »Denken Sie an all das Geld, das sie aus dem Fenster geworfen haben«, sagte sie, um sie zu überzeugen, und sie nickte in Richtung der Nesseln, wo ein Stück verblichenes Papier, das einst ein glänzendes Etikett gewesen war, nun trocken wie ein Blatt zwischen den Stengeln flatterte.

»Vielleicht ist es deinen Onkeln aber nicht recht, wenn du sie mitbringst«, sagte Mad Mary skeptisch.

»Warum denn nicht?« entgegnete Maudie.

»Stimmt«, sagte Mad Mary. »Warum eigentlich nicht?« und sie warf Sadie einen Blick zu, als hätte sie sie zum ersten Mal gesehen. »Kämmst du dir eigentlich nie die Haare?« fragte sie ärgerlich.

»Ich glaube, wir sollten gehen, Mrs Dawe«, sagte Maudie höflich.

»Auf Wiedersehen, Ma«, sagte Sadie.

»Ich komme noch mit bis zu der Lücke in den Steinen«, sagte die Frau. »Ich sollte mich wohl etwas mehr um die Dinge zu Hause kümmern als immer nur um diesen Fleck hier.«

»Oh, aber das Grab ist wunderhübsch!« sagte Maudie. »Die Limonadenflasche hat es wirklich verschandelt. Nicht?«

Sie alle blieben stehen und blickten übereinstimmend zurück. Dann kletterten sie durch die Lücke in der Mauer hinaus, und Maudie und Sadie winkten Sadies Mutter zu und rannten durch den Torbogen zurück in die Stadt.

Aber ach, was war das an der Giebelseite des Ladens?

»Ein Gig!« rief Maudie. Oben drauf befand sich ein großer verschnürter Überseekoffer, und soeben langte der Kutscher hinauf, um ihn herunterzuholen. Es war das, was darauf lag, was Maudies Blick gefangenhielt. Ein Melonenhut.

»Papas!« schrie sie. Es war erst zwei Wochen her, seit sie

ihn verlassen hatten. Triumph, dachte sie, Triumph. Er war ihnen also gefolgt. Aber sie war sich nicht sicher, wessen Triumph es war, ihrer oder seiner. »Oh, ich muß mich beeilen!«

»Ich gehe dann wohl besser nach Hause«, sagte Sadie traurig. Und dann zupfte sie Maudie am Ärmel. »Ich nehme an, du fährst jetzt nach Amerika zurück?« sagte sie.

Maudie drehte sich um.

»Ach, das weiß ich nicht«, antwortete sie. »Vielleicht bleiben wir hier! Und was macht es schon –« Sie hielt inne. »Wir bleiben immer Freundinnen. Und überhaupt, wenn man erst einmal angefangen hat, lernt man leicht neue Freunde kennen, das wirst du merken! Aber komm schnell. Jetzt wo Papa hier ist, ist uns die Limonade sicher – in Hülle und Fülle!«

Tom

Das Haar meines Vaters war so schwarz wie das des Teufels, und er bekam schwarze, schwarze Wutanfälle. Wenn er vom Tod sprach, was häufig vorkam, sprach er davon, wie man ihn in das schwarze Loch hinablassen würde. Man könnte sagen, daß alles an ihm schwarz war, bis auf sein rotes Blut, seine grimmigen blauen Augen und die goldenen Stachel der Liebe, mit denen er mich bis ins Herz stach, als ich klein war.

Er war eine späte, romantische, aber keine glückliche Ehe eingegangen. Dennoch blieben er und meine Mutter ihr ganzes Leben lang zusammen. Bis zum Ende ihrer Tage zogen sie eine große Genugtuung aus der Treue, die sie einander gehalten hatten.

Sie hatten sich an Bord getroffen – auf der S. S. Franconia. Mein Vater war in jungen Jahren nach Amerika gegangen und befand sich auf dem Weg zurück nach Irland, um Pferde für den Mann zu kaufen, für den er in East Walpole, Massachusetts, arbeitete. Meine Mutter fuhr nach einem Besuch bei ihrer Großtante und ihrem Großonkel in Waltham, wo der Großonkel Pfarrer einer römisch-katholischen Gemeinde war, zurück nach Hause.

Die Familie meiner Mutter lebte im County Galway. Sie waren nicht sehr wohlhabend. Sie waren Händler in einer Kleinstadt, wo sie Kohle, Saatgut und Guano verkauften, ebenso wie Tee, Zucker und Spirituosen. Meine Mutter war die älteste von zwölf Kindern. Damals war es mir ein Rätsel, wieso die älteste von zwölfen einen Besuch in einem Land machen sollte, in das die meisten Iren und Irinnen zu jener Zeit auswanderten. So ein Besuch deutete auf Vornehmheit hin, und das wurde bestätigt durch die klassische Schönheit meiner Mutter, ihre Taille – die schmal war wie ein Blumenstengel –, ihren unfehlbar guten Geschmack und ihr gesamtes Benehmen. Mein Vater hatte in dem Augenblick ein Auge auf sie geworfen, als er den Landungssteg hinauflief – sie hatte es sich bereits auf ihrem Liegestuhl gemütlich gemacht und las in einem Buch.

Sie heirateten erst drei Jahre später, als er ihr – nach einer von ihm leidenschaftlicher als von ihr geführten Korrespondenz – einen Diamantring und Geld für die Überfahrt schickte, – um sich mit ihm zu vermählen. Sie wurden im Gemeindehaus von Waltham getraut.

Meine Mutter haßte das Leben in Amerika, und mein Vater mußte dreimal, nachdem er sie ihre Familie hatte besuchen lassen, hinterherfahren und sie nach Hause zurückholen. Wenn sie von ihren Ozeanüberfahrten sprach, nannte meine Mutter sie unabhängig von der Richtung immer nur Besuche, bis auf die letzte, als es gen Osten ging, sie mich bei sich hatte und wußte, daß sie nie mehr zurück mußte. Mein Vater hatte einige seiner Ersparnisse hervorgeholt und ihr Geld gegeben, um in Irland ein Haus zu kaufen. Das tat sie in Dublin. Er gab seine Arbeit auf, holte den Rest des Geldes von der Bank und ging selbst nach Irland – für immer.

Mein Vater schien es meiner Mutter nie übelzunehmen, daß sie ihn zu der Rückkehr in das Land seiner Geburt gezwungen hatte. Vielleicht nahm er es ihr tatsächlich nicht übel; seine wenn auch bescheidenen Ersparnisse halfen ihm, in seinem Heimatland eine gute Figur zu machen. Er hatte ein Auto mit nach Hause gebracht, das auf den schmalen irischen Straßen so riesig aussah, daß es bei unseren Sonntagsausflügen immer so wirkte, als ob die Seiten jeden Moment von den dornigen Ranken der Hecken abgeschnitten würden – so hohen Hecken, daß andere Autos wie Kakerlaken daneben aussahen. In diesem Auto in einem dicken Mantel mit Lammfellkragen am Steuer zu sitzen war etwas gänzlich anderes, als im County Roscommon, wo er geboren worden war, barfuß über das Land zu laufen.

»Warum sind wir nicht nach Roscommon zurückgegangen?« fragte ich ihn eines Tages.

Seine blauen Augen funkelten vor Verachtung über meine Dummheit. »Ich muß dich erziehen, oder nicht?« sagte er. Und ich vermute, daß er sich ähnlich wie alle armen Emigranten vorstellte, daß die Zeit in seinem Geburtsort stehengeblieben war – Kinder, die barfuß zur Schule gingen, auf Schiefertafeln rechneten und jeden zweiten Tag schwänzten, bis die meisten von ihnen schließlich wie er fort nach England liefen, und von dort aus nach Amerika, kaum in der Lage, ihren eigenen Namen zu schreiben.

Obwohl mein Vater einen tiefgründigen und starken Charakter hatte und der feinsinnigste Mensch war, den ich jemals gekannt habe, hatte er fast keine Ausbildung. Er konnte lesen und schreiben, aber mit Schwierigkeiten. Er stammte aus einer Familie, die in den Tagen des Rohrstocks einen berühmten Direktor einer Freiluftschule hervorgebracht hatte, und darauf war er sehr stolz. Möglicherweise war es sein Stolz auf diesen gelehrten Verwandten, der zu seinem eigenen frühzeitigen Abgang aus einer Einzimmer-Schule in Frenchpark führte. Eines Tages brachte der Direktor in einem poetischen Diskurs über den Frühling den Kuckuck zur Sprache und erwähnte das Kuckucksnest. Mein Vater riß seine Hand hoch und gab, ohne die Erlaubnis zu sprechen abzuwarten, seinem Schock und seiner Empörung Ausdruck. »Der Kuckuck baut kein Nest! Er legt seine Eier in das Nest eines fremden Vogels!«

»Ach, tatsächlich?« Den Direktor mußte diese öffentliche Berichtigung überaus gefuchst haben. »Na gut, mein Junge, wenn du meinst, daß du diesen Unterricht besser machen kannst als ich, dann komm zur Tafel und nimm meinen Platz ein.« Dann gab er seinen Sarkasmus auf, brüllte los und hob den Rohrstock empor. »Ich werde dir schon beibringen, mich nicht zu unterbrechen!« rief er.

»Hier liegen Sie auch falsch«, widersprach mein Vater. »So lange Sie leben, werden Sie mir nichts mehr beibringen.« Und damit nahm er seine Schiefertafel und feuerte sie nach dem Kopf des Direktors. Zum Glück hatte er ausnahmsweise einmal schlecht gezielt und traf daneben. Statt dessen erhielt die Klassentafel eine zwei Finger breite Schramme, und in dem Tumult machte er sich durch die Tür schnell davon und rannte die Straße nach Dublin hinunter. Er war dermaßen wütend, daß er sich von seiner Mutter zu verabschieden vergaß, die er in seinem Leben nie wiedersah. Er hat mir drei- oder viermal von ihr erzählt, und ich bin sicher, daß sie es war, an die er dachte, wenn er, über ein Tor gelehnt, in einer Stimmung äußerster Schwärze in die Weite eines Feldes starrte.

Von Dublin ging mein Vater nach Liverpool, von dort zu den Kartoffelfeldern in Schottland und den Hopfenfeldern in Yorkshire, und schließlich, an dem Morgen eines Palmsonntags, erreichte er Boston, seinerzeit einer der wichtigsten Häfen. Alles, was er mit nach Amerika nahm, waren die Erinnerungen des Jungen, der er gewesen war; der mit einer selbstgemachten Angelrute oder auch einer Schleuder in seiner Hand barfuß über die Torfmoore und die unumzäunten Felder von Roscommon gelaufen war. Diesem Jungen hatte es nichts ausgemacht, querfeldein von Castlerea nach Boyle oder sogar bis Sligo zu laufen. Zwanzig Meilen auseinanderliegende Städte waren für ihn keine Entfernung – er sprang über Steinmauern wie eine junge Ziege, überquerte Flüsse wie ein Jagdhund und durchschwamm den Zipfel eines Sees, wenn es genügend Wind gab, um seine Kleider zu trocknen. Immer wenn ich mir überlege, was es heißt, jung zu sein, drängen sich mir die Bilder eines Jungen auf – eines Jungen, der über menschenleeres Land läuft, unter einem Himmel voller Vögel. Mein Vater hatte seine Erinnerungen zu meinen eigenen gemacht.

Meine Mutter hatte auch ihre Erinnerungen, aber sie hatte so viele, daß sie den gesamten Platz in ihrem Kopf einzunehmen schienen. Duplikate hat sie nie aussortiert. Sie hatte hundert Erinnerungen an Sommerabende, an denen sie und ihre Schwester und ihre Cousinen um die Schutzwälle der kleinen Stadt spazierten, in der sie geboren worden war. In jeder gab es dasselbe Klingen von lachenden Stimmen und dieselbe unschuldig-verstellte Überraschung, wenn die Mädchen ihre Verehrer trafen, die zur selben Stunde am selben Ort frische Luft schöpften. Winterabende hätte man auf die Geschichte von einem Abend in einem Wohnzimmer reduzieren können; meine Mutter am Klavier, ihre Schwestern in einem Halbkreis um sie herum, hoch singend, und die Verehrer in einem äußeren Kreis, kräftig und tief singend. Ich war ein Einzelkind, und als ich klein war, malte ich mir gerne aus, wie diese jungen fröhlichen Leute sich vor und zurück wiegten, ihre Münder wie schwingende Rauchfässer, die nach rechts und nach links Gesang vergossen. Aber ich wurde die Erzählungen über sie leid, und in der Arroganz meiner Jugend vermutete ich, daß diese Erinnerungen meiner Mutter ihre gesamte Leidenschaft aufgezehrt hatten. Lange bevor ich wußte, was Leidenschaft ist, wußte ich, daß es zwischen meinen Eltern keine Leidenschaft gab. Nicht, daß meine Mutter mir nicht ständig stolz von all den amerikanischen – das heißt irisch-amerikanischen – Frauen erzählt hätte, deren Hoffnungen völlig zunichte gemacht wurden, als mein Vater mit ihr als Braut aus Waltham zurückkehrte. Und amüsiert führte sie seine Junggesellen-Trophäen vor – eine Krawattennadel aus Topas, eine silberne Bürstengarnitur und ungefähr ein halbes Dutzend goldener Manschettenknöpfe. Er war der begehrteste Junggeselle in ganz East Walpole, versicherte sie häufig. Er war fast fünfzig und nie geangelt worden. Der Kodex meiner Mutter verlangte, daß hübsche Mädchen nie den Versuch machen, sich einen Mann zu angeln, sondern selber gefangen werden müssen. Sie selbst war dreißig, bevor sie gefangen wurde.

Alle hielten sie für wesentlich jünger, sagte sie, bis die Amme die Gunst der Stunde nutzte und sie in einem schwachen Moment – als nämlich ich gerade im Begriff war, das Licht der Welt zu erblicken – nach ihrem Alter befragte.

»Die Verehrerinnen deines Vaters waren aber alle noch viel älter«, erzählte sie mir. »Sie müssen jahrelang drüben in Amerika gewesen sein, sonst hätten sie diese teuren Geschenke gar nicht kaufen können. Denn du kannst sicher sein, daß sie Irland mit leeren Händen verlassen haben.«

Die Reisetruhe meiner Mutter kann selbst nicht sehr schwer beladen gewesen sein, aber sie gründete ihre Einschätzung dessen, was andere mit sich gebracht hatten, auf die Tatsache, daß sie auf dem Zwischendeck gereist waren. Sie selbst war in der Kabine gereist. Mein Großvater mütterlicherseits war außer Getreide- und Guanogrossist auch Reeder der Cunard and White Star-Dampferlinien, und meine Mutter wußte über arme irische Emigranten gut Bescheid, zu welchem Ruhm auch immer sie es später brachten.

Meine Mutter hatte eine Kabine für sich allein, und das Geschenk eines ermäßigten Fahrpreises, gewährt von den Vertretern der Linie in Queenstown. Es war ihre feste Überzeugung, daß niemand – d. h. keine Frau – das Brandmal des Zwischendecks jemals verwinden könne. Ihr Kabinenzimmer in der Kajütenklasse war für sie ein Zeichen dafür, wie mein Vater sich bis zu seiner Ehe wirtschaftlich verbessert hatte, er, der bei seiner ersten Überfahrt natürlich auf dem Zwischendeck gereist war. Zu dem Zeitpunkt ihrer Begegnung auf der Franconia hatte er es bis zur Kabine gebracht, sonst hätten sie sich nicht getroffen.

»Er wäre niemals mit einer dieser Frauen glücklich geworden«, erklärte mir meine Mutter in East Walpole. Ich kannte sie alle vom Sehen. Sie waren mollig und vergnügt und meistens in Begleitung ihrer Ehemänner zu sehen – bei einem Ballspiel oder wenn sie sich eine Parade anschauten oder wenn sie einfach auf ihren Veranden Seite an Seite mit ihnen in ihren Schaukelstühlen saßen. Meine Mutter schaukelte nie auf ihrer Veranda. Sie ging nie zu einem Ballspiel. Sie schaute sich nur eine einzige Parade an, und das war, als die Vereinigten Staaten in den Ersten Weltkrieg eintraten. Da stand sie an der Pforte unseres Hauses in der Washington Street – damals eine Poststraße von Boston –, um die amerikanischen Jungen zum Lager marschieren zu sehen. Sie weinte ununterbrochen, weil sie an ihre Brüder zu Hause in

Irland denken mußte. Meistens blieb sie zu Hause und stickte oder las. Sie hielt nichts davon, sich immer und überall ins Schlepptau des Mannes nehmen zu lassen.

Ich hatte meine Zweifel, ob das klug von ihr war, und machte meinem Vater gegenüber einmal eine leise Anspielung auf seine ehemaligen Verehrerinnen.

Er blickte mich verwundert an. »Sie hätten mir niemals eine Tochter wie dich geschenkt«, sagte er. »Du hast nicht das Aussehen deiner Mutter, aber du hast ihre Art.« Mir wurde klar, daß die Art meiner Mutter die dauerhafte Quelle seines Stolzes war.

Manchmal habe ich mich gefragt, ob es die mangelnde Ausbildung meines Vaters war, die meine Mutter in den folgenden drei Jahren nach der Reise auf der Franconia von der Heirat abgehalten hatte. Er hatte sie gefragt, als sie sich auf dem Kai von Queenstown verabschiedeten, erzählte sie mir.

»Aber auf den ersten Blick war er mir unsympathisch«, sagte sie. »Ich hatte ihn an Bord kommen sehen, und mich störte die Art, mit der er jeden anstarrte, insbesondere mich. Ich war nicht überrascht, als er zu uns hinaufkam und in unsere Unterhaltung platzte.« Sie hatte in der Abfahrtshalle zwei ältere englische Gentlemen kennengelernt, die ihr geholfen hatten, einen Träger für ihre Dampfertruhe zu finden, und die mit dem Steward vereinbart hatten, daß ihr Stuhl zwischen ihnen plaziert wurde. Sie drängten sie auch, die erste Essenszeit zu wählen, denn das war die Zeit, die ihnen am liebsten war. Ihre Gesellschaft war höchst amüsant, beteuerte sie; sie waren es, die die Reise so angenehm machten. Sie waren beide verheiratet und sprachen freundlich von ihren Gattinnen, die sie nicht begleiteten, weil es sich um eine Geschäftsreise handelte. Sie zeigten ihr Bilder von ihren Ehefrauen und sagten, daß ihre Ehefrauen ebenfalls *The Weaver* von John Parker gelesen und sehr gelobt hatten, denn das war das Buch, das meine Mutter gerade las, als mein Vater sie vom Landungssteg aus erblickte.

Es war dieses Buch, das sie auf ihrem Liegestuhl gelassen hatte, während sie am zweiten Tag auf See zum Speisesaal ging, und in das mein Vater seinen Namen schrieb. Er kritzelte ihn auf den Rand der Seite, die aufgeschlagen war. Und danach schrieb er jedesmal seinen Namen auf die gerade aufgeschlagene Seite, wenn sie den Liegestuhl räumte.

»Das war ausgesprochen frech«, sagte meine Mutter. »Meine Schwestern wären entsetzt gewesen.«

Eines Tages dann, als sie gerade mit den netten älteren Gentlemen Wurfring spielte und ihr Partner für einen Augenblick den Ring niederlegte, um sich auszuruhen, nahm mein Vater ihn und spielte das Spiel zu Ende. Natürlich gewannen sie, mein Vater und sie. Und danach blieb er bis zum Endspiel und zum Sieg ihr Partner. Es wurde ihnen ein silberner Rosenpokal überreicht, den er ihr geschenkt hat, den ich aber nie zu Gesicht bekommen habe. Er löste sich in den drei Jahren, die zwischen Wurfringspielen an Deck und Vater-Mutter-Kind spielen an Land vergingen, in Luft auf.

Die beiden Gentlemen, zwischen deren Liegestühlen meine Mutter den ihren stur stehengelassen hatte, zogen sie wegen Tom auf. »Er wird um Ihre Hand anhalten, bevor wir in Queenstown anlegen«, prophezeite einer von ihnen, und der andere pflichtete ihm bei. Sie drängten sie einzuwilligen. »Er ist ein guter Mann, Nora«, sagten sie.

»Aber ich habe ihn zurückgewiesen!« betonte meine Mutter dann immer mit einem Lachen, das ich noch heute im Ohr habe. Es war ein schönes Lachen; ihr Gesicht machte nur einen kleinen Teil ihres Charmes aus. »Es war eine Frechheit von ihm, in mein Buch zu kritzeln.« Ich vermute, daß seine Handschrift sie seine mangelnde Ausbildung hatte ahnen lassen, und es dauerte nicht lange, bis seine Briefe ihren Verdacht bestätigten.

Ich habe mich oft gefragt, was aus seinen Liebesbriefen an meine Mutter geworden ist. Was hat sie mit ihnen gemacht? Eine schlechte Rechtschreibung und Grammatik würden doch wohl kein Grund für eine Frau sein, ihre Liebesbriefe zu vernichten? Seine Briefe an mich, geschrieben in den Zeiten, wenn sie mich von ihm fort mit nach Irland genommen hatte, zeugten von soviel Liebe, daß sie immer noch auf den Blättern zu finden ist, obwohl die Tinte verblaßt und das Papier dünn geworden ist. Ich habe sie alle gut aufbewahrt. Dazwischen befindet sich ein rosafarbener Brief, den er mir geschrieben hatte, nachdem auch er zu uns nach Irland gekommen war. Er war am Vorabend des Grand National geschrieben, und mein Vater fuhr über Nacht nach Liverpool. Er hatte gerade Zeit gehabt, um zu einem Hockeyspiel zu kommen, bei dem ich im linken Flügel spielte, aber er hatte nicht bis zum Ende bleiben können. Ich sollte erklären, daß er seinerzeit ein großer Sportler war, ein preisgekrönter Hurlingspieler, allerdings zu einer Zeit, als man noch von allen Spielern erwartete, daß sie von jedem Platz aus unablässig und egal wie, Tore zu machen versuchten. Er schrieb:

Libe Kleine Tochter,
Hier haste ein Pfund Taschengeld und ich hoffe das ihr gewinnt. Ich war sehr entäuscht wie du gespilt hast. Du hast wol gewartet bis der Ball zu dir komt dass ist falsch du soltest weiter Laufen und nicht an einer stelle bleiben.
Viel Glük,
Dadey.

»Dadey« ist nichts Ungewöhnliches – nur »Daddy« auf seine Art buchstabiert. Ich wünschte, er hätte nicht »haste« für »hast du« geschrieben – das klingt wie Gassenirisch. Aber es zeigt auch, daß mein Vater nie den Zwang empfunden hat, ein Wort in demselben Satz, geschweige denn auf derselben Seite, gleich zu schreiben. Anscheinend hatte er das Gefühl, daß er einem Wort mit jeder neuen Schreibweise eine neue Bedeutung verleihen konnte – oder zumindest eine neue Nuance. Anscheinend hatten Wörter für ihn eine visuelle Qualität und konnten etwas über ihren bloßen Inhalt hinaus vermitteln. Wie oft habe ich beobachtet, wie er sich nach dem mühsamen Abfassen eines Briefes zurücklehnte, ähnlich einem Maler, der von seiner Staffelei zurücktritt. Dann schnappte er sich seinen Stift und rammte ihn wieder in die Seite und setzte mit rasender Geschwindigkeit einen i-Punkt, strich ein »t« weg, fügte »f« und »s« hinzu oder verdoppelte ein »l« oder »n«, bis er das Gefühl hatte, daß er der Komposition eine kräftigere Wirkung verliehen hatte.

Seine Briefe an mich müssen mindestens so viel Liebe entfesselt haben, wie hineingesteckt worden ist. Ich bewahre sie in dem Kasten mit dem Samtdeckel auf, in dem meine Mutter die Schmuckgegenstände aufbewahrte, die er von anderen Frauen erhalten hatte. In diesem Kasten habe ich auch einige Andenken, die meine Mutter selbst über Gebühr wie einen Schatz gehütet hat: ein silbernes Marien-Medaillon, ein vergoldetes Kreuz, das sie zur ersten heiligen Kommunion erhalten hatte, und einen Stiefelknöpfer aus echtem, aber hohlem Silber. Der Stiefelknöpfer verblüffte mich – er schien genau das hervorzuheben, was ich für ihre Oberflächlichkeit in Gefühlsdingen hielt. Warum hatte sie so ein Ding bloß ihr Leben lang verwahrt? Es war ein unverbindliches und dazu merkwürdiges Geschenk von einem Kunden ihres Vaters gewesen – ein Kunde, den sie während ihres Lebens immer mit »Mister« angeredet hatte. Mr Barrett – so nannte sie ihn. Es schien mir eine sehr distanzierte Art, von einem Mann zu sprechen.

»Aber er nannte mich immer ›Miss Nora‹!« sagte sie, wenn ich danach fragte.

Mr Barrett war der Gutsverwalter eines riesigen Anwesens namens Multyfarnham, ein paar Meilen außerhalb der Stadtwälle. Meine Mutter begegnete ihm, als sie und ihre Schwester Osterglocken pflückten, die kreisförmig in solchen Mengen unter den Bäumen wuchsen, daß sie das Pflücken nie als Stehlen empfanden.

»Als er uns erwischte, beruhigte uns Mr Barrett und meinte, daß wir sie ja nur ausdünnten«, erklärte sie. Und sie sagte, daß er am Abend in dem Geschäft ihres Vaters etwas zu trinken kaufte, um deutlich zu machen, daß sie ein reines Gewissen haben durfte. »Nur ein Glas Portwein«, fügte sie eilig hinzu. »Er hat nie etwas anderes getrunken.« Es war ganz klar ein symbolisches Glas Wein, damit sein Vorsprechen bei ihrer Familie akzeptiert wurde – als ob das durch irgend etwas hätte erreicht werden können, schien ihre Stimme bedeuten zu wollen. Warum sie nicht einverstanden waren, leuchtete mir zunächst nicht ein. »Ich blieb immer draußen im Laden und redete stundenlang mit ihm«, fuhr meine Mutter fort. »Meine Schwestern machte das rasend. Wir haben alle auf dem Klavier gespielt, aber ich war die Beste. Was sie so wütend machte, war, daß ich bis Ladenschluß draußen im Geschäft blieb.«

»Konntest du ihn denn nicht mit ins Wohnzimmer nehmen?« fragte ich.

»Das habe ich dir doch erzählt!« rief meine Mutter. »Mr Barrett war Protestant!«

»Ach?« Das war alles, was ich herausbringen konnte, aber zum ersten Mal betrachtete ich wirklich interessiert die halbmondförmige Narbe auf ihrem Zeigefinger. Sie war größer als ein Halbmond; sie zog sich beinah ganz um den Finger, wie ein Ring. Man konnte sich kaum vorstellen, daß es kein echter Ring aus Elfenbein oder Walknochen war, der irgendwie in ihrem Fleisch versunken war und über den Haut wie Gras über ein Grab gewachsen war. Ich glaube nicht, daß es überhaupt aufgefallen wäre, wenn sie nicht den dunklen Teint einer Galway-Frau gehabt hätte, den die Tradition dem Schiffbruch der Armada vor der Küste Irlands zuschreibt. Selbst im Alter war die Haut meiner Mutter noch weich und glatt. Und auch da noch schien die Narbe so hell wie die Mondsichel.

»Ich war gerade dabei, ein Glas für seinen Portwein zu polieren«, sagte sie, »und als mir das Glas in der Hand zerbrach, zog er sein Taschentuch heraus und zerriß es, um die Schnittwunde zu verbinden. Es war ein seidenes Taschentuch mit seinem Monogramm darauf.«

»Hörst du manchmal etwas von ihm? Wo ist er jetzt?«

»Er ist tot«, antwortete sie. »Eines Morgens wurde er in einem kleinen Graben, der zwischen der Straße und dem Wald verlief, tot aufgefunden. Wenn er abends nach Hause ging, nahm er immer eine Abkürzung. Er muß auf dem Steg ausgerutscht sein. Er fiel mit dem Gesicht nach unten in das Wasser.« Sie hielt inne. »Das Wasser war nur einen halben Fuß tief, aber er ertrank.«

»War er betrunken?« Die Frage schien mir berechtigt, und ich war nicht der Meinung, daß ich den Blick verdient hatte, den sie mir zuwarf.

»Ich habe dir doch gesagt, daß er nur Portwein trank«, versetzte sie, »und niemals mehr als ein Glas.«

»Wie furchtbar!« rief ich. »Hast du dich nicht entsetzlich gefühlt?«

»Zwei Jahre lang wußte ich nichts davon. Ich habe nichts gehört, bis ich mit dir zurückkam – ein Kind auf meinem Arm –, um dich meiner Familie vorzuführen. Es passierte nur wenige Tage, nachdem ich nach Amerika gefahren war, um deinen Vater zu heiraten. Ich erkundigte mich sofort nach ihm, als ich zur Tür hereinkam – ich fragte mich, ob er wohl jemals vorbeigeschaut hatte, seitdem ich fortgegangen war.« Sie blickte auf ihre Narbe. »Ja, das war der Augenblick, als sie es mir sagten.« Wieder hielt sie inne. »Aber ganz gleich, was sie gesagt haben, ich weiß, daß er nie über die Maßen getrunken hat – nur das eine Glas Portwein.«

Ich habe meine Mutter nie wieder nach Mr Barrett gefragt, selbst als mein Vater tot war und sie möglicherweise bereit gewesen wäre, mehr über ihn zu sprechen.

Meine Mutter lebte noch zwanzig Jahre nach dem Tod meines Vaters – ihr rechtmäßiger Anteil, wenn man bedenkt, daß das der Altersunterschied zwischen den beiden war. Es war allerdings kein fairer Handel, denn er hatte ihre Schönheit gehabt, als er sie stolz präsentieren konnte, aber sie hatte nicht seine Unterstützung gehabt, als sie sie am stärksten brauchte. »Armer Tom«, pflegte sie zu sagen. »Wenn er bloß wüßte, daß ich noch so lange allein zurückbleiben würde und mich selbst versorgen muß«, oder: »Wenn Tom mich jetzt bloß sehen könnte, so verkrüppelt, ihm würde das Herz brechen.« Und während er den Tod stets den Abstieg in das schwarze Loch nannte, nannte sie ihn »zu Tom gehen« – was bedeutete, daß ihr der Ort, wo Tom sich befand, ein Zuhause sein würde. Und auch ein Ort des Glücks.

In den zwanzig Jahren, die sie ihn überlebte, sprach sie häufig in sehr ähnlicher Weise von ihm, wie ihre Schwestern und Brüder zu seinen Lebzeiten von ihm gesprochen hatten.

»Armer Tom«, pflegte sie zu sagen. »Er war so gut zu mir.«

»Armer Tom«, pflegten *sie* zu sagen. »Er *ist* so gut zu Nora.«

Eines Tages, meine Mutter war seit zwei Jahren tot, stattete ich einer unverheirateten Tante, die den Haushalt für einen ihrer ledigen Brüder führte, einen Pflichtbesuch ab. Wir saßen in dem kleinen Wohnzimmer, das in den Geschichten meiner Mutter der Schauplatz von so viel Helligkeit, Lachen und Gesang gewesen war, aber der Tag war trist, das Gespräch traurig, und oft schwiegen wir. In einer Gesprächspause nahm meine Tante die Zeitung zur Hand und warf träge einen Blick darauf und stieß plötzlich einen Schrei aus.

»Hör dir das an!« sagte sie. »Ein armer junger Mann wurde gestern ertrunken in einer kleinen Rinne aufgefunden. Das Wasser war nur einen Fuß tief. Er lag mit dem Gesicht nach unten. Man vermutet, daß er getrunken hatte, aber aufgrund des vorliegenden Beweismaterials bei der Untersuchung entschied der Coroner, daß es sich um Selbstmord handelt.«

»Wo ist es passiert?« fragte mein Onkel teilnahmslos, und als meine Tante erklärte, daß es in einem anderen Teil des Landes geschehen war, schwand sein Interesse. Meine Tante hingegen verschlang den Artikel. Sie packte den Arm meines Onkels und schüttelte ihn heftig.

»Selbstmord!« wiederholte sie. »Ganz genau wie Noras Mr Barrett.«

Hundert Fragen schossen mir durch den Kopf, aber der Ausdruck im Gesicht meines Onkels brachte mich zum Schweigen. »Wovon redest du?« rief er. »Bei ›Noras Mr Barrett‹ – wie du ihn nennst – war es ein Unfall. Das weißt du genausogut wie ich. Was würde Muggie bloß denken, wenn sie hören könnte, auf was für Ideen du kommst?« Meine Großmutter mütterlicherseits wurde damals von ihrer Familie immer Muggie genannt; es sollte ein nettgemeinter Kosename sein, aber in meinen Augen war dieser Name angemessener, als sie wußten. Irgendwie hatte sie die meisten ihrer Kinder erdrückt.

Hatte meine Mutter die Wahrheit über Mr Barrett gewußt? fragte ich mich. Und mein Vater? Stand dieses Wissen in irgendeinem Zusammenhang mit seinen seltenen, dafür aber fürchterlichen Saufgelagen und den kaum vorkommenden, dafür aber um so tieferen Depressionen, die sich über ihn stülpten wie ein Kerzenlöscher? Ich habe beobachtet, wie dieser Kerzenlöscher in ihm Freude in Momenten erstickt hat, in denen er am glücklichsten hätte sein müssen, wenn er etwa über ein Zauntor hinaus zu seinen reinrassigen Pferden schaute, die mit dumpf aufschlagenden Hufen über Weiden galoppierten, die wie breite Flüsse wogten. Dennoch verdunkelte sich dann sein Gesicht, und ich konnte sicher sein, daß er dachte, daß man sie noch vor ihm in das schwarze Loch hinablassen würde. Krawattennadeln und silberne Bürsten, das wußte er nur zu gut, konnten eine Million Männer und eine Million Pferde überdauern.

Ich war zwanzig. Ich hatte gerade meine erste Prüfung an der Universität hinter mir, und während ich auf das Ergebnis wartete, entschied mein Vater, mich nach Roscommon mitzunehmen, dem Ort seiner Geburt. Er hatte mir Killarney und die Seen gezeigt, und auch Connemara. Wir waren zusammen in den Glens of Antrim gewesen und hatten den

Burren in voller Blüte gesehen. Aber mir war bewußt, daß alle diese Orte nichts waren im Vergleich mit einem in das Licht seiner Erinnerung getauchten Torfmoorland, in ein Licht, von dem er glaubte, daß es keine Nacht kannte und über das sich niemals eine Wolke senken könnte.

Es war früher Nachmittag, als wir die Stadt Boyle erreichten und die Straße nach Frenchpark nahmen. Was wird er empfinden, fragte ich mich, wenn er die unvermeidliche Entdeckung macht, daß die Zeit seit seinem letzten Besuch nicht stehengeblieben war?

Zu meiner Verwunderung störte es ihn überhaupt nicht, daß es graue Schiefer gab, wo einst goldene Reetdächer waren, und Traktoren, wo einst Pflugscharen gewesen waren. Er schien kaum zu bemerken, daß die Jungen Stiefel trugen und nicht ein einziges Mädchen einen Wasserfall von Haaren hatte. Diese Veränderungen sah sein wacher Blick nicht, sondern er heftete sich auf unveränderte Erdhügel, auf ebensolche Steinmauern und auf Bäche, die noch immer über dieselben moosbedeckten Steine liefen. »Sieh dir das an!« rief er und hielt den Wagen immer wieder an, um erfreut auf irgend etwas Vertrautes hinzuweisen. »Sieh dir dieses Tor mit den fünf Gitterstäben an! Wie häufig bin ich da rübergesprungen. Schau! Schau! Bei Gott, das ist dieselbe alte Bank, über die ich Dockerys Hintern gelegt habe, um ihm meine Zehen in die Seiten zu bohren, als ob es Butter wäre!«

Dann fiel sein Blick auf etwas so Aufregendes, daß es ihm fast die Sprache verschlug. »Ich hätte nie gedacht, daß es noch steht. Bei allem, was heilig ist! Das alte Schulhaus!« rief er. »Gott sei mit dem Direktor! Möchte wissen, ob er noch lebt.«

Das kleine Schulhaus wurde selbstverständlich nicht mehr als Schule genutzt. Wir waren etwa eine Meile weiter unten auf der Straße an einer riesigen neuen Schule vorbeigekommen. Aber Tom stieg aus und starrte sie an. Schließlich ging er hinüber und versuchte, die Tür zu öffnen. Sie war verschlossen. Dann blickte er auf zu den Fenstern, die sehr weit oben waren, damit die Schüler damals nicht durch Hinausblicken abgelenkt werden konnten.

»Ich möchte wetten, daß die Schramme von dieser Schiefertafel noch immer auf der großen Tafel ist«, sagte er, und plötzlich hob er mich hoch wie damals in Boston, wenn wir bei einer Parade waren. »Kannst du irgend etwas sehen?« rief er.

»Nur übereinandergestapelte Kartons überall.« Das Klassenzimmer wurde ganz offensichtlich als Lagerplatz für Notizblöcke und Schönschreibhefte, Radiergummis und Bleistifte genutzt, die die alten Schiefertafeln und Griffel aus seiner Zeit abgelöst hatten.

Er ließ mich herunter. »Aber ich garantiere dir, daß die Schramme noch auf dieser Tafel ist!« sagte er. Er lachte auf. »Wenn ich wüßte, daß der Direktor hier in der Nähe wohnte, würde ich vorbeigehen und ihn dir vorstellen.« Sein Blick wanderte wieder über die Landschaft. »Es gab vierundachtzig Schüler in diesem kleinen Schulhaus«, sagte er. »Und ich könnte dir den Namen jedes einzelnen nennen.« Als ob ich die nicht gekannt hätte! Ich konnte die Litanei der Namen selbst herunterleiern: Micky Dockery, Tom Forde, James Neary, Ethel Scally, Mary Morrisroe, Paddy Shannon ...

»Die meisten von ihnen sind nach Amerika gegangen«, sagte mein Vater, »und ich habe ziemlich viele von ihnen drüben getroffen: Ich bin in einer Kneipe, und sie füllt sich, und plötzlich erspähe ich ein Gesicht, und sofort kann ich es als ein Roscommon-Gesicht ausmachen. In weniger als einer Minute kann ich dem Gesicht auch einen Namen zuordnen. Ich lasse mein Glas stehen, gehe hinüber und schlage dem Kerl auf die Schulter und nenne ihn bei seinem Namen. Aber falls er mich kommen gesehen hat, kommt er mir zuvor. ›Heiliges Kanonenrohr – bist du das, Tom?‹ Und danach geht es Runde für Runde, solange noch einer einen Dollar in seiner Tasche hat. Und es waren nicht immer nur Kerle, sondern auch die Frauen. Einmal saß ich mit deiner Mutter und dir im Childs Restaurant, und ich erblickte eine Kellnerin, die wohlproportionierter war als die anderen, mit roten Haaren, so daß es aussah, als würd die Abendsonne draufscheinen. ›Hör auf zu gaffen, Tom!‹ schimpfte deine Mutter. Sie geriet immer leicht in Verlegenheit. Aber obwohl das Mädchen mit dem Rücken zu uns stand, hätte ich fünf Dollar darauf verwetten mögen, daß sie aus dem County Roscommon stammte. ›Warte, bis sie sich umdreht‹, sagte ich, ›und ich sage dir auch ihren Namen.‹ Aber als sie sich umdrehte, schlug sie mich mit meinen eigenen Waffen. ›Tom!‹ schrie sie, und sie setzte das Tablett in ihrer Hand ab und rannte zu uns hinüber und fing an, deiner Mutter die Hände zu schütteln und dich auf den Arm zu nehmen und in die Luft fliegen zu lassen. Und alle im Restaurant glotzten. Bei dem ganzen Tumult dauerte es nicht lange, bis die Managerin auf der Bildfläche erschien, aber als sie sah, daß es Molly Starky war, drehte sie sich um und gab vor, nichts zu bemerken. Molly gehörte nicht zu der Sorte Mädchen, die irgendein Boß versuchen würde zu demütigen. Sie hätte sich die Schürze vom Leib gerissen und wäre gegangen, wenn irgend jemand es gewagt hätte, auch nur ein Wort zu sagen. Eine echte Roscommon-Frau! Weißt du, was passierte, als wir mit dem Essen fertig waren und ich nach der Rechnung fragte? Sie ging zur Kasse und tippte eine Null ein. ›Auf Kosten des Hauses‹, sagte sie. Das gibt dir einen Eindruck davon, wie sie war!« Mein Vater lachte.

Er blickte wieder um sich, hinaus auf das flache Land, wo es zwischen den neuen Zementhäusern auch noch ein paar alte Hütten mit Lehmwänden gab. Allerdings wuchs aus ihren Reetdächern mehr Gras als auf den kleinen Feldern, die sie umgaben. Auch sie würden bald wieder zu dem Lehm zurückkehren, aus dem sie gemacht waren. »Sie wohnte dort drüben«, sagte er und deutete auf eine Hütte hinter einem der neuen Häuser. Inzwischen schien es ein Kuhstall zu sein. Er seufzte. »Aber das war vor langer Zeit. Ich habe keine Ahnung, ob sie überhaupt noch lebt. Es können nicht mehr viele von den alten Leuten übrig sein. Es muß viele geben, die man zur Ruhe gelegt hat, in –« Er hielt inne, und ich wartete auf den bekannten Satz mit dem schwarzen Loch, aber die Erinnerungen an die Kindheit waren zu stark.

»Auf dem Cloonshanvil-Friedhof«, sagte er still und zeigte in die Ferne, wo ich einen kleinen, von Mauern umgebenen Friedhof erkennen konnte, übersät mit Grabsteinen, die sich kaum von den groben Feldsteinen unterschieden, die das kleine Grundstück umgaben.

»Sind dort deine Eltern begraben?« fragte ich und dachte dabei an seine Mutter, von der er sich nie verabschiedet hatte. Ich nahm an, daß er zu ihrem Grab gehen wollte.

Aber er zuckte mit den Schultern. »Sie liegen irgendwo dort hinten«, sagte er in einem Ton, den ich zunächst für eine sonderbare Gleichgültigkeit hielt. »Ich habe dem Priester einmal Geld geschickt und ihn gebeten, ihnen einen Grabstein zu errichten, aber er sandte es mit der Begründung zurück, daß niemand die genaue Stelle finden konnte.« Eine Minute lang senkte sich ein dunkler Schatten über uns beide.

»Es ist ein Wunder, daß er das Geld nicht behalten hat, um Messen für ihre Seelen zu lesen«, sagte ich, und da verflog der Schatten, und ein Lächeln breitete sich wie Sonnenschein auf dem Gesicht meines Vaters aus.

»Das ist mir nie in den Sinn gekommen«, sagte er. »Ach, aber die Priester von damals kann man nicht mit den Priestern von heute vergleichen. Er war Gentleman, sogar als Priester.«

Wir gingen gerade zurück zum Auto, als uns auf der Straße ein alter Mann entgegenkam.

»Laß uns mal ein bißchen mit dem Alten plaudern«, sagte er, »mal sehen, ob es noch irgend jemanden hier gibt, den ich von früher kenne.« Der alte Mann ging so gebeugt und so langsam, daß wir ins Auto stiegen und ihm entgegenfuhren. Als wir näher kamen, nahm mein Vater seine Hand vom Steuer und stieß mich in die Seite. »Er ist auf dem Weg nach Cloonshanvil, um anderen die Mühe zu ersparen, ihn dorthin zu schleppen«, bemerkte er.

Als wir ihn jedoch erreichten, machte der alte Mann noch einen recht rüstigen Eindruck für sein Alter. Sein Gesicht war von Wind und Regen gegerbt, aber er wirkte so robust wie eine Wildente. Es war auch nicht Armut, die ihn so sehr gekrümmt hatte; er trug einen Anzug aus gutem Wollstoff und ein Paar gute, feste Schuhe an den Füßen. Als der Wagen hielt, kam er mit einer heutzutage nicht mehr üblichen Höflichkeit zu uns herüber.

»Guten Tag, Sir.«

»Guten Tag, Sir«, erwiderte mein Vater, aber ich konnte erkennen, daß er den alten Kerl verdutzt anstarrte.

»Es ist ein schöner Tag heute, nicht wahr, Dank sei Gott«, sagte der alte Mann. Und als mein Vater nichts erwiderte, warf er einen prüfenden Blick auf das Auto. »Einen schönen Wagen haben Sie da, Sir«, sagte er. »Ich nehme an, Sie sind zu Besuch in diesem Land, ja? Wollen Sie den Weg nach Dublin wissen, ja, Sir?«

Da lachte mein Vater auf. »Nein«, antwortete er. »Diesen Teil des Landes kenne ich gut genug. Ich wünschte, ich hätte für jeden Gang auf dieser Straße einen Dollar bekommen!« rief er mit einem munteren Ton in seiner Stimme.

»Ach, ich hab's doch gewußt, daß Sie aus Amerika sind, Sir«, sagte der alte Mann. »Die Amerikaner haben nämlich genug Geld, um in der Welt herumzureisen und überall hinzufahren, wo sie möchten.« Dann runzelte er die Stirn, als ob auch ihn irgend etwas verdutzt hätte.

Eine Sekunde lang zögerte mein Vater, und dann drehte er zu meiner Verwunderung den Schlüssel im Zündschloß und legte einen Gang ein. Aber kurz bevor wir losfuhren, lehnte er sich heraus. »Haben Sie jemals von einem jungen Kerl namens Danny Kelly gehört?« fragte er.

»Danny Kelly? Wir zwei haben doch in der Schule zusammen auf der hinteren Bank gesessen!«

»Ist er immer noch in der Gegend?« fragte mein Vater.

Der alte Mann kicherte trocken. »Ist er!« sagte er. »Er war eine Zeitlang in Schottland, aber vor einer Weile hat seine

Familie ihn zurückgeholt. Und er wird uns nie wieder verlassen.« Ruckartig deutete er mit seinem Daumen in Richtung des Cloonshanvil-Friedhofs. »Der Herr erbarme sich seiner.«

»Der Herr erbarme sich seiner«, wiederholte mein Vater, und beide zogen ihren Hut. »Es gab noch einen anderen jungen Kerl, namens Egan«, sagte mein Vater dann. »Kannten Sie ihn?«

»Es wäre schon merkwürdig, wenn nicht! Ich heiße Pat Egan«, sagte der alte Mann, aber jetzt machte sich ein leicht fragender Blick in seinen blauen Augen bemerkbar. »Falls ich mir die Frage erlauben darf, Sir, wo haben Sie meinen Namen gehört?«

Jetzt, dachte ich. Das ist der Moment. Aber mein Vater trat die Kupplung.

»Ich kannte jemanden in Boston, der von hier ist«, sagte er. »Er hat mich gebeten, mich nach ein paar Schülern zu erkundigen, mit denen zusammen er die Schulbank gedrückt hat, falls ich jemals herkommen sollte.« Er nickte zu der kleinen Schule.

»Und wie lautet der Name dieses Mannes, wenn ich fragen darf, Sir?«

Mein Vater schien die Frage erwartet zu haben, er war so gut darauf vorbereitet. »Bei Gott, ich kannte ihn so gut wie mich selbst«, sagte er, »aber sein Name will mir gerade nicht einfallen.«

Pat Egan war zufrieden. Er lachte. »Warten Sie, bis Sie mein Alter erreicht haben, Sir«, sagte er, »und Sie vergessen Ihren eigenen!«

Wir fuhren davon.

»Was hältst du davon?« fragte mein Vater. »Pat Egan und ich sind bis auf einen Tag genau gleich alt. Als wir neben ihm hielten, hatte ich zuerst keine Ahnung, wer er war. Aber nachdem wir eine Weile mit ihm gesprochen hatten, erkannte ich ihn an einem Feuermal, das dir wahrscheinlich überhaupt nicht aufgefallen ist, denn es befindet sich unter seinem linken Ohr. Aber ich konnte mich daran erinnern, denn immer wenn die Lehrerin ein Baby erwartete – was jedes Jahr der Fall war –, ließ sie ihn während des Unterrichts seine Mütze aufbehalten, weit über die Ohren gezogen, so daß sie es nicht sehen mußte und es kein Unheil über das Kind in ihrem Leib bringen konnte. Ich habe ihn an diesem Feuermal erkannt. Aber er hatte keine Ahnung, wer ich war!«

»Warum hast du ihm denn nicht gesagt, wer du bist?« fragte ich, während ich zurückschaute und die Gestalt des alten Mannes hinter uns kleiner und kleiner werden sah.

»Weiß ich nicht«, sagte mein Vater still, und dann bog er zu meiner Überraschung unvermittelt in den schmalen Weg zu unserer Linken ab. »Oben an diesem Weg befand sich damals ein Haus«, sagte er, »und wie oft bin ich dort gewesen. Ich hätte mir fast den Hosenboden durchgesessen, so häufig wie ich auf der alten Wandbank am Herd gehockt habe. Rose Magarry hieß sie«, sagte er. »Sie war meine erste Liebe.« Und jetzt lachte er bei jedem Wort kurz und hell auf, wie ein über Steine plätschernder Bach. Er war so beschwingt, daß ich meinte, ihn necken zu können.

»Na, du mußt damals ein echter Tausendsassa gewesen sein!«

Verärgert drehte er sich um. »Wie kommst du darauf?«

»Ich dachte an diese Krawattennadeln und Manschettenknöpfe, die du von deinen Verehrerinnen bekommen hast. Das ist alles.«

»Diese Sachen?« spottete er. »Zu der Zeit kosteten diese Sachen nicht mehr als ein paar Dollar. Gold war damals billig in Amerika. Die Frauen konnten genausoviel verdienen wie wir Männer. Und manche verdienten sogar mehr! Solche Geschenke haben sie jedem Kerl gemacht, der ihnen über den Weg lief.«

Er fuhr jetzt langsamer und blickte von einer Straßenseite zur anderen. »Wir hätten längst auf das Haus zukommen müssen«, klagte er.

Wir kamen an einem Misthaufen vorbei, der wie verfaultes Reet aussah, und zwischen den Nesseln und Holunderbüschen befanden sich Fingerhut und Malven, die durch Geißblatt miteinander verrankt waren, und ein verwilderter weißer Rosenstock. Darüber summten Hunderte von Bienen, und weiße Schmetterlinge tanzten umher. »Glaubst du, daß da irgendwann ein Haus gestanden hat?« fragte ich vorsichtig, weil ich dachte, wenn die Legende stimmt, daß Nesseln aus den Knochen von Mönchen und Männern des Krieges wachsen, wachsen Geißblatt und Rosen vielleicht aus den Knochen junger Mädchen.

Mein Vater blickte in die Richtung, in die ich zeigte. »Du hast recht. Hier müßte es sein. Ich wußte, daß ich in meiner Berechnung nicht ganz falsch liegen konnte. Die alten Leute sind bestimmt tot, und sie ist verheiratet und über alle Berge. Da fällt mir ein«, sagte er, »ich habe gehört, daß sie verheiratet war und inzwischen verwitwet ist.« Er sah nach vorn, wo vier oder fünf neue Häuser standen, der Boden darum herum so nackt wie ein Hühnerhof. »Wir halten bei einem dieser Häuser und fragen mal, ob uns irgend jemand sagen kann, wo Rose jetzt wohnt«, sagte er. Er zwinkerte mir zu. »Nur zum Spaß.«

Wir hielten vor dem ersten Haus, auf dessen Rückseite eine junge Frau gerade nasse Wäsche aufhängte. Sie drehte sich um und starrte uns an, eher feindselig als neugierig. Aber eine alte Frau, die drinnen am Fenster gesessen hatte, erhob sich und kam nach draußen gehinkt.

Während sie den Zementweg herunterkam, rief mein Vater ihr zu: »Entschuldigen Sie die Störung, Ma'am, aber könnten Sie mir vielleicht irgend etwas über eine Frau namens Rose Magarry sagen? Damals wohnte sie in dem Haus dort hinten.« Er nickte zurück in Richtung des Haufens verfaulten Reets und der Blumen.

Die alte Frau war von einer rührenden Schlichtheit. »Mein Name war Magarry, Sir«, sagte sie. »Ob Sie wohl mich meinen? Ich heiße Rose. Ich habe Ned Malone geheiratet, aber er ist seit zwanzig Jahren tot.«

Unsicher blickte ich zu meinem Vater. Er umklammerte das Lenkrad und starrte geradeaus vor sich hin. »Ich wollte nur für einen jungen Mann fragen, der sie vor langer Zeit gekannt hat«, sagte er verkrampft. »Jemand, den ich in Amerika getroffen habe. Er hat mich gebeten vorbeizuschauen.«

»Und wie lautet sein Name, Sir?« fragte die alte Frau, und der respektvolle Ton in ihrer Stimme brach mir das Herz. Aber im nächsten Augenblick warf sie ihre Hände hoch. »Ach!« sagte sie sanft. »Als ob ich nicht wüßte, wer das war! Tom! Sie sind sein Sohn, Sir, nicht?« Sie eilte herbei und starrte angestrengt in das Gesicht meines Vaters. »Toms Sohn. Sie sind ihm ja wie aus dem Gesicht geschnitten!« Dann griff sie mit ihren ausgestreckten Händen nach den seinen und machte eine Bewegung, als ob sie ihn aus dem Auto ziehen wollte. »Wie geht es ihm? Sagen Sie, lebt er noch? Aber warten Sie, mir fällt gerade ein, Sie könnten ja hineinkommen und es mir bei einer Tasse Tee erzählen? Und Sie auch, Miss?« sagte sie, als sie sich an meine Anwesenheit erinnerte. Aber im nächsten Augenblick schielte sie unsicher zu der jungen Frau hinüber, die die ganze Zeit bei der Wäscheleine gestanden und hinübergestarrt hatte.

»Sie müssen uns entschuldigen, Ma'am!« sagte mein Vater. »Wir haben noch eine lange Reise vor uns.«

Einen Augenblick lang herrschte eine merkwürdige Stille.

»Naja, wenn das so ist, Sir!« sagte die alte Frau dann, und sie wirkte erleichtert. »Aber warten Sie eine Minute, Sir«, rief sie. »Ich öffne Ihnen beide Torflügel, dann können Sie bequemer wenden.«

Ich wartete, bis wir gewendet hatten, den schmalen Weg zurückgefahren waren und uns wieder auf der Straße befanden. »Warum hast du es ihr nicht gesagt?«

Lange Zeit schwieg er. »Was glaubst du, warum?« sagte er, und die schwarze Stimmung, die ihn überfiel, verflog nicht eher als bis wir den Shannon überquert hatten.

Eine sanfte Seele

Soeben bin ich von dem Grab zurückgekehrt, an dem die Menschen aus diesen dunkleren Gefilden Agatha Darker, meiner Schwester, ihre letzte nachbarschaftliche Ehre erwiesen haben. Seit dem Tod unseres Vaters, sechs Jahre nach dem unserer Mutter, haben wir in diesem Haus allein gelebt, wir beide, in Stille und Verbitterung. Und es gab Augenblicke, in denen ich uns diesen Tag herbeigewünscht habe, an dem man sie in den Lehm hinunterlassen würde, der weder schwärzer, noch kälter, weder enger, noch stiller sein konnte als ihr eigenes schwarzes Herz.

Möglicherweise wäre es dem Zweck ebenso dienlich gewesen, wenn ich selbst gestorben wäre, aber vielleicht hat mich der Gedanke an die Begegnung mit Jamey Morrow so manches Mal vom Sterben abgehalten in den langen, langen Jahrzehnten, seit ich ihn zuletzt gesehen habe, beziehungsweise das, was von ihm übrig war unter den alten Säcken, die man im Hof über sein Gesicht gelegt hatte, bevor man ihn nach Hause zu seinen Schwestern trug.

Ich war die einzige im Hof, als es passierte, aber ich stand mit dem Rücken zu ihm, und ich hatte keine Ahnung, daß etwas nicht stimmte, bis ich das Hufklappern des Pferds und den dem Schuß einer Kanone gleichenden Knall vernahm, als die Seite des Wagens an den Torpfeilern zersplitterte. Jamey sah ich zunächst überhaupt nicht, als ich mich umsah. Ich dachte nur an die Stute und daran, wie ich sie anhalten könnte, denn nachdem der Wagen gegen das Tor gefahren war, rissen die Zuggurte, und sie lief in einem wilden Galopp den Weg hinunter. Später hat es mich oft gewundert, daß er weder gerufen noch geschrien hatte, aber vielleicht war es in dem Hufklappern und dem Aufschlagen der eisengefelgten Wagenräder untergegangen. Oder vielleicht passierte alles auch so plötzlich, daß er keine Luft zum Schreien holen konnte, sondern aus dem Wagen und herunter auf das Kopfsteinpflaster geschleudert wurde, wo er – mein Gott, daß so etwas Schreckliches passieren kann – von dem hinteren Wagenrad überrollt wurde. Sein Kopf, glaube ich, aber dank Gottes Barmherzigkeit habe ich das nicht gesehen. Als nächstes sah ich ihn auf dem Rücken liegen, dort, wo er niedergeworfen worden war. Man sagt, daß ich zu ihm hinübergelaufen bin, aber ich kann mich an nichts anderes erinnern, als daß ich ihn dort im Dreck und Schmutz liegen sah, seine Hände ausgestreckt, als ob er noch immer nach den Zügeln greifen wollte. Aber ich wußte, daß er tot war. Man sagt, daß ich aufschrie und auf das Kopfsteinpflaster fiel und erst wieder zu mir kam, als man mich zur Besinnung brachte, nachdem man mich nach Hause getragen und auf das Sofa im Wohnzimmer gelegt hatte. Aber wissen Sie, was ich nach dem Unfall als erstes hörte? Agathas Stimme. Sie sagte etwas zu meinem Vater. »Wenn es nur nicht in unserem Hof passiert wäre.«

Das war alles, was ihr dazu einfiel, daß ein Mann umgekommen war und daß dieser Mann Jamey Morrow war, der fünfzehn Jahre lang für uns gearbeitet hatte, und den wir so lange gekannt hatten, wie wir zurückdenken konnten, von Kindesbeinen an. Ich kann mich an keine Zeit erinnern, zu der ich Jamey Morrow und seine Schwester Annie nicht gekannt hätte. Ich erinnere mich an die Zeit, als ihre Mutter noch lebte, eine arme, kränkliche Frau. Unsere Mutter nahm uns immer zu ihnen mit, wenn sie der armen Frau Suppe oder Medikamente hinunterbrachte. »Sie steht bereits mit einem Fuß im Jenseits«, sagte Mutter immer, und sie sah Jamey und Annie an und seufzte und sagte uns, daß sie bald Waisen sein würden. Aber dies war nur einer der Fälle, wo sich alles genau umgekehrt zu entwickeln schien als erwartet.

Als dieses Land seine Unabhängigkeit erlangte und die neue Regierung begann, häßliche Betonbauten für die Landarbeiter zu errichten, wer hätte da gedacht, daß diese sich zum Wohnen eines Tages besser eignen würden als unsere Bauernhäuser aus Stein, die so eine Quelle des Stolzes für uns darstellten? Damals waren wir der Ansicht, daß diese abscheulichen Kästen die Landschaft verschandelten. Ich erinnere mich an die Wut meines Vaters, als er hörte, daß die Morrows sich um eins beworben hatten und daß es auf der Vorderseite von James Lanigans Gut gebaut werden sollte, an einer Stelle direkt gegenüber von dem Punkt, wo unser Weg in die Straße einmündet, eben dort, wo Vater meinte, daß es jedesmal im Auge weh tun müsse, wenn wir den Weg hinunterkämen. Obwohl ich froh war, daß die Morrows aus der feuchten Bruchbude herauskamen, in der sie bis dahin gewohnt hatten, hätte auch ich gewünscht, daß sie nicht ausgerechnet an das Ende unseres Weges zögen.

Wir liebten unseren Weg so sehr. Wir waren stolz darauf, beinahe eine Meile von der Straße entfernt zu sein und zu wissen, daß es unser Land mit unserem Vieh war, das sich zu beiden Seiten hin erstreckte. Wir liebten es, mit dem Gig darauf auf und ab zu fahren, besonders im Sommer, wenn die Hecken mauerhoch gewachsen waren und rosaweiße Hundsrosen im Wind nickten und wir auf den getrockneten Bodenfurchen von einer Seite zur anderen geschaukelt wurden.

Ich hätte niemals gedacht, daß in den Feldern zurückliegende Gehöfte eines Tages so gut wie wertlos sein würden. Aber wer von uns hätte auch vorhersehen können, daß sogar unsere Reetdächer, auf die wir so stolz waren, eine Kuriosität für Stadtmenschen werden würden. Ich muß zugeben, daß Reet sehr unansehnlich werden kann, wenn es vernachlässigt wird, und mit der Zeit wurde es schwierig, Dachdecker zu bekommen. Einige unserer Nachbarn hatten das Reet abziehen und ihre Häuser mit Schiefer decken lassen. Die Lanigans, unsere zweitnächsten Nachbarn, hatten ihr Dach mit galvanisiertem Blech verkleiden lassen, und wahrscheinlich sah auch das besser aus als unseres, das hin und wieder faulige Stellen aufwies und neue Grashalme, die aus dem Reet hervorsprossen. Trotzdem sah unser Haus deswegen nicht wesentlich schlechter aus, denn man konnte nichts unternehmen, um das alte Gemäuer zu begradigen, das ebenfalls krumm war, was das altmodische Erscheinungsbild aber nur ergänzte und somit irgendwie zu dem Reet paßte.

Ach ja. Ich nehme an, es hat inzwischen etwas Komisches, sich vorzustellen, wie spinnefeind wir den neuen Sozialbauten waren und fanden, daß sie die Landschaft verschandelten. Aber zu unserer Verteidigung muß ich sagen, daß man niemals einen Versuch unternommen hat, die neuen Häuser der Umgebung anzupassen. Häuser wie unseres und das der Lanigans und andere dieser Art waren zur Verschönerung von Liguster- und Lorbeerhecken umgeben, und Fenster und Türen waren im Sommer von wildem Wein und Rosen umrankt. Dennoch gebe ich zu, daß das Haus der Morrows weder besser noch schlechter war als irgendein anderes.

Die Morrows erhielten erst ein Haus, als Jamey fast erwachsen war. Da es nur ihn und seine Schwester gab, beide unverheiratet, konnte der Stadtrat es rechtfertigen, sie lange Zeit zu übergehen. Aber schließlich bekamen sie eins.

Als man mit dem Bau des Hauses begann, waren Agatha und ich im Internat. Er war schon recht weit fortgeschritten, als wir in den Sommerferien nach Hause kamen.

»Im Namen des Allmächtigen! Was ist das?« fragte Agatha, als wir unseren Weg erreichten und sie die neuen Mauern erblickte, die direkt gegenüber von unserer Toreinfahrt emporschossen. Mein Vater zuckte nur die Schultern. »Die Morrows bekommen endlich ihr Haus, wir können nichts dran ändern«, sagte er. Er kniff die Lippen zusammen und gab der Stute einen leichten Schlag mit der Peitsche, und sie trottete brav den Weg hinauf.

»Es würde mir nicht so viel ausmachen, wenn es nicht ausgerechnet diese Morrows wären«, sagte Agatha, als sie und ich wenige Tage später den Weg hinunterliefen. Sie hatte sie immer gehaßt. Mir war nie klar, warum, und mir ist es auch jetzt nicht klar. Möglicherweise hatte sie – bereits bevor Jamey bei uns zu arbeiten angefangen hatte, bevor er ein Mann war, sozusagen, als wir also noch Kinder waren und zusammen zur Schule gingen – möglicherweise hatte sie schon da bemerkt, daß, wenn er mich ansah, etwas in seinem Blick lag, was nicht darin lag, wenn er sie ansah. Bereits zu dieser Zeit schien er uns beständig über den Weg zu laufen, gerade so, als wolle er diejenige provozieren, die gerade die Zügel des Ponys hielt. Wie gesagt, als kleine Mädchen besuchten wir die National School, bis wir alt genug waren, um ins Internat zu gehen, wie alle anderen Bauernkinder auch. Aber während die anderen Schüler häufig drei oder vier Meilen bis zur Schule laufen mußten, und häufig barfuß, wurden wir, die nur in geringer Enfernung zum Dorf wohnten, stets von dem Pony und der Kutsche hin- und zurückgebracht. Und als ich vorhin sagte, daß uns Jamey Morrow immer über den Weg lief, trifft das im wahrsten Sinne des Wortes zu, denn eins der Dinge, an die ich mich deutlich erinnere, ist die Art, wie er plötzlich beinahe aus dem Nichts hervorgeschossen kam, wie ein Hase, direkt vor dem Kopf des Ponys, und dann mit einem Lachen über die Straße sauste und von der hohen Böschung auf der anderen Seite zu uns hinüberstarrte.

»Du Blödmann«, rief Agatha ihm zu, und ich erinnere mich, wie sie einmal die Peitsche aus dem Halter zog und in der Kutsche aufstand, um nach ihm zu schlagen. Aber er lachte bloß, und zwar auf eine unverschämte Art, wie Agatha es nannte. An diesem Tag lief er den ganzen Weg bis zum Schultor neben dem Pony her, um sie zu ärgern, und wie sehr Agatha das arme Tier unter der Deichsel auch schlug, es gelang uns nicht, sein grinsendes Gesicht abzuhängen. »Du Blödmann«, rief Agatha wieder, als wir die Mauer des Schulhofs erreichten, als er lachend hinübersprang. In ihrer Wut konnte Agatha nichts anderes tun, als dem erbärmlichen Vieh, dem vor Erschöpfung bereits die Beine wegsackten, einen letzten Peitschenhieb zu versetzen.

An dieser Stelle sollte ich vielleicht noch etwas anderes festhalten, was mir aus dieser Zeit in Erinnerung geblieben ist. Gewöhnlich spannten wir das Tier immer aus und banden es in einem überdachten Schuppen an der Seite des Schulgebäudes mit einem Futtersack voller Hafer fest, den wir immer in der Kutsche mitbrachten. An jenem Tag jedenfalls hatte ich, als wir in der Schule waren, ein etwas ungutes Gefühl wegen all der Prügel, die das arme Vieh erhalten hatte, und bei der ersten Gelegenheit lief ich hinaus in den Schulhof, um nach ihm zu sehen. Aber irgend jemand hatte dem Pony ein altes Stück Sackleinen über den Rücken gehängt und auch ein paar Händevoll Gras abgerissen, denn überall befanden sich grüne Halme, auf dem Boden unter den Hufen des Ponys und zwischen seinen gelben Zähnen.

Agatha war es nicht, die dem Pony den Sack übergehängt hatte. Sie war es nicht, die das Gras abgerissen hatte. Und ich war es auch nicht. Es konnte nur eine Person gewesen sein, und in dem Augenblick, als ich spürte, daß noch jemand im Hof war, brauchte ich ihn kaum zu sehen, um zu wissen, daß es Jamey Morrow war.

Vermutlich könnte man sagen, daß wir seit dem Augenblick schon zusammengehört hatten, als sich an diesem Tag unsere Blicke auf dem leeren Schulhof trafen. Seitdem lag immer der gleiche Ausdruck in Jameys Augen, wann immer wir nachher alleine waren.

Vermutlich ist das auch der Grund dafür, daß mir in dem Jahr so sonderbar zumute war, als wir endgültig aus dem Internat heimkehrten und unser Vater uns mitteilte, daß Jamey Morrow mit der Bitte um Arbeit an ihn herangetreten war. Mir war so komisch zumute, daß ich mich erst einmal auf dem Deckel meines Koffers hinsetzen mußte. Und das war noch nichts verglichen damit, wie mir am nächsten Tag zumute war, als ich wegen irgend etwas in die Küche ging und dort Jamey an der Hintertür sah, der mit einem Eimer Futter für die Kälber in seinen Händen dastand und darauf wartete, daß ich es abkochte. Agatha war ebenfalls da, aber Jameys

Blick ruhte auf mir. Er sah sie überhaupt nie an, obwohl sie vor mir stand, und ich stand einfach nur mitten auf dem Boden und starrte ihn an, bis ich merkte, wie ich errötete. Daraufhin wich ich zurück in den Schatten einer großen Korntonne, die wir immer in der Küche stehen hatten, damit das Korn trocken blieb.

Ach, der Blick, den Jamey mir an diesem Tag zuwarf. Wie oft ich noch zittern sollte, im Falle daß auch Agatha ihn bemerkt hatte, oder Vater. Wie gut ich diesen Blick in den kommenden Jahren noch kennenlernen sollte.

Inzwischen glaube ich, daß Vater nie etwas aufgefallen ist, aber ich weiß, daß Agatha kein Blick entging, der zwischen uns gewechselt wurde, selbst wenn sie in einem anderen Zimmer war und sich ganze zwei Mauern zwischen ihr und uns befanden. Aber ihre geheuchelte Ruhe war Teil des Plans, den sie von Anfang an verfolgt hatte, um sich nicht anmerken zu lassen, daß sie überhaupt etwas mitbekam.

Am Tag der gerichtlichen Untersuchung tat sie weiterhin so, als ginge mich der Unfall nichts an, oder jedenfalls nicht mehr als er irgend jemanden etwas angehen könnte, in dessen Hof ein Mann umgekommen ist, vor den eigenen Augen sozusagen, obwohl ich ganz eindeutig betroffen war. Als wir angezogen und bereit waren, zum Gerichtsgebäude zu gehen, und Vater das Gig bereits angespannt hatte, bat ich sie beide in letzter Minute in der Küche, mich schnell mein blaues Seidenkleid ausziehen zu lassen, aber sie sah mich nur kalt an und fragte, was ich denn statt dessen anzuziehen gedenke.

»Alles, nur das nicht«, rief ich verzweifelt und blickte hinunter auf das blaue Kleid. Für eine Hochzeit wäre es angemessener gewesen als für eine gerichtliche Untersuchung.

»Du weißt, daß du außer deinem alten Foulardkleid nichts hast für einen solchen Anlaß«, sagte sie langsam und mit Bedacht. Mein Foulardkleid war schwarz und abgesehen von einem kleinen Stück pechschwarzer Perlschnur am Oberteil völlig schlicht. Es gehörte zu der Trauerkleidung, die Vater nach dem Tod unserer Mutter für uns gekauft hatte. Agatha hatte genauso eins, aber Schwarz stand ihr, und sie hatte es ihm Nu aufgetragen. Kurz zuvor hatte ich sie es in einen Unterrock umändern sehen. Mir hingegen hat Schwarz nie gestanden, und ich hatte meins nicht sehr häufig getragen. Es war so gut wie neu.

»In Schwarz siehst du zum Schreien aus, weißt du das«, sagte Agatha, als sie meine Unentschlossenheit bemerkte. »Du siehst heute morgen ohnehin weiß Gott schon schlimm genug aus. Dein Gesicht ist ganz fleckig, wußtest du das?«

Ich wußte es nicht, und es interessierte mich auch nicht, was Agatha auch gewußt haben muß, denn trotz ihrer Taktik, Unwissenheit vorzutäuschen, gab es Augenblicke, in denen sich ihre Boshaftigkeit nicht verbergen ließ und zum Ausbruch kam. »Willst du etwa, daß die Leute sagen, daß du für den Stallhofarbeiter deines Vaters Trauer trägst?« sagte sie.

Ich weiß, daß ich ihr die Antwort hätte geben sollen, die sie verdiente. Ich hätte ihr sagen sollen, wie gleich es mir in diesem Moment war, was irgend jemand über Jamey und mich dachte, und sie am wenigsten. Aber Vater wartete draußen auf dem Gig, und die Tür stand offen. Es schien sinnlos, ihn für nichts und wieder nichts aufzubringen, weil alle Erklärungen, die ich jemals abgeben könnte, Jamey nicht guttun würden, noch könnte mein Schweigen ihm irgend schaden, oder zumindest war ich damals dieser Ansicht.

Das war immer meine Schwäche gewesen, daß ich Leuten nicht die Stirn bieten konnte, aber erst an diesem Tag sollte ich begreifen, daß es eine Schwäche war. Zuvor hatte ich es immer als einen Vorzug erachtet. Ich war immer stolz auf das gewesen, was ich für meine sanfte Natur gehalten hatte. Ich nahm an, daß die Leute mich dafür bewunderten, insbesondere wenn sie um die Schroffheit Agathas wußten.

Agatha war wie ihr Vater. Er und sie waren sich in ihrer Art so ähnlich, daß sie mehr wie ein Mann und seine Frau als Vater und Tochter waren. Ich hingegen schlug meiner Mutter nach.

Arme, arme Mutter. Sie war immer schüchtern gewesen, und als sie im Alter anfällig und empfindlich wurde, war ihre Schüchternheit beinahe Feigheit. Sie ließ es zu, daß Vater sie in allem dominierte, und sie warnte uns stets davor, irgend etwas zu sagen, was ihn aufregen könnte, im Falle daß, sagte sie immer, wobei sie ihre Stimme zu einem Flüstern senkte, im Falle daß er einen Schlaganfall bekommen und »nachlassen« sollte.

Ach, das Grausen, das von diesem einfachen Wort »nachlassen« ausging, wenn es so im Flüsterton von den Lippen meiner Mutter kam. Die Kraft der Assoziation ist so gewaltig, daß ich während eines Sturms das Nachlassen des Windes niemals hörte, ohne in meinem Herzen einen Terror zu spüren, der größer war als die Heftigkeit des Sturms.

Agatha hatte offensichtlich nicht die gleichen Hemmungen, Vaters Zorn zu provozieren wie ich, oder vielleicht war sie gelassen aufgrund des Wissens, daß es in ihrem Leben nichts gab, was ihn über die Maßen verärgern konnte. Das verschaffte ihr den Vorteil, ihn durch Geschichten über mich erzürnen zu können.

Nicht, daß ich viel vor ihm zu verbergen gehabt hätte, bevor Jamey seine Arbeit bei uns antrat, aber so weit ich mich zurückerinnern kann, hatte ich eine Heidenangst vor meinem Vater. Aber dann bekam ich auch Angst vor Agatha.

Ich glich Mutter, wissen Sie. Sie fürchtete sich vor allem und jedem. Ich schlug vermutlich ihr nach, wie man so sagt. Eines Tages kurz vor ihrem Tod sagte sie auch etwas in dieser Richtung zu mir. Sie hatte meine Hand in ihre genommen, die so zart und weiß war. »Du bist genau wie ich, Rose«, sagte sie. »Ich bin froh, daß ich so bin wie du, Mutter«, wisperte ich liebevoll, aber sie sah mich mitleidig an, und dann wandte sie ihren Kopf ab, und ich konnte sehen, daß ihr Gesicht tränennaß war.

»Was ist denn los, Mutter?« flüsterte ich, aber sie konnte nur ihren Kopf hin und her schütteln, beinahe mahnend.

Als ob es damals oder überhaupt irgendwann etwas gegeben hätte, was mich anders hätte machen können, als ich war. Was bei der gerichtlichen Untersuchung geschah, lieferte nur den Beweis, daß ich, selbst wenn ich hundert Leben zu leben hätte, immer dasselbe feige Geschöpf gewesen wäre; und Jameys zähe Ausdauer hätte ihm letzten Endes nichts gebracht, ganz gleich, wie lange er gelebt hätte.

Ich hätte niemals den Mut aufgebracht, Vater, Agatha, dem ganzen Land die Stirn zu bieten und mir vorhalten zu lassen, daß ich in das Haus umziehen würde, über das ich beim Bau so gespottet hatte. Ich konnte mich nicht einmal überwinden, so etwas in Erwägung zu ziehen, obwohl der Gedanke, mit Jamey in einem dieser kleinen Zimmer zu stehen, seither oftmals wie der Gedanke an eine Liebkosung war; denn trotz unserer Liebe standen wir niemals so nahe beieinander, wie diese dichten und engen Wände uns zusammengebracht hätten.

Wir waren nie länger als ein paar unbehagliche Minuten allein, im Hof hatten wir nur ein paar vorsichtige Worte gewechselt, während ich die Melkeimer für ihn scheuerte oder den Pumpschwengel betätigte und er sie ringsherum mit Quellwasser abspülte. In solchen Augenblicken war Agatha nie weit entfernt und konnte jeden Moment zurückkommen. Aber trotz allem waren diese Augenblicke schrecklich lange Augenblicke, wenn es mir so vorkam, als ob irgendeine Anziehungskraft zwischen uns einsetzte, so daß ich mich oftmals an irgend etwas festhalten mußte, am Tisch oder an der Stuhllehne, um mich nicht stärker in seine Nähe zu begeben oder meine Hand auszustrecken, um ihn zu berühren. Ob es irgend etwas in mir war, das mich diese Anziehungskraft spüren ließ, oder ob er absichtlich Druck durch seinen Blick ausübte, der bei jeder Begegnung voll auf mir ruhte, weiß ich nicht. Ich weiß nur, daß, nachdem solche langen Augenblicke vorüber waren und Jamey gegangen war oder, wahrscheinlicher noch, wenn uns jemand überrascht hatte, ich immer froh war, daß vorläufig alles weiterhin unsicher blieb – obwohl mein Herz bei der

Überlegung, was dieser Augenblick eventuell verhieß, heftig schlug.

Und so kam und ging ein Sommer nach dem anderen und verließ uns, wie er uns vorgefunden hatte. Und die kalten und harten Winter kamen, und obwohl sie langsamer vergingen, vergingen auch sie und ließen alles unverändert.

Ach, wie qualvoll hinterher die Vorstellung war, wie Jamey diese langen Winter ausgehalten hatte. Die ganze Nacht wach mit den Mutterschafen zur Lammungszeit, und trotzdem als erster im Hof auf den Beinen im frostigen Morgengrauen. Viele Male durchstach es mir das Herz, wenn ich ihn seiner Arbeit nachgehen sah, bis zu den Knien voller Schmutz, seine Kleidung ausgeleiert von den vielen unfreiwilligen Duschen, die er abbekam und der geringen Mittel, die ihm zum Trocknen zur Verfügung standen.

Es war immerhin ein Trost, an die paar Male zu denken, als sich mir bei schlechtestem Wetter die Gelegenheit bot, ihn ans Küchenfenster zu rufen und ihm eine Tasse heißen Tee hinauszureichen, während Agatha woanders beschäftigt war. Ohnedies ist es wahrscheinlich, daß er gar nicht an einem so entlegenen Hof geblieben wäre.

Im Sommer war es bei uns natürlich nicht so unerträglich. Und der Sommer kam immer so plötzlich, daß er über Nacht alles zu überschwemmen schien; die Hecken schäumten alle in Blüte, und das Vieh auf den Weiden watete durch die großen Graswogen wie durch Wasser, während die Wiesen schulterhoch wuchsen. So hoch, daß – als wir einmal mit dem Wagen den Weg hinunterfuhren und einen Mann einen durch unsere Wiese führenden Pfad hinuntergehen sahen – man erst, als der Wind das Gras bog, bemerken konnte, daß er ein kleines Mädchen in einem rosafarbenen Sonnenhut bei der Hand hielt.

Ach, die Sommer waren großartig, die Sommer waren großzügig, sie schienen für Liebende gemacht zu sein. Ich dachte nicht an Agatha. Ich dachte nicht an Vater. Aber am wenigsten dachte ich daran, daß es Sommer gegeben hatte, in denen die Hecken genausoviele Rosen getragen hatten und das Gras auf den Feldern emporgestiegen war wie eine Flut – trotzdem waren alle diese Sommer vergangen, und Jamey und ich waren uns wie immer kein bißchen nähergekommen.

So viele Sommer!

Nur wenige Tage vor Jameys Unfall stand ich an der Küchentür, und obwohl es noch nicht richtig Sommer war, waren hier und da, wie die sprühende Gischt, die vorzeitig hervorbricht von einer weit entfernten Welle, Weißdornblüten aufgebrochen.

»Der Sommer ist fast da«, sagte Jamey, ohne mich anzusehen, während er langsam das Wasser in dem Milcheimer herumrührte.

»Es macht mich traurig, an den Sommer zu denken«, sagte ich.

Er hörte auf, in der Kanne zu rühren.

»Ich habe an die Sommer von früher gedacht, als ich ein Kind war.«

Er sah mich direkt an, dann überfiel mich das alte Gefühl von Unsicherheit, und zwar so sehr, daß ich zitterte, und instinktiv begab ich mich in den Schutz der Tür. Agatha war soeben erst den Gang zur Milchkammer hinuntergelaufen, von wo wir das Geräusch der Klöppel vernehmen konnten, als sie die Butter machte. Aber an diesem Tag nahm Jamey keine Rücksicht. Er stellte die Milchkanne ab und kam ein oder zwei Schritte hinter mir her, während ich weiter in die Küche zurückwich. »Warum an vergangene Sommer denken?« sagte er. »Warum nicht an kommende Sommer denken?«

Man hätte diese Worte für ziemlich einfach und auch harmlos halten können, aber mir war ihre tiefere Bedeutung so klar, daß ich angstvoll über meine Schulter zurückblickte, für den Fall, daß jemand ihn belauscht hatte, und als ich ihn wieder ansah, bemerkte ich auf seinem Gesicht noch einen Ausdruck, der mir allmählich vertraut wurde, es war kein

Mitleid, es war keine Verachtung. Die ihm am nächsten kommende Bezeichnung, die mir einfiel, war ein anklagender Blick. »Es sind mehr vergangen als noch kommen werden«, sagte er. Und wiederum war der lebhafte und fragende Klang aus seiner Stimme gewichen, sie war matt und dumpf. Er hob den Eimer hoch, und als er zur Pumpe ging, füllte das Geklapper, das er machte, den Hof.

Als ich ihm an diesem Tag nachsah, war mein Herz schwer. Das ist alles, was es zwischen uns gibt, dachte ich, oder jemals geben wird – liebende Blicke und anklagende Blicke.

Agatha blieb an diesem Abend lange in der Milchkammer. Ich hätte nicht so vorsichtig zu sein brauchen. Und doch hätte man, als sie eine halbe Stunde später in die Küche zurückkam, meinen können, daß unsere Stimmen Spuren in der Luft hinterlassen hatten, so wie sie mit der Schale Buttermilch in ihren Armen auf der Schwelle stand und sich mißtrauisch umblickte. »Wer war das?« fragte sie, aber sie wußte auch so, daß es Jamey war. »Schön für dich, daß du nichts Besseres zu tun hast, als mit einem Kerl wie ihm Schwätzchen zu halten.«

Das war von Anfang an Agathas Haltung gewesen: die Tragweite der sich entwickelnden Situation zu ignorieren und statt dessen ihr Augenmerk auf oberflächliche Unregelmäßigkeiten zu richten – wie ich umhertrödelte, oder wie Jameys Stiefel beim Betreten der Küche den Boden verschmutzten.

Manchmal war es schwer zu sagen, ob sie eine Ahnung hatte oder nicht. Manchmal schien es undenkbar, daß nicht. Abgesehen von diesen riskanten, feuergefährlichen Blicken war zwischen Jamey Morrow und mir nie etwas vorgefallen. Diese Blicke, die verrieten, wie nah an der Oberfläche das Feuer schwelte, das uns alle vernichten würde. Andererseits war hinter Agathas Rücken nie etwas geschehen, was nicht in ihrer Anwesenheit hätte geschehen dürfen. Agatha und Vater hätten sich nie mehr vor die Tür getraut, wenn ich mit

Jamey ein Verhältnis gehabt hätte und fortgelaufen wäre mit ihm.

Nicht daß wir unsere Pläne jemals so in Worte gefaßt hatten. Der arme Jamey, er hatte nicht einmal das Recht, offen zu sprechen. Ich hatte ihm dieses Recht nicht gewährt. Aber was in seinem Kopf vorging, konnte nicht unterdrückt werden, und hinter jedem Wort, das er sagte, steckten eine Absicht und eine Bedeutung. Einmal kam er zur Küchentür und rief mich leichtsinnigerweise bei meinem Vornamen, ohne sich zu kümmern, ob jemand mithörte. Zum Glück waren wir allein. »Hast du schon das Neueste gehört?« fragte er mit einem strahlenden und durchdringendem Blick, mit dem er mein Gesicht durchforschte.

Ich hatte nichts Sonderbares gehört.

»Von Molly Lanigan?«

Ich hatte nichts gehört, aber natürlich wußte ich sofort, was nun kam.

»Und Andy Fagan?«

Jamey nickte aufgeregt.

»Sind sie fortgelaufen?« Ich sprach im Flüsterton, aber als Jamey antwortete, war er überschwenglich und rief laut aus: »Ja, nach Australien.«

Auf seinem Gesicht lag ein Ausdruck von Genugtuung.

»Aber wie haben sie das gemacht?« Ich war sehr beunruhigt, sehr verwirrt. Molly war die Tochter von James Lanigan, unserem Nachbarn, und ihr Lebensstil glich dem unseren in so vieler Hinsicht. Ich konnte mir nicht vorstellen, wie es ihnen gelungen war, alles so zu regeln, daß ihre Flucht dem Rest des Haushalts verborgen geblieben war.

Vielleicht war der alte Lanigan nicht so stolz wie unser Vater und stellte nicht so hohe Anforderungen an seine Frauen; er ließ sie zu Fuß zur Messe gehen, anstatt sie die Kutsche nehmen zu lassen, sogar an regnerischen Tagen, und auch im Haus achtete er weniger auf ihr Äußeres, was zur Folge hatte, daß Molly Lanigan morgens manchmal mit alten ausgelatschten Pantoffeln in der Küche herumlief oder bei schlechtem

Wetter mit einem Paar alter Stiefel ihres Vaters an den Füßen im Hof umherging, ungeputzt und nicht zugeschnürt. Aber wie liederlich der alte Lanigan in solchen Dingen auch sein mochte – wenn es darum ging, den Unterschied zwischen sich selbst und der Arbeiterklasse einzuschätzen, waren er und Vater sich immer völlig einig. Besonders der alte Lanigan hatte sich über das Wohnungsbauprojekt sehr erzürnt. »Sie werden schon sehen«, sagte er. »Das wird alles böse enden. Es wird sie sich etwas Besseres dünken lassen. Eines Tages werden wir auch nicht mehr einen von ihnen dazu kriegen, einen Spaten zu heben. Außerdem werden wir den Tag erleben, an dem sie so von sich eingenommen sein werden, daß sie es auf unsere Töchter absehen und bei ihnen auf Brautschau gehen.« Molly Lanigan war an diesem Tag bei ihrem Vater, und sie und ich kicherten, bis wir Agathas abfälligen Blick bemerkten.

Molly war so hübsch wie eine Rose, mit moosweichem Haar und leicht getönten Wangen, in denen die rote Farbe kam und ging. Die Leute behaupteten häufig, daß wir uns ähnlich seien, Molly und ich, aber natürlich war ich bei weitem nicht so hübsch wie sie. Dennoch meinten die Leute eine Ähnlichkeit zwischen uns feststellen zu können, und oft wurden wir für Schwestern gehalten. Nun, wir waren eher wie Schwestern als Agatha und ich, und ich vermute, daß die Leute das auch damit sagen wollten. Zu Molly hatte ich ein schwesterlicheres Verhältnis, so viel war auf jeden Fall richtig, obwohl Agatha Molly nie mochte. Und eines Tages kam sie mit einem Funken Boshaftigkeit auf sie zu sprechen. »Mir ist zu Ohren gekommen, daß die Leute angefangen haben, über Molly Lanigan zu reden?« forschte Agatha.

»Ich habe auch etwas über Molly gehört.« Ich hatte etwas von dem Gerede mitbekommen, Jamey hatte einige Andeutungen gemacht, aber ich hätte mir nicht träumen lassen, daß Molly es so weit kommen lassen und den Leuten Anlaß zu offenem Gerede geben würde.

»Man munkelt, daß sie etwas mit einem ihrer Handwerker angefangen hat«, sagte Agatha.

Vater, der offenbar nichts davon gehört hatte, wandte sich mit einem sorgenvollen Blick an Agatha. »Sie müssen versuchen, dieser Sache Einhalt zu gebieten, bevor es zu spät ist.«

Also war es wahr? Mit einem Mal verspürte ich ein eigenartiges Gefühl in meinem Herzen, das ich nicht benennen konnte. Dann stellte ich beschämt fest, daß es Eifersucht war.

»Molly und Andy Fagan«, murmelte ich mehr zu mir selbst als zu den anderen, mehr um zu hören, ob ihre Namen in dieser Verbindung weniger unvereinbar wirkten, als ihre Personen es waren.

Mein Jamey war so anders als Andy, sagte ich mir rasch, weil ich das Gefühl hatte, daß es trotz der einen Sache, die sie miteinander verband, hundert Sachen geben müsse, die sie voneinander unterschied. Andy Fagan würde sehr lange brauchen, um sich über seine Herkunft zu erheben. Jeder würde zugeben müssen, daß Jamey in seiner alten Kleidung und bis zu den Knien im Dreck einem Arbeiter immer noch um einiges überlegen war. Ich dachte, daß die Sache zwischen Molly und Andy – was es auch immer war – beendet werden würde, denn bald nach Agathas boshaftem Gerede wurde Molly nach Dublin verfrachtet. Sie wohnte fortan bei einer Schwester ihres Vaters, die in dem Ruf stand, eine außerordentlich strenge Frau zu sein.

Es war nicht schwer zu ersehen, was hinter dieser Maßnahme steckte. Molly blieb fast zwei Jahre in Dublin, ohne auch nur ein einziges Mal nach Hause zu dürfen. Man hätte meinen sollen, daß das allem, was zwischen Andy und ihr gewesen war, ein Ende gesetzt hatte. Aus diesem Grund war ich so überrascht, als Jamey mir mitteilte, daß sie nach Australien gegangen waren.

»Aber man hatte sie doch nach Dublin geschickt, um sie von ihm loszubekommen«, rief ich. Mir war nicht klar, wie sie das alles überhaupt auf die Beine hatten stellen können.

Jamey lachte kurz auf. »Eben das war Lanigans Fehler. Hätte er sie zu Hause gelassen, wäre das seinen eigenen Plänen förderlicher gewesen.«

Ich verstand ihn nicht und sagte ihm das.

»Wenn der alte Lanigan sie zu Hause gelassen hätte, wäre sie wahrscheinlich zu dem Schluß gekommen, daß der arme Fagan zu harte Forderungen stellte. Der Unterschied zwischen dem, was er zu bieten hatte, und dem, was sie für ihn hätte aufgeben müssen, war zu groß«, sagte er. Dann hielt er inne und sah mich mit einem Blick an, den ich bis an mein Lebensende nicht vergessen werde. »Wie andere vor ihr auch«, sagte er.

Verstehen Sie nun, was ich meinte, als ich davon sprach, wie er immer Andeutungen und Anspielungen machte, ohne jemals ein direktes Wort zu wagen? »Ich frage mich, ob sie wohl je zurückkommen werden«, sagte ich unruhig, oder meinetwegen auch dumm, denn ich wollte bloß das Thema wechseln. Das gelang mir nicht ganz, denn Jamey starrte mich eine ewig lange Minute weiter an, unumwunden, als ob es etwas gäbe, was ich tun sollte. Und dann blickte er hinaus auf den Hof und die morsche Pumpe, und dann sah er mir erneut direkt ins Gesicht.

»Zurück zu einem Hof wie diesem?« sagte er. Denn zu dieser Jahreszeit war in unserem Teil des Landes ein Hof wie der andere, mit den trüben Streifen Matsch, die zwischen einem Schuppen und dem nächsten lagen.

Er lachte auf. Dieses Lachen gefiel mir nicht. Und auch der Blick, den ich auf seinem Gesicht sah, gefiel mir nicht, es war nicht der vertraute beharrliche Blick, den ich kannte. Ich konnte ihn überhaupt nicht benennen, aber ich verspürte ein leichtes Gefühl der Angst. Ich hatte immer gedacht, daß ich Jamey besser kannte als irgend jemanden anders auf der Welt. Aber mit einem Mal fürchtete ich mich. Ich hatte auf Jameys Gesicht nichts als den liebenden Ausdruck erwartet, der mir vertraut geworden war. Gab es irgend etwas, was ich tun konnte, um den Zustand zwischen uns zu ändern? Mir schoß der Gedanke in den Kopf, daß er trotz seiner beharrlichen Hingabe eines Tages schließlich kündigen und den Hof ohne mich verlassen könnte. Wo würde ich dann sein, alleingelassen ohne ihn?

Als er mir dann schließlich und plötzlich durch den Tod genommen wurde, fand ich einen winzigen Trost in dem Gedanken, daß wir nicht durch eine willentliche Entscheidung von seiner oder meiner Seite getrennt worden waren.

Das war an dem Tag, als wird auf der Straße zu der gerichtlichen Untersuchung entlangratterten, der vorherrschende Gedanke in meinem Kopf. Durch ihn verspürte ich zu dem Zeitpunkt auch Agatha gegenüber weniger Bitterkeit, und mehr Mitleid, denn schließlich hatte ich meine Erinnerungen, und ich dachte, daß sie mir durch nichts und niemanden genommen werden könnten. Ich nahm mir vor, am Abend, wenn sich die Dämmerung über das Land senkte, über die Felder zu dem alten Friedhof zu gehen, wo man Jamey neben seine Eltern gelegt hatte, und dort in dem kühlen Gras niederzuknien und ihm alle die Worte der Liebe zuzuflüstern, die ich niemals ausgesprochen hatte.

Ach Jamey, würde ich weinen. Ach Jamey! Und ich würde ihm meine ganze Liebe offenbaren, ihm erzählen, wie ich sie unterdrückt und darunter gelitten hatte, so groß waren meine Gefühle der Liebe. Ich war sicher, daß Agatha oder Vater meine Empfindungen nicht entgehen konnten. Ich mußte meine Hände zusammenpressen, um mich davon abzuhalten, sie an mein Herz zu drücken.

Vater bemerkte etwas, glaube ich, denn er sah mich scharf an. »Halt dich dort an den Seiten fest«, sagte er barsch. »Möchtest du auf die Straße geschleudert werden?«

Ich beachtete ihn kaum. In Gedanken kniete ich noch immer reuig zur Abendzeit in dem feuchten Gras des Friedhofs. »Wenn ich dich nur wiederhätte«, würde ich sagen. »Ich würde bis ans Ende der Welt gehen, wo immer du auch hin möchtest, was immer du dir von mir wünschtest, ich täte es jetzt und sofort, mit dir, Jamey. Vergib mir«, würde ich laut ins Land hinausrufen.

Trotz meiner Träumerei wurde mir schließlich bewußt, daß wir das Randgebiet der Stadt erreichten, und zum ersten Mal begann ich die Peinlichkeit dieses Ereignisses zu begreifen. »Es sind heute viele Leute in der Stadt«, wandte ich mich an Agatha, obwohl in letzter Zeit eine große Befangenheit zwischen uns geherrscht hatte.

Ich rechnete kaum mit einer Reaktion, aber sie antwortete. »Was hast du erwartet?« sagte sie mit steinerner Miene. »Sie sind hier, um uns anzugaffen!«

Wahrscheinlich hatte ich kaum einen Gedanken an die gerichtliche Untersuchung verschwendet, weil ich so von meinen eigenen Gefühlen vereinnahmt gewesen war. Nun, in letzter Minute, breitete sich allerdings eine nervöse Neugier in mir aus. »Wird man uns Fragen stellen?« rief ich.

Agatha sah mich verächtlich an. »Was glaubst du wohl, warum man uns herbringt?« sagte sie.

Mit einem Mal bekam ich heftiges Herzklopfen. »Mich werden sie doch nichts fragen, oder?«

Vater sah sich rasch um. »Du wirst die Hauptzeugin sein, war dir das nicht klar?« Dann blickte er zu Agatha.

»Hast du ihr nicht gesagt, daß sie die erste Zeugin sein wird?«

»Sie ist nicht blöd, oder?« brummte sie. »Sie wird doch wohl wissen, daß sie zum Zeitpunkt des Geschehens die einzige im Hof war.«

Aber das stellte Vater nicht zufrieden. »Trotzdem war ich davon ausgegangen, daß du mit ihr sprechen würdest«, sagte er.

Inzwischen waren wir in der Stadt, und das Pferd mußte sich in den überfüllten Straßen vorsichtig seinen Weg bahnen. Wir waren in die Main Street eingebogen, an deren Ende das Gerichtsgebäude lag. Ich sah Annie Morrow, in ihren billigen schwarzen Kleidern eine mitleiderregende Gestalt, die sich vorwärtsmühte. Ich mußte eine Gelegenheit schaffen, mit ihr zu sprechen, Jamey zuliebe, denn um die Wahrheit zu sagen, gab es zwischen ihr und mir genauso einen Unterschied wie es, naja, der Meinung der Leute nach, einen zwischen ihm und mir gab, wenn sie Anlaß dazu gehabt hätten, über uns zu reden. Aber trotz allem hatte ich großes Mitleid mit ihr, ungeachtet ihrer armseligen äußeren Erscheinung und ihrer schäbigen Kleider. »Dort ist Annie Morrow«, sagte ich laut. »Ich nehme an, ihr wird man ebenfalls Fragen stellen müssen.«

Ich dachte, daß mein Vater spätestens jetzt, wo er sie gesehen hatte, etwas hätte spüren müssen. Aber er wandte sein stolzes, hartes Gesicht ab und sah starr geradeaus. »Du wirst sehen, daß sie gut in der Lage sein wird, alle Fragen zu beantworten, die man ihr stellt«, sagte er. »Zu gut«, fügte er hinzu.

Plötzlich wurde mir klar, daß in Agathas Schweigen etwas Merkwürdiges lag. Sie hatte mir nicht gesagt, daß man mich als Zeugin rufen würde. Sie hatte eine merkwürdige Dumpfheit an sich. Irgend etwas brütete sie aus, irgend etwas Böses.

»Weißt du denn nicht, daß die Morrows und die von ihrer Sorte die gesamte Schuld daran uns geben werden?« sagte Vater.

»Aber es war doch ein Unfall«, rief ich. »Wie kann man da irgend jemandem die Schuld geben?«

Vater zog ruckartig an den Zügeln. »Es ist leicht zu erkennen, daß du wenig Ahnung von den Morrows oder ihrer Klasse hast«, sagte er. »Sie suchen immer nach einer Gelegenheit, die über ihnen Stehenden zu demütigen. Ist dir nicht klar, daß sie behaupten werden, daß die ganze Sache auf einen Fehler von uns zurückzuführen ist – daß das Geschirr kaputt war oder das Pferd wild war oder irgendeine Lüge in dieser Richtung.«

Ich hatte nicht gedacht, daß sich irgend jemand dermaßen anstrengen würde, um so bewußt zu lügen, geschweige denn in einem Gerichtsgebäude, wo man unter dem Eid stand, die Wahrheit zu sagen. Aber ich wußte auch nicht, daß eine Lüge alle möglichen Formen annehmen konnte und daß man auch lügen konnte, indem man einfach gar nichts sagte. »Ich glaube nicht, daß Annie Morrow lügen wird«, rief ich. »Können wir nicht beweisen, daß das Geschirr in Ordnung war? Wir können es vorführen. Und weiß nicht jeder, daß unser Pferd brav ist?«

In diesem Augenblick fuhren wir an dem Eingang des Gerichtsgebäudes vor, und wenn wir aus dem Wagen ausgestiegen waren, würde Vater nichts weiter zu tun haben, als einen Knoten in die Zügel zu machen und ihn in den Wagen zu schmeißen. Die Stute würde, falls nötig, den ganzen Tag in der Deichsel stehenbleiben. Sie stände noch heute draußen vor dem Gerichtsgebäude, ohne festgehalten oder angebunden zu sein. Es gab kein zweites Tier im ganzen Land, das so brav war.

»Jeder kennt unser Pferd«, sagte ich, als ich mich fertig machte, um auf den Gehweg hinabzusteigen. Erst da sprach Agatha.

»Das bravste Tier der Welt würde bei schlechter Behandlung unwillig werden«, sagte sie mit ihrer kalten, kalten Stimme.

Mir wurde so seltsam zumute, daß ich außerstande war, aus der Kutsche zu steigen. Ich sank auf den ausgesessenen Lederpolstern zurück. »Du willst wohl nicht behaupten, daß Jamey sie mißhandelt hat?«

Agatha zuckte mit den Schultern.

»Wer weiß?« sagte sie.

Da fand ich meine Sprache wieder. »Agatha Darker, du weißt ganz genau, daß Jamey Morrow in seinem Leben kein Tier mißhandelt hat.« Aber als ich ihr kaltes, spöttisches Gesicht sah, wandte ich mich an Vater. »Du weißt es doch, oder, Vater?«

Vater machte einen Knoten in die Zügel. Bevor er antwortete, warf er sie in den Wagen.

»Was hier drinnen zählt, ist nicht das, was wir wissen oder nicht wissen, sondern was wir gesehen oder nicht gesehen haben«, sagte er, und noch ehe er die Peitsche in ihren Halter gesteckt hatte, bewegte er sich damit auf das Gerichtsgebäude zu. »Du warst die einzige im Hof, als es passierte, und wenn du sagst, daß er das Tier nicht getreten hat, werden sie dir das glauben. Mehr gibt es dazu nicht zu sagen. Los! Komm schon runter!«

Aber ich kam nicht runter. Ich fühlte mich so schwach, daß ich dachte, meine Füße müßten bei dem Versuch zu stehen unter mir wegsinken, und schon gar nicht durch die Menge gehen, die sich an der Eingangstür des Gerichtsgebäudes versammelt hatte, von denen uns alle mit feindseligen Blicken anstarrten. Ich erkannte ein oder zwei Arbeiter, die auf Gütern in unserer Nähe beschäftigt waren. Und ich erkannte zwei Mädchen, die Cousinen von den Morrows waren. Man hätte denken sollen, daß sie zu einem Anlaß wie diesem ein wenig ernst waren, aber statt dessen hatten sie einen frechen, unverschämten Blick an sich, als ob ihnen die Gerichtsverhandlung irgendeine Wichtigkeit verliehe.

Ich konnte nicht umhin zu bemerken, daß ein Großteil der Unverschämtheit von diesen Mädchen wich, als Agatha von dem Gig auf den Gehweg hinabstieg. Agatha hatte immer diese Wirkung auf Leute. Sie fühlten sich unbehaglich in ihrer Gegenwart. Sie wichen vor ihr zurück, als sie sich erhobenen Kopfes dazu anschickte, ins Gerichtsgebäude zu gehen.

»Agatha!« rief ich. Schließlich war sie meine Schwester. Diese Leute, die sich um uns herumdrängten, waren nicht von unserem Schlag, und obwohl ich nicht für Agatha und Vater Partei ergreifen wollte, wollte ich auch nicht für sie Partei ergreifen. Ich mußte schließlich mit ihnen zusammenleben, und nun, da ich Jamey verloren hatte, mußte ich bis an das Ende meiner Tage mit ihnen zusammenleben.

»Ach, Agatha!« rief ich. »Warum muß ich Fragen beantworten? Ich habe schließlich nichts von dem gesehen, was geschehen ist. Du und Vater, ihr habt mehr gesehen als ich. Erst als du in den Hof gelaufen kamst und ich sah, wie du deine Hände über dein Gesicht geschlagen hast, habe ich mich überhaupt umgedreht und ihn auf dem Boden liegen sehen. Und bin ich danach nicht ohnmächtig geworden? Was wird es ihnen helfen, mich zu befragen? Ich habe nichts gesehen!«

Es war mir da noch nicht klar, aber das war genau der Augenblick, auf den Agatha gewartet hatte.

Sie nahm meinen Arm und half mir von dem Wagen herab, faßte mich unter und zog mich nah an sich heran, als wir zwischen den Reihen gaffender Gesichter auf die Treppen des Gerichtsgebäudes zugingen. »Natürlich hast du nichts gesehen. Deshalb war es auch so absurd von dir, darauf zu beharren, daß Jamey das Pferd nicht provoziert hatte. Woher wußtest du, was passiert ist? Er hätte sie ein Dutzend Male treten können, ohne daß es dir aufgefallen wäre. Wir alle wissen, daß es höchst unwahrscheinlich ist, daß er das getan hat, aber du könntest es nicht schwören, oder? Vergiß nicht, daß du unter Eid stehen wirst.«

Inzwischen hatten wir das Gerichtsgebäude erreicht, waren aber noch nicht hineingegangen, weil wir auf Vater warteten. »Du könntest es nicht schwören, oder?« fragte Agatha wieder.

In diesem Moment kam Vater die Treppen hoch.

»Oder?« fragte meine Schwester wieder. Und diesmal schüttelte ich meinen Kopf.

Ach, wenn man bedenkt, welche Schläue und Boshaftigkeit mich zu diesem Verrat verleiteten. Es ist wohl kein Wunder, daß ich sie von jenem Augenblick an bis zum jetzigen immer gehaßt habe und daß ich sie bis an mein Lebensende immer hassen werde. Und wenn man bedenkt, daß ich dann, wenn es so weit ist, zu ihrer Seite in die Erde gelegt werde und daß mein Staub sich mit dem ihren vermischen wird – ich, Rose Darker, die eigentlich neben Jamey Morrow liegen sollte.

Die Spritztour

Die beiden Butler standen draußen vor der Tür und beobachteten, wie der Wagen des Aufsehers die Auffahrt hinunterfuhr. Crickem, ein hagerer, pickeliger Kerl, der jüngere der beiden, drehte sich um und sah zu dem gewaltigen Herrenhaus hinter sich auf – ganz aus behauenem Granit, drei Stockwerke hoch und mit vierzehn Fenstern und einem Säulenvorbau auf der Vorderseite.

»Er denkt wohl, daß ihm das alte Haus wegläuft«, sagte er, und er spuckte verächtlich in das taufeuchte Gras hinter den Granitstufen.

Der Aufseher war soeben für drei Tage fortgefahren. Es war anzunehmen, daß er zu den Pferderennen in Galway gefahren war, aber den Butlern war zu verstehen gegeben worden, daß er geschäftlich nach Dublin unterwegs war.

Es war sieben Uhr in der Frühe. Auf dem Boden lag noch Tau. Die beiden Lakaien starrten niedergeschlagen auf die Reifenspuren, die das Auto auf dem taufeuchten Kies hinterlassen hatte. Der jüngere Mann war noch niedergeschlagener als sein Kamerad. Er hatte damit gerechnet, daß man ihnen während der Abwesenheit des Aufsehers mindestens einen Tag freigäbe. Purdy, dem älteren Butler, war es eigentlich gleich, aber Crickem zuliebe war er bereit, den Aufseher zu hintergehen.

»Wenn du schon so lange wie ich für ihn arbeiten würdest, hättest du gar nichts anderes erwartet«, sagte er, und er spuckte ebenfalls in das feuchte Gras.

Das Gut, auf dem sich das Herrenhaus befand, umfaßte etwa vierhundert Morgen des besten Landes von Meath und gehörte einem jungen, noch nicht volljährigen Mann, der Erbe von mindestens noch zwei weiteren Gütern war, die ihn beide stärker zu interessieren schienen als dieses. Die Leute vom Land wurden jedoch darüber, daß er sein Gut nie besuchte, und über die Wahrscheinlichkeit, daß er sich nie viel daraus machen würde, durch die Tatsache hinweggetröstet, daß der Aufseher selbst das Gebaren eines Gentlemans besaß und das Haus in einem Stil führte, der ihrer Vorstellung von einem Eigentümer sehr nahekam, und sie mit einer ihnen angemessen erscheinenden Grobheit und Verachtung behandelte.

Es wurde in der Gegend allgemein angenommen, daß Malcolm das Anwesen eines Tages selbst erwerben würde, und diese Zuversicht gründeten die Leute vom Land weniger auf die Kenntnis der finanziellen Situation des Aufsehers, als vielmehr auf die Tatsache, daß er eine Adlernase hatte, sie alle bei ihrem Vornamen nannte und eine gelbe, mit einem Fuchskopfmuster bedruckte Krawatte trug.

Das Haus wurde gewiß in einem guten Zustand gehalten. Der Besitzer hätte jederzeit hineingehen können und es nicht nur bewohnbar, sondern auch außerordentlich gemütlich und behaglich vorgefunden. Malcolm war der Meinung, daß das beste Mittel der Instandhaltung grundsätzlich regelmäßiger Gebrauch sei, und deshalb wurden in den Zimmern jeden Tag die Fensterläden geöffnet, die Kamine angemacht, die Möbel abgestaubt und die Fenster sauber gehalten. Die Gardinen hingen immer. Bilder und Kronleuchter wurden nicht düster verhüllt. Die Teppiche wurden nicht aufgerollt; alles wurde gebrauchsbereit gehalten.

Und für diese Ordnung waren Crickem und Purdy allein verantwortlich. Sie stellten das gesamte Hauspersonal dar. Crickem, der jüngere Mann, war für die Pflege des vorderen Hausteils verantwortlich, für das Lüften der Zimmer und die Instandhaltung der Möbel. Purdy half, aber obwohl auch er ein ausgebildeter Butler war, nötigte man ihn aufgrund seines Alters und der geringeren Wahrscheinlichkeit wegen, daß er imstande war, seine Aufgaben selbständig zu finden und auszuwählen, einige andere Hausarbeiten zu übernehmen, wie zum Beispiel das Essen vorzubereiten, das Bett des Aufsehers zu machen, seine Stiefel zu putzen und neuerdings auch – obwohl man die Vereinbarung getroffen hatte, daß dies nur eine vorübergehende Regelung sein sollte – die Hemden des Aufsehers zu waschen und seine Hosen zu bügeln. In der letzten Zeit hatten diese mannigfaltigen Aufgaben Purdy dazu verleitet, vom Tragen seines schwarzen Anzugs abzusehen, und obwohl die beiden Männer halbwegs friedlich zusammengearbeitet hatten, ärgerte es den älteren Mann gelegentlich doch maßlos, Crickem in seinem funkelnden schwarzen Anzug mit den Seidenrevers, seinem weißen Hemd und seiner schwarzen Krawatte herumlaufen zu sehen. Um jedweder zusätzlichen Autorität entgegenzuwirken, die Crickem der schwarze Anzug in den Augen der draußen arbeitenden Angestellten verleihen mochte, gab Purdy acht, daß er seinen eigenen schwarzen Anzug stets in Sichtweite auf einem Kleiderbügel an einem Nagel an der Küchenanrichte hängen hatte.

Purdy war ein kleiner Mann um die Vierzig, mit einer Glatze und einem runden Bauch. Sein glänzendes Gesicht trug immer einen schüchternen Ausdruck, was angesichts seines Alters und seines Umfangs absurd war, aber in seinem Fall war eine natürliche Schüchternheit durch das Gefühl der Verletzbarkeit verstärkt worden, das Menschen anhaftet, die zu spüren bekommen haben, daß ihre gesamte Sicherheit an einem einzigen Faden hängt. Trotz seiner Schüchternheit und seines Abhängigkeitsgefühls hatte Purdy jedoch selten zwei Tage nach Erhalt seines Lohns noch einen Penny in der Tasche, denn sobald Zahltag anstand, zog Purdy seinen schwarzen Anzug an, setzte seinen Melonenhut auf und marschierte ins Dorf hinunter, um den Inhalt seiner Lohntüte auf dem Tresen der örtlichen Wirtschaft zu entleeren.

Für den Fall jedoch, daß ein solch sorgloser Umgang mit Geld unvereinbar mit dem Ausdruck von Schüchternheit und Abhängigkeit scheinen sollte, der auf den Gesichtszügen Purdys lag, ist es unerläßlich, auf eine Begebenheit in Purdys Vergangenheit zurückzukommen, die Purdy von sich aus niemals gerne erwähnte und die er in allen Einzelheiten mit einer einzigen Ausnahme aus seinem Gedächtnis gelöscht hatte. Es war folgendes: Purdy war ein verheirateter Mann. Oder vielleicht sollte man genauer sagen, daß er vor zwanzig Jahren für eine Dauer von sechs Wochen verheiratet gewesen war, mit einer Amelia Purdy, einer Haushälterin, deren Vorstellung von Ehe sich als etwas verschieden von der des jungen Purdy erwies. Eine Trennung wurde beiderseits erwünscht und beiderseits stattgegeben. Dieser Amelia Purdy gab Purdy jedenfalls jede Woche ein Drittel seines Lohns als Unterhaltszahlung, dies war eine gerichtliche Verfügung und wurde von Purdys Arbeitgeber direkt an Mrs Amelia Purdy geschickt. Daher stellte die Summe, die Purdy wöchentlich in einem Umschlag überreicht bekam, den rechtmäßigen Rest dar, über den er freie Verfügung hatte. Wenngleich Purdy eine geringe Meinung von Frauen im allgemeinen und Amelia im besonderen hatte, war er trotzdem in der Lage, zwischen Tugenden und Fehlern zu unterscheiden, und die Tatsache, daß sich ein Zusammenleben mit Amelia als schwierig erwiesen hatte, machte ihn jedoch nicht gegenüber der Tatsache blind, daß sie eine außerordentlich sparsame Frau war, mit der doppelten Gabe, Geld zu verdienen und es zu behalten. Und Purdy wußte, daß nicht ein Penny der Unterhaltszahlung von Amelia vergeudet würde und daß nicht ein Penny in eine Bodenritze rutschen würde sozusagen. Es würde im Gegenteil sorgfältig gespart werden, und höchstwahrscheinlich war noch mehr hinzugekommen, so daß es inzwischen ein ordentliches Sümmchen in den Tresoren von Amelias Bank darstellen müßte. Ja, diese Unterhaltszahlungen mußten sich inzwischen zu einem ordentlichen Berg angehäuft haben. Und in Purdys Kopf waren diese Alimente immer noch sein Geld. Er hatte nie das Gefühl verloren, daß es ihm gehörte, ebenso wie er eigentlich auch nie das Gefühl verloren hatte, daß die große und gestrenge Amelia ihm gehörte. Und es war stets in Purdys Hinterkopf, daß er, wenn es darauf ankam, wenn alle Stricke rissen, wenn er wirklich schwer zu knapsen hatte sozusagen, die Sache mit Amelia wieder ins Lot bringen könne. Zwei könnten leicht von den Zinsen leben, die sich von diesen Unterhaltszahlungen angehäuft hatten. Ohne noch einen Penny hinzuzutun, könnten sie bequem davon leben. Deshalb marschierte Purdy also jeden Freitagabend hinunter ins Dorf und entleerte zuversichtlich seine Taschen.

Doch obwohl er Amelia und ihre Alimente hatte, auf die er zurückgreifen konnte, wünschte Purdy seine Stellung in The Manse nicht zu gefährden. Und deshalb war Crickem, der in einer kurzen und steilen Karriere etwa dreißig bis vierzig Anstellungen gehabt hatte, in der Lage, sich Erheiterung zu verschaffen, indem er mit dem älteren Mann nach Belieben seinen Schabernack trieb. Wenn Einschränkungen und Pflichten zu schwer auf ihm lasteten, blickte er Purdy gewöhnlich verschmitzt an.

»Schließlich«, sagte er dann, »besteht für uns keine Verpflichtung hierzubleiben. Niemand kann uns zwingen zu bleiben. Wir könnten jeden Augenblick gehen!«

Und nach dieser oder einer ähnlichen Bemerkung hatte er nichts anderes zu tun, als sich hinzusetzen und das absolute Entsetzen zu beobachten, das in Purdys Augen trat.

An jenem besonderen Tag, dem Tag der Abreise des Aufsehers, war Purdy trotz der Einschränkungen, die seinen unausgegorenen Kollegen verdrossen, noch friedvoller als sonst. Ein freier Tag in der Mitte der Woche würde ihm, da er seinen ganzen Lohn bereits verpraßt hatte, kaum etwas nützen. Aber er hatte nicht vergessen, was es hieß, jung zu sein, und deshalb legte er, als das Auto des Aufsehers außer Sichtweite war, seine Hand auf die Schulter des jungen Mannes und tätschelte ihn verständnisvoll.

»Ich weiß, wie du dich fühlst«, sagte er, »aber ich wüßte nicht, warum wir beide die ganze Zeit hierbleiben sollten. Wenn du möchtest, kannst du dir einen Tag freinehmen. Ich werde schon klarkommen.«

»Ach, wie kann man sich alleine schon amüsieren?« sagte

Crickem gereizt und schüttelte die tätschelnde Hand ab. »Ich verstehe nicht, warum wir nicht beide mal rauskommen können. Wie gesagt, das Haus läuft doch nicht weg, oder?«

»Nein«, sagte Purdy ernst, »aber ich gehe nicht gerne weg, ohne jemanden hierzulassen.«

»Wenn es zugesperrt und verriegelt ist, was kann dann schon passieren?« wollte Crickem wissen.

»Aber es wird nicht zugesperrt und verriegelt sein«, sagte Purdy. »Ich habe bestimmte Anweisungen erhalten, daß die Fensterläden geöffnet werden sollen wie immer.«

Crickem schnaubte. »Um uns festzubinden«, sagte er und spuckte zornig noch einmal auf den Boden.

Purdy ging zur Tür.

»Es hat keinen Sinn, in der Kälte zu stehen«, sagte er. »Kommst du rein?« Und als Crickem nach ihm eingetreten war, versperrte und verriegelte er automatisch die Eingangstür und hob seine Hände, um die schweren Läden über der Innenseite der Tür zu schließen. Aber plötzlich hielt er inne. »Was hat es für einen Sinn abzuschließen?« sagte er. »Wir werden das Haus in einer Stunde oder so doch wieder öffnen.« Und er ließ seine Hände sinken. »Solange wir hier sind«, sagte er dann beflissen, »könnten wir doch alle Fensterläden öffnen.« Denn Purdy war die Sache nicht geheuer, und er dachte, je schneller das Haus bloß- und freigelegt würde, die Fenster aufgerissen und die Türen aufgesperrt, desto schneller würde Crickem die Notwendigkeit einsehen, daß jemand die Verantwortung dafür behalten mußte.

Aber Crickem schubste ihn ungeduldig zur Seite und schloß mit einem Poltern die Läden über der Tür.

»Warte, bis wir entschieden haben, was wir tun wollen«, sagte er geheimnisvoll, und damit der Alte nicht vor Sorge platzte, drehte er sich etwas freundlicher um. »Auf jeden Fall werden wir erst mal frühstücken«, sagte er. »Es ist sowieso noch zu früh, um das Haus zu öffnen. Der Tau liegt noch in der Luft. Es würde eher schaden als nützen, das Haus um diese Zeit zu öffnen! Komm!«

Fest verschlossen war die Halle, abgesehen von den blaßgelben Sonnenstrahlen, die durch die Fugen der Bretter drangen, nun so finster wie ein Kellergewölbe. Denn diese spendeten über ihren langen schmalen Schein auf dem Boden hinaus kein Licht und halfen den Butlern kaum mehr als ein paar Farbstriche, um sie in die Küchenregionen zu leiten.

In den hinteren Bereichen besaßen die Fenster keine Läden, sondern waren nur durch schwarze Gitterstäbe und Zäune geschützt. Hier war es dem kalten Nordlicht gestattet, sich durch hohe, schmale Schiebefenster, über die das Efeu hinabhing, trüben Eintritt zu verschaffen. Die beiden Männer gingen in die Küche.

In der Küche frühstückten die beiden Butler, ohne ein weiteres Wort über den vor ihnen liegenden Tag zu verlieren, aber Purdy war unsicher, und von Zeit zu Zeit blickte er unruhig zu Crickem und fragte sich, was in seinem Kopf wohl vorging. Er meinte einen sonderbaren Ausdruck in dem Blick des jungen Mannes festzustellen, und sein Blick war darüber hinaus auf ihn, Purdy, gerichtet.

Crickem, der nie länger als ein Jahr in derselben Anstellung verbracht hatte, hatte seit einiger Zeit eigentlich das Gefühl gehabt, daß auch hier seine Frist allmählich auslief. Dieses unbestimmte Gefühl war ihm vertraut, obwohl er sich nie entscheiden konnte, ob es die Vorahnung der Entlassung war oder ein dazu beitragender Faktor. Auf jeden Fall verleitete es ihn zum Leichtsinn. Und obwohl für einen leichtsinnigen jungen Mann ein paar Stunden gestohlener Freiheit noch keine große Mahlzeit bedeuteten, so würde doch immerhin eine pikante Sauce hinzugefügt, wenn er den vorsichtigen Purdy dazu bewegen konnte, von dem gleichen Mahl zu kosten. Es war dem jungen Mann bereits eine ziemliche Genugtuung, Purdy mit dem Vorschlag, daß sie beide einen Tag freinehmen könnten, aufgerüttelt zu haben, und er wußte, daß der alte Mann nun unter dem Unbehagen der

Spannung litt. Aber die Spannung durfte nicht zu sehr in die Länge gezogen werden. Als nächstes mußte ihm ein falsches Gefühl der Sicherheit vermittelt werden. Crickem stand plötzlich auf, und mit einer betont resignierten Miene ging er hinüber zur Tür.

Wie er erwartet hatte, riß Purdy sich fast ein Bein aus in seinem Verlangen, aufzustehen und in seinen Vorschlag einzuwilligen, wobei er zweifellos annahm, daß man über verbotene Ausflüge nicht weiter reden würde. Crickem mußte vor ihm aus der Tür eilen, um das Grinsen auf seinem Gesicht zu verbergen.

Bei der Prozedur des Fensterlädenöffnens übernahm Purdy gewöhnlich die linke und Crickem die rechte Seite des Hauses. Sie begannen mit den Fenstern seitlich der Eingangstür, und dann ging Purdy in den Salon und Crickem in die Bibliothek. Von da an begegneten sie sich nicht mehr, bis sie nach einer kompletten Runde durchs Haus wieder in der Halle auftauchten, obwohl Purdy, während er jeden in seiner Obhut befindlichen Fensterladen sorgfältig zurückklappte, in der Ferne das von Crickem verursachte Poltern vernehmen konnte, der es nämlich mit dem Krach, den er machte, nicht so genau nahm. Als Purdy jedoch an jenem Morgen seine Runde durch die Zimmer auf der linken Seite machte, war das Poltern, das von der anderen Seite des Hauses kam, weder entfernt noch leise. Ein Poltern nach dem anderen erscholl durch das Haus, und in den kurzen Momenten zwischen den Poltergeräuschen gab es einen dröhnenden Lärm, als wenn jemand rücksichtslos in einem dunklen Zimmer herumstapfte. Purdy versuchte, vergnügt zu sein. Schließlich konnte es niemand hören, niemand gestört werden, niemand konnte sich sorgen für den Fall, daß Schaden angerichtet wurde. Wenn Crickem die Abwesenheit des Aufsehers nur so ausnutzte, war alles nicht so schlimm. Nichtsdestoweniger spürte Purdy, wie er bei jedem dumpfen Poltern auf der anderen Seite des Hauses selbst bebte, und nach wenigen Minuten stellte er fest, daß er die Poltergeräusche zählte.

Bald müßte Crickem beim letzten angelangt sein. Nur noch eins, schätzte Purdy, und vorsichtig öffnete er den Riegel des letzten Fensters auf seiner Seite des Hauses und klappte die Läden lautlos zurück. Aber das ohrenbetäubende Poltern, das zur gleichen Zeit von der anderen Seite des Hauses zu hören war, war nicht das letzte. Ihm folgte unmittelbar ein nächstes, und dem ein weiteres. Und dann, als Purdy sich auf dem Weg zurück zur Halle befand, setzte sich das Poltern unablässig fort, und wenn möglich, eins lauter als das andere.

Das war sonderbar! Purdy eilte auf die Halle zu. Hatte er sich bei der Anzahl der Fenster auf der anderen Seite des Hauses verzählt? Er hatte es immer für selbstverständlich gehalten, daß es ungefähr gleich viele auf jeder Seite gab. Wieso war er dann heute so viel früher fertig als Crickem? Es war noch ein heftiges Poltern und dann noch eins zu vernehmen, als er durch das Haus eilte. Aber diesmal, so seltsam es klingen mag, kam es Purdy so vor, als ob das Poltern aus einem der Zimmer drang, das er soeben erst verlassen hatte.

Purdy öffnete die Tür des Durchgangs, der zur Halle führte. Hier würden er und Crickem in dem hellen Licht, das aus all den geöffneten Zimmern strahlte, zusammentreffen, um ihre nächste Tagesaufgabe in Angriff zu nehmen. Aber als Purdy an jenem Morgen, begleitet von einem weiteren ohrenbetäubenden Gepolter irgendwo hinter sich, in die Halle geeilt kam, war die Halle zu seiner Verwunderung genau so, wie sie an diesem Morgen um sieben Uhr gewesen war: finster wie ein Kellergewölbe, mit dem einzigen Unterschied, daß in den gelben Sonnenstrahlen aus den Ritzen und Fugen der Fensterläden Staubpartikel glücklich wie Mücken herumtanzten und die Luft nach Staub roch.

Purdy stand dort wie jemand, der verhext worden war. Hatte er nicht eins der Fenster in dieser Halle eigenhändig geöffnet? Und was war mit den anderen sich zur Halle öffnenden Zimmern, wieso kam aus denen kein Licht? Er tastete sich langsam zum Salon vor und suchte im Dunkeln nach der Türklinke. Es dauerte ein oder zwei Minuten, bevor er begriff, daß die Tür weit offen stand und dahinter der Salon gähnte wie ein schwarzes Loch.

Wie ein Schlafwandler setzte Purdy einen Fuß hinter die Türschwelle des Salons. Es bestand kein Zweifel. Es war ein schwarzes Loch, das nur von den vertrauten gelben Strahlen unterbrochen wurde, dort, wo die wieder verschlossenen Fenster einen Spalt Licht hineinließen. Mit offenem Mund starrte Purdy in die Dunkelheit. Weit entfernt, diesmal unverkennbar links von ihm, gab es ein letztes und heftiges Poltern, und nach einigen Augenblicken hörte man das Geräusch von Schritten und ein Pfeifen im Durchgang. Kurz darauf öffnete Crickem die Tür, die zur Halle führte.

»Bist du da, Purdy?« rief er, und in dem schwachen Licht aus den Räumen hinter ihm erblickte Purdy auf dem Gesicht des jungen Butlers bang das unverkennbare Grinsen des Schalks. »Komm!« rief Crickem. »Jetzt können wir tun und lassen, was wir wollen. Malcolm mag gescheit sein, aber er ist nicht gescheiter als ich. Er hat Anweisungen gegeben, das Haus zu öffnen, nicht? Nun, seinen Anweisungen wurde Folge geleistet. Wir haben das Haus geöffnet. Aber es war nicht die Rede davon, daß es nicht wieder geschlossen werden sollte. Damit kriegen wir ihn! Komm schon, nichts wie raus aus diesem Kerker. Was stehst du da in der Dunkelheit herum?«

Crickem hielt die Durchgangstür auf und winkte Purdy heran. Er wollte den alten Mann schnell in die erhellten Räume zurückholen, wo er den Ausdruck auf seinem Gesicht erkennen konnte. Er wollte sich über den Schreck des Alten amüsieren.

Aber als Purdy in die erleuchtete Halle trat, wurde Crickem überrascht. Purdys Gesichtsausdruck hatte sich verändert. Daran konnte kein Zweifel bestehen. Zu Crikkems Verwunderung lag auf Purdys Gesicht ein völlig unerwarteter Ausdruck. Es war kein Schrecken. Es war keine Nervosität. Es war nicht einmal Mißbilligung.

Crickem starrte ihn an.

Purdy, ja Purdy, hatte eine beachtliche Veränderung durchgemacht. Er war verwandelt. Und in seinem Gesicht war etwas, das man nur als Grinsen bezeichnen konnte.

Ja, Purdy grinste.

Und die äußere Veränderung war nur ein Spiegelbild der inneren. Während der paar Minuten, in denen er verstanden hatte, wie Crickem zwischen Gehorsam und Revolte einen Kompromiß geschaffen hatte, war in Purdy irgend etwas geschehen. Irgend etwas hatte sich in ihm geregt. Und was sich geregt hatte, war eine Jugenderinnerung. Dies war die Sorte Kompromiß, die charakteristisch für jeden jungenhaften Streich war, den Purdy je riskiert hatte. Ein Gefühl jungenhafter Verantwortungslosigkeit war über Purdy gekommen, und beim Anblick Crickems vergaß Purdy plötzlich, daß er dick wie ein Faß, glatzköpfig und mittleren Alters und schüchtern war und daß er darüber hinaus mit einer sechs Fuß großen Schreckschraube verheiratet war, an die er ein Drittel seines Lohns in Alimenten zahlte. Es kam ihm so vor, als ob er und der vor ihm stehende unbedarfte Jüngling, der so dünn wie eine Bohnenstange und verpickelt vom ungesunden Lebenswandel der Jugend war, aus ein und demselben Schnittmuster gefertigte Komplizen waren. Er gluckste und rieb sich die Hände. Dann, während Crickem ihn verwundert anstarrte, fiel Purdys Blick auf Crickems Hosenbein, und plötzlich kam es ihm so vor, als ob der einzige Unterschied zwischen ihnen – wenn überhaupt – in der Art ihrer Kleidung lag.

»Nur einen Augenblick«, sagte er, als Crickem die Küche öffnete, und er preschte an dem jungen Mann vorbei, schnappte sich seinen schwarzen Anzug von dem Nagel an der Anrichte und verschwand über die Dienstbotentreppe nach oben. Eine Minute später war auch er in funkelndem Schwarz und Weiß, ein echter Butler, ein echter Dandy.

Es wäre falsch zu behaupten, daß Purdy sich in seinem schwarzen Anzug immer noch wie ein Junge fühlte; er fühlte sich eher wie ein junger Mann; ja, ganz genau so, wie er sich vor zwanzig Jahren gefühlt hatte, als er bei dem Oberkellner des Centreside Hotels in der North Great Georges Street, Dublin, in die Lehre ging, wo Streiche, Schabernack und Zechtouren an der Tagesordnung waren. Purdy sah an sich auf und ab, und noch zögerte er, nach unten zu gehen. Seinerzeit war er bekannt gewesen für das Aushecken von Streichen, und jetzt hatte er das Gefühl, mitziehen zu müssen. Es lag an ihm, einen gewagten Schritt auf seinen eigenen zwei Beinen zu machen. Crickem hatte sich ein gutes Stück vorgewagt. Er, Purdy, mußte noch weiter gehen. Er setzte sich auf die Bettkante und dachte eine Weile angestrengt nach, und dann kam ein Ausdruck großer Kühnheit über sein Gesicht, und er stand auf und ging zu der Garderobe des Aufsehers hinauf. Wenige Minuten später lief er den Durchgang zu Crickem hinunter, wobei er versuchte, vor lauter Aufregung nicht zu rennen, und was er an schwarzem, glatten Haar hatte, war so dicht wie Farbe an seinen Kopf gekleistert, und zwar mit einer großzügigen Ladung der Haarlotion des Aufsehers, die in einer Extraanfertigung eigens aus Dublin angeliefert wurde und die der Aufseher so vorsichtig benutzte, daß er die Innenflächen seiner Hände höchstens damit benetzte. An den Füßen trug der ältliche Butler anstelle seiner gewöhnlichen schwarzen Lederschuhe mit breiter Kappe ein Paar von Malcolms hellgelben Hochglanzschuhen mit spitzer Kappe.

Purdy stach der Hafer. Er war nun willens und bereit, den Tag mit Streichen zu verbringen, einer kühner als der andere, aber allesamt in ihrer Art wie das Entwenden des kostbaren Haaröls und das Tragen der gelben Schuhe des Chefs. Denn solche Streiche waren im Centreside Hotel beliebt gewesen, damals vor zwanzig Jahren.

Crickem jedoch war kein Junge. Und als Purdy in die Küche trat, blickte der junge Butler auf seinen albern eingekleisterten Schädel und auf die spitzen Schuhe, mit denen er wie eine alte Jungfer auf Zehenspitzen lief, und er befürchtete, in eine groteske Lage zu geraten. Nach irgendwelchen Schuljungen-Streichen stand ihm nicht der Sinn.

»Nun, was machen wir?« sagte er schroff. »Das Haus ist zugesperrt und verriegelt. Die Türen sind alle verschlossen, und die Fenster sind zu. Es gibt keinen Grund, warum wir den ganzen Tag hier herumsitzen sollten.«

Ein Anflug zurückkehrender Besorgnis durchschoß die Freude, die sich in Purdys Seele ausgebreitet hatte. Er sah Crickem an.

»Was könnten wir denn machen?« fragte er halbherzig, aber kaum hatte er es gesagt, da wurde er zuversichtlich. Man konnte nichts machen. Crickem mochte voller Kühnheit sein, aber was sollte man schon tun, morgens um halb elf, im tiefsten Landesinneren, vier Meilen von der nächsten Stadt entfernt und zwei Meilen vom Bahnhof, von dem der einzige Zug nach außerhalb vor ungefähr zwei Stunden abgefahren war! Purdy faßte wieder Mut. Er meinte sogar, ein wenig prahlen zu können.

»Schade, daß es nicht noch ein Auto gibt!« sagte er. »Wir könnten einen kleinen Ausflug irgendwohin unternehmen.«

Gegen seinen Willen war Crickem beeindruckt.

»Kannst du denn fahren?« fragte er.

Purdy konnte nicht fahren, aber er wollte sich nicht blamieren.

»Was hilft es schon, fahren zu können, wenn es doch kein Auto gibt?«

Crickem starrte ihn an. Hatte er Purdy unterschätzt? Purdy war ein neuer Mensch. Dies war nicht der alte Purdy.

»Man würde das Benzin vermissen«, sagte Crickem, entschlossen, ihn auf die Probe zu stellen.

»Pah!« sagte Purdy. »Zwischen hier und dort, wo ich hinfahren würde, gibt es jede Menge Tankstellen!«

Neugier überkam Crickem.

»Wohin würdest du denn fahren?« fragte er, und er war demütig wie ein Schüler zu Füßen des Meisters.

Purdy winkte geringschätzig ab.

»Was nützt es schon, darüber zu reden!« sagte er. »Es gibt kein Auto, und damit hat sich's!«

In den engen gelben Schuhen, die ihn an den Zehen drückten, schien Purdy zu wachsen, größer und erhabener zu werden. Gipfel der Kühnheit zogen vor ihm auf, und so wie er sich auf den spitzen Kappen der Schuhe des Aufsehers aufrichtete, wurde er bereit, diese Gipfel zu erklimmen. Aber während er aufstieg, fiel er.

»Gott segne die Zeiten«, sagte er, »als man sich um Autos und Benzin nicht zu scheren brauchte, und als man, wenn man eine Spritztour machen wollte, einfach nur den Hof hinunterzulaufen und Pony und Kutsche anzuspannen brauchte!«

»Pony und Kutsche!« Crickem setzte sich auf. »Purdy!« rief er, lief zu Purdy hinüber und klopfte ihm auf die Schulter. »Purdy! Du bist ein Genie!«

In diesem Moment merkte Purdy, daß er ins Rutschen geriet. Er wähnte Unheil. Was meinte Crickem? Warum war er so aufgeregt? Purdy bebte in seinen Schuhen. Seine Kinnlade zitterte. Sein Blick flimmerte. Und mit offenem Mund starrte er Crickem an. Crickem erkannte seinen Vorteil.

»Naja«, sagte er herablassend, »du hast die Idee zwar nicht zu Ende gedacht, aber du hast mich auf etwas gebracht.«

»Welche Idee?« fragte Purdy kleinlaut mit schwacher Stimme.

»Pony und Kutsche!« rief Crickem, und da wurde ihm die Bedeutung der Angelegenheit klar. Er durchschaute Purdys geheuchelte Kühnheit. »Willst du damit sagen, daß du nicht wußtest, daß sich unten im Hof ein alter Ponywagen befindet?« rief er, und er rieb sich vor Freude über Purdys Unbehagen die Hände. »Ich weiß nicht, was ich da unten gemacht habe, aber ich erinnere mich, daß ich eines Tages beim Herumstöbern in den Ställen eine alte Kutsche gesehen habe, die in eine der Ecken geschoben worden war.«

Purdys unbestimmte Prognose über das bevorstehende Unheil löste sich in Gewißheit auf. Schlagartig erinnerte er sich an etwas, woran er jahrelang nicht gedacht hatte – daß sich nämlich ganz hinten in einem der Ställe, hinter ein paar verrosteten und überholten Landwirtschaftsgeräten, die, wie der Wagen selbst auch, vor langer Zeit von mechanischen Geräten abgelöst worden waren, tatsächlich, wie Crickem gesagt hatte, ein alter Ponywagen befand. Schlagartig tauchte sie in einer Vision vor Purdys Augen auf, eine heruntergekommene, aber zweifellos vollständige Ponykutsche der Art, die zur Zeit des Pferdetransports für die Gouvernanten der Kinder gebraucht wurden; die Karosserie im Stil von Korbgeflecht bemalt, die Deichsel, die Räder und die Fassungen der Giglampen schwarz mit gelben Streifen gestrichen; und das ganze Fahrzeug, Deichsel und Chassis, glanzlos vom Staub und mit Spinnweben überzogen wie ein in Musselin gewickelter Käse. Verzweifelt klammerte Purdy sich an die einzig verbleibende Möglichkeit.

»Sie wird voller Staub und Spinnweben sein«, sagte er. »Wahrscheinlich fällt sie auseinander.«

»Ach was«, sagte Crickem. »Diese alten Kurschen halten ewig. Komm! Laß uns runtergehen und sie uns ansehen!«

Purdy blieb nichts anderes übrig, als zu folgen, und obwohl er das nur widerwillig tat, vermittelte er den Eindruck, größere Eile zu haben als Crickem, weil er mit seinen kurzen, dicken, kleinen Beinen zwei oder drei Schritte machte, wo der große, hagere Butler nur einen machte.

»Schau! Sie ist voller Spinnweben«, schnaufte der kleine Butler wieder, als er Crickem wenige Minuten später in die Tiefen des Stalles folgte.

Aber die Spinnweben bewiesen leider nur, daß die alte Kutsche unberührt und unversehrt und vom üblichen Schicksal solch altmodischer Fahrzeuge verschont geblieben war. Man hatte keins ihrer Teile für andere Zwecke abmontiert. Und als Crickem einen alten Schwingpflug aus dem Weg räumte und die Deichsel des Ponywagens faßte und ihn aus dem finsteren Stall auf das sonnenbeschienene Kopfsteinpflaster zog, stand er da, genauso gut wie an jenem Tag, als irgendeine zerstreute Gouvernante ihn zum letzten Mal in den Hof gefahren hatte. Die gelbgeknöpften Lederpolster waren da, eins über das andere gestapelt. Die Fransendecke war da, ordentlich zusammengefaltet auf dem Sitz, obwohl sie innen zweifellos von Motten durchlöchert war. Und ganz oben ragte die kleine gelbe Peitsche wie ein Mast auf einem Schoner aus dem Peitschenschuh heraus, mit je einem gehißten weißen Spinnwebensegel an den Seiten.

Ohne die umhüllenden Netze und Spinnenfäden wegzuwischen, an denen die verwunderten Spinnen auf kurzen schwarzen Beinen entlanghuschten, hob Crickem die Deichsel hoch, plazierte sich selbst dazwischen und begann, auf dem Kopfsteinpflaster auf und ab zu laufen, während er die Kutsche hinter sich herzog.

Es war der Anblick Crickems zwischen der Deichsel, der Purdy erneut einen Augenblick lang hoffen ließ.

»Ein Pony!« rief er aus. »Wir haben kein Pony!« Er vermochte den Jubel in seiner Stimme nicht zu verbergen.

Aber Crickem drehte sich in der Deichsel um, und mit einer ruckartigen Bewegung seines Kopfes deutete er auf die Boxen auf der anderen Seite des Hofs.

»Was ist mit diesen Gäulen?« fragte er, und mit einem Poltern ließ er die Deichsel auf den Boden fallen. Purdy war sprachlos.

Es wurden dort nur zwei Pferde gehalten, aber sie waren der Augapfel des Aufsehers.

»Die Jagdpferde!« stieß er hervor.

»Klar!« sagte Crickem. »Wenn sie so brav sind, wie Malcolm sagt, werden sie wie Lämmer vor der Kutsche gehen.« Kritisch blickte er in die Richtung der Boxen, über deren Halbtüren hinaus die Tiere sie mit sanfter Pferdeneugier ansahen.

»Wir nehmen die Braune«, sagte er.

Nun, wenn es überhaupt einen Unterschied zwischen den

beiden zu machen galt, so lag die absolute Vorzüglichkeit in den Augen des Aufsehers bei der Braunen.

»Die Braune!« sagte Purdy schwach, wie einer, der träumt, und er folgte Crickem zu dem größten der Ställe hinüber, wo ein schmuckes braunes Pferd mit einem weißen Stern auf dem Gesicht seinen Kopf mit einem nervösen Zucken abwandte.

Es war nur eine Sache von Sekunden, dieses prachtvolle Tier hinauszuführen und ihm das Geschirr überzuwerfen, und wie Crickem erwartet hatte, zeigte es sich von dem Augenblick an, als es zu der Kutsche geführt wurde, willens und bereit, sie zu ziehen. Ganz von selbst ging es rückwärts in die Gabeldeichsel und wartete darauf, angespannt zu werden.

An dieser Stelle allerdings gab es eine kleine Verzögerung, weil Crickem mit den Kompliziertheiten des Geschirrs rang.

Er hatte einigermaßen zuversichtlich begonnen und das Halfter über den Kopf des Tieres geworfen und das Hinterzeug über seinen Rücken. Er hatte die Zugriemen am Wagen befestigt. Aber als er all das getan hatte, hing zwischen der Deichsel und der braunen Stute immer noch eine verwirrende Anzahl von Lederriemen, die nicht durch die ebenfalls beträchtliche Anzahl von Messingschnallen oben auf dem Geschirr gezogen worden waren.

Crickem kratzte sich am Kopf und trat einen Schritt zurück.

»Moment! Moment!« sagte er, als ob sich der arme Purdy über die Verzögerung beschwerte. Er inspizierte die herunterhängenden Riemen. »Das Wichtigste«, sagte er, als er den Bauchgurt aufhob und ihn irrtümlicherweise mit dem Zugriemen verknüpfte, »das Wichtigste ist, das Pferd an dem Wagen festzumachen. Es ist ziemlich gleich, wie man es macht.«

Aus Unsicherheit darüber, ob er diese irrige Idee in die Praxis umsetzen lassen sollte oder nicht, wackelte Purdy in seinen spitzen Schuhen auf dem Pflaster hin und her. Zwar würden sie bestimmt nicht weit kommen, aber es schauderte ihn schon bei dem Gedanken daran, was dem Wagen während dieser kurzen Reise zustoßen könnte – ganz zu schweigen davon, was dieser schmucken, braunen Stute zustoßen könnte, deren Beine in Purdys besorgten Augen so zerbrechlich wie Glas aussahen.

Unterdessen, während Purdy noch zögerte, hatte Crikkem die Sache wieder in Angriff genommen. Zweimal war es ihm gelungen, alle Schnallen zu schließen, aber zweimal war es nötig gewesen, sie wieder zu lösen. Und beim letzten Versuch hatte er versehentlich einmal die Zugriemen gelöst und die Deichsel mit einem heftigen Krachen zu Boden fallen lassen, und dreimal war er unter dem Bauch der braunen Stute hin- und hergelaufen. Aber nach wie vor waren Pferd und Kutsche so unabhängig voneinander wie zu dem Zeitpunkt, als das Pferd noch in seiner Box und die Kutsche im Stall gestanden hatte.

Und unter dem Druck, mit diesen unvorhergesehenen Hindernissen fertigzuwerden, erreichte Crickem, der Purdy für seine eigenen Zwecke gewöhnlich als ebenbürtig behandelte, den Punkt, an dem sein Geduldsfaden so dünn wurde, daß er jeden Augenblick zu reißen drohte. Während er von einer Seite der Kutsche zur anderen lief, stieß er Purdy mehrmals an. Und obwohl Purdy ein gutes Stück von der Szene dieses geschäftigen Treibens entfernt stand, begann Crickem leise vor sich hin zu murren.

»Kann der nirgendwo anders stehen?« knurrte er. »Wieso sind manche Leute nur zu blöd, um aus dem Weg zu gehen?«

Während seiner Meckerei – er hatte die Deichsel unterdessen noch einmal fallen gelassen und war noch zweimal unter dem Bauch des Pferds hin- und hergerannt – fiel Crikkems Blick jedoch zufällig auf seinen Gefährten. Purdy hatte keine Zeit, das hochmütige Grinsen auszulöschen, das auf seinem glänzenden Gesicht lag.

»Na?« fragte Crickem. »Was grinst du? Hm?« Er hatte

den Punkt erreicht, wo er die Stute nur zu gerne getreten hätte, wenn ihn nicht instinktiv das Gefühl beschlichen hätte, daß ein Pferd vielleicht nicht gerade das geeignetste Tier der Welt war, um sich auf einen Tretkampf einzulassen. Das Funkeln in seinen Augen, als er Purdy ansah, schien anzudeuten, daß er sein Bedürfnis auch befriedigen könnte, indem er seinem Kollegen ein paar Tritte versetzte. Aber plötzlich verschwand das Funkeln.

»Sag mal!« sagte er teils höhnisch, teils ernst, »du bist nicht zufälligerweise ein Fachmann in solchen Dingen?«

Einen Augenblick lang schwieg Purdy. Dann bückte er sich und hob den Bauchriemen hoch. Im Nu war er an der richtigen Stelle, und Purdy sauste um das Pferd und hatte ihn an den Schnallen auf der anderen Seite befestigt. Dann wurde der Zugriemen eingehakt. Alle Riemen wurden angezogen und festgeschnallt, und nach wenigen Minuten blieb nichts anderes übrig, als in die Kutsche zu springen, und sie waren auf dem Weg, vollständig ausgerüstet und schneidig über alle Maßen.

Die Positionen wurden erneut vertauscht. Purdy hatte wieder das Sagen. Er schwang sich in die Kutsche und griff nach der Peitsche. In einem weiteren Impuls sprang er wieder hinunter und warf Crickem die Zügel zu.

»Warte einen Augenblick!« sagte er. »Wir müssen etwas zu essen mitnehmen!«

Denn erneut fühlte er sich wie in alten Tagen, als die Angestellten des Centreside Hotels ihren jährlichen Betriebsausflug unternahmen, und damals war unter der Achse des kleinen Wagens stets ein dicker Futterkorb angebracht gewesen.

»Können wir nicht unterwegs anhalten und in einer Wirtschaft essen?« fragte Crickem, der es nicht abwarten konnte, die Straße hinunterzujagen.

Purdy blickte ihn angesichts seiner Unerfahrenheit mitleidig an.

»Man kann doch kein Pferd am Straßenrand stehenlassen!« sagte er, und seine kleinen Beine bewegten sich rasch hin und her, als er über den Hof auf das Haus zueilte.

Kaum war er jedoch in der Speisekammer, da vernahm er Schritte im Hof, und herein kam Crickem.

»Ich habe die Zügel an der Hoftür festgebunden«, sagte Crickem schnell, den mißbilligenden Blick auf Purdys Gesicht vorausahnend.

Nur wenig erleichtert wandte Purdy seine Aufmerksamkeit wieder dem Essen zu, das er zusammengesammelt hatte, und legte es auf den Tisch. Es war ein wildes Durcheinander: ein Laib Brot und ein großes Stück Sandkuchen, eine Dose Sardinen, ein Stück trockener Käse und ein Pfund guter Butter, die in einem kleinen Steintopf war, damit sie nicht schmolz. Das Wichtigste jedoch war ein großer Schinkenknochen, auf dem sich noch eine Menge rosafarbenen Fleisches befand.

Kritisch betrachtete Crickem diese Sammlung.

Dann ging er in die Speisekammer, und nachdem er in einem oberen Regal herumgestöbert hatte, kam er wenige Minuten später mit einem weiteren Brot und einem Glas Pickles heraus. Purdy erspähte die Pickles. Er bedauerte, sie nicht gesehen zu haben. Sie schienen Crickem etwas von seinem Vorteil über ihn zurückzugeben. Er sah sich nach etwas um, womit er die Pickles noch übertreffen könnte. Nach einer Minute schnippte er mit den Fingern.

»Wo sind die Schlüssel zum Weinkeller?« fragte er.

Crickem ließ das Picklesglas beinahe zu Boden fallen. Das war eine kaum zu übertreffende Unerhörtheit. Er war wie vom Donner gerührt.

»Weißt du denn nicht, daß jede einzelne Flasche gezählt und aufgelistet ist?« fragte er. »Es ist unmöglich, eine Flasche wegzunehmen, ohne daß es auffällt.« Aber als er merkte, daß Purdy sich immer noch nach dem Schlüssel zum Keller umsah, blickte er ihn voller Bewunderung an. »Willst du wirklich eine Flasche nehmen?« fragte er.

»Wir werden sehen!« antwortete Purdy. »Wir werden

sehen!« – in einem Ton, als ob er zu einem Kind spräche. »Zuerst gilt es, den Schlüssel zu finden.«

Purdy hatte sich plötzlich erinnert, daß Malcolm vor mehreren Jahren eine Kiste mit Likören bestellt hatte, zwischen denen sich ein oder zwei Flaschen Curaçao befanden, denen er nichts abgewinnen konnte und die er hatte zurückgeben wollen. Sie waren jedoch nie zurückgegeben worden, und falls sein, Purdys, Gedächtnis ihn nicht täuschte, waren sie in einer dunklen Ecke des Weinkellers verstaut. Es war beinahe gewiß, daß diese Flaschen Curaçao nicht vermißt werden würden, oder daß es andernfalls möglich war, den Aufseher davon zu überzeugen, daß sie zu dem Weinhändler zurückgesandt worden waren. Außerdem hatte diese ganze Likörangelegenheit vor Crickems Ankunft stattgefunden, und so würde nichts das ungeheure Ausmaß von Purdys Kühnheit beeinträchtigen können.

Als dann der Schlüssel zum Weinkeller aufgefunden und der Weinkeller geöffnet worden war, entstand eine kleine Schwierigkeit, als Crickem nämlich, kleine Schreie der Begeisterung von sich gebend, vor Purdy hineinlief.

»Was nehmen wir?« rief er, und er rieb sich die Hände und leckte sich die Lippen. »Wie wär's mit einer Flasche Sherry?« Er nahm eine Flasche Sherry zur Hand und lief aus dem dunklen Keller, um sie ans Licht zu heben, aber fast sofort lief er wieder zurück, und immerfort kleine Schreie ausstoßend, wühlte er in den Regalen. »Wie wär's mit Portwein? Wie wär's mit Bordeaux?« In seinem ganzen Entzücken war er jedoch darauf bedacht, Purdy die Wahl zu überlassen, denn mit der Wahl ging die Schuld einher. »Was nimmst du?« rief er.

»Augenblick! Augenblick!« antwortete Purdy, und er begann, eine Flasche nach der anderen herauszunehmen und in den hinteren, finsteren Winkeln der Kellergewölbe herumzustöbern.

»Schlauer Bursche!« sagte Crickem. »Du nimmst von hinten, wo es nicht auffällt.«

Aber Purdy wies diese Vermutung zurück.

»Ich suche etwas Bestimmtes«, rief er. »Verflixte Dunkelheit! Hier! Zünde mal ein Streichholz für mich an.«

Aber zehn, zwanzig Streichhölzer wurden angezündet und bis auf die Spitze heruntergebrannt, und noch immer nicht kamen Purdys Flaschen in Sicht.

»Ach, laß uns irgendwas nehmen!« sagte Crickem, der es leid wurde, ein Streichholz nach dem anderen anzuzünden. »Es ist sowieso nur noch ein Streichholz übrig«, sagte er, als er hastig das zweitletzte Streichholz fallen ließ und an seinen angesengten Fingern saugte.

Purdy stockte. War es möglich, daß er sich irrte? War es möglich, daß der Curaçao doch schon zurückgegeben worden war? Und wenn es so war, was dann? Er hatte sich die Suppe selber eingebrockt. Er mußte irgend etwas nehmen. Er konnte sich nicht blamieren. Crickem war im Begriff, das letzte Streichholz zu zünden.

»Warte! Gib mir dieses Streichholz«, rief Purdy, und er nahm es in seine Hand, zündete es vorsichtig an, und die Flamme mit seinen Händen schützend, krabbelte er in das letzte, das einzige Gewölbe des Weinkellers, das noch übrig war. Die Flamme brannte hell im Schutz des Gewölbes und lief rasch auf dem dünnen Stöckchen des Streichholzes entlang. Purdy konnte die Hitze bereits spüren, bald würde er es ausblasen und fallen lassen müssen. Verzweifelt ließ er seinen Blick in dem Gewölbe umherschweifen.

»Ah!« Die Flamme hatte gerade seine Fingerspitzen erreicht, er verspürte gerade das erste schmerzvolle Zwicken, da erspähte er in der hinteren Ecke des Gewölbes, wie die Kutsche mit lauter weißen Spinnweben umhüllt, die drei dicken Curaçaoflaschen. Gespannt, wie eine Mutter auf ihr Erstgeborenes schaut, fiel Purdys Blick auf die Flaschen. Dann erlosch das Streichholz, und sie waren in Dunkelheit getaucht; aber mit zielsicherer Genauigkeit griff Purdy nach den Flaschenhälsen. Kurz darauf krabbelte er rückwärts nach draußen ins Licht, und triumphierend hielt er die Flaschen empor.

Crickem war weniger erbaut. Er besah sich das Etikett.

»Nach was schmeckt denn dieses Zeug?« fragte er, und mit Bedauern blickte er zu den erprobten und bewährten Sherrys und Portweinen, die die oberen Gewölbe säumten. Aber wieder entschloß er sich, den Geschmack zu teilen und auf die Schuld der Wahl zu verzichten.

Es war ein echter Sommertag. Die Sonne schien hell, und die Felder waren leuchtend und belebt von dem geschäftigen Treiben der Ernte; einige gelb mit ungemähtem Getreide, andere blaß mit bleichenden Stoppeln. Einige gedämpft grün vom Grummet und mit kleinen Heuhaufen übersät, während der Himmel darüber von einem klaren, tiefen Blau war.

Die beiden Butler fuhren in einem von der braunen Stute angegebenen Tempo los, ein gleichmäßiges, flottes Tempo. Sie nahmen die Slane Road, die durch die üppigsten, tiefsten Gebiete von Meath führte, und bald fuhren sie bergauf und bergab, die Landschaft verbarg sich, wenn sie in einem kleinen Tal zwischen erhöhten Gräben verschwanden, und offenbarte sich im nächsten Moment wieder, wenn die Straße bergan führte oder wenn sie über eine der vielen Eisenbahnbrücken rollten, die sich in den flachen Teilen des Landes wie Tore erhoben, und auf diese Weise einen herrlichen Blick über die gesamte Grafschaft und ihr Flachland gewährten, das von Weiden und Getreidefeldern gefächert und von den Waldungen seiner großen Landgüter überschattet war. Wenn Purdy und Crickem in der Kutsche aufstanden – wie an jeder zweiten Biegung der Straße –, taten sie dies allerdings nicht, um dieses sagenhafte Panorama anzuschauen, sondern um mit ihren Hüten den Erntearbeitern hinter den Hecken zuzuwinken und ihnen die Hände zu schütteln und den Frauen Kußhände zuzuwerfen.

Der Anblick, der die beiden Kavaliere so entzückte, war jedoch kaum mit dem Anblick zu vergleichen, den sie den Leuten, denen sie zuwinkten, selber darboten. Denn die leuchtende Sommerlandschaft kommt und geht, aber die Landleute, die bei dem Geräusch des hochtrabenden Pferdes zufällig ihre Köpfe hoben, standen mit vor Erstaunen aufgesperrten Mündern da, als sie die beiden Butler in ihrem altmodischen Fahrzeug die Straße entlangrauschen sahen. Diejenigen, die nah genug standen, ließen ihre Gabeln und Rechen fallen und winkten ihnen mit ihren Strohhüten stürmisch zu. Ein paar alte Männer liefen auf die Straße hinaus, nahmen ihre Pfeifen aus ihren eingefallenen Mündern und riefen heiser:

»Die alten Zeiten, sie mögen wiederkehren!«

Aber am aufgeregtesten waren die Frauen. Die Frauen spürten intuitiv, daß die beiden Männer in ihren schwarzen Gehröcken, die dort mit Pferd und Kutsche entlangzuckelten, irgend etwas Verwegenes an sich hatten. Und irgend etwas in ihnen reagierte. Ihre Blicke wurden kühner, und frech streckten sie ihre Brüste heraus.

»Dort haben wir eine wahre Augenweide!« rief Purdy, als sie an einem Feld vorbeifuhren, auf dem ausschließlich Frauen und junge Mädchen arbeiteten. Sie waren dabei, Heu umzuwälzen, das in den Haufen offensichtlich warm geworden war und neu aufgeworfen werden mußte.

»Was wir jetzt brauchen«, rief Crickem, »sind zwei eigene Mädchen!«

Aber eine Wahl zu treffen – das würde Schwierigkeiten bereiten.

»Sieh dir diese Prachtexemplare von Mädchen an!« rief Purdy und deutete auf die andere Straßenseite, wo eine Schar junger Frauen auf einem Tor saß. Sie waren mit Luncheimern für ihre Männer in die Felder hinausgekommen, und jetzt saßen sie in ihren hellen Baumwollkleidern und Blusen und ihren strahlendweißen Schürzen auf dem Tor.

»Was für ein himmlischer Anblick!« rief er wieder entzückt, als die Frauen sie, in der Gruppe mutiger, mit blitzenden Augen ansahen und sich gegenseitig unter falschem Geschrei und viel Gelächter nach vorn schubsten. Und jene, die andere mit einer rüden Hand oder einer groben Geste nach vorn schoben, boten sich mit ihren strahlenden, kühnen Blicken selbst noch dringender an.

Und die beiden Männer auf dem Ponywagen nahmen die berauschenden Sinneseindrücke, die die Frauen ihnen schenkten, gierig in sich auf, während ihre Nasen und ihre offenen Münder die süße, berauschende Luft in sich aufsaugten. Aber noch hielten sie das Pferd nicht an, das in einem leichten Galopp unbekümmert weiterlief. Gruppen von Frauen waren gefährlich. Konnten doch diejenigen, die sich am kühnsten anboten, es am meisten übelnehmen, falls ihr Angebot akzeptiert werden sollte. Konnte doch die triumphale Kutscherkarriere zu einer Schlappe werden, und konnte es doch darauf hinauslaufen, daß sie, falls sie anhielten, mit Schimpf und Schande zurück in den Wagen klettern und sich unter einem Hagel hämischer Spötteleien oder gar von Steinen entfernen mußten. Nein. Sie konnten es nicht riskieren anzuhalten, bis sie sich ihrer Sache sicher waren.

Und doch waren Frauen unverzichtbar, um die Eskapade abzurunden.

»Wir müssen zwei Mädchen kriegen. Sonst ist es nicht lustig«, wiederholte Crickem immer wieder.

In dieser Sache waren sie halbwegs ehrlich zueinander.

»Unbrauchbar!« sagten sie jedesmal, als sie eine Gruppe Frauen nach der anderen passierten, und winkten ihnen bloß zu und zogen ihre Hüte. »Unbrauchbar! Sie sind höchstens auf die Entfernung kühn.«

»Warte, bis wir durch eine Stadt kommen«, sagte Crickem. »Bei den Stadtmädchen werden wir wohl mehr Glück haben.«

»Genau, Stadtmädchen müssen her«, stimmte Purdy zu.

»Immer, wenn man einen Haufen Mädchen beieinander sieht«, sagte Crickem, »kann man sich ausrechnen, daß die Chancen auf eine Bekanntschaft gering sind. Sie würden sich gegenseitig nicht zugestehen, daß sie so was mögen. Warte, bis wir auf ein paar einzelne treffen. Du wirst sehen, daß wir auf massenhaft solcher Mädchen treffen werden. Wenn du zwei auf einer Böschung sitzen siehst, hast du eine Chance. Und je abweisender sie sind, desto größer deine Chance, so ist es ganz häufig. Die, die ihre Augen verdrehen und ihre Köpfe in den Nacken werfen, wissen, daß sie in einer Gruppe sicher sind. Aber zwei Mädchen, die auf einer Böschung sitzen! Das ist was anderes. Was machen sie auf der Böschung? Was geht in ihren Köpfen vor, wenn nicht dasselbe wie in unseren? Verstehst du!«

Und Purdy verstand.

Als die beiden Kavaliere jedoch kurz nach dieser tiefschürfenden Bemerkung an einer hohen Böschung vorbeikamen, auf der zwei Mädchen mit kecken Hüten und leuchtenden, schicken Strümpfen saßen, hielten sie trotzdem nicht an.

Und warum nicht? Nun, wahrscheinlich war es Purdys Schuld. Als sie die Mädchen erspähten, setzte Crickem sich mit einem erpichten Grinsen auf.

»Was hab ich dir gesagt?« fragte er.

Aber obwohl auch er sich aufgesetzt hatte, spürte Purdy ein plötzliches Gefühl der Unsicherheit. Zum ersten Mal seit Jahren kamen ihm bestimmte Niederlagen in den Sinn. Schlagartig erinnerte er sich an bestimmte Fehleinschätzungen, die ihm bei Amelia unterlaufen waren. Und er ahnte nichts Gutes. Angenommen, die Mädchen wiesen ihn ab! Angenommen, sie kicherten, wenn er seinen Melonenhut abnahm! Angenommen, kurz gesagt, beide wollten Crickem haben und rechts und links von ihm sitzen und ihn seinen Arm um sie legen lassen, in jedem Arm eine, während er, Purdy, allein hinten in der Kutsche saß, durch das Land rollend, eine Zielscheibe für das Hohngelächter eines jeden, an dem sie auf der Straße vorbeifuhren.

Sie befanden sich fast auf gleicher Höhe mit den Mädchen.

»Hübsch, nicht?« flüsterte Crickem.

Purdy kniff die Lippen zusammen und öffnete sie dann zu einer genialen Bemerkung.

»Das nennst du hübsch?« fragte er. »Ich muß sagen, ich

könnte mir etwas Besseres auf meinem Schoß vorstellen als eine dieser spindeldürren Kreaturen.«

Crickem drehte sich um. Er war verblüfft, und zwar so verblüfft, daß er seinen Eindruck zu bekräftigen vergaß, und sie fuhren an den beiden Mädchen auf der Böschung vorbei, die sich, ihren Augen nicht trauend, aufgesetzt hatten und der Kutsche mit aufgesperrten Mündern hinterhersahen. Crickem starrte Purdy an. Dies war der glatzköpfige kleine Mann, der irgendsoeiner Schreckschraube von Frau Alimente zahlte und den er in Frauenangelegenheiten stets mit Verachtung behandelt hatte, und ausgerechnet dem waren zwei der apartesten Puppen, die man sich nur wünschen konnte, nicht hübsch genug, um ihn zufriedenzustellen. Na gut! Crickem schüttelte seinen Kopf. Er begann, seinem eigenen Urteil nicht mehr zu trauen. Vielleicht waren die zwei auf der Böschung ein bißchen auffällig herausgemacht gewesen. Vielleicht war es besser, die Straße noch ein Stück weiter hinaufzufahren. Der junge Mann seufzte. Aber dann faßte er wieder Mut. Der Tag war noch jung.

Genau in diesem Augenblick tauchten wieder zwei Mädchen auf. Sie gingen in der Mitte der Straße vor ihnen her. Als sie den Hufschlag des Pferdes auf der Straße vernahmen, drehten sie den Kopf und sahen über die Schulter zurück. Aha! Das war etwas! Eins der Mädchen hatte rotes Haar und karmesinrote Wangen. Ihre Zähne blitzten, und in ihrem Blick lag genau das richtige Maß an Unverfrorenheit und Unabhängigkeit. Crickem setzte sich wieder auf, und das vertraute Grinsen kam über sein Gesicht. Das andere Mädchen blickte er überhaupt nicht an.

Purdy aber schon. Er erkannte sofort, daß sie die Personifikation der besten Freundin war, häßlich, aber listig, wie sie seit eh und je neben den Heldinnen in Geschichte, Literatur und Romanzen in Erscheinung tritt. Er erkannte, daß sie dick, schlicht, blaß und bleichgesichtig war. Und er ahnte sehr viel Schlimmeres. Aller Wahrscheinlichkeit nach neigte sie zu vorstehenden Zähnen, Schielen und O-Beinen. Und es bestand kein Zweifel für ihn, daß sie ihm zufallen würde. Sofort stellte er sich vor, wie die Rothaarige neben Crickem saß und mit ihm tändelte, mit ihrer frischen Art und ihren warmen, einladenden Augen, während er aller Wahrscheinlichkeit nach kaum Platz auf dem anderen Sitz haben würde, der Arm der dicken Kreatur um ihn geschnürt wie ein Schraubstock. Oh, diese hausbackenen Frauenzimmer kannte er. Er kannte jene, die Männer nicht mochten. Die Welt bestand nicht aus lauter Amelias! Er spürte, wie ihm der Schweiß ausbrach. Vielleicht gab es doch schlimmere Schwächen als Amelias Schwächen.

Das Pferd jagte weiter. Die Mädchen waren zur Seite gegangen, die Rothaarige allerdings nur ein paar Schritte, aber das Unglück nahm bereits, so wie Purdy befürchtet hatte, seinen Lauf: die Dickliche war es, die die Aufmerksamkeit auf sie ziehen sollte, um ein Kennenlernen zu ermöglichen. Mit einem künstlichen Aufschrei kletterte sie plötzlich den Graben hinauf und rief ihrer Gefährtin zu, dasselbe zu tun, um den Männern so eine Gelegenheit zu geben, ihre Namen aufzuschnappen.

»Crissie! Crissie! Ein ausgerissenes Pferd! Geh da weg, oder du wirst überfahren!« Wieder schrie sie. Und dann brachte sie die beiden Parteien miteinander in Verbindung, indem sie mit einem dicken Finger auf Crissie zeigte und den Insassen der weiterrollenden Kutsche zurief: »Sagen Sie ihr, daß sie aus dem Weg gehen soll. Sonst wird sie überfahren. Oh! Oh!« Und wieder begann sie unaufhörlich zu schreien.

Purdy sah Crickem an.

Crickems Blick war auf Crissie geheftet, die sich, ruhig und unbeweglich, von der Gefahr ungerührt, weigerte, auch nur einen Schritt zur Seite zu gehen. Und während sie gelassen die Kutsche ansah, tadelte sie ihre Freundin.

»Sei nicht albern, Polly. Das Pferd ist so brav wie ein Lamm. Und davon mal ganz abgesehen gehe ich doch davon aus, daß diese Gentlemen ihr Tier gut unter Kontrolle haben.« Während sie sprach, hob Crissie ihren Blick, und er war voller Botschaften der Entschuldigung für Polly. Aber alle Botschaften in diesem reizenden Blick waren an Crickem gerichtet, und zwar an Crickem allein.

Er hatte es doch gewußt! Purdy spürte, wie ihm erneut der Schweiß ausbrach. Und der Name dieser dicken Kreatur: Polly! Das schlug dem Faß den Boden aus.

Er mußte wieder etwas unternehmen, und zwar schnell.

»Welche von ihnen ist das geringere Übel?« flüsterte er Crickem zu. »Welche möchtest zu haben, die dicke oder die mit den O-Beinen?«

»O-Beine!« Crickems Lächeln verschwand. Beinah erhob er sich in der Kutsche. Aber es war zu spät. Sie befanden sich auf der Höhe der Mädchen, und alles, was man von der frechen Rothaarigen sehen konnte, war ihr Gesicht. Ihre Beine – O-förmig oder nicht – waren jetzt von dem Sattelgurt des Pferdes vor ihnen verborgen, als sie an den Mädchen vorbeifuhren, ohne das Tempo zu verringern. Aber Purdy mußte die Rothaarige gemeint haben, denn hoch auf dem Graben, deutlich zu sehen, stand Polly. Und Polly hatte keine O-Beine. Pollys Beine waren sogar so dick, daß sie mit Leichtigkeit das Gewicht von fünf oder sechs Pollys hätten tragen können.

Der Augenblick war verpaßt. Sie waren vorbeigetrabt. Und wiederum blickte Crickem nicht zurück. Erstaunt drehte er sich zu Purdy um.

»Dir entgeht auch nichts, oder?« sagte er ehrfürchtig. »Mir war bei der Rothaarigen nichts Unangenehmes aufgefallen. Seit wann bist du so wählerisch? Ich dachte, ich sei wählerisch, aber du übertriffst wirklich alles, was mir bisher begegnet ist!« Dann sah er mit Bedauern zurück. »Wir werden nie eine Frau kriegen, wenn wir so weitermachen«, sagte er, aber sie hatten Polly und Crissie in einer Kurve der Straße hinter sich gelassen, und es gab keine weitere Gelegenheit festzustellen, inwieweit Crissies Beine das freche Selbstvertrauen in ihrem Gesicht Lügen straften.

Unterdessen eilte der Tag dahin, und der Wagen eilte dahin, und die Landschaft eilte in umgekehrter Richtung an ihnen vorbei, und da es ein Sommertag von ungewöhnlicher Hitze und Helligkeit war, braucht wohl kaum erwähnt zu werden, daß die beiden Brüder Lustig unterwegs so manches hübsche Mädchen trafen und passierten. Doch irgend etwas war mit Crickem geschehen, irgendeine Saite in seiner Zuversicht war gesprungen, und nun war er es, der bestrebt war, Purdy zu zeigen, daß auch er ein wenig wählerisch war. Kaum kam vor ihnen auf der Straße ein Paar weibliche Beine in Sicht, da fing Crickem an, die Frauen zu bekritteln.

Und dann gab es noch den an der Achse befestigten Korb. Ihn zu teilen war sinnlos, er war schon für zwei Leute klein genug. Es war wohl besser, alles darin aufzuessen, solange sie die Möglichkeit dazu hatten.

»Nachher werden wir noch massig Zeit haben«, sagte Purdy, »um Butterblumen zu pflücken«, und er stupste Crickem in die Rippen, falls dem jungen Mann die Bedeutung dieser blumigen Redewendung aus längst vergangenen Tagen entgangen sein sollte.

Es war gegen vier Uhr nachmittags, als sie am Straßenrand unter einer schattigen Kastanie anhielten, das Pferd an den Baum banden und den Schinkenknochen und die Curaçaoflaschen herausholten.

»Ich hatte keine Ahnung, daß ich so hungrig bin«, sagte Crickem, während er seinen Mund mit Käse vollstopfte.

»Hast du irgendwo den Korkenzieher gesehen?« fragte Purdy, und während sie beide mit vollem Mund in dem Korb herumkramten, machte keiner von ihnen Anstalten, sich nach einer drallen Butterblume umzuschauen, die soeben neben ihnen die Straße hinunterlief, um ihre Kühe von der Weide nach Hause zu führen. Und als sie ein zweites Mal vorbeiging, nachdem sie zweifellos die Kühe inzwischen gemolken hatte, beachteten sie sie noch weniger als zuvor, denn an dem Schinkenknochen war mehr Fleisch gewesen als gedacht, und die Pickles lagen schwer im Magen. Unsere

Freunde hatten sich übergessen und wünschten nichts weiter, als sich mit dem Hut über dem Gesicht auf den Rücken zu legen und zu schnarchen. Allenthalben hätten Butterblumen hervorsprießen können, ohne ihnen Unruhe zu verschaffen. Die einzige Unruhe, die sie verspürten, kam von innen. Von dem Curaçao war ihnen etwas übel geworden.

Während sie jedoch gesättigt in der prallen Sonne lagen, wanderten Bilder all der Frauen und Mädchen, an denen sie auf den Straßen und in den Feldern vorbeigefahren waren, durch ihre schläfrigen Köpfe; all die Crissies und Pollys; all die drallen Frauen, die in den Haustüren gestanden hatten, und all die errötenden zierlichen Mädchen, die ihre Gesichter versteckt und über sie gekichert hatten. Und sie waren von Visionen von Hüften und Oberschenkeln, Ellenbogen, Busen und Bäuchen ebenso übersättigt wie von den Pickles.

Insbesondere Purdy war geschafft.

Schließlich aber begann sich die Abendkühle der frühen Erntezeit ihren Weg durch das Gras unter ihnen zu bahnen, und der Baum, an den das Pferd gebunden war, begann seinen Schatten über sie auszubreiten. Das Pferd spürte als erstes den hereinbrechenden Abend, und sein empfindliches Fell zitterte, als sich die Dämmerung um sie herum senkte. Es begann, mit ungeduldiger Hufe gegen die Eisenstäbe des Tores zu treten, an dem es festgebunden war, und seinen Schmuck zu schütteln.

Die beiden Butler setzten sich auf.

»Wie wär's, wenn wir nach Hause führen?« fragte Purdy. Für ihn war der Tag lang genug gewesen.

Aber Crickem hatte bei dem ersten Anflug der kühlen Abendluft seine volle Energie zurückgewonnen.

Als er sich erhob, wich das falsche Gefühl der Zufriedenheit augenblicklich von ihm, und die Kühle des Abends war weniger unangenehm als das Bohren seiner vereitelten Wünsche.

Wo war der Tag geblieben? Wie hatte er einfach so dahinschwinden können? Er sah Purdy an. Der Alte ist schuld, dachte er. Wenn der Alte nicht so wählerisch gewesen wäre, könnten sie jetzt jeder ein Mädchen haben. In der Kutsche würde es kalt sein. Es wäre nicht schlecht gewesen, einen warmen Arm gegen die Kälte um die Hüfte gelegt zu bekommen. Schon allein bei dem Gedanken wurde Crickem wärmer. Vielleicht hätten sie sogar zwei Mädchen bekommen, die mit ihnen zu The Manse zurückgefahren wären. All diese leeren Zimmer! All diese großen Betten! Was für eine verpaßte Gelegenheit! Ein eindeutiges Haßgefühl gegen Purdy durchschoß ihn, und er starrte ihn zornig an, aber Purdy bemerkte es nicht. Purdy tätschelte die Stute und rieb mit seiner Hand über ihre Hinterbacken, die von getrockneten Schweißflecken gesprenkelt und rauh von Schuppen und einzelnen Haaren waren. Der Tag hatte seine Spuren auf der Mähre hinterlassen.

»Wir werden dieses Tier ordentlich striegeln müssen, wenn wir zurück sind«, sagte er.

Crickem schwieg. Er stand und grinste spöttisch über den zerknitterten Schwalbenschwanz von Purdys Rock und seinen glänzenden, vom Gras befleckten Hosenboden. Er wollte irgend etwas tun, um ihn zu ärgern. Er wollte ihn treffen. Er wollte den selbstzufriedenen Ausdruck auf seinem glänzenden, dicken Gesicht beseitigen. Und er wußte wie.

Er ging zum Baum hinüber und band das Pferd los. Wortlos half er Purdy beim Anspannen, aber als sie in die Kutsche gestiegen waren, hatte er das vertraute Grinsen auf seinem Gesicht, das Purdy kannte und fürchtete.

»Wäre es nicht zum Schießen«, sagte er dann und brach wie zufällig das Schweigen, »wäre es nicht zum Schießen, wenn das alte *Haus* bei unserer Rückkehr bis auf den Grund niedergebrannt wäre!«

Crickem hatte ziemlich genau kalkuliert. Purdy war getroffen, allerdings nicht so heftig, wie der junge Mann es sich gewünscht hatte. Seine dicken Wangen schlotterten schon ganz ordentlich, aber er bekam seinen Schrecken mit einem kurzen Lachen in den Griff.

»Ach, ich glaube kaum, daß so etwas so leicht passiert«, sagte er und bemühte sich, eine so üble Mutmaßung schnellstmöglich zu vergessen. Eins jedoch hatte Crickem in seinen Kalkulationen nicht mit berücksichtigt, und das war die Wirkung seiner Bemerkung auf ihn selbst. Kaum hatte er sie ausgesprochen, da begann sich auch schon ein abergläubisches Gefühl in ihm zu regen. Er wünschte, er hätte seinen Mund gehalten, und als Purdy blaß in seine Richtung lächelte und vorgab, den Scherz nicht zu verübeln, war das Lächeln kaum blasser als das Lächeln auf Crickems Gesicht. Es war an Crickem, das Schweigen zu brechen, das er verursacht hatte.

»Ob man uns wohl die Schuld geben könnte, wenn das alte Haus wirklich in Brand geraten wäre?« fragte er. »Ich meine, könnten wir zur Verantwortung gezogen werden?«

Er blickte Purdy an, den er in den letzten Minuten schon nicht mehr ganz so intensiv haßte, und als Purdy sich zu einer Antwort umdrehte, fiel ihm zum ersten Mal das junge Aussehen seines Gefährten auf – ein echter Jüngling noch, dachte er überrascht; unbeholfen, unerfahren. Er war ein wenig besorgt, aber nicht so besorgt wie vor Antritt ihres Ausflugs. Es war die Besorgnis der vorsichtigen Person, die vor der Tat einsetzt, nicht die Besorgnis des Leichtsinnigen, der wartet, bis die Tat nicht mehr wiedergutzumachen ist.

»Es bringt nichts, sich jetzt darüber Sorgen zu machen«, sagte er, bemüht, seinen Gefährten zu beruhigen, der nervös auf seinem Sitz herumzappelte.

Und damit ließ er die Peitsche in der Luft knallen und deutete hinaus auf das Tal unter ihnen, denn sie befanden sich wieder auf der Slane Road, und während er auf das herrliche Panorama von Meath verwies, forderte er seinen Gefährten auf, es zu genießen.

»Sieh dir diese Aussicht an!« rief er. »Wo kann man so etwas schon sehen?«

Und es war tatsächlich wunderschön. Obwohl sie die Straße früher am Tag bereits entlanggefahren waren, war ihre Schönheit nicht so offensichtlich gewesen. Ihre Aufregung hatte ihnen die Köpfe umwölkt, und das geschäftige Treiben der Leute auf den Feldern hatte ihre Blicke von der Landschaft abgelenkt. Aber nun befanden sich keine Frauen in knallroten Blusen im Vordergrund. Es saßen keine Mädchen mit weißen Schürzen auf den Toren. Der Blick flog über die leeren Felder bis zum Horizont, wo die unregelmäßigen Baumbestände in blauen Dunst getaucht waren. Und die Bläue machte die Aussicht allenthalben noch gewaltiger. Sogar auf den Heufeldern ganz in der Nähe waren die gelben Heuhaufen unbedeutend neben ihren eigenen blauen Schatten, die sich auf den Stoppeln neben ihnen erstreckten.

»Ein herrlicher Blick!« rief Purdy wieder. »Es kann keinen Zweifel daran geben – Pferd und Kutsche sind einfach die einzige Möglichkeit, die Landschaft richtig zu sehen. So ein Blick. Man kann meilenweit ins Land sehen.« Er stand in der Kutsche auf und sah sich nach allen Seiten um, als sie eine der torartigen Eisenbahnbrücken hinaufrollten.

Crickem, der Purdys Bemerkungen über die Aussicht bis dahin kaum Beachtung geschenkt hatte, wurde allmählich etwas interessierter. Er stand ebenfalls in der Kutsche auf, aber er blickte nach vorn und starrte über die sich weit ausdehnende Landschaft, die gerade unmittelbar vor ihnen als auch unter ihnen lag, da die Straße an dieser Stelle eine Kurve machte.

»Von hier aus müßten wir The Manse sehen können«, sagte er, und er versuchte, die verschiedenen Baumbestände am Horizont auszumachen.

»Hast du immer noch Angst, daß es brennt?« sagte Purdy, und er lachte gutgelaunt. Für ihn war dieser Tag so erfüllt und befriedigend gewesen. Er hatte seine nervöse Unruhe und seine Ängste vergessen.

Crickem biß sich verärgert auf die Lippen.

»Du hast gut lachen«, sagte er, »ich an deiner Stelle wäre nicht so vergnügt. Ich erinnere mich nicht gerne daran, wie du im Weinkeller mit diesen Streichhölzern gespielt hast. Bist du sicher, daß du sie alle ausgetreten hast? Man sollte ein benutztes Streichholz immer austreten. Man weiß nie, ob es nicht glimmt und sich wieder entzündet.« Aber Purdy lachte nur noch herzlicher.

»Die Mauern des Kellers sind verklinkert«, sagte er.

Eine Minute lang schwieg Crickem.

»Denk nur an all das Stroh von den Weinflaschen, das auf dem Boden lag!«

»Ach komm. Komm!« sagte Purdy herablassend. »Stell dich nicht so an! Ich sag dir, falls das alte Haus brennen sollte, würden wir ohne Probleme den Rauch sehen.« Er deutete mit dem Griff der gelben Peitsche wieder auf die weite Aussicht, und gleichzeitig öffnete er seinen Mund und atmete so tief ein, daß die Knöpfe seines Rocks bis zur Fadengrenze gespannt wurden und der oberste Knopf aufsprang. »Hast du denn überhaupt keine Poesie in dir? Hast du nichts zu dem Anblick dieses Himmels zu sagen? Sieh dir diese Bäume dort in der Ferne an! Sieh dir den Dunst an, der in der Luft hängt!«

Crickem machte einen Versuch, sich aufzurütteln.

»Dunst bedeutet Hitze«, sagte er ins Blaue hinein. »Morgen wird es wieder ein heißer Tag werden.« Mißmutig starrte er in die Ferne. »Genau wie Rauch«, sagte er. »Nicht? Blauer Rauch!«

»Das klingt schon besser«, sagte Purdy. »Genauso sieht es aus; wie blauer Rauch.« Und um diesen poetischen Vergleich besser genießen zu können, lockerte er die Zügel in seiner Hand und ließ das Pferd seine Gangart wechseln. Im Schrittempo fuhren sie weiter, und Purdy blickte verzückt über die Landschaft.

»Sieh dir jetzt diese Baumgruppe direkt vor uns an«, sagte er. »Siehst du die Gruppe, die ich meine?« Und wieder deutete er mit der Spitze der Peitsche und dann mit einem fetten Finger dorthin, und dann begann er genauere Erklärungen zu geben. »Rutsch mal näher zu mir«, sagte er zu Crickem.

»Schau mal genau in die Richtung meines Fingers.« Dann fuhr er an die Seite. »Warte mal«, sagte er, und plötzlich zog er an den Zügeln und hielt das Pferd an. »Siehst du den Baum in der Mitte von diesem Feld?« fragte er.

»Ja«, antwortete Crickem teilnahmslos.

»So, und jetzt denk dir von dort aus eine gerade Linie. Siehst du ein bißchen weiter links einen Turm? Ja? Bestens, dann halte einen Blick auf diesen Turm gerichtet und laß ihn noch ein kleines Stück nach hinten wandern. Hast du das getan? Ja? Gut! Was siehst du?«

»Ich sehe den Turm«, sagte Crickem noch teilnahmsloser.

»Gut«, sagte Purdy. »Also, wenn du den Turm siehst, mußt du die Baumgruppe sehen, die ich meine, denn sie befindet sich gerade hinter dem Turm.«

»Ich sehe sie«, sagte Crickem.

»Also!« sagte Purdy.

»Also was?« fragte Crickem.

»Erkennst du sie nicht wieder? Das sind die Bäume von The Manse, falls mich nicht alles täuscht.«

»Oh!« sagte Crickem und setzte sich ein wenig interessierter auf.

»Glaubst du wirklich?« fragte er, denn jetzt hatte er die Baumgruppe geortet und schenkte ihr seine ganze Aufmerksamkeit, obwohl sie all den anderen kleinen Waldungen in der Ebene unter ihnen sehr ähnelte.

»Ich bin ganz sicher«, sagte Purdy. Seine Brust schwoll. »Es muß eins der schönsten Güter in der ganzen Grafschaft sein.« Ein Gefühl von Stolz bemächtigte sich seiner. »Unseres muß eins der bestbewaldeten Güter dieser Grafschaft sein. Sieh dir diese Bäume an! Sieh dir den dichten Dunst darin an! Ich wette, in einigen dieser Wäldchen ist es inzwischen stockdunkel.«

Der Dunst verdichtete sich zusehends. Er lag nicht nur in den Spalten zwischen den Bäumen und Büschen, sondern schien wie Dampf über ihnen aufzusteigen, um sich mit den Abendwolken zu vereinigen, die von einem noch tieferen

Blau waren und sich im Himmel zusammenzuziehen begannen.

»Ich habe nie Dunst gesehen, der so sehr wie Rauch aussah«, sagte Crickem, der, ohne es zu wollen, von der ruhigen Weite unter ihnen bewegt war.

»Das hast du gut beschrieben«, sagte Purdy. »Ein Dichter hätte es nicht besser gekonnt. Schau! Man könnte doch ernstlich glauben, es sei Rauch! Und sieh dir diese Wolken an! Man könnte glauben, es seien blaue Rauchwolken, die in der Luft hängen.« Dann überkam ihn plötzlich eine spielerische Regung, und wieder stieß er Crickem in die Rippen. »Was hast du noch gesagt?« fragte er. »Wäre es nicht zum Schießen, wenn es Rauch wäre?« Und er warf seinen Kopf zurück und lachte. Purdy lachte und lachte, und während er lachte, lockerten sich die Zügel, und das Pferd ging an den Straßenrand und begann mit einem Mal, die langen, feuchten Grashalme abzufressen, die aus Steinhaufen herauswuchsen, die die Straßenarbeiter an der Seite liegengelassen hatten.

»Ach, halt den Mund!« sagte Crickem und griff nach den Zügeln. »Willst du fahren oder nicht? Gib mir die Zügel, wenn du nicht in der Lage bist, das Tier zu lenken.« Böse zog er an den Zügeln, so daß das Tier seinen Kopf zurückwarf und seine langen gelben Zähne zeigte, auf denen Flecken von dem grünen Saft des Grases zu sehen waren. »Wie gesagt«, sagte Crickem, als Purdy sich die Lachtränen aus seinen Augen wischte und die Zügel wieder an sich nahm, »wie gesagt, ich fände es nicht so zum Schießen wie du. Es war nicht meine Idee, in einem dunklen Keller mit Streichhölzern Unfug zu treiben.«

Purdys dicke Seiten wackelten vor Lachen. Crickem verspürte das Verlangen, ihm einen Stoß zu versetzen und ihn aus der Kutsche auf einen der Steinhaufen zu werfen. Er biß sich auf die Lippen und starrte wütend zum Horizont.

»Dir würde das Lachen schon noch vergehen, wenn aus dieser Baumgruppe ein paar Funken herauskämen!«

Und noch während er sprach, ging dem jungen Mann die

Kinnlade herunter, und er packte Purdy beim Arm und zog ihn beinahe von seinem Sitz. Die Zügel fielen auf den Boden des Fahrzeugs.

»Purdy!« rief er. »Um Himmels willen. Schau! Hast du die Funken gesehen?« Denn kaum hatte er die Worte ausgesprochen, da flog aus den entfernten blauen Bäumen ein Schwarm roter Funken empor.

Einen Moment lang glaubte Purdy, daß Crickem ihn auf den Arm nehmen wollte, aber unverkennbar flog wieder ein Schwung heller Funken in den Himmel.

»Feuer!« rief Crickem. »Es ist ein Feuer. Was habe ich dir gesagt! Es ist The Manse! Das Haus brennt! Ich wußte es! Ich wußte es! Ich hatte so etwas im Gefühl.« Angst erfüllte ihn. Sein Gesicht war leichenblaß. »Du und dein Dunst!« schrie er. »Ich habe die ganze Zeit gesagt, daß es Rauch ist. ›Es ist wie Rauch‹, habe ich gesagt. Das kannst du nicht abstreiten!«

Aber Purdy starrte nur auf den entfernten Rauch, der nun unverkennbar in Kringeln über dem hübschen Wäldchen aufstieg und sich mit den Abendwolken vermischte.

»Vielleicht ist es nur ein Feuer im Wald«, sagte er matt, aber seine Stimme klang nicht überzeugend.

Er wirkte benommen. Dann sprang er mit einem Mal auf, und während er sich in dem Wagen erhob, griff er nach den Enden der Zügel und klopfte dem Pferd auf den Rücken. »Wie lange brauchen wir zurück?« rief er und fiel in seinen Sitz zurück, als das Pferd zu einem unregelmäßigen Galopp ansetzte. Aber Crickem hatte sich ebenfalls aufgerappelt, und während er in der dahineilenden Kutsche von einer Seite zur anderen taumelte, hielt er sich mit einer Hand an dem Schmutzbrett fest, und mit der anderen versuchte er, die Zügel zu erwischen und Purdy aus den Händen zu ziehen.

»Warte mal«, schrie er. »Warte mal. Denk doch nach, was du da machst. Wir sollten in die andere Richtung fahren! Wenn das Haus brennt, sollten wir zusehen, daß wir so schnell wie möglich aus der Grafschaft hinauskommen.«

»Was willst du damit sagen?« rief Purdy. »Setz dich hin, du Narr, oder du fällst aus der Kutsche.« Und er hielt die Zügel fest.

Crickem zerrte stärker an den Zügeln. »Ist dir klar«, schrie er, »daß man uns dafür verantwortlich machen wird, daß wir weggegangen sind und das Haus leer zurückgelassen haben?« Bei einem weiteren Versuch, die Zügel von Purdy zu bekommen, zerrte er heftig, und plötzlich bäumte sich das verblüffte Pferd auf – nicht wie ein zu derlei Gewohnheiten neigendes Tier, sondern wie ein arg verstörtes.

»Laß die Zügel los, du Dummkopf!« rief Purdy. »Oder möchtest du uns in den Graben setzen?«

»Das wäre mir egal«, sagte Crickem. »Ich sage dir, das Beste, was wir tun können, ist, die Kleidung hierzulassen und uns über die Felder zum nächsten Bahnhof davonzumachen. Vielleicht kriegen wir einen Zug nach Drogheda, der uns heute abend bis Dublin bringt. In Dublin könnten wir das Postboot nehmen und ganz aus dem Land verschwinden.«

»Bist du noch ganz bei Trost?« Purdy riß die Zügel wieder an sich und lehnte sich über die Kutsche, um dem zitternden Tier in der Deichsel einen Klaps auf die Hinterbacke zu geben. »Wenn wir nicht auftauchen, wird man vielleicht sagen, daß wir das Haus in Brand gesetzt haben!«

»Und was haben wir anderes getan?« rief Crickem. »Diese verfluchten Streichhölzer! Du und deine verfluchten Flaschen Edel-Sirup – schlecht ist mir von diesem verflixten Zeug außerdem geworden.«

»Wir haben es nicht absichtlich getan«, sagte Purdy, »und wenn wir zurück sind, können wir vielleicht beim Löschen des Feuers helfen.«

Verstört blickte er hinüber zu den entfernten Bäumen, wo sich die schweren Nachtwolken inzwischen mit den Rauchwolken vermischt hatten, ihre Unterseite von Zeit zu Zeit von fürchterlichen rosafarbenen Reflexen erhellt. Die Nacht brach herein, wodurch das Ausmaß des Feuers deutlicher wurde.

»Vielleicht können wir etwas tun«, rief er. »Vielleicht sind es nur die Ställe. Vielleicht ist es nur ein Feuer im Wald.« Er peitschte die Mähre wieder vorwärts, und dann versetzte er Crickem, der noch immer stehend hin- und hertaumelte, einen Stoß. »Setz dich hin, wenn du nicht aus dem Wagen fallen willst«, sagte er. Dann überlegte er noch einmal und blickte den jungen Mann mit Verachtung wieder an. »Wenn du nicht zurückfahren möchtest, lasse ich dich raus«, sagte er. »Aber ich fahre zurück!«

Ohne zu antworten, ließ Crickem sich auf seinem Sitz nieder. Dann murmelte er mit belegter Stimme irgend etwas vor sich hin.

»Was hast du gesagt?« rief Purdy.

»Ich sagte, daß es nicht meine Idee war, im Keller mit Streichhölzern Blödsinn zu machen«, sagte Crickem rachsüchtig, »und du warst derjenige, der das letzte Streichholz angezündet hat!«

Danach rasten sie die Straße einige Minuten schweigend entlang. Purdy stand und peitschte das Pferd vorwärts, Crickem saß zusammengekauert in der Kutsche, den Blick verzweifelt auf das ferne Leuchten geheftet, das in der dunkel werdenden Ebene von Minute zu Minute heller wurde.

Aber während Crickem gekrümmt dasaß und dieses Leuchten anstarrte, wurden die dunklen Massen von Bäumen und Schatten links neben dem hellen Leuchten plötzlich hier und da von weißen Lichtpunkten durchbrochen. Einen Moment lang starrte der junge Mann diese Lichter gleichgültig und verständnislos an. Aber mit einem Mal warf er seinen Kopf hoch.

»Purdy!« rief er. »Sieh dir die Lichter an!«

»Was ist damit?« grummelte Purdy gereizt. »Das sind die Lichter der Stadt.«

»Das weiß ich«, rief Crickem aufgeregt. »Das weiß ich. Aber siehst du denn nicht – sie sind hinter dem Feuer. Dahinter! Hörst du mich!« Er schrie Purdy diese Worte ins Gesicht. »Es ist überhaupt nicht das alte Manse. Es ist irgendein anderes Haus. Hörst du? Ein anderes Haus!« Und halb schreiend, halb weinend stand er taumelnd wieder auf und lehnte sich hinaus über den Rücken des Pferds.

Purdy konnte Crickems Augen als Beweis nicht trauen, und angestrengt blickte er selbst in die Ferne, während er das Pferd weiter vorwärtspeitschte. Aber als er hinausstarrte, lockerte sich sein Griff an den Zügeln, und das abgespannte Tier verlangsamte sofort das Tempo, und nach einer Minute wechselte es in ein normales Schrittempo.

»Du hast recht, Crickem!« sagte Purdy schließlich, und er wischte sich mit der Handfläche den Schweiß von der Stirn und ließ sich zurück in seinen Sitz fallen. Das Pferd kam völlig zum Stillstand.

Reglos saßen die beiden Butler in der Kutsche. Die Abendluft war schneidend kalt. Ungehindert brach ihnen der Schweiß aus. Die Stute, zum Grasen zu abgespannt, kaute nur hin und wieder an dem feuchten, unsichtbaren Gras unter ihren Füßen am Wegrand. »Nun!« sagte Crikkem nach ein paar Minuten. »Was sagst du dazu?« Er lachte verlegen. Er schämte sich. Einen Augenblick lang fragte er sich, ob er vortäuschen könne, die ganze Zeit nur gescherzt zu haben, daß er immer gewußt hatte, daß es nicht The Manse war, das brannte. Aber er war von der Anstrengung zu erschöpft und erschlagen, um die Mühsal der Heuchelei zu ertragen. Er saß einfach in seinem Sitz, in sich zusammengesackt, wo er vorher gekauert hatte.

Aber nachdem er einige Minuten so gesessen hatte, blickte Crickem zu Purdy, der heftig schwitzte und so aussah, als ob er die ganze Nacht dort sitzenbleiben könnte.

»Nun!« sagte Crickem. »Das hat uns einen ordentlichen Schock versetzt.« Wieder lachte er schwach. Dann stieß er Purdy an. »Nun! Wieso sitzen wir hier? Laß uns weiterfahren.«

Aus Purdy jedoch, der sich der Lage unter der drohenden Gefahr gewachsen gezeigt hatte, war die Luft nun raus; träge saß er in seinem Sitz.

»Was hätten wir getan, wenn es The Manse gewesen wäre?« fragte er, und schwerfällig drehte er sich zu Crickem um. »Wie wären wir Malcolm begegnet?«

Aber Crickem war für solche Spekulationen nicht in Stimmung. Allmählich wurde es ausgesprochen kalt. Seine Finger begannen taub zu werden.

»Sieh mal«, sagte er, »wenn du nicht nach Hause fahren möchtest, tue ich's. Gib mir die Zügel. Rutsch hierher«, und er stieg über die kurzen, steifen Beine von Purdy und nahm seinen Platz auf der Fahrerseite ein. Die Peitsche konnte er nicht nehmen – sie saß fest in Purdys Faust, wie in der Faust eines toten Mannes. Indem er die Zügel anzog, trieb Crickem das entkräftete Tier an, das sich wieder in Bewegung setzte, obwohl ihm seine Beine vor Erschöpfung wegsackten.

Crickem selbst war bester Dinge.

»Ich habe ja immer gesagt, daß ich ein Glückspilz bin«, sagte er. »Ich habe das Glück des Teufels. Ich habe keine Ahnung, wieso mich das Feuer überhaupt gesorgt hat. Solche Dinge stoßen mir grundsätzlich nicht zu. Ich bin nie in irgendeine Patsche geraten, aus der ich nicht mehr herausgekommen wäre. Ich würde selbst aus der Hölle wieder herauskommen, falls ich jemals hineinkommen sollte. Aber das wird nie der Fall sein!« Er stupste den trägen Purdy an. »Setz dich auf, Purdy«, sagte er. »Wir kommen in ein Dorf.«

In dem kleinen Dorf herrschte ein ungewöhnlicher Aufruhr.

»Wir müssen fragen, wo es brennt«, sagte Crickem. »Ich glaube übrigens, es ist Liscard!« sagte er.

Liscard war ein benachbartes Landgut, und die beiden Männer von The Manse waren mit einigen der dort Angestellten bekannt.

»Wir könnten vielleicht hochfahren und es ansehen«, sagte Crickem, als Purdy keine Antwort gab, denn zu ihrer Rechten konnten sie nun ganz nah den Lärm von schreienden Leuten vernehmen, und die Luft war von dem ekelerregenden Geruch von verkohltem Holz erfüllt.

»Willst du, daß uns das Pferd unter uns wegstirbt?« sagte Purdy dann. Er wollte das Feuer nicht sehen. Er schauderte schon bei dem Gedanken daran. Es erinnerte ihn zu stark an das, was hätte sein können.

»Ich finde, es wäre ein kleiner Spaß hochzufahren«, sagte Crickem. »Ich frage mich, ob seine Lordschaft dort war, als das Feuer ausbrach. Wenn nicht, kannst du dir ausmalen, wie der alte Evans ins Schwitzen gekommen ist.«

Evans war der Aufseher von Liscard.

»Der arme Evans!« sagte Purdy. Er kannte ihn seit langem.

»Der arme Evans, Unsinn!« sagte Crickem. »Ich würde ihn jetzt einfach gerne sehen.« Er drehte sich um. »Ich wette, er springt im Dreieck. Komm schon. Sei kein Spielverderber«, sagte er. »Laß uns die Straße ein Stück hinauffahren. Denk an den Spaß, den wir beim Anblick vom alten Evans hätten. Und denk an die dicke, alte Köchin! Da hätte man ein hübsches Paket im Tuch aufzufangen! Und denk an die Mädchen! Denk an ihr Gekreische! Denk daran, wie sie aus den Fenstern in ein Tuch springen, mit Röcken, die sich wie Ballons aufblähen.« Er klopfte sich die Schenkel und brüllte vor Lachen. »Denk an ihre Unterröcke!« sagte er, vor Lachen halb erstickend. »Denk an ihre Schlüpfer!«

Aber Purdy dachte an Bina. Bina war die Köchin.

»Die arme Bina!« sagte er.

Es hatte Zeiten gegeben, in denen er gedacht hatte, wenn Amelia nicht gewesen wäre ... Ach ja! Aber solche törichten Gedanken waren zwecklos.

»Kommst du mit?« fragte Crickem zum letzten Mal. »Ich sag dir, was wir machen. Wir binden den alten Gaul an einen Baum und gehen über die Felder. Obwohl es gar nicht nötig ist, diesen klapprigen alten Klepper überhaupt irgendwo festzubinden – er kann kaum noch einen Fuß vor den anderen setzen.«

Purdy wurde lebendig.

»Wenn wir das Tier an irgend etwas festbinden«, sagte er,

»dann an einer Kneipentür. Ich brauche unbedingt etwas zu trinken.«

Crickem zögerte einen Augenblick.

»In Ordnung«, sagte er. Vielleicht dachte der Alte anders über einen Ausflug zum Feuer, wenn er sich mit ein paar Whiskeys aufgewärmt hatte. »Weiter, du Mistvieh!« sagte er und trieb die Stute von neuem an.

Das Dorf war nur ein paar hundert Meter entfernt, aber sie brauchten fünf Minuten, bis sie das Pferd vorwärts getrieben hatten.

»Ihr werden wir auch einen Eimer Bier geben müssen!« sagte Crickem in bester Verfassung. »Sonst kriegen wir sie nie nach Hause. Wir haben noch mindestens sechs Meilen vor uns.«

Purdy ließ seine Augen auf der Suche nach der erleuchteten Tür einer Wirtschaft durch die dunkle Dorfstraße wandern.

»Von hier aus sind es sieben Meilen bis zur Hauspforte von The Manse«, sagte er geistesabwesend.

Crickem schnippte mit den Fingern.

»Ich sag dir, was wir machen«, sagte er. »Wir holen von dem Wirt hier etwas Hafer und bringen die alte Schindmähre eine Weile in einen Stall. Ohne eine Pause schafft sie die sieben Meilen nie. Und wir können über die Felder zu dem Feuer gehen. Wenn wir zurück sind, wird sie so frisch wie ein Fohlen sein. Ist das ein guter Plan oder nicht?«

Sie hatten die kleine Wirtschaft erreicht, und Crickem zog die Zügel, eine gänzlich unnötige Geste, denn das Tier war bei dem Licht, das aus der Tür der Wirtschaft flutete, zu einem natürlichen Halt gekommen.

Der junge Mann sprang hinunter.

»Bist du sicher, daß wir das Pferd einfach hierlassen können?« fragte Purdy, als er das niedergeschlagene Tier ansah, dessen Kopf schlaff zwischen den Vorderbeinen hinabhing.

Crickem gab keine Antwort. Er war in der erleuchteten Gaststube verschwunden, wo Flaschen und Gläser in dem Licht einer hängenden Öllampe silbern und golden glänzten. Drinnen herrschte ein Treiben, das für ein kleines Dorf höchst ungewöhnlich war. Der Tresen war voller runder, nasser Abdrücke, als ob in den letzten Minuten unzählige Gläser darauf gefüllt und geleert worden waren, und etliche leere Gläser standen noch dort.

Man hatte in den vergangenen Stunden offensichtlich ein gutes Geschäft gemacht. Diejenigen, die das Feuer gelöscht hatten, hatten die dringende Notwendigkeit empfunden, auch ihren Durst zu löschen. Hinter dem Tresen stand nicht nur der Wirt, sondern auch ein Mädchen in einem roten Pullover, eine ältere Frau und ein kleiner Junge, allesamt Angehörige der Familie des Wirts, die kurzfristig herangezogen worden waren, um die ungewöhnliche Situation mit zu bewältigen.

Als Purdy und Crickem auftraten, rüttelte sich der Wirt, der offensichtlich gerade eine Pause machte, eilig wieder auf, um die beschmutzten Gläser mit seinen Armen vom Tresen zu beseitigen. Die füllige Frau schnappte sich einen Lappen, um sie abzuwischen. Das junge Mädchen in dem roten Pullover setzte sich in Bewegung, und während sie ihr schwarzes Haar mit einer ausholenden Handbewegung nach hinten warf, kam sie nach vorn und fragte, was sie zu trinken wünschten.

»Heute abend scheint hier viel los gewesen zu sein«, sagte Crickem zu dem jungen Mädchen und deutete auf den beschmutzten Boden und lehnte sich an den Tresen, um sie anzustarren.

»Es liegt an dem Feuer in Liscard«, sagte das Mädchen. »Das ganze Dorf ist dort oben. Und es macht sie so durstig. Alle paar Minuten kommt ein Schub Leute zurückgestürmt, die ihre Kehlen anfeuchten wollen.«

Die füllige Frau kam näher heran, und als sie bemerkte, daß Purdy und Crickem allein waren und nicht die Vorhut des nächsten Geschäftsansturms darstellten, hörte sie mit dem Abwischen der Gläser auf und nahm an der Unterhaltung teil.

»Ich nehme an, daß Sie auch hochgehen wollen, um sich das Schauspiel anzusehen, die Leute kommen von nah und fern, es zu sehen«, sagte sie. »Ich wünschte, wir könnten hochgehen. Ich bin überzeugt, es ist ein Schauspiel, das man nie vergißt. Eine ganze Seite des Hauses ist ausgebrannt«, seufzte sie. »Es ist ein sehenswürdiges Schauspiel. Aber wir können hier nicht weg. Wir haben von einem der Fenster oben einen flüchtigen Blick auf die Flammen erhascht, aber jedesmal wenn wir gerade bei dem Fenster angelangt waren, ging hier unten ein neuer Ansturm los, und wir mußten wieder runterkommen.« Sie zeigte auf den kleinen Jungen. »Sogar der Kleine mußte hierbleiben und helfen. Es ist wirklich ein Jammer. Es wäre ganz aufschlußreich für ihn gewesen. Des einen Unglück ist des anderen Glück«, sagte sie und nahm die Münze, die Crickem auf den Tresen geworfen hatte.

Der Wirt hatte unterdessen geschwiegen, aber er starrte Purdy mit einem sonderbaren Ausdruck an. Purdy, der diese Wirtschaft ein- oder zweimal besucht hatte, hoffte, daß der Wirt ihn nicht erkannte. Er hatte kein Wort gesagt, sondern nur sein Glas genommen und hineingestarrt. Er hoffte, daß Crickem mit dem Gerede aufhören würde.

Die Frau zog unter dem Tresen eine Kasse hervor und warf Crickems Münze auf den Haufen silberner und kupferner Münzen, die sich dort drängelten wie ein Schwarm lebender Fische.

Noch immer starrte der Wirt Purdy an. Plötzlich schob er die Frau langsam von dem Tresen weg, nahm ihren Platz ein und lehnte sich mit seinen nackten Armen, an denen die blauen Hemdärmel hochgekrempelt waren, über die Theke.

»Dieser Brand war 'ne schreckliche Sache«, sagte er, und er wandte sich an Purdy.

»Gab es einen großen Schaden?« fragte Purdy, in die Unterhaltung gezwungen.

»Schaden genug«, antwortete der Wirt übellaunig. Dann blickte er auf. »Bei dem anderen Haus ging es noch schlimmer aus«, sagte er. »Das andere Haus ist bis auf den Boden niedergebrannt, habe ich gehört.«

»Das andere Haus! Welches andere Haus?« fragte Purdy.

Seltsam sah der Wirt ihn an.

»Haben Sie denn davon nichts gehört?« fragte er.

»Was?« fragte Purdy.

Crickem stand über den Tresen gelehnt und sah mit einem Auge zu dem Wirt und mit dem anderen zu der fülligen Frau, die mit dem Rücken zu ihm stand und die Gläser abwusch. Es war ihm gelungen, die Hand des jungen Mädchens zu ergreifen, ohne auf größeren Widerstand zu stoßen.

»Es ist das Eigenartigste, was mir in meinem Leben untergekommen ist«, sagte der Wirt zu Purdy. »Daß zwei große Herrenhäuser an einem Tag in Brand geraten, nur wenige Meilen voneinander entfernt.«

Am anderen Ende des Tresens sah Purdy Crickem die Hand des Mädchens fallen lassen. Ihm selber wurde heiß und kalt.

»Zwei große Brände?« fragte er mit schwacher, leiser werdender Stimme.

»Nur wenige Meilen voneinander entfernt«, wiederholte der Wirt. »Hat man so was schon gehört. Manche sagen, daß die Funken von dem anderen Haus über den Fluß geweht sein müssen und dieses Haus in Brand gesetzt haben.« Ruckartig zeigte er mit seinem Daumen über die Schulter, um den Schauplatz des hiesigen Feuers anzuzeigen.

Die füllige Frau nahm wieder an der Unterhaltung teil.

»Wir waren alle draußen auf der Anhöhe hinter dem Laden und haben uns die Flammen des anderen Feuers angesehen; insofern können wir uns eigentlich nicht beschweren, daß wir bei diesem nicht dabeisein können. Wir haben wenigstens *etwas* gesehen, nicht wahr, Packy?« Sie wuschelte dem kleinen Jungen durch das Haar.

»Das war ein besseres Feuer als das hier«, sagte das Kind mit einer schrillen, prahlenden Stimme. Er war enttäuscht darüber, daß er nicht draußen bei den anderen Jungen sein konnte, die in dem flackernden Licht des Feuers herumhüpften und schrien.

»Es war schlimmer als dieses«, sagte der Wirt. »Oben in Liscard haben sie den besten Teil des Hauses gerettet. Nur die Unterkünfte der Bediensteten sind abgebrannt, und angeblich sollten sie ohnehin abgerissen werden. Aber das andere Haus ist bis auf den Boden niedergebrannt, glaube ich. In Liscard haben sie das Feuer rechtzeitig unter Kontrolle bekommen, aber das andere Haus war anscheinend leer. Es war überhaupt niemand dort.«

Purdy merkte, daß Crickem näher heranrutschte. Er blickte auf. Crickems Gesicht war verzerrt und kreidebleich, und die Pickel standen hervor wie Klumpen in einem Porridge.

Die beiden Butler sahen sich an.

»Hast du das gehört?« fragte Purdy.

»Ja«, sagte Crickem, und als ob der Wirt eine andere Sprache spräche und Purdy sein Dolmetscher sei, wandte er sich wieder an Purdy.

»Frag ihn, wo das Feuer war, ja?« forderte er ihn auf.

Aber Purdy begann zu zittern. Seine Lippen bebten, und er spürte, daß sein Auge zu zucken begann. In seinem Kopf drehte sich alles, und als er zu dem Wirt aufsah, tauchte einen Augenblick lang Amelias Gesicht vor ihm auf. Er öffnete seinen Mund, um zu sprechen, aber statt dessen drehte er sich plötzlich wieder zu Crickem.

»Laß uns an die Luft gehen«, stieß er hervor, und er stolperte hinaus in die Dunkelheit, unmittelbar gefolgt von dem benommenen Crickem.

Der Wirt sah ihnen nach. Die Frau des Wirts und das junge Mädchen tauschten Blicke.

»Was haben die zwei?« fragte das Mädchen, verärgert über den jähen Aufbruch des galanten Crickem.

Der Wirt streckte einen Arm aus, um die beiden leeren Gläser wegzunehmen, die die beiden Männer so eilig abgestellt hatten.

»Ich meine, ich kenne den kleinen Dicken«, sagte er. »Ich meine, er ist Butler in The Manse.«

Die Frau schnaubte verächtlich.

»Hast du denn nicht gemerkt, daß es Fremde waren«, sagte sie. »Sie wußten ja nicht einmal etwas von dem Feuer dort oben.«

»Das stimmt«, sagte das junge Mädchen. »Es waren Fremde. Sie haben nicht einmal gefragt, wo das andere Feuer war, obwohl man annehmen sollte, daß selbst Fremde danach gefragt hätten!«

Sie blickte auf ihr Handgelenk und führte es an ihre Lippen. Es war gerötet von dem festen Griff des jungen Mannes, mit dem er es umfaßt hatte, bevor er so unvermittelt davongeeilt war.

Der Bekehrte

Nachmittags um halb vier, Elgar war gerade oben in dem Lagerraum über dem Geschäft, hörte er Miss Mongon nach Maimie rufen, und er wußte, daß alles vorbei war. Jetzt würde er hingehen müssen, um sein Beileid auszusprechen.

Während der ganzen Woche, als in der Stadt Gerüchte kursierten, daß es mit Naida rapide bergab ging, hatte er an ihre Eltern denken müssen, und gar nicht an Naida selbst. Erwarteten sie, daß er vorbeischaute und sich nach ihr erkundigte? Oder wäre es für sie bloß quälend, ihn zu sehen? Wenn er doch nur nicht so viel Zeit hätte verstreichen lassen, ohne sie zu besuchen. Das war es, was die Angelegenheit nun so schwierig machte. Nichts anderes. Wenn er doch nur vor vier Jahren zu ihnen hingegangen wäre, wie er es vorgehabt hatte, als er und Maimie von ihrer Hochzeitsreise zurückkehrten! Wenn Maimie nicht gewesen wäre, wäre er gegangen.

»Sie würden dir einen hübschen Empfang bereiten«, sagte sie.

»Nicht, wenn ich ihnen sage, daß ich gekommen bin, um mich zu entschuldigen.«

»Wofür?« fragte Maimie verschmitzt.

»Für die Art und Weise, wie ich an dem Morgen das Haus verlassen hatte«, antwortete er.

Maimie grinste. »Ist das alles?«

Die arme Maimie; angesichts der Tatsache, daß ihre Ehe nicht gerade das war, was sie sich erhofft hatte, tat ihr der Gedanke daran wohl, daß sie ihn einer anderen abspenstig gemacht hatte. Kaum waren sie aus Dublin zurück, da begann sie auch schon, einen Teil des Unsinns zu wiederholen, den sie von den Kunden im Laden aufgeschnappt hatte. »Man sagt, daß Naida Paston über schwere Kopfschmerzen klagt. Das ist etwas Neues, hm? Von Kopfschmerzbeschwerden haben wir bisher noch nie etwas gehört, oder?«

Er erriet ihre Gedanken sofort. »Das mußt du doch wissen«, sagte er knapp. »Du warst ihre beste Freundin, oder nicht?«

An einem anderen Tag, als sie sich in dem stickigen Zimmer hinter dem Laden gerade zum Essen hingesetzt hatten, blickte sie über den Tisch zu ihm herüber. »Man sagt, daß es Naida nicht besser geht«, sagte sie, und dann nahm sie Messer und Gabel zur Hand. »Es muß stimmen, was Mutter immer gesagt hat, daß nämlich eine sitzengelassene Frau danach nie wieder dieselbe ist.«

Er hätte sie schlagen können. Aber zu der Zeit erwartete sie Birdie, und deshalb konnte er sie nur verächtlich anblikken.

»Schau mich nicht so an!« rief sie. »Vergiß nicht den Abend, an dem sie in genau dieses Zimmer platzte und eine riesengroße Szene machte.«

Ach, dieser Abend. Vielleicht hätte er ja noch einen weiteren Versuch unternommen, die Pastons zu besuchen, wenn er nur mehr nachgedacht hätte, vielleicht, nachdem Birdie geboren war, Maimie noch im Bett lag und ihn nicht davon abhalten konnte. Er wollte sich auch um des Kindes willen mit ihnen aussöhnen. Für Birdie wäre es schön, Freunde wie die Pastons zu haben und nicht völlig von der Mutter und ihrer Familie erdrückt zu werden. In letzter Minute jedoch – er hatte den Anzug bereits gebürstet und wollte soeben zur Tür hinausgehen – stockte er. Vielleicht hatte Maimie recht und sie würden ihm wirklich nicht verzeihen, obwohl sie – Maimie und alle anderen mochten sagen, was sie wollten – ihm nichts anderes vorwerfen konnten als die Art und Weise, auf die er sich an jenem Morgen, als er mit Maimie fortgelaufen war, aus ihrem Haus davongestohlen hatte. Sogar jetzt noch, vier Jahre später, bereitete ihm der Gedanken daran, wie er seinen Koffer aus dem Fenster geworfen hatte und danach selbst hinausgestiegen war, Magenschmerzen. Er hatte sich benommen wie der Sohn des Hauses, den man, falls man ihn erwischte, so lange in einem Schrank einschließen würde, bis der Zug aus dem Bahnhof abgefahren war. Dabei war er praktisch ein Fremder. Naja, vielleicht nicht gerade ein Fremder, aber immerhin war sein Verhältnis zu ihnen nur bedingt familiär. Er zahlte eine Aufwandsentschädigung für Miete und Kostgeld, und obwohl sie sehr freundlich zu ihm waren, saß er meistens in seinem Zimmer und lernte.

Daß sie den gleichen Glauben hatten wie er, bedeutete für ihn noch lange nicht, sich in seiner Freiheit eingeschränkt zu fühlen. Seine Religion hatte für ihn im Grunde immer, auch bevor er Maimie überhaupt kennengelernt hatte, eine untergeordnete Rolle gespielt. Falls sie ein Faktor war, dann höchstens insofern, als es in der Umgebung nur sehr wenig Protestanten gab und die Pastons sehr wenig Besuch bekamen. Abgesehen von Maimie schien Naida überhaupt keine Freunde zu haben. Und Maimie hatte sich wahrscheinlich ungebeten im Haus der Pastons Eingang verschafft, aus Neugier, als sie in die Stadt kamen. Genau wie an jenem Tag, kurz nachdem er bei ihnen eingezogen war, als er mit Naida draußen auf dem Rasen vor dem Abendessen ein paar Schritte ging.

»Wer ist das?« fragte er überrascht, als er sie über das Gras auf sie zukommen sah.

»Ach, das ist Maimie Sully«, antwortete Naida. »Sie ist meine beste Freundin«, fügte sie hastig hinzu, aber er bemerkte, daß sie unsicher zum Haus zurücksah, und er nahm an, daß die Besucherin bei den Eltern, unabhängig davon, was Naida über sie dachte, nicht sehr hoch im Kurs stand.

Nicht, daß es Maimie etwas auszumachen schien, was sie oder andere von ihr hielten. Tatsächlich warf sie nur ein einziges Mal, während sie auf sie zukam, wie Naida, einen kurzen, unruhigen Blick zu den Fenstern des Hauses. Aber beinahe noch im selben Augenblick lachte sie trotzig auf und ging weiter. Bevor sie sprach, sprach dieses kurze Auflachen für sie. Es schien sagen zu wollen: Ich weiß, daß ihr mich hier nicht wollt, aber so geht es den Leuten immer, bis sie mich eine Weile kennen, und dann lassen sie mich nicht mehr fort!

Ihre eigentlichen Worte waren förmlicher. »Ich hoffe, ich störe nicht, Naida«, sagte sie. »Ich wußte nicht, daß dein Gast angekommen ist.« Während sie sprach, wanderte ihr Blick an Naida vorbei und musterte ihn von Kopf bis Fuß, und er wußte, daß sie log. Aber er fühlte sich geschmeichelt. »Naida hat mir von dir erzählt«, sagte sie. »Du bist am Trinity College, nicht wahr?« Die Worte waren einigermaßen schlicht, aber in der Art, wie Maimie sie sagte, lag etwas Unerklärliches, und ihre lebendigen Augen ruhten die ganze Zeit auf ihm. »Was studierst du?« fragte sie, ohne seine Antwort abzuwarten.

Es war die typische Frage, aber statt den Abgrund zu bemerken, der in diesem Augenblick zwischen ihnen gähnte, sah er nur ihren auf ihn gerichteten Blick, und lachte gutmütig.

An diesem Tag blieb Maimie nicht lange. Sie blickte auf die kleine Golduhr an ihrem Armgelenk und sprang auf. »Ach du je. Ich muß los! Owdie Hicks wartet auf mich.«

»Wer ist Owdie Hicks?« entfuhr es ihm.

»Einer meiner Verehrer«, sagte Maimie.

Als sie gegangen war, dachte er noch länger über sie nach. »Wo wohnt sie?« fragte er Naida, als sie zum Haus zurückgingen.

»Ihre Mutter hat ein Geschäft in der Stadt. Man kann von hier aus die Rückseite von ihrem Haus sehen.« Naida zeigte zu den Hinterfenstern eines Hauses, das man vom Grundstück der Pastons aus deutlich erkennen konnte.

Danach traf er Maimie mehrere Tage lang nicht, aber ein paarmal, wenn er seine Bücher herausholte, um unter den Bäumen zu lernen, und Naida kam und sich leise neben ihn setzte, sah er unwillkürlich zu den Hinterfenstern vom Hause der Sullys. Ob Maimie wohl jemals hinausblickte und sie sah? Es war erstaunlich, daß sie keinen weiteren Besuch abgestattet hatte.

Eines Nachmittags dann, als er auf dem Weg in die Stadt war, um etwas zu erledigen, begegnete er ihr zufällig.

»Ach, hallo. Wie geht's?« fragte sie, aber sie gab ihm keine Zeit zu antworten. »Ich habe Owdie Hicks von dir erzählt. Ich habe ihm erzählt, wie froh ich bin, daß du so nett bist.« Einen Augenblick lang hielt sie inne, dann fuhr sie mit einem Lachen fort. »Froh für Naida, meine ich! Sie ist eine meiner besten Freundinnen, weißt du, und ich habe immer gesagt, daß sie überhaupt nicht so ein Stockfisch ist, wie die Leute immer behauptet haben. Ich habe immer gesagt, daß man nicht erwarten kann, daß sie Verehrer hat wie die anderen von uns, denn schließlich gab es für sie keine jungen Männer in der Stadt«, erklärte sie mit Nachdruck, und dann lachte sie wieder. »Von meiner Spezies gibt es viele, aber wie ich auch Owdie gesagt habe, ich wußte, daß eines Tages jemand von ihrer Spezies auftauchen würde, jemand wie du.«

Wollte sie ihn provozieren? Er hätte pikiert sein sollen, aber statt dessen ärgerte er sich über Naida. Hatte sie über ihn geredet? Und was hatte sie gesagt? Es kam ihm nicht in den Sinn, daß Maimies Worte möglicherweise auf genau diese Wirkung abzielten.

»Ich vermute, daß du über meine Beziehungen zu den Pastons falsch informiert bist«, sagte er steif, aber als er merkte, daß sie noch immer über ihn lachte, wurde er gereizt. »Ich weiß ohnehin nicht, wovon du redest«, sagte er. »Naida ist doch noch ein Kind, und sie ist an Einsamkeit gewöhnt.«

»Sie ist genauso alt wie ich«, sagte Maimie darauf langsam und bedächtig. »Findest du, daß ich ein Kind bin?«

An der tieferen Bedeutung ihrer Worte konnte kein Zweifel bestehen. Die Einladung in ihren Augen war nicht zu übersehen. Maimies gesamte Art lag in dem Blick, den sie ihm in jenem Moment zuwarf, ihre gesamte Verwegenheit, ihre gesamte Vulgarität und ihre gesamte Eitelkeit, aber es lag auch ihr gesamter provokativer Charme darin und ihr Verlangen nach Bewunderung. Dieser Blick, den sie ihm zuwarf, war sein Ruin. Von diesem Zeitpunkt an gab es kein Zurück. Es dauerte nur wenige Wochen bis zu jenem unglaublichen Abend, an dem alles zwischen ihnen ausgemacht wurde. Er hatte sich entschlossen, alles über den Haufen zu werfen, was ihm im Weg stand – sein Studium, seine Religion, alles –, und mit Maimie fortzulaufen.

Wie hatte Naida wohl von ihren Plänen gehört, hatte er sich häufig gefragt. Und wieso war er ausgerechnet an diesem Abend, als sie ihnen diesen schmählichen Besuch abstattete, bei den Sullys? Wie hatte es passieren können, daß man sie in der Halle nicht angehalten hatte, oder in dem Durchgang, und daß sie sie allein in dem stickigen Wohnzimmer hinter dem Laden überraschen konnte, wo er seinen Arm gerade so albern um Maimies Taille gelegt hatte? Er hatte Maimie oft im Verdacht gehabt, Gefallen an dieser haarsträubenden Szene gefunden zu haben. Als er versuchte, seinen Arm von ihrer Taille wegzuziehen, hatte sie seine Hand genommen und den Arm dort festgehalten. Was für Dinge sie gesagt hatte! Inzwischen konnte er sich nicht mehr daran erinnern, aber er wußte, daß sie aus ihr herausgeschossen waren wie ein Schwall von Schmutzwasser. So anders als Naida, die nur einen einzigen heftigen Schrei ausgestoßen hatte.

»Ist es wahr?« Bis zum heutigen Tag klang Naidas Schrei noch immer in seinem Ohr. Bis zum heutigen Tag tat er ihm noch immer in der Seele weh. »Das kannst du nicht machen«, hatte sie gerufen, als er nichts erwiderte.

Maimie hatte sich entrüstet gewehrt. »Wie meinst du?« rief sie und schob sich zwischen die beiden. »Naida Paston, ich weiß zwar nicht, wer dich in mein Haus gelassen hat, damit du dich so aufführst, aber eins weiß ich. Du kannst nichts dagegen machen, daß er mir gehört, nur weil du ihn nicht selbst bekommen konntest.«

Ach, wie hatte sie sich das anhören können? Sie hätte genausogut ihre Hand heben und ihrer Freundin ins Gesicht schlagen können.

Naida wich zurück, als sei sie tatsächlich geschlagen worden. Über ihr Gesicht war ein Ausdruck gekommen, den er sein ganzes Leben lang nicht mehr vergessen würde. Es war so, als sei ihr in diesem Moment zum ersten Mal klar geworden, wie Maimie – und vielleicht sogar er – sie einschätzten.

»Ach!« rief sie und schlug ihre Hände über dem Gesicht zusammen. »Ach!« rief sie noch einmal und drehte sich dann zu ihm um. »So habe ich das überhaupt nicht gemeint!« sagte sie, und verzweifelt bittend hatte ihr Blick den seinen gesucht. »Du weißt das, nicht?« bat sie. »Es ist nur, daß –« Sie stockte und hielt sich ihre Hand gegen die Stirn, als ob sie durcheinander gekommen war oder als ob sie dort eine Anspannung verspürt hatte oder einen Schmerz. Er erinnerte sich deutlich daran. Ja, sie hatte sich an diesem Tag die Hand gegen den Kopf gehalten. Sie mußte diese Schmerzen im Kopf bereits an jenem Abend verspürt haben, vor vier Jahren. Wenn das so war, dann konnte man doch unmöglich sagen, daß sie etwas mit ihm zu tun hatten, daß ihre Krankheit durch die Trauer um ihn ausgelöst worden war. Ja, sie hatte sich an diesem Tag die Hand gegen die Stirn gehalten, da war er sicher.

»Es ist nur, daß –«, sagte sie. Aber als er bemerkte, daß sie nicht weitersprechen konnte, trafen sich einen Moment lang ihre Blicke. Ähnlich wie sich zwei Vögel einen Augenblick lang in der Luft nähern, beinahe zusammenprallen und so aussehen, als kreuzten sich ihre Schnäbel wie zum Kuß, und sich dann in einer blitzschnellen Drehung, wunderschön kreisend, wieder voneinander entfernen.

»Naida!« rief er.

Aber sie brach in Tränen aus und lief zur Tür. Einen Augenblick später hörten sie ihre Schritte draußen auf der Straße.

»Nun ja!« Maimie hatte seinen Arm genommen und ihn wieder um ihre Taille gelegt.

»Ich sollte mich wohl glücklich schätzen, daß ich dich bekommen habe, wenn andere sich zu solchen Szenen für dich hinreißen lassen.«

Dieser warme, weiche Körper, er hatte ihn in diesem Augenblick erneut verführt...

Nun, das war vor vier Jahren, und selbst jetzt könnte Maimie noch immer, wenn sie nur wollte, jederzeit alles von ihm verlangen. Ja, die Mutter eines so großen Kindes wie Birdie, die das nächste Kind erwartete, hatte immer noch dieselbe Macht über ihn. Er ging zum Fenster und sah hinaus. Auf dem Hof unter dem Fenster hüpfte ihre kleine Tochter auf dem Kopfsteinpflaster herum. Der Name paßte: sie war ein rundliches Geschöpf mit einem großen Rumpf, das auf kleinen dünnen Beinen herumhüpfte, die es jedoch bei jedem Hüpfer kräftig aufsetzte, so daß man sich vorstellen konnte, wie die kleinen Zehen in den kleinen Lackschuhen beim Abfedern auf dem Boden angespannt wurden.

Sie war Maimie wie aus dem Gesicht geschnitten. Sie glich ihr im Aussehen und in ihrem Wesen und in hundert kleinen Eigenheiten. Nicht zum ersten Mal, aber vielleicht schmerzhafter als je zuvor, verspürte er einen Stich in seinem Herzen, und seine qualvolle Liebe für das Kind verengte ihren Würgegriff.

Von der natürlichen, väterlichen Bindung einmal ganz abgesehen, fühlte er sich zu dem Kind auch noch auf andere Weise hingezogen, als ob ihn die Unterschiede zwischen ihr und ihm und ihre Ähnlichkeit mit ihrer Mutter eine zwanghafte Zuneigung empfinden ließen – die Bindung des Täters an sein Opfer.

Was machte sie jetzt? Er klopfte gegen die Scheibe, aber das Kind, in sein Spiel vertieft, hörte nichts. Nachdem er sie ein paar Minuten beobachtet hatte, klopfte er nochmals. Diesmal schien Birdie auf ihn aufmerksam geworden zu sein, denn sie drehte sich um und sah zum Haus zurück. Aber sie hob ihren Blick nicht zu den höhergelegenen Fenstern, und irgend jemand mußte sie, von einem tiefergelegenen Fenster aus, ebenfalls beobachtet haben, denn sie lief zum Haus zurück, und er konnte sie eine Minute lang nicht sehen, bis sie mit einer Scheibe Brot in ihrer Hand wieder in die Mitte des Hofs hinauslief.

Wer hatte sie ihr gegeben?

Er lauschte den von unten kommenden Geräuschen. Man hörte nur das Geräusch des bei der Arbeit pfeifenden Hausmädchens, und das Klappern des Geschirrs in der Spüle.

Maimie ruhte wahrscheinlich noch nach dem schweren Essen, das sie am Mittag zu sich genommen hatte. Abgesehen von einem schläfrigen Gefühl nach dem Essen machte sich die zweite Schwangerschaft bei ihr bisher kaum bemerkbar.

Zum ersten Mal überkam ihn eine Neugier auf das ungeborene Kind. Würde es wie Birdie sein? So sehr er sie auch liebte, hoffte er trotzdem, daß es nicht so würde wie sie. Er wollte nicht, daß dieses Kind auch genau wie Maimie wurde. Er wollte nicht, daß es so wie Maimie oder überhaupt wie irgend jemand aus ihrer Familie wurde. Aber genauso wenig wollte er, daß es so wurde wie er.

Was wollte er? Er starrte aus dem Fenster hinaus, und währenddessen tauchte in seiner Erinnerung ein vergessenes Bild als Antwort auf seine Frage auf. Im Wohnzimmer der Pastons hatte auf dem Kaminsims immer eine Fotografie in einem kleinen Silberrahmen gestanden. Der Ständer auf der Rückseite war kaputt, und meistens lag der Rahmen umgekippt auf dem Sims, aber eines Tages hatte er ihn zur Hand genommen und sich die Fotografie angesehen. Es war das Bild eines kleinen Mädchens mit weichem blonden Haar, das brav an den Seiten ihres dünnen Gesichts herabhing, aus dem große Augen mit einem unverwandten und ernsten Blick hervorschauten. Damals hatte er gedacht, daß es ein unscheinbares Kind war, aber jetzt war ihm klar, daß der Ausdruck auf seinem Gesicht der Ausdruck war, nach dem er sich sehnte, den er aber nie auf dem Gesicht eines seiner eigenen Kinder sehen würde. Denn das Kind auf dem Bild war Naida.

Naida! Mit einem Schlag befielen ihn die Gedanken an sie, und er wurde von so wehmütigen Erinnerungen heimgesucht, daß er sich die Hände gegen den Kopf hielt, als verspüre er einen physischen Schmerz.

Er konnte nicht allein bleiben. Er öffnete die Tür und rannte den Durchgang hinunter. Die kleine steile Treppe vor ihm war wie ein schwarzes Loch, in das er sich kopfüber stürzte.

»Um Himmels willen! Was ist das für eine Art, die Treppen hinunterzukommen?« Maimie fühlte sich zu wohl und zu schwer, um sich mehr als nur ein bißchen aufzuregen. Sie war nach unten gegangen, als Miss Mongon, ihre Angestellte, wegen Naida nach ihr gerufen hatte, und nun stand sie im Geschäft hinter dem Ladentisch. Miss Mongon stand am anderen Ende und setzte sich gerade ihren Hut auf, um zum Abendessen zu gehen. Es gab nur einen Kunden, Owdie Hicks, falls man ihn überhaupt als Kunden bezeichnen konnte. Er stand über den Ladentisch gelehnt und tratschte mit den beiden Frauen. Maimie blickte ihren Mann an, und dann starrte sie in die Halle hinter ihm. »Du hast den Verputz von der Decke geholt«, sagte sie, als sie die kleinen Flocken von Kalkpartikeln in dem finsteren Flur dahinter träge durch die Luft nach unten schweben sah, gleich Schnee in der Dämmerung. Elgar sah über die Schulter zurück. Er kam sich albern vor, albern, um so mehr, als er das Gefühl hatte, eine Unterhaltung gestört zu haben. Was hielt Miss Mongon noch hier? Sie war schuld daran, daß er sich unbehaglich fühlte. Owdie Hicks' Anwesenheit im Laden war kein Problem für ihn. Auch wenn es anders aussehen mochte, so war es doch nur die Vertrautheit alter Freunde. Aber von einem Außenseiter mußte seine Verlegenheit anders interpretiert werden. Sie mußte als Eifersucht gedeutet werden. Er wirkte eifersüchtig! Es ärgerte ihn maßlos, daß irgend jemand meinen könnte, er sei auf so ein armes, bedauernswertes Geschöpf wie Owdie Hicks eifersüchtig. Er zwang sich, Fröhlichkeit vorzutäuschen. »Was heckt ihr zwei da aus?« fragte er, aber ein verächtliches Aufblitzen in Maimies Blick ließ ihn verstehen, daß sie sich seiner Unaufrichtigkeit durchaus bewußt war.

Owdie, etwas schwerer von Begriff als Maimie, deutete auf den Ladentisch. »Was hältst du von denen?« fragte er. Der Ladentisch war von Schnappschüssen mit klebrig glänzenden Oberflächen übersät. »Die hab ich gestern gemacht.«

»Und gestern abend hat er sie entwickelt«, sagte Maimie.

Owdie nahm eins hoch und reichte es ihm. »Was hältst du von dem hier?« fragte er. »Meiner Meinung nach ist es das beste. Das müßte man gut vergrößern können.«

Es war ein Schnappschuß von Birdie, und es war ein gutes Bild.

Elgar nickte. Owdie nahm das Bild zurück.

»Ganz die Mutter«, sagte er, und er starrte auf das Bild. Dann sah er auf und lachte. »Ich werde auf sie warten, wenn du sie mir nur läßt. Vergiß nicht, daß du mir eine schuldest. Du warst derjenige, der mir ihre Mutter gestohlen hat.«

Elgar wandte seinen Blick von dem dummen, bleichen Gesicht ab. Er blickte auch nicht Maimie an. Der Witz war abgedroschen. Allerdings nicht für Maimie. An jedem beliebigen Tag konnte er ihr warmes Gesicht erröten lassen.

Ihr Verhältnis war verachtenswert. Wenn es irgend etwas Frevelhaftes an sich hätte, hätte er es leichter ertragen können. Und dennoch wußte er in seinem Herzen, daß er ihnen sogar mit seiner Verachtung Unrecht tat und daß es keine Feigheit war, die sie auseinanderhielt, sondern daß sie merkwürdigerweise trotz ihrer vielen Tändeleien und Doppeldeutigkeiten tatsächlich unschuldig waren.

Woher hatten sie diese Integrität? Wurde sie ihnen anerzogen, oder wurde sie ihnen mit der Religion eingeimpft? Er sah sie an und wunderte sich.

Denn Owdie Hicks würde niemals heiraten. Er hatte bereits das verwahrloste Aussehen eines Mannes, der längst nicht mehr nach der Anerkennung einer Frau strebt. Und Maimie? Was für eine Laune oder Eitelkeit sie auch immer dazu bewogen haben mochte, ihn zum Mann haben zu wollen, sie würde ihm fraglos treu bleiben – vielleicht jedoch, ohne sich jemals über ihre enttäuschten Sehnsüchte im klaren zu sein und sie weiterhin auf die Ärgernisse des Tages, auf das Wetter oder auf die Mühe mit dem Kind zurückführen.

Er dagegen... Abrupt wich er vor dem Abgrund dieser entsetzlichen Frage zurück.

Endlich war Miss Mongon zum Aufbruch bereit und hatte alles an bis auf ihre Handschuhe, in die sie ihre von der Kälte rauhen Hände zu zwängen versuchte, während sie in die Mitte des Ladens trat.

»Da Sie schon so lange gewartet haben, können Sie sich ruhig noch etwas länger gedulden«, sagte sie zu Owdie, »und Sie werden zwischen zweien wählen können«, und sie sah zu Maimie und lachte.

Er verstand nicht, was sie meinte, aber ihre vertrauliche Art, die Vertraulichkeit in ihrer Stimme erzürnten ihn. Und dann sagte Maimie fröhlich: »Oh, aber das nächste wird ein Junge!«

War es möglich, daß sie in so ungezwungener Vertraulichkeit über ihren Zustand redeten?

»Jungen schlagen nach ihren Müttern«, sagte Miss Mongon und zeigte lachend die mit Zahnstein verzierte Innenseite ihres Gebisses. »Mädchen nach ihren Vätern.«

Owdie blickte auf die Schnappschüsse, die er noch immer in seiner dicken Hand hielt. »Hier war das nicht der Fall«, sagte er, und dann blickte er zu Maimie hoch. »Wenn ich gewußt hätte, daß deine Kinder dir nachschlagen, wäre ich vor vier Jahren etwas energischer gewesen.«

Elgar sah ihn mit unerwartetem Mitleid an. Hinter den albernen Worten spürte er sowohl Enttäuschung als auch Bedauern. Aber als er Maimies hochzufriedenes Lächeln bemerkte, kehrte seine Verachtung für die beiden zurück. Maimie wußte, was Owdie meinte, aber sie wollte das Kompliment noch einmal hören. »Was meinst du damit, Owdie Hicks?« säuselte sie.

Owdie hatte über den Ladentisch gelehnt gestanden, das Gesicht nach dort gerichtet, wo zwischen den glitzernden Whiskeyflaschen hinter Maimies Rücken ein großer vergoldeter Spiegel den Laden und alles, was darin war, reflektierte.

»Schau doch mal!« Mit seinem kräftigen Zeigefinger deutete er dorthin, wo sein eigenes weißes Gesicht zwischen den glitzernden Flaschen widergespiegelt wurde. »Würde es dir etwa passen, wenn eins deiner Kinder so ein Gesicht hätte?« fragte er und lachte auf, aber das bittere, schwache Lachen wurde von Miss Mongons lautem Lachen verschluckt. Es überraschte sie alle, insbesondere Elgar. Er sah der ältlichen Jungfer direkt ins Gesicht, und zum ersten Mal fiel ihm der boshafte Argwohn in ihren Zügen auf. Plötzlich wurde ihm die provokative Anwesenheit der Verkäuferin unerträglich. Krachend schlug er mit seiner Faust auf den Ladentisch.

»Vielleicht habe ich es nie so deutlich gesagt«, sagte er, »aber ihr, und zwar alle drei, wißt, daß ich so etwas verabscheue, dieses vulgäre Gerede über eine Angelegenheit, die –«

Ihm fielen keine Worte ein, die fein genug waren für das, was er sagen wollte. Er wußte, daß seine Stimme wegen der ungewöhnlichen Gefühlserregung zitterte, und er selbst zitterte auch. Der Ausdruck völliger Verwirrung auf Owdies Gesicht brachte ihn nur noch mehr auf. Owdie glaubte, er habe den Verstand verloren. Elgar drehte sich zu Maimie um. »Das lasse ich nicht zu«, schrie er, »das lasse ich nicht zu, hörst du?« Aber als er den Ausdruck auf Maimies Gesicht sah, begann sich in seinem Kopf alles zu drehen. Sie blickte trotzig zurück. Sie schien andeuten zu wollen, daß das, was in ihrer Ehe nicht stimmte, was immer es auch war, nicht durch uneffektives Schreien in Ordnung gebracht werden konnte. Man nahm ihn überhaupt nicht ernst. Daraufhin wünschte er nichts weiter, als etwas zu sagen, womit er sie verletzen konnte. Aber Elgar fiel nichts ein. Alles, was ihm einfiel, waren seine eigenen abscheulichen Gefühle. »So ein Gerede gestatte ich nicht. Nicht in unserem Haus.« Er hielt inne, aber eine gewaltige Woge von Emotionen zwang ihn, weiterzureden und etwas zu sagen, was er nicht hatte sagen wollen. »Schon gar nicht heute«, rief er. »Ausgerechnet heute!«

Ausgerechnet heute? Unabsichtlich waren diese Worte aus seinem tiefsten Inneren herausgesprudelt.

Maimie errötete. Einen Augenblick lang sah Maimie ihn an, und dann blickte sie unruhig zu den anderen, zu Owdie und Miss Mongon. Die jedoch waren noch immer sprachlos von Elgars erstem Schrei. Nach diesem schienen sie für weitere akustische Wahrnehmungen nicht mehr empfänglich. Miss Mongon stand tatsächlich so da, als sei sie auf den Dielen festgewachsen.

Mann und Frau blickten sich an. Es war ein langer, unergründlicher Blick.

Elgar war über seinen eigenen Ausbruch entgeistert, vor allem über seine letzten Worte. Was hatte er gemeint? Er wußte es kaum, aber zu seiner Erleichterung hatte Owdie die Unterhaltung mit Miss Mongon wieder aufgenommen, unkompliziert und natürlich.

»Na, bis dann! Ich glaube kaum, daß Sie zurück sein werden, bevor ich gehe.«

Aber Miss Mongon fehlte die Kraft zu gehen. Ein Gedanke hatte sich in ihrem Kopf geregt, und sie verspürte das unwiderstehliche Verlangen, ihn zu äußern.

»Heute abend wird sie zur Totenwache aufgebahrt, nicht wahr?« sagte sie.

Es schien ihr nicht nötig, einen Namen zu nennen, aber Maimie errötete erneut, und Elgar, der sie beobachtete, sah, wie die Blicke seiner Frau die Worte von Miss Mongon zerrissen, um festzustellen, ob sie aus Unwissenheit oder Boshaftigkeit sprach.

»Meinst du etwa Naida Paston?«

Nie zuvor in seinem Leben hatte er diesen Klang in Maimies Stimme vernommen. Aber Owdie war derjenige, der Miss Mongon antwortete.

»Doch, und wohl im Haus, nehme ich an«, sagte er und überging auf diese Weise Maimies harsche Nachfrage.

War er so gescheit, daß er absichtlich gesprochen hatte, um Maimie zu decken? Elgar war ihm auf jeden Fall dankbar. Die Gefahr war vorüber.

»Der Herr möge mir vergeben«, sagte Miss Mongon, »aber ich finde immer, daß es eine einsame Sache ist, einen Sarg die ganze Nacht in einer leeren Kirche zu lassen. Ich bekomme Gänsehaut, wenn ich mir vorstelle, wie er dort stehengelassen wird.«

»Es ist der Brauch der katholischen Kirche«, sagte Maimie schroff.

»Das ist mir bewußt.« Miss Mongon war wieder schwach und sanftmütig. »Aber Gefühl ist Gefühl«, sagte sie in einem weiteren kleinen Anflug von Trotz. »Mir wäre die Totenwache in meinem eigenen Haus lieber. So wie bei den Protestanten.«

»Maggie Mongon –«, begann Maimie.

»Vielleicht ist es kein Dogma«, sagte Owdie, erneut eingreifend. »Damit will ich sagen, daß wir in dieser Sache wohl keinen katechetischen Vorschriften unterliegen.«

Aber Maimie interessierte sich nicht für Dogmen und Doktrinen.

»Wenn du mich fragst, ist es eine Sache des gesunden Menschenverstands«, sagte sie. »Ich sag dir, falls du ein paar Stunden lang einen Leichnam im Haus hättest, würdest du bald begreifen, warum es sinnvoller ist, ihn in die Kirche zu bringen!« Sie schauderte. »Was glaubst du, warum man das ganze Haus mit Blumen füllt?« Sie schauderte wieder. »Uh!« sagte sie. »Uh!«

Sowohl Owdie als auch Miss Mongon hatten den Tod bis dahin höchstens als etwas Kaltes und Fremdes empfunden, aber durch Maimies Bemerkungen machten sich in ihrer beider Herzen übelriechende Ängste breit. Und sie schauderten ebenfalls.

»Ja«, sagte Maimie grob, grausam, »wenn man sie nicht in ein Leichentuch einhüllen würde, könnte man beobachten, wie sich nach ein paar Stunden ihre Farbe zu ändern beginnt!« Geistesabwesend prüfte sie die Haut ihrer eigenen lebendigen Hand. Miss Mongons Hände fühlte sich feuchtkalt an. Dann fiel ihr etwas ein.

»Sie tragen doch gar keine Leichenhemden, oder?« fragte sie. »Die Protestanten, meine ich.«

Maimie war überrascht, und wieder ging ihnen Naida durch den Kopf.

»Aber was tragen sie dann, frage ich mich?« sagte Owdie.

»Ich meine gehört zu haben, daß sie in einem weißen Kleid aufgebahrt werden. Die Frauen, meine ich«, sagte Maimie, die sich nur widerstrebend in die Unterhaltung einbeziehen ließ. Notgedrungen wandte sie sich an ihrem Mann. »Elgar, das mußt du doch wissen«, sagte sie, »was wird sie tragen?«

Aber als er sie sonderbar anschaute, stampfte sie mit dem Fuß auf.

»Naida, meine ich«, sagte sie ungeduldig. »Das mußt du doch wissen.«

In einem Café

Das Café befand sich in einer Hinterstraße. Marys Knöchel schmerzten, und sie war froh, daß Maudie noch nicht vor ihr angelangt war. Sie setzte sich an einen Tisch in der Nähe der Tür.

Sie hatte dieses Café erst kürzlich entdeckt, und sie schaute bei ihren Besuchen in Dublin häufig herein. Inzwischen wollte sie nirgendwo anders mehr hingehen. Sie wußte, daß sie es wahrscheinlich nie betreten hätte, wenn Richard noch lebte. Und dieses Wissen half ihr, den Anschein einer Identität wiederzuerlangen, von der sie sich in der Ehe bereitwillig gelöst hatte, aber doppelt, und widerwillig, seit sie Witwe war.

Nicht, daß Richard das Café nicht gemocht hätte. Es war eins von dieser Sorte, die sie als Studenten häufig besucht hatten. Aber seit jenen Tagen war zuviel Wasser den Berg hinuntergeflossen. Man mochte sagen, was man wollte, aber ein Gut in Meath hatte etwas leicht Dünkelhaftes an sich, und zusammen wären Richard und sie hier fehl am Platz gewesen. Aber es war etwas anderes, allein herzukommen. Eine Witwe konnte nichts – nein, nichts – Dünkelhaftes an sich haben. Es war ein ungewöhnliches kleines Café. Sie sah sich um.

Oben waren die Wände mit roter Temperafarbe gestrichen, und die unteren Abschnitte waren mit weiß angestrichenen Holzbrettern verkleidet. Wahrscheinlich waren es die mit Brettern verkleideten Wände, die ihm dieses sonderbar zweckmäßige Aussehen verliehen, das man auch in den Schankräumen eines Pubs oder dem Beichtstuhl einer kleinen und armen Kirchengemeinde findet. Was das Mobiliar anbelangte, so gab es nur Tische und Stühle aus Kiefernholz mit schwarzweiß-karierten Tischdecken, die entweder gar nicht oder nur schlecht gebügelt waren. Dennoch konnte man sich des Gefühls nicht erwehren, daß das Geld eigentlich nicht knapp war, sondern vielmehr auf andere Zwecke verwendet wurde – wie die Bilder an den Wänden und ein Hinweis über dem Kamin bezeugten, der besagte, daß es oben in einem Atelier weitere zur Ansicht gab, ganz ähnlich wie Bilder in einer Austellung. Der Stil war zum größten Teil experimentell.

Das Café wurde von zwei Studenten vom Art College geleitet. Häufig gingen sie hinaus und ließen es unbeaufsichtigt zurück, wie jetzt, während sie in einem anderen Café gegenüber eine Tasse Kaffe tranken. Stammkunden bedienten sich gelegentlich selbst mit Kaffee aus der Kanne, die hinten hinter einer Gardine auf dem Gasbrenner stand. Wenn sie nur hereinschauten, um Gesellschaft zu haben, aber niemanden fanden, wärmten sie sich einfach an dem großen Feuer, das immer in dem kleinen schwarzen Kamin brannte, einem Originalkamin aus der Zeit, als das Café noch ein Lagerhausbüro war. Heute war das Feuer mit Koks abgedeckt. Der Kaffee spritzte auf den Gasbrenner.

Ob es Maudie hier gefallen würde? Einen Augenblick lang überlegte Mary, daß dies vielleicht nicht gerade der richtige Ort für ein Treffen war, besonders unter den derzeitigen Umständen, aber jetzt konnte man nichts mehr daran ändern. Wenn Maudie herkam und es ihr nicht gefallen sollte, konnten sie immer noch woanders hingehen. Aber vielleicht gefiel es ihr auch? Oder vielleicht war sie auch zu mitgenommen, um ihre Umgebung überhaupt wahrzunehmen? Die Bilder könnten sie interessieren. Sie waren auf jeden Fall stimulierend. Es gab heute zwei neue, die Mary selbst noch nicht gesehen hatte, zwei Blumengemälde direkt hinter der Tür. Von ihrem Platz aus konnte man die Signatur lesen, Johann van Stiegler. Oder zumindest deuteten sie Blumen an. Man konnte sie sicher als Rosen bezeichnen, obwohl sie ein wenig eckig waren. Sie wußte, was Richard dazu gesagt hätte. Aber sie und Richard waren nicht mehr eins. Was also würde *sie* dazu sagen? Sie würde sagen – was würde sie sagen?

Aber wo blieb Maudie? Es war ja ganz schön, fünf Minuten zu haben, in denen man sich sammeln konnte. Aber es war etwas gänzlich anderes, eine Viertelstunde warten gelassen zu werden.

Mary lehnte sich zurück gegen die Holzvertäfelung. Zwar war sie weniger müde als zuvor, dennoch war sie keineswegs auf die ihr bevorstehende Begegnung vorbereitet.

Was hatte sie einer jungen Frau schon zu sagen, die erst seit kurzem verwitwet war? Warum um alles in der Welt hatte sie sich mit ihr verabredet? Mit Gewalt drängte sich ihr der Widersinn eines solchen Treffens zweier Witwen auf. Ob Maudie auch Schwarz mit ein bißchen Weiß trug? Zwei Witwen! Wie zwei Elstern: eine für Leid, zwei für Freud'. Mit einem Mal kam ihr die Situation so absurd vor, daß sie das Verlangen verspürte, aufzustehen und zu gehen. Sie spürte, wie sie am ganzen Körper vor Ärger darüber zitterte, mit irgend jemandem zusammen in eine Schublade gesteckt zu werden, und eilig begann sie, zur Abgrenzung nach Ungleichheiten zu suchen.

Maudie war nur ein Jahr verheiratet gewesen. Und ihre Eltern waren nur zu sehr willens gewesen, sich um das Kind zu kümmern, und hatten es gierig in ihren Besitz genommen. Maudie war so frei wie ein Mädchen. Dann, falls das eine Rolle spielte, hatte sie außerdem ihr eigenes hübsches, kleines Einkommen, abgesehen von alldem, was Michael ihr hinterlassen hatte. Und?

Aber wo blieb sie? Kam sie überhaupt nicht?

Ah! Die kleine Eisenglocke über der Tür, die ebenfalls noch aus Lagerhallenzeiten stammte, klingelte und kündigte so einen weiteren Kunden an, der das Café betrat.

Aber es war nicht Maudie. Es war ein junger Mann, einigermaßen jung jedenfalls, und Mary schätzte, daß er ein Künstler war. Dennoch waren seine Hände, auf die er hinuntersah, nachdem er sich gesetzt hatte, nicht wie die Hände eines Künstlers. Sie waren sonderbar fleischig und weich, und es lag etwas Rührendes in der entspannten Art, wie sie, leicht gefaltet, auf dem Tisch ruhten. Sahen sie vielleicht etwas feminin aus? Nein, das war nicht das Wort, aber sie konnte beim besten Willen nicht das richtige Wort finden, um sie zu beschreiben. Es ließ sie nicht los, und angestrengt suchte sie nach einem passenden Wort. Fasziniert fiel ihr Blick immer wieder auf diese Hände, wie bestimmt sie ihn auch abzuwenden versuchte. Es war ihr, als habe sie die Hände berührt, und nicht nur gesehen, und wüßte daher, wie sie sich anfühlten.

Sogar wenn sie, wie jetzt, ihre Augen schloß, konnte sie sie noch sehen. Und da sie keine Ahnung hatte, wo ihre Gedanken sie hinführten, unternahm sie nichts, um sie von dem Bild zu befreien, und erst als es schon zu spät war, sah sie die vertraute Gestalt ihres wiederkehrenden Alptraums vor sich. Plötzlich waren es Richards Hände, die sie sah, so anders als jene dort, lang, geschmeidig, dünn. Einen Augenblick lang verweilten sie in ihrem Kopf, gezeichnet von Liebe und Pein, bevor sie wieder verschwanden.

Es geschah so häufig. In Gedanken sah sie einen Teil von ihm, seinen Arm, vielleicht seinen Fuß in den fein gearbeiteten Lederschuhen, die er immer getragen hatte, und verzweifelt versuchte sie, daraus den ganzen Mann aufzubauen. Manchmal gelang es ihr besser als andere Male, baute ihn auf vom Fuß bis zur Schulter, sah seine Hände, seinen grauen Anzug, seine Krawatte, die immer auf eine bestimmte Art geknotet war, seinen Hals, sogar sein Kinn, das ziemlich spitz war, nicht ganz so attraktiv wie seine restlichen Züge.

Aber an diesem Punkt wurde sie immer geschlagen. Nicht ein einziges Mal seit jenem Tag hatte sie von sich aus sein Gesicht wiedersehen können.

Und wenn sie sich nicht nach Belieben an ihn erinnern konnte, welche Bedeutung hatte Zeit dann überhaupt? Was nützte es, in der Vergangenheit gelebt zu haben, wenn sie so jäh hinter uns abbrach?

In der Stunde seines Todes machte das Wissen darum, daß es so kommen würde, einen Teil ihres Schmerzes aus. Sie stand neben ihm, als draußen vor dem Krankenhausfenster der süße, klare Gesang eines Vogels erklang, und als sie ihn hörte, wußte sie, daß er tot war, denn sie hatte seit Jahren keinen Vogelgesang und keinen Vogelruf mehr richtig wahrgenommen, so laut war das Geräusch ihrer Liebe in ihren Ohren gewesen. Als sie hinabblickte, war es ein fremdes Gesicht, das Angesicht des Todes, das auf dem Kissen lag. Und nach diesem kurzen Moment der Stille, die dem Vogelgesang einen Augenblick lang Eintritt gewährt hatte, begann ein neues Geräusch in ihrem Kopf, das Geräusch einer unaussprechlichen Panik, die zwar nicht ständig toste, aber auch nie ganz zum Erliegen kam.

Und jetzt, hier in dem kleinen Café, griff sie nach der Tischkante – denn die Feuersbrunst hatte wieder begonnen, und ihr Kopf war ein tosender Hochofen.

Genau in diesem Augenblick erhob sich der Mann am Ende des Tisches und streckte seine Hand nach der Speisekarte aus, auf der sie sich mit Brust und Ellbogen und das Gesicht in ihren Händen aufgestützt hatte. Hastig und entschuldigend schob sie sie ihm zu, und noch im selben Augenblick ließ das Tosen in ihrem Kopf nach. Sie sah ihn an. Konnte er etwas geahnt haben? Ihr Herz war von Dankbarkeit erfüllt, und sie bemerkte, daß seine Augen weich und sanft waren. Aber sie mußte zugeben, daß er nicht so aussah, als sei sie ihm wirklich aufgefallen. Egal. Sie war ihm trotzdem dankbar.

»Möchten Sie das nicht auch?« rief sie dankbar, als sie entdeckte, daß der kleine Zettel mit dem Angebot des Tages, der mit einer Büroklammer an der Speisekarte befestigt gewesen war, herausgerutscht und unter ihrem Ellenbogen an dem Ärmel ihrer Jacke hängengeblieben war. Sie stand auf und lehnte sich damit über den Tisch.

»Ah, vielen Dank!« sagte er und verbeugte sich. Sie lächelte. Es lag so viel Galanterie in einer Verbeugung. Natürlich war er ein Ausländer. Bevor sie sich wieder setzte, fiel ihr auf, daß er gezeichnet hatte. Die Zeitung, die vor ihm auf dem Tisch lag, war an den Rändern und in den Zwischenräumen des Zeitungspapiers übersät mit kleinen Bleistiftskizzen. Lauter verschlungene, minuziös gewundene, kleine Figuren. Sie war fasziniert, aber natürlich durfte sie nicht so auffällig hinschauen.

Verstohlen beobachtete sie ihn, als sie sich wieder gesetzt hatte, und dann und wann fiel ihr eine bestimmte schwungvolle Bewegung auf: seine Unterschrift, da war sie sicher, und vorsichtig versuchte sie, sie von ihrem Platz aus zu erkennen. Eine unverhältnismäßige, eine lächerliche Aufregung durchfuhr sie, als sie bemerkte, daß es Johann van Stiegler war, der Name auf den neuen Blumengemälden, die sie beschäftigt hatten, als sie hereingekommen war.

Aber das ist unmöglich, dachte sie. Die Skizzen waren so akkurat, die Gemälde so – impressionistisch.

Da jedoch klingelte die kleine Glocke erneut.

»Ah! Maudie!«

Obwohl sie so lange gewartet hatte, war sie schließlich doch überrascht, und verlegen erhob sie sich, wie ein Mann.

»Maudie, meine Liebe!« Sie konnte keinen Ton herausbringen und mußte sie daher fest ansehen in dem Bemühen, ihr Beileid zu vermitteln, das sie nicht anders auszudrücken vermochte.

Wortlos schüttelten sie sich die Hände.

»Ich verzichte bewußt darauf, mein Beileid auszudrücken – kannst du das verstehen?« sagte Mary dann, als sie sich an den karierten Tisch setzten.

»Ach, und ob!« rief Maudie. Sie schien ihr aufrichtig dankbar zu sein. »Es ist so schrecklich, sich eine Antwort überlegen zu müssen! Nicht? Es muß ganz und gar aus einem selbst herauskommen, und manchmal darf man gerade das, was man gerne sagen würde, nicht laut aussprechen!«

Es war so wahr. Mary blickte sie überrascht an. In Gedanken ging sie noch einmal das durch, was die Leute ihr damals gesagt hatten, und das, was sie darauf geanwortet hatte.

Die anderen: Gut, daß es nicht eins der Kinder war.

Sie: Ich gäbe sie alle für ihn her.

Die anderen: Die Zeit heilt alle Wunden.

Sie: Stiehlt wäre richtiger, da mir sogar die Erinnerungen an ihn genommen werden.

Die anderen: Gottes Wege sind unergründlich. Eines Tages werden Sie erkennen, wozu es gut war.

Sie: Wollen Sie damit sagen, daß ich mich eines Tages darüber freuen werde, daß er tot ist?

Maudie verstand diese Feinheiten also auch? Mary sah sie genau an. »Ich weiß, ich weiß«, sagte sie. »Schließlich muß man doch sagen, was von einem erwartet wird, und man fühlt sich so herabgewürdigt dadurch.«

»Und viel schlimmer noch, man würdigt den Verstorbenen herab«, sagte Maudie.

Jetzt sah Mary sie sehr genau an. War es möglich, daß eine junge Frau, eine so einfache Person, so bittere Erkenntnisse aus einer einzigen Erfahrung gewrungen hatte? Sie spürte, daß sie gegen ihren Willen in eine verschwörerische Gemeinschaft hineingezogen wurde. Mit Bestimmtheit wich sie zurück.

»Natürlich hattest du es mehr oder weniger erwartet, oder nicht?« fragte sie gehässig.

Unerschüttert blickte Maudie sie an. »Spielt das eine Rolle?« fragte sie, und dann baute sie unerwarteterweise selbst eine Mauer zwischen ihnen auf. »Du hast natürlich die Kinder!« sagte sie. Bevor Mary irgend etwas sagen konnte, fuhr sie eilig fort: »Ja, ja, ich weiß, ich habe meinen Kleinen, aber zwischen ihm und seinem Vater scheint es kaum eine Verbindung zu geben. Ich kann einfach nicht glauben, daß ich ihn in seinem Kinderwagen im Park herumschiebe; es ist fast so, als sei er unehelich. Nein! Wirklich. Ich will dich nicht bloß schockieren. Es muß etwas ganz anderes sein, wenn ausreichend Zeit vorhanden war, daß sich zwischen den Kindern und ihrem Vater eine Beziehung entwickeln konnte, wie in eurem Fall.«

»Ach, ich glaube kaum, daß das eine Rolle spielt«, sagte Mary. »Und eines Tages wirst du froh sein, daß du ihn hast.« Diesmal war sie bewußt boshaft, denn sie wußte noch sehr gut, wie tief genau diese Worte sie selbst damals verletzt hatten. Sie wußte, was sie bedeuteten: Die Kinder waren besser als nichts.

Aber das Gift in ihren Worten perlte an Maudie ab. Und neiderfüllt erkannte sie auch, warum. Maudie war jung und schön. Wenn man sie ansah, schien es recht unpassend zu behaupten, daß sie ihren Mann verloren hatte: Es war Michael, der sie verloren hatte, der ausgefallen war sozusagen, während es für sie notgedrungen weiterging. Sie sah nicht einmal wie eine Witwe aus. Es gab nichts an ihr, was darauf hindeutete, daß ihr irgendein Verlust oder Schmerz widerfahren war.

»Du wirst wieder heiraten, Maudie«, sagte sie plötzlich. »Sei mir nicht böse, daß ich das sage«, fügte sie rasch hinzu. »Es ist keine Kritik. Ich sage es nur, weil ich weiß, wie du leidest. Es ist nicht kränkend gemeint.«

Maudie wirkte jedoch kaum gekränkt, sondern allenfalls abwehrend. Dann entspannte sie sich.

»Nicht, wenn es von dir kommt«, sagte sie. »Du weißt schließlich, wie es ist.«

Mary merkte, daß sie nur die Tatsache vertuschen wollte, daß sie diese Vorstellung nicht mit aller Kraft zurückweisen konnte. »Auch wenn ich nicht glaube, daß das der Fall sein wird«, fügte sie schwach hinzu. »Du hast schließlich auch nicht neu geheiratet.«

Jetzt war Mary es, die sich abwehrend verhielt.

»Schließlich ist es kaum zwei Jahre her – noch weniger sogar«, sagte sie steif.

»Ach, es ist doch nicht nur eine Frage der Zeit«, sagte Maudie, als sie merkte, daß sie einen Fehler gemacht hatte, auch wenn sie sich nicht sicher war, wie oder wo. »Es liegt an deiner Person, glaube ich. Ich bewundere dich so sehr. So wäre ich auch gerne, wenn ich die Kraft hätte. Bei einer Wiederheirat ist es vor allem die Auswirkung auf einen selbst, die eine Rolle spielt, glaube ich, meinst du nicht? Ich glaube nicht, daß es für den – den Verstorbenen eine Rolle spielt. Oder glaubst du doch? Michael würde bestimmt wollen, daß ich wieder heirate, wenn er einen Wunsch äußern könnte. Schließlich sagt man doch, daß es für den Mann ein Kompliment ist, wenn seine Witwe wieder heiratet, war dir das bekannt?«

»Ja«, antwortete Mary knapp. »Aber darauf würde ich nicht viel geben. Um Komplimente scheren Tote sich einen Teufel!«

Also dachte Maudie tatsächlich an Wiederheirat? Marys Ärger wurde von einem schwachen Neidgefühl gefolgt, und dann kehrte der Ärger zehnfach zurück.

Wie leicht es akzeptiert wurde, daß *sie* nicht wieder heiratete. Diese Frau hält mich selbstverständlich für zu alt. Und sie hat recht, oder zumindest sollte sie wohl recht haben. Sie erinnerte sich, wie man ihr vor zwei Jahren gesagt hatte, daß sie ihre Kinder »hatte«. Damit hatte man sagen wollen, daß es unwahrscheinlich war und nicht erwartet wurde, daß sie wieder heiratete. Auch andere Dinge, die man ihr gesagt hatte, schossen ihr wieder durch den Kopf. So viele Leute hatten von der besonderen Qualität ihrer Ehe, ihrer und Richards, gesprochen, von ihrer bemerkenswerten Geschaffenheit füreinander und von der Einzigartigkeit des Bundes zwischen ihnen. Damals war sie süchtig nach solchen Bemerkungen gewesen.

Plötzlich jedoch, in diesem kleinen Café, flackerte das Licht, das über diesen Worten gespielt hatte, noch einmal auf und erlosch. Hatten sie vielleicht gemeint, daß sich kein anderer für sie interessiert hätte, wäre Richard nicht zur rechten Zeit aufgetaucht?

Wenn Maudie jetzt schon so attraktiv aussah, wo sie doch noch immer unter dem Schock leiden mußte, wie würde sie dann erst in einem Jahr aussehen, wenn sie die Zeit der Trauer hinter sich hatte? Sie war so frisch. Wenn man sie ansah, hatte man das Gefühl, das kein anderes Wort paßte als jungfräulich! Natürlich war sie auch erst ein Jahr verheiratet gewesen. Da konnte man kaum von einer Ehe sprechen.

Trotzdem wußte Maudie das eine oder andere über Männer. Das konnte man nicht leugnen. Und in diesem Augenblick lag ein merkwürdiger Ausdruck in ihrem Blick. Als Mary ihn bemerkte, erinnerte sie sich daran, daß sie sich nicht allein in dem Café befanden. Sie fragte sich besorgt, wieviel der Mann am anderen Ende des Tisches von ihrer Unterhaltung mitbekommen hatte und mitbekommen konnte. Aber es war zu spät, um Maudie vom Weiterreden abzuhalten.

»Ach Mary«, rief sie und lehnte sich nach vorn, »es geht nicht um das, was sie uns geben. Ich bin darüber hinweg, mir ein Kind zu wünschen oder so etwas. Es geht um das, was wir ihnen geben. Es ist etwas –«, und plötzlich drückte sie ihre Hand an die Brust, »etwas hier drinnen.«

»Maudie!«

Harsch, eindringlich versuchte Mary sie dazu zu bewegen, leiser zu sprechen, und durch eine rasche Kopfbewegung gelang ihr zumindest eine kleine Warnung.

»Falls du etwas sagen solltest«, sagte sie mit leiser Stimme.

»Ach, keine Bange«, erwiderte Maudie. »Darüber war ich mir die ganze Zeit im klaren.« Sie sprach nicht so leise wie Mary, aber immerhin hatte sie ihre Stimme ein wenig gesenkt. »Er war mir *die ganze Zeit* aufgefallen«, sagte sie. »Ich bin durch *ihn* erst darauf gekommen, was wir zu geben haben.« Sie drückte ihre Hände wieder an die Brust. »Er wirkt so einsam, findest du nicht? Er ist doch Ausländer, oder? Ich denke mir immer, daß sie arm dran sind. Sie haben kaum Freunde, und selbst wenn, gibt es immer eine Barriere, meinst du nicht?«

Aber Mary war es zu peinlich, als daß sie sie fortfahren lassen konnte. Beinahe stürmisch lenkte sie ab.

»Was möchtest du, Maudie?« fragte sie laut. »Kaffee? Tee? Und gibt es hier denn niemanden, bei dem man bestellen kann?«

Augenblicklich kam sie sich albern vor. Zu wem hatte sie gesprochen? Sie sah zu Johann van Stiegler hinüber. Als ob er darauf gewartet hätte, daß ihre Blicke sich träfen, sahen seine sanften und geduldigen Augen in ihre.

»Es ist keiner da«, sagte er und nickte zu dem Gasbrenner hinter dem Vorhang, »aber man darf selber sich bedienen. Vielleicht wünschen Sie, daß ich –«

»O nein«, rief Mary. »Bitte machen Sie sich keine Umstände! Wir haben überhaupt keine Eile. Bitte machen Sie sich keine Umstände«, sagte sie, »nicht unseretwegen.«

Aber sie bemerkte sofort, daß er sehr fremd war und daß er sich im Nachteil befand, weil er nicht wußte, ob er nicht vielleicht in ein Fettnäpfchen getreten war. »Ich habe vielleicht gestört?« fragte er unglücklich.

»Ach, keinesfalls«, rief Mary, und er war so ernst, daß sie lachen mußte.

Doch das Lachen war ein weiterer Fehler. Sein Gesicht nahm einen Ausdruck von Verzweiflung an, die, so schien es, nur einen Ausländer überkommen konnte, bei der kleinsten Provokation, als ob ihm mit einem Mal alles unverständlich vorkäme – alles.

»Bitte«, murmelte sie, und dann vorsichtig, »– Ihre Arbeit«, womit sie sagen wollte, daß sie ihn nicht vom Zeichnen abhalten wollte.

»Ah, Sie kennen meine Arbeit?« sagte er und zeigte sich schlagartig fröhlicher, erfreut und von einer kleinen und recht liebenswerten Eitelkeit. »Wir sind schon einmal uns begegnet? Ja?«

»O nein, wir sind uns noch nicht begegnet«, antwortete sie schnell und setzte sich, aber natürlich war es unmöglich, weiterhin so zu tun, als sei er ein völlig Fremder. Sie wandte sich an Maudie, um zu sehen, was sie von der Situation hielt. Genau in diesem Augenblick spürte sie die ganze Gewalt ihrer Verärgerung über Maudie. Sie hätte ihr einen Schlag ins Gesicht verpassen können. Ja, einen Schlag direkt ins Gesicht! Denn sie saß einfach dort, abseits und verschlossen, das Gesicht wahrhaftig zum Teil von ihnen abgewandt.

Maudie wartete darauf, vorgestellt zu werden. *Vorgestellt* zu werden, als ob sie, Mary, keinerlei konventionelle Einleitungen nötig hätte. Als ob es in Ordnung wäre, daß sie, Mary, eine uneingeleitete Unterhaltung mit einem fremden Mann in einem Café beginnen sollte, weil – und selbstverständlich war das das Ärgerliche, daß sie Maudies unbewußten Gedanken kannte – es für eine Frau *ihres* Alters in Ordnung war, einfach so eine Unterhaltung anzufangen, aber daß es sich für eine junge Frau nicht ziemte. Dennoch konnte Mary auf ihrem zum Teil abgewandten Gesicht den Ausdruck gesteigerten Interesses erkennen. Sie hatte große Lust, überhaupt keine Geste zu machen, um sie in die Unterhaltung einzubeziehen, aber sie mußte an den jungen Mann denken. Sie mußte sie miteinander bekannt machen, ob sie wollte oder nicht.

»Maudie, das ist –«, sie drehte sich um und lächelte van Stiegler an, »das ist –« Aber sie war verwirrt, und sie mußte den Versuch, sie miteinander bekannt zu machen, ganz aufgeben. Statt dessen stellte sie eine konkrete Frage.

»Diese Blumenbilder sind doch von Ihnen, oder nicht?« fragte sie.

Das war Maudie genug – mehr als genug, konnte man sagen.

Mit leicht geöffneten Lippen und leuchtenden Augen drehte sie sich zu dem jungen Mann, offenkundig tief beeindruckt. Mein Gott, wie attraktiv sie war!

»O nein, wirklich?« rief sie. »Wie wundervoll!«

Aber Johann van Stiegler blickte Mary an.

»Sie sind sicher, daß wir uns noch nicht begegnet sind?«

»Ja, aber Sie haben diese Zeitung mit Ihrer Unterschrift vollgekritzelt.« Sie sah sich um, weil sie sie ihm zeigen wollte, aber sie war auf den Boden gefallen.

»Ah ja«, sagte er, und – auch wenn sie sich dessen natürlich nicht sicher sein konnte – sie meinte, auf seinem Gesicht einen Ausdruck der Enttäuschung feststellen zu können.

»Ah ja, Sie haben meine Unterschrift gesehen«, sagte er ungerührt. Er wirkte niedergeschlagen. Mary fühlte sich hilflos. Sie drehte sich zu Maudie. Jetzt mußte sie einmal etwas sagen.

Genau in diesem Augenblick klingelte die kleine Lagerhallenglocke erneut, und diesmal war es einer der Besitzer, der hereinkam, ungezwungen wie ein Kunde.

»Ah, gut!« sagte van Stiegler. »Kaffee«, rief er. Dann wandte er sich an Mary. »Für Sie auch Kaffee?«

»Ja, für uns Kaffee«, antwortete Mary, aber sie konnte nicht umhin sich zu fragen, wer wohl dafür zahlen würde, und gleichzeitig fiel ihr seine schäbige Jacke auf. Naja, man würde sehen. In der Zwischenzeit beschloß sie, den Teller mit Gebäck, der ihnen zusammen mit dem Kaffee hingestellt worden war, nicht zur Kenntnis zu nehmen. Und sie hoffte, daß Maudie das gleiche tun würde. Als eine Art Hinweis schob sie den Teller zur Seite, aber Maudie beugte sich hinüber und nahm sich ein großes, mit Sahne gefülltes Teilchen.

»Dürfte ich Sie etwas über Ihre Arbeit fragen?« sagte Mary.

Aber Maudie unterbrach sie.

»Sie leben in Irland? Ich meine, Sie sind hier nicht nur zu Besuch?«

Es gab Vertraulichkeit und Vertraulichkeit, und Mary war besorgt, daß der junge Mann diese Frage übelnehmen könnte.

»Ich unterrichte Kunst hier an einem College«, sagte er, und er schien tatsächlich leicht überrascht, aber Mary konnte auch erkennen, daß er keineswegs verstimmt war. Sein anfängliches Unbehagen während der Unterhaltung schien nachzulassen.

»Es ist sehr gut, in ein anderes Land zu gehen eine Zeitlang«, sagte er, »und dieses Land ist billig. Ich habe ein Wohnung in einer Straße hier in der Nähe, und es ist ganz ruhig.

Wenn ich mich aufhänge, es macht nichts – keiner weiß es, keinen stört es. So lebt man gut, wenn man malt.«

Mary war gewillt, darüber nachzudenken. »Glauben Sie?«

Maudie war nicht gewillt, darüber nachzudenken. »Wie seltsam«, sagte sie knapp, und dann blickte sie auf ihre Uhr. »Ich muß gehen«, sagte sie unvermutet.

Sie hatten ihren Kaffee ausgetrunken. Marys Gedanken kehrten sofort zu dem Problem des Bezahlens zurück. Die Angelegenheit war im Grunde zu belanglos, um dafür seine gesamten geistigen Mittel zu mobilisieren, aber als sie sich selbst mit lauter Stimme nach ihrer Rechnung verlangen hörte, fühlte sie sich ausgesprochen mutig und entschlossen.

»Meine Rechnung bitte«, rief sie über das Geräusch von spritzendem Kaffee auf dem Gasherd hinweg.

Johann van Stiegler machte keine Anstalten, nach seiner Rechnung zu verlangen, und trotzdem knöpfte er seine Jacke zu und faltete seine Zeitung zusammen, als ob er ebenfalls aufbrechen wolle. Mary fragte sich, ob sein Kaffee wohl auch auf ihre Rechnung ging.

Nach einer Sekunde jedoch war alles geklärt. Die Rechnung war für zwei Tassen Kaffee à achtzig Penny und ein Kuchenteilchen, und van Stieglers Kaffee war nicht mitberechnet. Sie nahm an, daß er irgendeine Abmachung mit den Besitzern getroffen hatte. Oder vielleicht wollte er noch gar nicht gehen?

Als sie sich jedoch erhoben, behandschuht und zum Gehen bereit, verbeugte sich der junge Mann.

»Vielleicht wir gehen denselben Weg?« Offenkundig war er sehr um Höflichkeit bemüht.

»O nein, kein Problem«, sagten sie gleichzeitig, als ob er ihnen seinen Geleitschutz angeboten hätte, und Maudie lachte sogar offen heraus.

Natürlich entstand eine weitere peinliche Situation. Van Stiegler setzte sich wieder. Waren sie zu brüsk gewesen? Hatten sie ihn vor den Kopf gestoßen?

Ach, wenn er bloß kein Ausländer wäre, dachte Mary, und sie stockte. Maudie hatte ihre Hand bereits an der Tür.

»Ich hoffe, daß wir bei Gelegenheit mehr von Ihrer Arbeit zu sehen bekommen«, sagte Mary. Es war keine Frage, nur ein Kompliment.

Aber van Stiegler sprang wieder auf.

»Heute abend nach dem Unterricht ich werde noch ein Bild zum Aufhängen herbringen«, sagte er. »Würden Sie es gern sehen? Ich werde um –«, er zog eine große, altmodische Uhr hervor, »– zehn Minuten nach neun hier sein.«

»Nein, nicht heute abend, ich kann heute abend nicht wieder herkommen«, sagte Mary. »Ich lebe auf dem Land, wissen Sie«, fügte sie erklärend und entschuldigend hinzu. »Ein anderes Mal vielleicht? Wie lange wird es hier sein?«

Sie hörte kaum auf das, was er sagte. Sie dachte daran, daß er nicht gefragt hatte, ob Maudie kommen könne. Möglicherweise lag es daran, daß sie von beiden am ehesten so aussah, als würde sie ein Bild kaufen, während Maudie, obwohl sie es tatsächlich am ehesten täte, weniger danach aussah. Oder lag es daran, daß er ohnehin davon ausging, daß sie, wenn überhaupt, beide zusammen kämen? Oder lag es daran, daß er eigentlich Maudie wiedersehen wollte und sie nur als ihre Anstandsdame betrachtete? Woran lag es?

Man konnte es jedoch nicht wissen, und deshalb verabschiedete sie sich erneut, und kurz darauf klingelte die kleine Glocke über der Tür, und sie befanden sich auf der Straße. Auf der Straße sahen sie sich gegenseitig an.

»Tja! Wenn es jemals irgend etwas gibt –«, begann Maudie, aber sie hatte keine Zeit, ihren Satz zu beenden. Hinter ihnen klingelte wieder die kleine Glocke, und ihr Maler war bei ihnen draußen auf der Straße.

»Ich vergaß, Ihnen das Adresse meiner Wohnung zu geben – es ist auch mein Atelier«, sagte er. »Ich würde mich freuen, Ihnen meine Gemälde zeigen zu dürfen jederzeit.« Er nahm ein Notizbuch hervor und riß ein Blatt heraus. »Ich werde es aufschreiben«, sagte er knapp. Aber als er ihnen den Zettel hinhielt, war Maudie diejenige, die ihn entgegennahm. »Ich bin beinahe immer da, außer wenn ich unterrichte«, sagte er. Dann verbeugte er sich und ging zurück in das Café.

Sie trauten sich erst zu lachen, als sie sich ein Stück entfernt hatten.

»Na, so was!« sagte Maudie und gab den Zettel Mary.

»Chatham Row«, las Mary, »Nummer acht.«

»Wirst du ihn besuchen?« fragte Maudie.

Mary war empört.

»Für wen oder was hältst du mich?« fragte sie. »Ich mag ja in mancherlei Hinsicht ein wenig unkonventionell sein, aber kannst du dir mich vorstellen, wie ich bei ihm zu Hause vor der Tür stehe? Würdest *du* gehen?«

»Ach, in meinem Fall ist das etwas anderes«, antwortete Maudie rätselhaft. »Und überhaupt hat er dich gefragt. Aber ich verstehe dich schon – ein Jammer. Der arme Kerl, er ist wohl recht einsam. Ich wünschte, wir könnten etwas für ihn tun – ihm irgend jemanden vorstellen zum Beispiel.«

Mary sah sie an. Daß er einsam sein könnte, war ihr überhaupt nicht in den Sinn gekommen. Woran lag es, daß ihr das Naheliegende immer entging?

Inzwischen hatten sie die Grafton Street erreicht.

»Ich muß noch ein paar Einkäufe erledigen. Du wahrscheinlich auch«, sagte Maudie. »Ich bin froh, daß wir miteinander geredet haben. Wir müssen uns demnächst wieder einmal auf einen Schwatz treffen.«

»O ja«, sagte Mary übereifrig als Antwort auf ihr Lebewohl, und nicht, wie Maudie angenommen hatte, auf ihren Vorschlag, sich wiederzutreffen.

Doch als sie beobachtete, wie sie fortging und sich schnell und behende einen Weg durch die Menge auf der Straße bahnte, spürte sie, daß sich eine plötzliche, schreckliche Ziellosigkeit wie eine körperliche Lähmung über sie senkte. Sie ging ein Stück und hielt dann und wann an, um sich die Schaufenster anzusehen.

Es war die Abendstunde, zu der jeder auf den Straßen nach Hause eilte, entschlossen und zielstrebig. Selbst diejenigen, die anhielten, um sich die Schaufenster anzusehen, taten es mit Richtung und Ziel, indem sie ihren wachen Blick blitzschnell und zielsicher darauf richteten, wie Vögel. Alle waren in ihren Gedanken so sehr auf Materielles, Greifbares konzentriert, während ihre Gedanken einfach zu dem Studentencafé zurückwanderten und zu den komischen Blumenbildern an der Wand, zu dem jungen Mann, der so verletzlich war in seiner Eitelkeit, der legitimen Eitelkeit seiner Kunst.

Es sah Maudie ähnlich, über ihn zu lachen. Was wußte sie schon von einem Künstlergeist? Wenn sie Maudie nicht dabeigehabt hätte, wäre alles so anders gewesen. Vielleicht hätte sie ihn zum Beispiel dazu bewegen können, über seine Arbeit zu sprechen und den Unterschied zwischen dem freien Stil in den Bildern an der Wand und den exakten, kleinen Skizzen zu erklären, die er auf die Ränder der Zeitung gezeichnet hatte.

Vielleicht hätte sie sogar seine Einladung angenommen und wäre mitgegangen, um sich seine Gemälde anzusehen. Warum war das so unkonventionell erschienen, so lächerlich? Wegen Maudie. Darum.

Wie lächerlich ihre Skrupel dem jungen Mann vorgekommen wären. Sie konnte nur hoffen, daß er sie nicht erraten hatte. Sie schaute zu einer Uhr hinauf. Einmal angenommen, sie ginge schnell zu dem Café zurück und deutete an, daß sie eigentlich doch Zeit für einen kurzen Besuch des Ateliers hatte? Oder ob er das Café bereits verlassen hatte? Vielleicht sollte sie besser beim Atelier vorbeigehen? Inzwischen würde er zurück sein.

Einen Moment lang stand sie da und wog die Argumente, die dafür und dagegen sprachen zurückzugehen, gegeneinander ab. Würde es ihm seltsam vorkommen? Wäre er überrascht? Aber als ob es Maudie wäre, die die Fragen stellte, schüchterte sie sie durch finstere Blicke ein und ging plötzlich mit der gleichen Entschlossenheit wie alle anderen auf der Straße, Hals über Kopf, könnte man fast sagen, Richtung Chatham Street zurück.

An der Stelle, wo zwei kleine Straßen aufeinandertrafen, mußte sie haltmachen, als ein Gespann von Guinness-Brauereipferden in dem engen Karree der Kreuzung umständlich wendete. Und während sie ungeduldig wartete, entdeckte sie sich selbst in dem vergoldeten Spiegel einer Wirtschaft. Eine Sekunde lang vermittelte ihr der vertraute Anblick Skepsis gegenüber ihrer Mission, aber als die Brauereipferde aus dem Weg gingen, sagte sie sich, daß ihre unelegante, plumpe und unromantische Figur für ihre geistige Integrität bürgte. Sie zog sich von dem Gesicht in dem Spiegel fort und eilte über die Straße.

Zwischen zwei Läden erblickte sie am Ende eines kurzen Gangs, der vom zweiten Stockwerk der darüber gelegenen Räumlichkeiten überdacht war und sich wie ein Tunnel verengte, einen Eingang. Von der Straße aus konnte man am Ende des Tunnels deutlich eine Tür erkennen, denn sie war knallgelb gestrichen. Merkwürdig, daß ihr diese Tür zuvor nie aufgefallen war, wenn sie diesen Weg gegangen war. Sie überquerte die Straße.

Auf der anderen Seite angelangt, lief sie den Tunnel hinunter, wobei ihre Schritte laut in ihren Ohren hallten. Und dort an der Tür befand sich, an dem Riegel des Briefkastens befestigt, ein Stück weißer Pappe mit seinem Namen darauf. Sie griff nach dem Klopfer und schlug ihn dreimal kräftig gegen die Tür.

Abgesehen von der Straße hinter ihr und der Tür vor ihr war der kleine Gang eine Art Sackgasse. Nirgends gab es eine Öffnung. Was die Räumlichkeiten hinter der Tür anging, so konnte man sich über Größe und Ausmaß oder überhaupt irgend etwas keinerlei Vorstellung machen, solange die Tür geschlossen war.

Sie kicherte. Die Tür glich einer dieser rätselhaften Türen in Baumstämmen, von denen sie als Kind in Märchen und eigenen Phantasievorstellungen bezaubert worden war. Ob diese Tür wohl ebenfalls, wie die Märchentüren, in Räume unmöglicher Weite führte, oder befand sich dahinter ein enges und winziges Zimmer?

Während sie überlegte, wie es hinter dieser scheinbar so rätselhaft versiegelten Tür wohl aussehen mochte, bemerkte sie, daß es, genau wie in einem Märchen, doch eine Öffnung gab. Der Briefkasten hatte seinen Verschluß oder Deckel verloren, und er klaffte auf, ein offenes Loch im Holz, das sie an eine schlafende Puppe erinnerte, deren Augäpfel in den Kopf gebohrt worden waren und so einen Anschein von Ausdruckslosigkeit und Leere entstehen ließen.

Unvermittelt ging sie in die Knie und spähte durch den Schlitz.

Zuerst konnte sie drinnen nur Teile von Gegenständen sehen, aber durch Bewegen ihres Kopfes konnte sie die Sachen genau erkennen: ein unfertiges Gemälde vor einer bekleckten, weißen Täfelung, eine Luftpumpe auf dem Boden, ein Tischbein, schwarze Bettpfosten aus Eisen und, zu ihrer Belustigung, ein Paar langgezogener grauer Wollsocken, die am Tischbein baumelten und deren herabtropfende Feuchtigkeit auf dem Boden eine Pfütze bildete. Natürlich war es nur möglich, den unteren Abschnitt des Raumes zu sehen, aber das schien auszureichen, um endgültig zu folgern, daß es sich in der Tat um ein kleines Zimmer in einem Baum handelte, nicht größer als der Umfang des äußeren Stammes. Aber das war alles – es führte nirgends hin.

Die Täfelung war nur an einer einzigen Stelle unterbrochen, und zwar dort, wo eine Tür bis zum Boden reichte, aber sie war so schmal und aus grob zusammengehämmerten Brettern, daß sie dahinter einen Wandschrank vermutete. Und dann, als sie sich langsam bewegte, erblickte sie etwas anderes, ein verzweigtes Stück von dünnen Drahtspeichen. Es dauerte eine Sekunde, ehe sie verstand, daß es das Rad eines Fahrrads war.

Ein Fahrrad wohnt also auch hier in diesem kleinen Raum im Baumstamm.

Ach, der arme junge Mann, der arme Maler, der arme Ausländer, der so unbeholfen bei der Suche nach einer guten Unterkunft in einer fremden Stadt gewesen war. Er tat ihr aufrichtig leid.

Genau in diesem Augenblick öffnete sich die Brettertür – es konnte also doch kein Wandschrank gewesen sein – in den Raum, und mit einem Mal starrte sie auf zwei Füße. Es waren große Füße, und sie steckten in ungeschnürten Schuhen, und sie waren bis zu den weißen Knöcheln nackt. Ja natürlich, dachte sie aufgeregt, um ihre Gedanken zu sammeln, die Socken waren schließlich gewaschen worden. Aber ihre Kraft, klar zu denken, währte nur einen kurzen Moment. Sie sprang auf.

»Wer ist da?« fragte eine Stimme. »Hat jemand geklopft?«

Es war die Stimme des Mannes aus dem Café. Aber wo sollte sie eine Stimme finden, mit der sie antworten konnte? Und was sollte sie sagen, wer sie war? Wer war sie denn für diesen Fremden?

Und falls er die Tür öffnete, was dann? Alle Gedanken und Worte, die sie wie ein Wind diesen Tunnel hinuntergetrieben hatten, flauten plötzlich ab, und sie stand dort, entsetzt über das, was sie ihr eingehandelt hatten.

»Wer ist da?« drang die beunruhigte Stimme von drinnen heraus.

Als sie auf diese weißen Füße starrte, die in den ungeschnürten Schuhen steckten, spürte sie, daß sie auf der Stelle tot umfallen würde, wenn sie sich auch nur das kleinste Stück bewegten. Sie drehte sich um.

Vor ihr befand sich hell, leuchtend und klar, wie am Ende eines starken Teleskops, die Straße. Ohne sich darum zu kümmern, ob ihre Schritte, die dröhnten und hallten, als ob sie durch ein riesiges Abflußrohr lief, gehört wurden, lief sie, bis sie die Straße erreichte, und lief sogar dann noch und stieß überraschte Fußgänger an und stieß sich ihre Knöchel an den Rädern von Handkarren und Kinderwagen. Erst als sie wieder zu der Straßenkreuzung gelangte, hielt sie an, da sie in dem Spiegel des Pubs wieder ihr vertrautes Gesicht erblickte. Dieses Gesicht beruhigte sie. Wie absurd anzunehmen, daß irgend jemand dieser Frau mittleren Alters mit böser Absicht folgen sollte.

Aber angenommen, er wäre zu dem Zeitpunkt ihres Klopfens in dem vorderen Zimmer gewesen. Was wäre passiert, wenn er die Tür geöffnet hätte? Was hätte sie gesagt? Ihr schoß das Blut in die Wangen. Die einzig wahren Worte, die sie über die Lippen hätte bringen können, waren jene, die sich ihr im Café in den Kopf gegraben hatten, jene Worte, die Maudie ihr in den Mund gelegt hatte.

»Ich bin einsam.« Das war alles, was sie hätte sagen können. »Ich bin einsam. Und Sie?«

Bei diesem Eingeständnis überkam sie eine tiefe Scham, und schuldbewußt setzte sie schnell ihren Weg in Richtung Grafton Street fort. Wenn sie jemand gesehen hatte, dort in diesem dunklen Durchgang! Wenn irgend jemand in ihren Kopf, in ihr Herz hätte schauen können!

Andererseits – war es so unnatürlich? War es so schwer zu verstehen? So unverzeihlich?

Als sie an der offenen Tür der Karmeliterkirche vorbeikam, hielt sie an. Konnte sie sich ihres Schamgefühls in der Dunkelheit des Beichtstuhls entledigen? In den sündengewöhnten Ohren der weisen, alten Väter wäre ihre Geschichte unbedeutend, eine langweilige Erzählung von langweiligen Skrupeln. Gab es denn niemanden, niemanden, der sie verstehen würde?

Sie hatte die Grafton Street wieder erreicht und trat in das dichte Gedränge. Sie hatte die Straße erst vor wenigen Minuten verlassen, aber inzwischen hatte die Dunkelheit eingesetzt. Nur das geschäftige Treiben der Leute und der rege Verkehr ließen es so aussehen, als sei es noch Tag. Ganz oben auf dem Green, in das sie einbog, dämpfte der Dunst in der Dämmerung Zweig für Zweig die Umrisse des Gebüschs.

Nur die Baumwipfel hoben sich noch deutlich gegen den Abendhimmel ab. Wenn man jetzt eine Hand durch den Zaun steckte, würde man mit den Fingern leicht erschrocken die kleinen Zweige berühren, gleich kleinen Knochen unter dem Gefieder des Dunstes. Es war die Tageszeit, zu der sie Richard immer getroffen hatte.

Ach Richard, seufzte sie laut, als sie in Richtung des geparkten Autos ging. Ach Richard, dich will ich.

Und während sie seufzte, tauchte er im Geiste plötzlich vor ihr auf, wie sie ihn so häufig gesehen hatte, wenn er auf sie zukam, groß, attraktiv und mit seiner sonderbar distanziert wirkenden Art. Er hielt seinen Hut in der Hand, die er seitlich herabhängen ließ, wie man an einem Sommertag eine Hand von einer Bootseite herab durch das Wasser schleifen lassen würde. Sie wollte diese Vorstellung von ihm für immer in einem Bild bewahren, und erst als sie sich gewaltsam daran festzuhalten versuchte, wurde ihr bewußt, daß diese Suche keine Eile hatte. Sie spürte, daß sie alle Zeit der Welt hatte, um ihn anzusehen und anzusehen und anzusehen. Ganz genau so war er immer auf sie zugekommen – den alten Filzhut träge hinter sich herschleifend, froh, den Tag hinter sich zu haben; und wenn sie sich näher kamen, hatte sie stets so eine Freude beim Anblick seines ernsten Gesichts verspürt, in dessen Zügen so viel Zufriedenheit lag. Zum ersten Mal in den zwei Jahren, die seit seinem Tod vergangen waren, hatte sie sich ihn vorstellen können.

Erst als sie den Autoschlüssel herausgeholt hatte und direkt zur Fahrerseite – und nicht, wie so häufig, zum Beifahrersitz – herumgegangen war, erst da wurde ihr bewußt, was sie erreicht hatte. Dennoch hatte sie im Grunde nur ihre Rechte zurückgewonnen. Nicht mehr. Es war nichts, was Anlaß zu Verwunderung geben konnte. Aber wodurch genau hatte sie sie in diesem kleinen Café zurückgewonnen? Das war das Wunder.

Eine Geschichte mit Muster

Der Tisch wurde mit nassen blauen Ringen überzogen, als Gläser unachtsam abgestellt wurden. Die Aschenbecher quollen mit feiner, weißer Asche über, die bei jedem Windzug, der durch die weit geöffneten Fenster kam, sacht über das glatte Mahagoni geweht wurde, was allerdings nicht häufig der Fall war, denn der Nachmittag war ruhig, und der Raum war heiß und voll.

Der erste Lärm der Party hatte sich gelegt, und hier und da hatten sich Gruppen von Leuten gemeinsamen Interesses von der Menge abgesondert, standen zusammen und sprachen leise miteinander.

Durch den Raum kam die Gastgeberin auf mich zu, und der Mann mittleren Alters, den sie am Ellenbogen führte, blickte mich kühn an.

»Hier ist jemand, der unbedingt deine Bekanntschaft machen möchte!« sagte meine Gastgeberin, und als dann jemand aus dem anderen Ende des Raumes nach ihr rief, drückte sie meinen Arm, entschuldigte sich und eilte davon, ohne den Versuch zu unternehmen, mich mit dem Mann bekannt zu machen, der seinerseits offenbar mich bereits irgendwie kannte.

Ich konnte nur darauf warten, daß er etwas sagte.

»Guten Tag!« sagte er, und er streckte seine Hand aus und schüttelte meine herzlich. »Ich freue mich, Sie kennenzulernen! Ich habe einige Ihrer Geschichten gelesen, und ich möchte Ihnen mitteilen, was ich von ihnen halte. Sie haben Talent! Wußten Sie das? Sie sollten weiterschreiben. Ernsthaft weiterschreiben, meine ich! Opfern Sie dafür Ihre Zeit!« Er hielt inne. »Man kann viel Geld damit verdienen. Wußten Sie das?« Dann senkte er seine Stimme. »Nicht jeder kann schreiben, wissen Sie. Nicht jeder hat die Zeit! Nicht jeder hat die Bildung!«

Und an Ort und Stelle schilderte mein neuer Bekannter mir seine Meinungen über Bücher und Schriftsteller im allgemeinen. Von beiden hatte er eine hohe Meinung, aber obgleich er eine Menge der ersteren gelesen hatte, war er bis zu diesem Augenblick niemals einem der letzteren begegnet.

Und während er sprach, versuchte ich mir ein Bild von ihm zu machen. Offensichtlich war er einer jener Männer, in denen sich eine Wißbegierde erst entwickelt hatte, als es zu spät für eine Ausbildung war, die den Wissensdurst stillen konnte; als er bereits in irgendeinen Beruf oder irgendein Gewerbe eingetreten war, das ihn unwiderruflich von jeglicher Aussicht auf ein Beheben seiner Mängel abschnitt. Hin und wieder allerdings legte er ein überraschend treffendes Vokabular an den Tag, korrekt und passend eingesetzt, aber vermutlich hatte er es durch Zuhören aus zweiter Hand erworben.

Ehe der Mann drei Worte gesagt hatte, wußte ich, daß er ungebildet war, aber ehe er ein Dutzend gesagt hatte, wußte ich, daß es für ihn selbst – und für andere auch – einen großen Verlust bedeutete, daß das so war, denn sein Geist war aufgeweckt und flink und neugierig im besten Sinne des Wortes. Inzwischen war die Sache jedoch nicht mehr zu retten. Er hatte alle Fehler, die zu erwarten waren. Er war dogmatisch, wo er bescheiden, unverblümt, wo er feinfühlig hätte sein müssen, und vor allem gab er selbstüberzeugt noch nicht dagewesene Meinungen von sich, die unglücklicherweise nur für ihn noch nicht dagewesen waren, da sie in einem langsamen Gedankenprozeß entwickelt waren, die aber für Menschen, die von dem Wissensdepositorium der Welt Gebrauch zu machen wissen, alltäglich sind. Männer wie er verschwenden Unmengen geistiger Energie auf die Klärung einfacher Probleme, die vor langer Zeit von anderen gelöst worden sind, und außerdem verschwenden sie auch kostbare Zeit, so daß das mittlere Lebensalter sie nach Jahren des Forschens und des Fleißes oftmals in einem Zustand geistiger Unmündigkeit vorfindet, über die ein gescheiter

Schuljunge zu Recht nur lachen könnte. Aber eins muß man ihnen zugute halten: Wenn das Alter kommt, findet es sie noch immer lebhaft, noch immer leidenschaftlich, noch immer ihre Energien in Anspruch nehmend vor, und den Tod betrachten sie höchstens als ein weiteres in Angriff zu nehmendes Problem, und auch diesem Problem gegenüber können sie sich aufgeschlossen zeigen, unbeirrt durch die altbackenen Meinungen, die falschen Ergebnisse und die erfolglosen Untersuchungen anderer.

Vielleicht lohnte es sich doch, seine Meinung zu hören.

»Welche Geschichten haben Ihnen denn am besten gefallen?« fragte ich.

Er sah mich an. »Erlauben Sie mal«, sagte er, »habe ich behauptet, daß sie mir gefallen haben? Ich meine, sie sind in einem guten Stil geschrieben, und ich meine, daß Sie die Leute darin lebendig werden lassen, aber ich meine nicht gesagt zu haben, daß sie mir gefallen.«

Das war, wie Sie zugeben werden, verwirrend.

»Ja«, sagte mein Freund. »Ihre Geschichten haben eine Menge guter Qualitäten, aber ich kann nicht gerade sagen, daß mir irgendwelche davon gefallen hätten.« Während er das wiederholte, sah er mich mit einem leicht zur Seite geneigten Kopf an, als ob er in dieser Haltung meine Reaktion auf seine Worte besser beurteilen könne. Und dann – meine Verdutztheit war ihm offensichtlich nicht entgangen – streckte er seine Hände aus, legte sie mir an die Schultern und drückte mich zusammen wie eine Ziehharmonika. »Seien Sie nicht beleidigt«, sagte er. »Vergessen Sie nicht, daß ich von der Sache überhaupt keine Ahnung habe. Vielleicht liegen Sie richtig; was weiß ich. Ich kann nicht mehr tun, als Sie meine Meinung wissen zu lassen, das heißt, Ihnen zu sagen, was ich denke. Und was ich denke – wenn ich das so geradeheraus sagen darf – ist, daß Ihre Geschichten in ihrer jetzigen Form, so gut sie auch sein mögen, niemals einen Mann ansprechen werden. Sie mögen Frauen ansprechen. Aber sie werden nie Männer ansprechen. Ein Mann würde nur ein oder zwei Seiten Ihres Werks lesen und es dann zur Seite legen. Denn«, er stockte, »denn ein Mann wünscht sich etwas mit ein bißchen Substanz drin, wissen Sie, was ich meine? Ein Mann wünscht sich etwas ein wenig Dickeres, falls Sie das verstehen.«

Und er knipste sorgfältig ein Stück der rauchigen, uns umgebenden Luft ab und hielt es zwischen Zeigefinger und Daumen, um mir zu zeigen, wie dick sich Männer ihre Lektüre wünschten.

»Ihre Geschichten nun«, sagte er, »sind sehr dünn. Sie haben beinahe überhaupt keine Handlung.«

»Aber finden Sie nicht...«, begann ich einen Kernpunkt zu erklären, aber er fegte meinen unvollendeten Satz zusammen mit einer lästigen Schmeißfliege, die in diesem Moment zu uns gekommen war, beiseite.

»Und die Enden«, sagte er. »Ihre Enden sind sehr schlecht. Es sind überhaupt keine richtigen Enden. Ihre Geschichten hören einfach in der Mitte auf! Was soll das, wenn ich fragen darf?«

Leider konnte ich mir ein überhebliches Lächeln nicht verkneifen.

»Das Leben selbst hat sehr wenig Handlung«, antwortete ich. »Das Leben selbst hat die Angewohnheit, in der Mitte aufzuhören.« Ich wußte, daß das nicht sehr deutlich war, aber seine Kritik war schließlich ziemlich beiläufig dahergekommen. Vielleicht hatte ich mich auch geärgert.

Er jedoch blieb sehr freundlich und ging bereitwillig auf mein Argument ein.

»Aber verstehen Sie denn nicht?« rief er aus. »Gerade weil das Leben so unbestimmt und wirr scheint, weil es zwecklos und chaotisch scheint, suchen Menschen Ablenkung in Büchern! Wir suchen Zuflucht in den Büchern, weil wir uns von ihnen die Entdeckung erhoffen, daß der Autor mit einem schärferen Blick als dem unseren in der Lage gewesen ist, aus der Fülle der Ereignisse, die auf uns eindrängen, zu selektieren und sie uns so darzubieten, daß klar wird, daß zwischen Ursache und Wirkung letztlich doch irgendein Zusammenhang besteht.« Er atmete tief ein. »Ohne Bücher wäre ich selbst schon seit langem verzweifelt! Aber statt dessen lese ich jeden Abend vor dem Lichtausmachen eine ganze Stunde. Und so«, und er lockerte seinen Griff, mit dem er meine Arme noch immer umfaßt gehalten hatte, und breitete seine Hände wie große, flache, schützende Flügel weit zu beiden Seiten von mir aus, »und so kann ich Ihnen, wenn ich auch wenig über das Schreiben weiß, die Meinung eines einfachen Mannes zu Ihrem Werk geben. Und immerhin könnte ich Ihnen einige nützliche Informationen geben!« Einen Moment lang hielt er inne. »Übrigens«, sagte er rasch, »würde es Ihnen etwas ausmachen, mir zu sagen – ich frage allerdings nicht aus Neugier, und ich möchte auch durchaus nicht unverschämt sein –, aber ich wüßte gerne, ob Sie mit Ihren Geschichten viel Geld verdienen?«

»Nun ja«, begann ich langsam, um Zeit zu gewinnen und eine passende Antwort auf seine Frage zu finden. »Nun, Sie werden verstehen ...«, begann ich.

Aber er unterbrach mich erneut. »Nichts verstehe ich«, sagte er unvermittelt. »Erzählen Sie mir nicht, daß Sie sich nicht dafür interessieren, ob sich Ihr Werk verkauft oder nicht, denn das ist Quatsch, mit Verlaub gesagt! Nur ein Spinner würde so etwas sagen. Verzeihen Sie den Ausdruck, aber selbst ein Dummkopf würde Ihnen eine Abfuhr erteilen, wenn Sie ihm das sagen würden. Wieso schreiben Sie Geschichten, wenn es Ihnen gleich ist, ob sie gelesen werden oder nicht? Und wie können sie gelesen werden, wenn sie nicht gekauft werden? Seien Sie vernünftig in dieser Sache! Geben Sie zu, daß Sie möchten, daß sich Ihre Geschichten verkaufen. Und wie gesagt, wenn Sie meinen Rat beherzigen, klappt es vielleicht!«

»Was raten Sie mir denn?« fragte ich schließlich, zugegebenermaßen ziemlich unwirsch.

»Ich rate Ihnen, daß Sie Ihren Geschichten mehr Format verleihen, mehr Handlung, mehr Muster sozusagen!«

»Das hieße die Wirklichkeit zu verzerren!« erwiderte ich und wollte zu einer Erklärung ansetzen.

»Wieso sagen Sie das?« rief er und unterbrach mich. »Es mag Zeiten geben, in denen das Leben formlos scheint und in denen unsere Handlungen jeweils völlig zusammenhanglos wirken, aber dafür kommt es andererseits auch tausendfach vor, daß Ereignisse im Leben nicht nur überhaupt ein Muster aufzeigen, sondern sogar ein so deutliches und klar erkennbares Muster wie das Muster dieses Teppichs!«

Er sah nach unten, und mein Blick folgte dem seinen, um die strahlenden und sich wiederholenden Rundbilder auf der weichen Masse unter unseren Füßen zu betrachten.

»Ich glaube nicht, daß Sie mir eins dieser vielen tausend Ereignisse nennen könnten!« sagte ich.

»Wollen Sie mich etwa auf die Probe stellen?« fragte er.

»Wenn die Zeit dazu reicht«, sagte ich und sah mich um, aber bisher machte niemand Anstalten zu gehen.

»Die Zeit reicht dicke. Lassen Sie mich überlegen...« Und er überlegte.

»Ihnen fällt keins ein!« rief ich.

»Ach?« sagte er. »Wenn mir überhaupt irgend etwas Schwierigkeiten bereitet, ist es, eins der vielen Ereignisse auszuwählen, die sich mir derzeit bis zur Bewußtseinstrübung in den Kopf drängen.« Er überlegte weiter, und ich wollte gerade anfangen, über ihn zu lachen, als er aufblickte und sich räusperte.

»Wir machen das so«, begann er. »Ich erzähle Ihnen eine der Geschichten von meinem Vater, damit ich nicht zwischen meinen eigenen auszuwählen brauche.«

»Ihr Vater hat sie wohl in irgendeinem alten Buch gelesen?«

»O nein, das hat er nicht. Ich werde nicht mogeln. Dies ist eine wahre, echte Geschichte, und mein Vater hat sie oft erzählt. Sie handelt von einem Mann, der vor langer Zeit in derselben Stadt gelebt hat wie er. Sie haben gemeinsam die Schulbank gedrückt, und sie haben auch zusammen gespielt, an regnerischen Tagen zum Beispiel, selbst wenn Murty Lockhart eigentlich kaum zum Spielen in der Lage war. Aber das gehört alles schon zur Geschichte. Soll ich sie erzählen?«

Ich sagte, daß ich die Geschichte sehr gern hören wolle, allerdings ermunterte ich ihn hauptsächlich deswegen dazu, weil ich an seiner Erzählweise interessiert war. Denn seit er mit seinem weltmännischen Gebaren auf mich zugekommen war, hatte sich sowohl in seinem Verhalten als auch in seiner Stimme eine Änderung vollzogen, und selbst in seiner Ausdrucksweise. Bei seinen ersten Worten über Murty Lockhart verschwand das Gewicht, das er bis dahin auf jedes zweite Wort gelegt hatte, gänzlich, und statt dessen wurde er befangen und unsicher und begann mich nach jedem Satz fragend anzusehen. Und nachdem er eine Weile gesprochen hatte, bemerkte ich mit Interesse, daß es überhaupt nicht seine Stimme war, der ich lauschte, sondern die Stimme seines Vaters, die ihm diese Geschichte erzählt hatte. Sein Gedächtnis hatte nicht nur Ereignisse der Geschichte gespeichert, sondern auch genau die Worte, mit denen sie erzählt worden war, und genau die Stimme des Mannes, der die Ereignisse als erster aneinandergereiht hatte. Es war die Stimme eines bejahrten und leichtgläubigen Mannes, der mit einer Art entsetzten Schauderns wegen ihrer scheinbaren Tragweite eine unglaubliche Geschichte erzählt. Und beim Erzählen der Geschichte schien ihn der Name Murty Lockharts am meisten mit Ehrfurcht zu erfüllen, denn er sprach ihn stets mit einer leiseren Stimme aus als den Rest des Satzes.

»Wenn Murty Lockhart an das Wohnzimmerfenster seines Hauses trat und von dort aus die Straße beobachtete, sagten die Leute aus der Stadt, die gerade zufällig vorbeigingen, zueinander: ›Sieh dir mal den Teufel da oben an, wie er sich irgendeine neue Bosheit ausdenkt‹, oder: ›Für diesen Kerl ist nicht einmal die Hölle schlimm genug – schau nur, wie er uns mit seinen Blicken durchbohrt!‹

Damit wollten sie natürlich nichts anderes sagen, als daß drei Schillinge mehr als genug Miete für seine häßlichen, schlampig gebauten Häuser wären – erst recht aber die zehn oder elf Schillinge, die sie ihm tatsächlich zu zahlen hatten. Murty gehörte beinahe die ganze Stadt. Ich nehme auch an, daß er viel von dem Gerede über sich und seine Häuser mitbekommen hat, denn man weiß doch, wie Stimmen von den Straßen einer Kleinstadt durch die Fenster hineinschweben, nicht so wie in einer Stadt, wo sie durch den Krach der Straßenbahnen und Busse erstickt werden. O ja, er hat das ganze Gerede mitbekommen, darauf können Sie sich verlassen, aber es hat ihn nicht gekränkt, oder wenn doch, hat er sich niemals etwas anmerken lassen. Wahrscheinlich wußte er genausogut wie jeder andere, daß lautes Gerede besser ist als leises Geflüster und daß das, was gesagt wird, ohnehin selten so gemeint ist. Aber wie dem auch sei, ich muß Ihnen auch sagen, daß gerade er jemand war, der selten oder nie das sagte, was er meinte. Entweder versteckte sich hinter dem harten Wort der weiche Gedanke oder der harte Gedanke hinter dem weichen Wort. Keiner konnte je mit ihm umgehen oder wußte, wo er bei ihm dran war, seit er erwachsen war. Aber mein Vater sagte immer, daß man weit und breit im ganzen Land kein besseres Gemüt als Murty finden konnte, selbst wenn man ewig und drei Tage suchte. Aber als er älter wurde, entwickelte er sich irgendwie zu einem Griesgram, und selbst diejenigen, die am häufigsten mit ihm in seinem Hintergarten gespielt hatten, wandten sich wegen seiner Art von ihm ab, das heißt, alle bis auf meinen Vater. Aber mein Vater hatte im Unterschied zum Rest auch nie Mitleid mit ihm, nicht einmal, als er ein kleiner Steppke war, der am Fenster saß und die anderen Kinder draußen hin- und herrennen sah. Mein Vater hatte kein Mitleid mit ihm. Man könnte eher sagen, daß er irgendwie Angst vor ihm hatte, naja, vielleicht nicht gerade Angst, aber ein wenig ehrfürchtige Scheu vor ihm, wenn Sie so wollen. Und überdies hatte er nie das Gefühl verloren, das er all die folgenden

Jahre für ihn gehegt hatte, selbst als Murty so wohlhabend war, daß sich das Mitleid der Stadt in Neid verkehrte. O ja, und wie sich das Mitleid der Stadt mit voranschreitender Zeit in Neid verkehrte! Denn als die Leute älter wurden, maßen sie flinken Gliedern und roten Gesichtern weniger Bedeutung zu und meinten, daß Murty des Mitleids nicht bedurfte, wenn ihm die Hälfte der Stadt gehörte, unabhängig vom Zustand seiner Beine.

Übrigens, habe ich vergessen, Ihnen zu sagen, daß der arme Murty Klumpfüße hatte?

Ja, das habe ich vergessen, Ihnen zu sagen. War das nicht dumm von mir? Das ist ja das Wichtigste an der ganzen Geschichte, oder fast.

Ja, der arme Murty hatte tatsächlich seit seiner Geburt Klumpfüße. Darum konnte er auch nicht mit den anderen jungen Rabauken in der Stadt herumziehen, wissen Sie. Darum mußten sie in seinen Hintergarten kommen, wenn sie mit ihm spielen wollten. Selbst dann mußten sie immer gut aufpassen, daß sie irgend etwas spielten, was ruhig und leicht war, wie Fangen oder Verstecken. Sie konnten nicht einmal Hochfangen spielen. Falls sie es taten, oder wenn es nur das geringste Anzeichen von Rüpelei gab, zog Murtys Mutter hinter dem Fenster die Spitzengardinen zur Seite und klopfte gegen die Scheibe. Mit ihm zu spielen war kein großes Vergnügen, wie Sie sich vorstellen können, insbesondere für Kinder, die eben noch Nachrichten vom Burenkrieg gehört hatten, der zu der Zeit stattfand, und in ihre Schuhe schlüpften und hinausliefen, um Zulus zu spielen oder Straßengefechte auszutragen. Aber im Herzen sind Kinder gut, wie Sie zweifellos bemerkt haben, all ihrer zeitweiligen Widerspenstigkeit zum Trotz, und sehr oft hörten sie mit ihren Spielen auf, um hinüberzugehen und mit dem kleinen Murty zu spielen. Und falls irgendein neues Kind es wagte, etwas über seine Füße zu sagen, oder eigentlich über Füße überhaupt – Sie wissen, wie empfindlich Kinder sind –, war sofort ein anderes Kind zur Stelle, das ihm den Mund stopfte oder auch, wenn es sein mußte, einen Kinnhaken versetzte. Sie waren immer bereit, sich für den armen Jungen stark zu machen. Auch aus diesem Grund konnten sie hinterher nur schwer nachvollziehen, wie Murty so streng gegen sie sein konnte, als sie alle erwachsen waren – er und sie, nur weil er wegen ein bißchen Geld die Oberhand hatte. Wissen Sie, sein Vater hatte ihm ein bißchen hinterlassen, als er starb, ein bißchen mehr, als Murty oder irgend jemand anders erwartet hatte. Vermutlich dachte er, daß dieser arme Kerl es am nötigsten hatte, wegen seiner Füße. Jedenfalls bekam Murty das Geld und wartete nicht damit, es zu nutzen. Und er nutzte es so geschickt, daß es nicht lange dauerte, bis er es zu mehr gebracht hatte als alle anderen in der ganzen Stadt. Wenn mein Vater mir von ihm erzählte, habe ich mir oft überlegt, daß es ihm vielleicht einfach nicht gepaßt hatte, wie sich die Kinder immer stark gemacht hatten für ihn. Vielleicht verübelte er ihnen das. Aber vielleicht auch nicht. Ich weiß es nicht. Keiner weiß es.«

An dieser Stelle unterbrach der Erzähler plötzlich und sah mich an.

»Ich nehme an«, sagte er, »daß Sie die Geschichte hier aufhören lassen würden; mit einem Murty, der nicht weiß, warum er verbittert über die Stadt ist, und einer Stadt, die es auch nicht weiß. Aber meine Geschichte hört hier nicht auf. Das ist nicht einmal die Mitte. Warten Sie nur!«

Er lehnte sich gegen die Wand und fuhr fort.

»Ich fand es immer sonderbar, daß mein Vater nie Mitleid mit ihm hatte, finden Sie nicht auch? Er sagte immer, daß Murtys halb gelbliche Augen ihn faszinierten. Er sagte auch immer, daß er seine Füße letzten Endes gar nicht so schrecklich fand. Was bringt es schon, sagte er immer, wie Verrückte auf den Straßen herumzurennen, wie die anderen Kinder und er es immer getan hatten? Mein Vater hätte das Lesen dem Rennen jederzeit vorgezogen. Er hatte seine Nase immer in einem Buch oder einer Fourpenny Illustrated stekken. Seinem Vater ging das auf die Nerven. Sein Vater und seine Mutter scheuchten ihn gewöhnlich wie ein Huhn aus dem Haus. Insofern kann man also verstehen, daß mein Vater Murty in vielerlei Hinsicht als eine privilegierte Person betrachtete, da er den ganzen Tag sitzen und in einem Buch lesen konnte, ohne daß jemand ›tu dies‹ und ›tu das‹ zu ihm sagte.

Murty saß stets am Fenster, manchmal las er, manchmal kritzelte er, und manchmal saß er einfach da, und mein Vater beneidete ihn immer ein wenig, wenn er in irgendeinem Spiel, dem er sich nicht entziehen konnte und das die anderen Kinder gerade entworfen hatten, mit einem Stück Seil zwischen den Zähnen vorbeihecheln und so tun mußte, als sei er ein Präriepferd. Später, als sie alle ein wenig älter waren, war es mehr oder weniger dasselbe in Grün. Murty saß am Fenster, und mein Vater hetzte zu dem Spielfeld, das der Gemeindepriester außerhalb der Stadt für die jungen Männer angelegt hatte, und gewöhnlich sah er zu Murty hoch und winkte ihm, was so viel hieß wie: ›Schön für dich.‹ Wenn er einen Augenblick Zeit hatte, ging er zur Tür, um ihm ›hallo‹ zu sagen und einen Blick über seine Schulter in das Buch in seiner Hand zu werfen, und versprach, auf dem Rückweg noch einmal vorbeizuschauen, falls sich eine Gelegenheit dazu bot. Und wenn er dann den Weg hinunterlief und hinaus auf die Straße, drängten sich in seinem Kopf die Bilder, die er in Murtys Buch erhascht hatte, Bilder von Sternen und Planeten und Kometen und leuchtenden Meteoren.

Mein Vater hatte immer ein starkes Interesse am Himmel und den Sternen und solchen Sachen gehabt. Zu seiner Zeit war über Astronomie nicht so viel bekannt wie heute, und das, was bekannt war, konnte man nicht so einfach herausbekommen, indem man sich ein Sixpence-Taschenbuch besorgte, das kann ich Ihnen sagen. Nein wirklich, wenn man zu dieser Zeit überhaupt irgend etwas über irgend etwas herausbekommen wollte, mußte man sich durch verflixt viel Gedrucktes in verflixt vielen Bücher lesen; Bücher, die auch ein ordentliches Sümmchen kosteten und an die selbst damit nicht ohne weiteres heranzukommen war. Heutzutage kann man beinah alles auf ein paar Seiten in der Mitte einer Sonntagszeitung finden. Aber damals nicht. Ich wünschte mir häufig, er hätte lang genug gelebt, um zu sehen, wie leicht man inzwischen alles wissen kann, was es zu wissen gibt, denn er war ein Mann mit großer Achtung vor dem Wissen. Ich glaube, das schätzte er höher als alles andere. Nun werden Sie bestimmt verstehen, wieso er Murty irgendwie beneidete, mit seinen Klumpfüßen und so, und wieso er irgendeine Ehrfurcht vor ihm hatte, als sie beide älter wurden.

Wissen Sie was? Gerade ist mir etwas eingefallen, worauf ich bisher noch nie gekommen war, wenn ich mir die Sache durch den Kopf gehen ließ. Ich gehe jede Wette mit Ihnen ein, daß mein Vater meinte, daß Murty irgend etwas über das Jenseits entdecken würde. Glauben Sie, daß diese Vorstellung in seinem Kopf eine Rolle gespielt haben könnte? Denn mir fällt ein, daß ich ihn häufig habe sagen hören, daß man, wenn man nur lang genug nachdenkt, ohne jemals ein Buch aufzuschlagen, nach einer langen Zeit sagen können müßte, ob es einen Gott gibt oder nicht! Vielleicht meinte er, daß Murty durch sein ständiges Brüten und Denken zu irgendeinem ungewöhnlichen Wissen gelangen könne. Und vielleicht meinte er, daß Murty ihn, wenn es so wäre, an seinem Geheimnis teilhaben lassen würde. Glauben Sie, daß er an so etwas gedacht haben könnte? Aber wie dem auch sei, jedenfalls war er längst nicht so schockiert wie der Rest der Stadt, als ihm zu Ohren kam, was Murty passiert war, denn er hatte immer im Gefühl, daß Murty sich an die Mysterien der Welt immer näher heranschlich, mit jeder Stunde, die er am Fenster saß, seine sonderbar gelben Augen auf den Horizont geheftet, beziehungsweise auf das, was zwischen der Kirche gegenüber und der Ecke des Schuldachs davon zu sehen war. Aber natürlich hatte er im Leben nicht damit gerechnet, daß die Sache eine dermaßen schreckliche Wendung nehmen würde und daß außer Murty selbst noch jemand anderes mit hineingezogen werden würde. Er hätte wohl erst recht nicht gedacht, daß es Ursula Merrick sein sollte, die mit hineingezogen wurde, solch ein stilles, ernstes Mädchen mit glatten, strohblonden Haaren und tiefen, blauen Augen. Wenn es eine dunkelhaarige Frau gewesen wäre; aber Ursula hatte überhaupt nichts Dunkles an sich. Sie wirkte fröhlicher als die meisten Leute, und auch zufriedener, auch wenn ihre Zufriedenheit tiefgründiger und unwandelbarer zu sein schien als die anderer Leute. Die Arme! Der Herr erbarme sich ihrer Seele! Ein Jahr nach der Hochzeit mit Murty starb sie.«

Er hielt inne. »Erzähle ich schlecht?« fragte er und blickte mich unsicher an. »War es nicht eine aberwitzige Idee von mir, einer professionellen Erzählerin eine Geschichte erzählen zu wollen?«

»Denken Sie an meine schlechten Enden«, sagte ich.

»Ach was, nicht schlecht«, erwiderte er, »bloß schwach. Wie auch immer, in dieser Geschichte spielt die Erzählweise keine Rolle, nur die Geschichte an sich. Sie müssen nur wissen, was passiert ist, und es spielt keine Rolle, wie Sie es hören. Ich möchte Ihnen damit nur zeigen, daß nicht alles im Leben immer so unbestimmt und sinnlos ist, wie Sie uns in Ihren Geschichten weismachen wollen. Soll ich weitererzählen?«

»Ja, natürlich.«

»Ich war dabei, Ihnen zu erzählen, wie Ursula Merrick in die Sache hineingezogen wurde, nicht? Nun, zuerst hätte ich Ihnen wohl erzählen sollen, daß Murty mit der Zeit so raffiniert geworden war, daß es, nachdem der Vater gestorben war und ihm ein paar hundert Pfund hinterlassen hatte, kaum ein halbes Jahr dauerte, bis er die Summe verdoppelt hatte. Er kaufte eine alte, baufällige Bruchbude auf der anderen Straßenseite und baute sie zu einem schönen, neuen Geschäft aus, das er an einen Metzger vermietete, oder vielleicht war es auch ein Bäcker, das habe ich vergessen, der aus Kinnegad in die Stadt gekommen war. Es war billig errichtet worden, aber es hatte eine schöne, protzige Fassade, und der

Platz hätte besser nicht sein können, in einer Hauptstraße von Dublin, und der Mann, der es mietete, war willens und bereit, Murty eine beliebige Summe dafür zu bezahlen! Der verlangte genug, um sich den Kauf eines weiteren verfallenen Hauses ein Stück weiter unten in derselben Straße erlauben zu können, das er ebenfalls abriß und durch ein weiteres feinfassadiges Geschäft ersetzte. Das zweite vermietete er an einen Apotheker.

Sämtliche Spekulationen tätigte er, das kann ich Ihnen sagen, ohne auch nur einen Fuß vor seine eigene Haustür zu setzen. Er rechnete alles auf Papier aus und setzte dann ein paar Männer auf den Auftrag an. Nach dem Bau des zweiten Geschäfts begannen ihn die Leute weniger mitleidig anzusehen, wenn er drinnen an der Fensterscheibe saß. Und als ihm nach wenigen Jahren ein ganzer Häuserblock gehörte, drei weitere Geschäfte und auch ein Gut außerhalb der Stadt, da gab es kaum noch jemanden, der sich überhaupt an seine Klumpfüße erinnerte. Murty schien es beinah selbst vergessen zu haben, nach seinen Unternehmungen zu urteilen. Er begann, hierhin und dorthin zu gehen, wobei er sich stets so leicht auf seinen Stock stützte, als ob er ihn nur zur Schau trug. Ein jeder sah zu ihm auf, wenn auch ebenso aus Furcht wie aus Respekt, denn inzwischen hatte er in den Angelegenheiten eines jeden seine Finger im Spiel, und wenn ihm nicht das Haus gehörte, in dem eine Person wohnte, so gehörte ihm der Boden darunter, oder er hatte sonst irgendeinen Einfluß darauf. So können Sie verstehen, daß die Leute zwar ein wenig überrascht, aber nicht völlig verwundert waren, als sie merkten, daß er Ursula Merrick den Hof machte. Eigentlich – Sie wissen, wie das in Kleinstädten so ist – hatten sie sich inzwischen sogar so an ihn gewöhnt, und auch daran, daß man wegen seines Geldes zu ihm aufsah, daß die meisten Leute fanden, die Frau mache eine gute Partie. Und an dem Abend, als sie von ihren Heiratsplänen hörten, dachte niemand auch nur einmal an seine Füße, sondern sie gingen umher und sagten zueinander, was für ein Glückspilz die Frau doch war. Vielleicht erschauderte hier und da eine junge Person, aber das war auch alles, und als sie sich an den Gedanken gewöhnt hatten, meinten sie, daß Ursula ihr Schäfchen gut ins trockene gebracht habe und daß sie über die anderen Frauen bestimmt nur lachen könne, die junge Verkäufer und Mechaniker geheiratet hatten, die keinen roten Heller besaßen, während sie in ihrem Auto herumfahren und jeden, der zu Besuch kam, zum Essen einladen würde.

Aber als Ursula und Murty ein paar Monate verheiratet waren und es kein Anzeichen von einem Auto gab, und kein Anzeichen von Einladungen zum Essen, noch irgendwelche anderen Anzeichen für die Tatsache, daß sie wohlhabender war als zuvor, setzte das Gerede ein. Eine alte Frau nach der anderen begann zu behaupten, daß er zu ihr genauso geizig und gemein sei wie zu allen anderen und daß sie ihre Entscheidung bereue und daß sie sowieso nicht das Recht gehabt habe, einen Mann wie ihn zu heiraten. Jedes bißchen Skandal, das in ihre Köpfe kam, war eine Minute später auf ihren Zungen. Die Gerüchte flogen derart umher, daß ihr jedesmal, sobald sie einen Fuß vor die Tür setzte, ein ganzer Schwarm davon hinterherflog. Und ob Sie es glauben oder nicht, im Nu wandte sich die Stadt gegen sie, und die Leute begannen zu sagen, daß sie ihre verdiente Strafe dafür bekam, daß sie einen armen Krüppel geheiratet hatte, nur um an das bißchen Geld heranzukommen, das er besaß! Keinen Augenblick dachten sie, daß sie ihn aus einem anderen Grund geheiratet hatte, und wahrscheinlich wäre es ganz gleich gewesen, was sie dachten, diese alten Giftzwerge, wenn Murty nicht selber angefangen hätte, sich über sein Glück mit ihr zu wundern, wenn er abends nach Hause kam und sie über den Tisch hinweg anblickte: ihr schönes Gesicht und ihr schönes, strohblondes Haar, das von dem Schein der Kerze erleuchtet wurde. Sie muß wirklich attraktiv gewesen sein nach allem, was man hört, und selbst der prächtigste, schicklichste und wohlhabendste Mann der Grafschaft hätte sich wahrscheinlich über sein Glück gewundert, wenn er sie gewonnen hätte, von einem armen Tropf wie ihm mit plumpen Füßen und Schuhen, die eigens für ihn in London angefertigt werden mußten, ganz zu schweigen!

Bald wähnte Murty, daß irgendwo an ihrer Verbindung ein Haken sein mußte, und kaum hatte er das gedacht, war er auch schon fest entschlossen, ihn zu aufzuspüren und wenn möglich aus der Welt zu schaffen. Es war komisch, wie argwöhnisch er zunächst wurde; komisch, meine ich, wie eine kleine Sache so viel mit sich ziehen kann, wenn man sie nicht in Frieden läßt. Murty wurde argwöhnisch, als Ursula sich keinen Pelzmantel bestellte und auch nichts von der Anschaffung eines Autos hören wollte. Ihm fiel auch auf, daß sie sich wenig aus den Schmuckstücken und aus den kleinen Aufmerksamkeiten machte, die er ihr mitbrachte, wenn er gelegentlich für ein paar Stunden in eine andere Stadt mußte. Selbst die Angestellten im Haus gaben ihrer Verwunderung darüber Ausdruck, daß sie die Sachen herumliegen ließ, als besäßen sie für sie kaum einen höheren Wert als Müll. Wenn er ihr sie überreichte, lächele sie immer, sagten die Hausangestellten, und bedanke sich sehr herzlich, aber aller Wahrscheinlichkeit nach ging sie wenige Minuten später aus dem Zimmer und ließ sie herumliegen, wo jeder, der wollte, sie einstecken und sich damit davonmachen konnte! Sie machte den Eindruck, wenn Sie verstehen, was ich meine, als ob es ihr ganz gleich war, ob sie gestohlen wurden oder nicht; auch gute Sachen, wissen Sie, Broschen und kleine Pelzumhänge und teures Porzellan. Anfangs lachte Murty noch und befahl den Angestellten, sie an einen sicheren Ort zu legen, bis sie sie eines Tages vermissen würde. Aber so gut wie nie fielen sie Ursula wieder ein. Und nach einer Weile wurde Murty unsicher.

Verstehen Sie, wie alle anderen glaubte auch Murty, daß Ursula ihn um seines Geldes willen geheiratet hatte und daß sie um so glücklicher sein müsse, je mehr er sie davon sehen ließ, und um so weniger traurig darüber, daß er sie nicht zu

Tanzveranstaltungen oder Partys ausführen konnte, wie es in seiner Vorstellung bei anderen jung verheirateten Paaren der Fall war. Als er sie überhaupt zum ersten Mal sah, setzte er sich in den Kopf, sie zu bekommen, und da er inzwischen daran gewöhnt war, sich alles kaufen zu können, was ihm gefiel, meinte er, auch sie kaufen zu können. Er war über beide Ohren verliebt in sie, und obwohl er sie bald darauf kennenlernte, denke ich mir, daß er hin und wieder Zweifel daran gehabt haben muß, ob er sie so leicht bekommen könne wie gedacht. Als sie schließlich in die Heirat einwilligte, kam ihm jedoch nie der Gedanke, daß das aus irgendeinem anderen Grund als wegen seines Geldes geschehen war.

Nun, das Komische an der Sache ist, daß Murty überhaupt nichts Anstößiges daran gefunden hätte, wenn sie ihn wegen seines Geldes geheiratet hätte. Bei einem jedem war er so stolz wie der Teufel, aber bei Ursula war er so demütig, wie er nur sein konnte. Er glaubte, ihr niemals genug kaufen zu können, um sie vor dem Bedauern ihrer Entscheidung zu bewahren. Aber als er bemerkte, daß sie bei Regenwetter lieber lief, als mit einem Auto zu fahren, und daß sie lieber ein Stück Samtband um ihren Hals trug als eine Perlenkette, begann er, sich Sorgen zu machen. Als er also allmählich bezweifelte, daß er sie mit seinem Geld bekommen hatte, fingen die Schwierigkeiten erst richtig an, genau andersherum, als die alten Lästermäuler in der Stadt dachten, wie so häufig. Murty begann über die ganze Sache nachzudenken, und er suchte angestrengt nach einem anderen Grund, weshalb sie ihn hätte heiraten sollen, und außer Geld und Liebe gibt es nicht viele Gründe, wie Sie zugeben werden. Sie hatte ihn nicht wegen seines Geldes geheiratet, das machte sie ziemlich deutlich, und er gestattete sich niemals, zu keinem Zeitpunkt, anzunehmen, daß Ursula irgendeine Liebe für ihn empfand. Es war ein Jammer, daß er nicht die geringste Spur Selbstwertgefühl besaß. In dem Fall hätten die Dinge vielleicht eine andere Wendung genommen. In dem Fall hätte er vielleicht rechtzeitig herausgefunden, was er zu spät erfuhr, nämlich daß Ursula Merrick merkwürdigerweise schon vor der Hochzeit in ihn verliebt gewesen war, und nicht nur das, sondern daß sie nach ihrer Hochzeit sozusagen tragisch verliebt war. Ich sage tragisch, weil sie einer jener Menschen war, die nur schwer mit ihren Gefühlen umgehen können und sich nicht trauen, sie anderen zu zeigen. Und ich würde auch tragisch sagen angesichts dessen, was am Ende passierte.

Gäbe es kein tragisches Ende, würde ich Ihnen die Geschichte wahrscheinlich überhaupt nicht erzählen, denn ich habe bisher noch nie eine glückliche Liebesgeschichte gehört, die den Atem zum Erzählen lohnte. Nur wenn alles andere drumherum dunkel und bitter ist, kann sich das herrliche Feuer einer Liebe wie der ihren gegen die Dunkelheit abzeichnen. Trotzdem habe ich häufig gedacht, wenn mein Vater mir von ihnen erzählte, wie jammerschade es war, daß Murty nicht einmal abends eine Kerze an den großen Spiegel über dem Kamin gehalten und sich sein Gesicht gut angesehen hatte, ohne sich Gedanken über den Rest zu machen. In dem Fall hätte er vielleicht erkannt, daß das jahrelange Studieren und Denken seinem Gesicht einen starken und strengen Ausdruck verliehen hatten, der ihn so nah an ein attraktives Äußeres heranbrachte, wie es die Natur ihm vergönnte. In dem Fall hätte er sich vielleicht einen Augenblick lang in Ursula hineinversetzen und einen Grund erkennen können, warum sie sich dazu entschieden hatte, ihr Leben Auge in Auge mit ihm zu verbringen, wenn ich das so sagen darf. Aber auch ohne überhaupt so weit zu gehen, hätte er Zeit finden können, sich zu überlegen, daß eine Frau wie Ursula für alles edle Gründe haben würde. Aber er dachte nicht nach. Er ließ einfach die Meinungen anderer Leute über ihre Ehe gelten, was nur zeigt, daß selbst ein Mann, der sein ganzes Leben lang nach Weisheit gestrebt hat, so weit wie irgendein Dummkopf von ihr abfallen kann, wenn er nur eine Minute lang nicht selbst nachdenkt und weniger gute Menschen für sich denken läßt. Und wenn er schon die Meinung anderer gelten lassen mußte – und selbst die gescheitesten von uns können dem manchmal nicht widerstehen –, war es mehr als schade, daß er sie nicht bei meinem Vater gesucht hat, denn ich glaube, daß mein Vater schneller als irgend jemand anders in der Welt erkannt hätte und ihm auch schneller gesagt hätte, daß Ursula Merrick genauso in ihren Mann verliebt war, wie ich Ihnen gesagt habe, und daß sie ihn ansonsten nicht geheiratet hätte.

Daß mein Vater immer irgendwie fasziniert von Murty war, sagte ich Ihnen doch schon, oder? Nun, vermutlich könnte man sagen, daß mein Vater selbst halb verliebt in ihn war, von Ursula ganz zu schweigen, denn Liebe ist eine merkwürdige Sache, selbst wenn man heute nicht mehr so allgemein darüber sprechen darf wie früher, weil die Leute sich für so aufgeklärt halten, daß sie das Gefühl haben, bei jedem Wort kichern und spötteln und es doppeldeutig verstehen zu müssen. Aber ich denke, daß ich es Ihnen gegenüber ruhig so formulieren darf und daß ich ohne Angst, mißverstanden zu werden, sagen kann, daß mein Vater sein ganzes Leben lang irgendwie in Murty verliebt war. Gerade er hätte Murty dann verstehen lassen können, wie sehr seine Frau ihn mochte und wie glücklich sie war, wenn sie mit ihm zusammen sein konnte, ohne größeres Tamtam in Form von Unternehmungen und Gästen.

Mein Vater hatte häufig beobachtet, wie sie, wenn Besuch da war, immer still wie eine Maus vom Bogen des Feuerscheins entfernt saß, den Kopf über eine Näharbeit gebeugt; und lediglich ihre weißen Hände in dem kleineren Bogen der Lampe auf dem Tisch neben ihr deutlich sichtbar. Murty hatte oft meinen Vater und einige andere zum Reden und Diskutieren im Haus, und manchmal las einer von ihnen eine Passage aus dem einen oder anderen Buch vor, das er in der Stadt bekommen hatte. Ursula saß dann den ganzen Abend schweigend da, und mein Vater dachte lange Zeit, daß sie mit einer Nadel, die so still war wie die aus Stahl in ihrer Hand, ihre eigenen Gedanken spann, ungeachtet dessen, was um sie herum gesprochen wurde, aber eines Abends fiel ihm auf, daß sie die Tür angelehnt ließ, als sie ins Eßzimmer ging, um als kleine Erfrischung für die Männer Karaffen auf ein Tablett zu stellen und ein paar Kekse fächerartig auf einem Teller zu verteilen. Und ein- oder zweimal konnte er sie zum Türpfosten kommen und eine Weile dort stehen sehen, und da wußte er, daß sie die ganze Zeit zuhörte und wahrscheinlich dem Stück Boden grollte, das sie auf ihrem Weg ins Eßzimmer überqueren mußte, da es sie von dem Gespräch fortführte und sie womöglich den Faden der Unterhaltung verlieren ließ.

Heutzutage können wir uns nur noch schwer vorstellen, wie komisch es zur Zeit meines Vaters für Frauen gewesen sein muß, wenn sie zufällig ausgesprochen intelligent waren und es ihnen nicht gelang, ihre intellektuelle Wißbegierde in häuslichen Sorgen zu ersticken. Hier und da gab es welche, das weiß ich, die sich einen Weg durch die Hindernisse bahnten und Bücher und Gedichte schrieben und dreist herumreisten wie Männer, aber das waren eher die Ausnahmen, und um die Wahrheit zu sagen, waren sie ohnehin eher Männer als Frauen. Aber die Stillen, die, die so waren wie Ursula, die, die geistig eher rezeptiv als kreativ waren, die waren wahrlich zu bedauern. Wahrscheinlich gingen sie mit einem Wissensdurst durchs Leben, den selbst die reichste Ernte persönlicher Erfahrungen nicht hätte stillen können. Wenn man die Geschichte von Ursula und Murty in einem weiten, alles umfassenden Bogen durchdenkt, sieht man sofort, was damals niemand gesehen hat, nämlich daß es für sie eine wunderbare Sache war, einem Mann wie Murty zu begegnen und ihn zu heiraten und stets im Radius seiner Weisheit und seines Wissens zu leben, in dem magischen Kreis seiner Gespräche, Tag und Nacht. Denn Ursula war eine von diesen nachdenklichen und lernbegierigen Frauen, die seltsame Sachen speicherten, die sie von Zeit zu Zeit hörten und die sie langsam, und auch nach langer Zeit noch, in ihr eigenes Leben woben. Wissen Sie, welche Art von Frau? Wenn sie und

Murty noch ein paar Jahre gehabt hätten und sie Vertrauen und Mut gewonnen hätte, offen mit ihm zu sprechen, hätte er vielleicht das Band erkannt, durch das sie ihm verbunden war. Aber obwohl sie eine dieser intelligenten Frauen war, die sich mit ihrer Intelligenz beinahe selbst im Wege stehen, hatte sie keine besondere Bildung außer der allgemeinen, wie man sie in einer ländlichen Klosterschule erhält, und selbst die war ihr kaum zugute gekommen, weil sie ihre eigenen Gedanken wahrscheinlich interessanter fand als alles, was mit Kreide an die Tafel geschrieben wurde. Auf der Suche nach den Antworten auf all ihre Fragen sah sie in ihren eigenen Kopf und verließ sich stärker auf ihr Gefühl als auf die Worte der rosagesichtigen Nonnen. Da die größten Denker aller Zeiten jedoch oftmals keinen Zugang zu einer tieferen Quelle des Wissens hatten als sie, ist es sehr gut möglich, daß sie mit Murty sehr viel besser über das Leben und den Tod und die Geheimnisse der Menschheit hätte reden können als sämtliche Freunde, die er zu diesem Zweck immer einlud: den Gemeindepriester, den Arzt, und hin und wieder meinen Vater, obwohl mein Vater – genau wie Ursula – in Philosophie nur ein Amateur war, und jemand, der mehr zuhörte als sprach.

Daß mein Vater mehr zuhörte als sprach, hatte denselben Grund, aus dem Ursula zuhörte und nie sprach: Keiner von beiden hätte seine Gedanken in klar gegliederte Sätze fassen können, und schon bei einem einzigen Fachbegriff hätte sich bei beiden ihre eigentliche Unkenntnis offenbaren können. Aber manchmal redeten sie miteinander, wissen Sie, und mein Vater erkannte, wie tiefgründig sie war – sogar tiefgründiger als Murty, hatte er manchmal das Gefühl –, wenn er ihren ungeordneten Worten lauschte und die Tiefe ihrer Augen sah. Er beobachtete sie auch in der Kirche. Er beobachtete sie heimlich von dem dunklen Ende der Kirchenbank aus, und er konnte an ihrem Gesicht erkennen, daß sie nicht betete, sondern ihre Gedanken zwang, tiefer und tiefer zu reisen, zu Orten des Mysteriums oder der Unkenntnis.

Dabei waren ihre Augen so weit aufgesperrt wie die einer Toten.

Nun, da Sie jetzt wissen, was für eine Sorte Frau sie war, können Sie wohl verstehen, wie wunderbar es für sie war, dazusitzen und Murty und seinen Freunden zuzuhören, die über Dinge redeten, von denen sie andere Frauen nie reden hörte – die ganze Zeit saß sie still über einer Näharbeit unter der Lampe und sagte kein Wort. Sie können sich vorstellen, wie sie sich gefühlt haben muß, wenn sie nachts in der Dunkelheit neben ihm lag und wußte, daß sein Kopf nicht so ziellos wie der einer Fledermaus gegen die Fenster und Wände ihres Hauses und die Dinge des Alltags klatschte, sondern daß er mit ihrem zusammen über dunkle, insellose Gedankenmeere hinausflog. Jeder mit einem Auge im Kopf, sagte mein Vater später immer, hätte sie nur anzusehen brauchen, um zu erkennen, daß sie mit dem kräftigsten und attraktivsten Mann im ganzen Land nicht glücklich wäre, wenn sein Geist nicht so scharfsinnig wäre wie Murtys, und daß sie wegen derselben Anschauungsweise mit Murty für immer und ewig so glücklich hätte sein können, wie sie es eine kurze Zeitlang trotz seiner Lähmung und Behinderung war! Aber das wurde erst zu spät erkannt, und hinterher konnte man ihm keinen anderen Gefallen tun, als die Erwähnung ihres Namens zu vermeiden – aus Sorge, Murty könne ihn hören und bei dem bloßen Klang in eine wahnhafte Trauer geraten.

Es war ein Wunder, daß er sich nie etwas antat in einem dieser Traueranfälle. Die Leute wurden immer nervös, wenn sie ihn allein umhergehen sahen, und die Angestellten fürchteten sich beinahe zu sehr, um mit ihm unter einem Dach zu schlafen. Aber mein Vater meinte, daß er, nachdem er sich in der Nacht, als das Kind geboren wurde, nicht umgebracht hatte, es danach wahrscheinlich auch nicht mehr tun würde. Mein Vater wußte, daß er sich niemals umbringen würde. Mein Vater, müssen Sie bedenken, betrachtete alles, was geschah, als das sonderbare Walten geheimnisvoller Kräfte, und er spürte, daß Murty Lockhart erst in dieser fürchterlichen Nacht zu leben begann, obwohl er sich sein Leben teuer erkauft hatte. Mein Vater spürte, daß Murty in jener Nacht zu einer Erkenntnis über Gottes rätselhaftes Walten gelangt war, nach der er während seiner ganzen Jugend geforscht hatte und die auch Ursula, das arme Mädchen, zaghaft zu ergründen versucht hatte. Selbstverständlich war mein Vater ein überzeugter Christ, und das erklärt die Wendung, die er der ganzen Sache beim Erzählen gab. Sie könnten es auch anders interpretieren und es als einen komischen Zufall bezeichnen, aber in jedem Fall werden Sie zugeben müssen, daß die Ereignisse ein Muster besaßen und daß sich der Kreis am Ende so perfekt schloß wie nur irgend möglich.

Aber ganz gleich, wie man die Sache sieht«, sagte mein Freund und nahm ein blaues Taschentuch aus Seide hervor, mit dem er sich über das Gesicht wischte, »es ist eine gute Geschichte. Aber ich wünschte, mein Vater hätte sie Ihnen erzählt. Ich habe sie bis jetzt schon mehr schlecht als recht erzählt, aber ich fürchte, am Ende wird alles drunter und drüber gehen, obwohl es der bemerkenswerteste Teil überhaupt ist. Nun, um fortzufahren –

Als Murty erst einmal argwöhnisch geworden war, kam er ganz aus dem Gleichgewicht und wurde dermaßen verbohrt, daß er nur noch einen einzigen Gedanken hatte, und das war der Gedanke, daß Ursula ihn aus einem anderen, ihm noch unbekannten Grund geheiratet hatte, und in gewisser Weise traf das natürlich auch zu, aber der Grund blieb ihm nicht wegen irgendeines Betrugs oder aus Unehrlichkeit verborgen, sondern wegen einer Mischung aus Würde und Bescheidenheit. Aus Gründen der Bescheidenheit hatte sie auch so lange gezögert, ihm zu erzählen, daß sie ein Kind erwartete. Sie erzählte es ihm erst, als sie bereits einige Monate schwanger war. Vielleicht wollte sie ihm die Wartezeit verkürzen, indem sie es so lange wie möglich für sich behielt. Wer weiß! Wie auch immer, das Drama hatte offenbar sein sollen, und sie erzählte ihm nicht rechtzeitig davon. Während sie ihre geheime Freude für ihn aufsparte, regte sich in seinem Herzen Mißtrauen ihr gegenüber, das täglich wuchs. Eines Tages dann machte sich eins der alten Weibsbilder der Stadt nützlich und war so gut, Murty ein paar freundliche Ratschläge zu geben, wie er mit seiner Frau umgehen solle, solange sie in anderen Umständen war. Das waren genau die Worte, die die alte Hexe gebrauchte, und Murty, ein Mann, dem Unterhaltungen mit Frauen nicht gerade lagen, hatte keine Ahnung, wovon sie sprach. Sie können sich vorstellen, wie er fragte: ›Was für Umstände?‹, dann plötzlich stehenblieb und sich daran erinnerte, daß die meisten langen Worte von Frauen vom Typ dieser Alten nur eine Bedeutung hatten. Sie können sich vorstellen, wie er begriff, was sie sagen wollte, und auch wie er begriff, daß er in der ganzen Stadt zum allgemeinen Gespött würde, wenn sie fortging und die Nachricht verkündete, daß er von der Schwangerschaft seiner Frau keine Ahnung hatte. An dieser Stelle der Geschichte würde man ihn ordentlich bemitleiden – als er jedoch zu Hause angelangte, war er entsetzlich wütend. Es war mehr als komisch, daß sie ihm nichts gesagt hatte, dachte er. Und das war es tatsächlich – da sind wir uns wohl alle einig –, aber schließlich war sie auch keine gewöhnliche Frau, und man kann nicht beides haben. Er ging direkt ins Haus und sah sie einmal an und ging wieder hinaus. Es mußte ihr merkwürdig vorgekommen sein, aber sie war in diesen Tagen zu beschäftigt mit ihren eigenen Plänen und Gedanken, um lange über irgend etwas nachzudenken. Die Angestellten fanden in diesem Augenblick überhaupt nichts dabei, aber hinterher war es das erste, was ihnen wieder einfiel. An dem Tag, als es passierte, hatten sie zum Nachdenken keine Zeit, weil sie den Dachboden fertig machten. Der Dachboden war nie genutzt worden, aber er hatte schöne, geräumige Zimmer, mit einem weiten Blick, und weder Lärm noch Staub schienen bis dorthin hochklettern zu können. Sie wollte ein Kinderzimmer daraus machen. Die Angestellten machten die Zimmer still und heimlich fertig, denn sie waren eingeweiht, und es sollte für Murty eine fast genauso große Überraschung sein wie die Neuigkeit, für wen sie gedacht waren! Der Tag, an dem sie beschloß, es ihm zu sagen, war der Tag, an dem sie letzte Hand an die Zimmer legten. Sie hatte einfach beschlossen, daß der richtige Zeitpunkt gekommen war, und sie legte das Staubtuch aus ihrer Hand und ging nach unten und sagte es ihm gegen zehn Uhr am Morgen, bevor er aus dem Haus ging, um seiner Arbeit nachzugehen und seine Häuser zu kontrollieren. Sie war so aufgeregt, daß ihr wahrscheinlich nicht auffiel, wie still er die Neuigkeit aufnahm und wie rasch er danach das Haus verließ. Er verließ das Haus sogar so unvermittelt, daß sie nicht einmal Zeit hatte, ihm von dem Dachboden zu erzählen, aber sie fand nichts dabei, er war immer ein bißchen unvermittelt, und deshalb beschloß sie, ihm später am Tag davon zu erzählen, und sie ging wieder nach oben und setzte ihre Anweisungen fort, wo dieses und jenes hingestellt werden sollte, und ihr lachte dabei das Herz im Leibe. Eine Minute, bevor Murtys Schritte vor der Eingangstür zu hören waren, bemerkten die Angestellten sogar noch, wie glücklich sie aussah, und wie sich ihr Gesicht aufhellte, als sie sagte: ›Da, mein Mann ist wieder zurück. Jetzt werden wir ihm davon erzählen, wie wir den Dachboden herrichten.‹ Die beiden weiblichen Angestellten waren so glücklich wie Ursula selbst, denn es wurde erwartet, daß Murty seine Hand nicht nur aus der Tasche ziehen würde, um sich zu bekreuzigen, wenn es soweit war. Sicherlich hatte niemand von ihnen auch nur den geringsten Verdacht von dem grauenhaften, qualvollen Gedanken, der sich in seinen Kopf gegraben hatte. Es war so ein boshafter, hundsgemeiner Gedanke, und vor allem so ungerechtfertigt, daß man schließlich meinen konnte, daß an dem alten Sprichwort – ein ungesunder Geist in einem ungesunden Körper – doch etwas dran war. Der Gedanke in Murtys Kopf war dermaßen ungerechtfertigt, daß ich glaube, nicht einmal Sie können sich, wenn Sie es jetzt so von mir hören, eine Vorstellung davon machen, und

Sie werden ebenso überrascht sein wie die Angestellten und Ursula, das arme Mädchen, als er damit herausrückte, während er am Fuße des Geländers stand und zu den drei Frauen hinaufsah, die auf halber Höhe der Treppe standen, ihre Arme voller Decken und Kissen. Ursula klammerte sich an dem Geländer fest, erzählte man später, und starrte ihn an, als ob sie der Teufel persönlich durch seine Augen hindurch angesehen hätte. Es geschah alles so plötzlich. Sie gingen gerade nach oben, um letzte Hand an die Zimmer zu legen, und die ältere der beiden Hausangestellten, die schon lange vor Ursula in der Familie gewesen war, blickte sie an wie eine Mutter, die Zweifel daran hatte, ob es gescheit von ihr war, drei Treppen hinaufzuklettern. Sie hatten gerade die dritte Treppe erreicht, als sie Murty draußen an die Eingangstür kommen und den Schlüssel im Schloß umdrehen hörten. Ursula hielt an und wartete, bis er hereingekommen war, und dann rief sie fröhlich zu ihm hinunter und fragte, ob er nicht nach oben kommen wolle, sie habe ihm etwas zu zeigen. Er murmelte irgendeine Entschuldigung und warf ihr einen finsteren Blick zu. Ganz nett begann sie, ihn zu necken und ihn dazu zu überreden, seine Meinung doch zu ändern, aber er ging weiter die Halle hinunter und drehte sich nicht einmal zu einer Antwort um. Die Farbe, die seit Monaten nicht in ihren Wangen gewesen war, kam nun in einer heftigen Wallung zurück.

›Du mußt ja nicht kommen‹, rief sie zu ihm hinunter, ›wenn du dich nicht für die Zimmer interessierst, die für dein eigenes Kind hergerichtet werden!‹

Wahrscheinlich rechnete sie damit, daß er sich von der Laune oder der Verstimmung, die er gerade in sich hatte, beruhigen würde. Wer weiß, womit sie rechnete, aber jeder weiß, daß eine so grundanständige Frau wie sie jedenfalls nicht mit dem rechnete, was dann kam. Er drehte sich mit einem Knurren um, das die gesamte Verbitterung der vergangenen Monate enthielt.

›Woher soll ich wissen, daß das Kind von mir ist?‹ schrie

er. Seine Worte machten sie alle taub und blind und benommen. Er starrte sie an, und sie starrten zurück wie gespenstische Gestalten aus den Tälern des Todes. Dann schrie er in einem Sturm von Worten seinen gesamten Argwohn heraus, als ob er ihnen durch den stechenden Wortschwall das wallende Blut wieder in ihre Gesichter treiben könne. Und erst als Ursula auf der Treppe stürzte, auf der sie gerade stand, bremste er die wahnsinnigen Worte, die aus seinem Mund sprudelten.

Man brachte sie ins Bett und holte den Arzt, und niemand verschwendete während der folgenden achtundvierzig Stunden, als sie vorzeitig in den Wehen lag, auch nur einen Gedanken an Murty. Er ging zu meinem Vater, der gegenüber wohnte, und erzählte ihm die ganze Geschichte, erzählte ihm von seiner Liebe zu Ursula, die so groß war, daß es ihm eine Qual geworden war, daran zu denken, wie unwürdig er ihrer war. Erst nach ihrer Hochzeit, sagte er, hatten für ihn die echten Liebesqualen begonnen. Vor ihrer Hochzeit wollte er nur ihren Körper, aber danach wollte er ihre Gedanken und – er senkte seine Stimme – ihre Liebe. Er erzählte meinem Vater, daß er wußte, daß sie in jemanden anders verliebt war, weil sie im Schlaf so häufig kleine, sanfte Worte von sich gab, die man sie tagsüber nie sagen hörte. Dann, als er hörte, daß sie ein Kind erwartete und daß sie es ihm nicht gleich gesagt hatte, meinte er den Grund dafür gefunden zu haben, warum eine gesunde Frau wie sie einen Krüppelfuß wie ihn geheiratet hatte. Selbst meinem Vater gegenüber schämte sich Murty, seine Vermutung noch deutlicher zu formulieren, aber mein Vater wußte, was er meinte. Er habe sie beobachtet, sagte Murty, und an dem leidenschaftlichen Ausdruck in ihrem Gesicht könne er erkennen, daß sie ein Kind von dem Liebhaber erwartete, mit dem sie im Schlaf so häufig redete.

Und dann, während Murty sprach, wurde meinem Vater schlagartig alles klar: daß Ursula in Murty verliebt war und Murty es noch immer nicht wußte. Die ganze Nacht saßen sie unten im Haus meines Vaters und beobachteten die Lichter, die in Murtys Haus brannten. In manchen Zimmern sah man matte, rote Strahlen von den vor Standbildern angezündeten Rapsöl-Lampen. Man sah kräftiges, rosafarbenes Licht von Paraffinlampen, deren Dochte so weit wie möglich aufgedreht worden waren. Und manchmal sah man ein Licht von einem Fenster zum anderen wandern, wenn eine Lampe eilig zur Hand genommen und von einem Zimmer in ein anderes getragen wurde. Manchmal wurde eine Lampe so hastig geschnappt und nach unten getragen, daß die Schatten, die sie von Geländer zu Geländer warf, wie erbitterte Schläge mit einem Stock auf die Fensterscheiben fielen. Und die eilenden Lichter erzählten den Beobachtern gegenüber eine jammervolle Geschichte von Sorge und großer Angst.

Die ganze Nacht versuchte mein Vater Murty klarzumachen, daß seine Frau ihn aus Liebe geheiratet hatte und daß sie ihn seit der Hochzeit wahrscheinlich noch mehr liebte als vorher, aber seine Worte mußten gegen zu viel Zweifel und Elend ankämpfen, und als der Morgen die Fensterscheiben gegenüber blaß werden ließ und nur noch ein harter, gelber Kern von Lampenlicht zurückblieb, wo sich vorher ein goldener Glanz befunden hatte, wiederholte Murty immer wieder, daß er meinem Vater gerne alles glauben wolle, was er sage, daß er jedoch einen Beweis brauche. Es war der gleiche alte Starrsinn, der immer in den Diskussionen durchgekommen war, die sie in der Vergangenheit an vielen Abenden geführt hatten.

›Das ist etwas anderes, Murty‹, sagte mein Vater, ›wo es keinen Beweis geben kann. Du mußt Vertrauen haben.‹

›Vertrauen ist ein schwacher Ersatz für einen Beweis‹, erwiderte Murty mit einem Funkeln der Verzweiflung in seinen Augen.

Mein Vater ging hinaus und ließ ihn bei dem grau eingestäubten Kamin sitzen, um sich nach Ursulas Zustand zu erkundigen, und während er ging, dachte er darüber nach, wie eigenartig Murty doch war, und das schon als Kind, wenn er zwischen den Spitzengardinen seiner Mutter saß und seine Augen in die Ferne bohrte, Augen, die ihm schon damals so vorkamen, als durchbohrten sie die Geheimnisse der Finsternis. Als er wenige Minuten später die Straße jedoch wieder überquerte, wollte er diese Augen nicht sehen, wenn er Murty sagen mußte, daß Ursula tot war.«

Der Erzähler hielt inne, und mich hatte bei der Wendung, die die Geschichte genommen hatte, ein solches Gefühl des Grauens gepackt, daß ich nicht eher begriff, daß sie noch nicht zu Ende war, bis er seine Stimme erneut erhob, leiser und unsicherer.

»Mein Vater hatte Angst, ihm ins Gesicht zu sehen, weil er befürchtete, daß Murty merkte, daß er etwas vor ihm zurückhielt; die Nachricht nämlich, die sich wie ein Lauffeuer in der ganzen Stadt verbreitete, daß Ursula Lockhart während der Geburt eines totgeborenen Kindes gestorben war – eines Kindes mit Klumpfüßen.«

Da schwiegen wir beide, er von der Anstrengung der Geschichte, ich von dem Frösteln, das mich bei den Schlußworten überkommen hatte. Dann sprach er.

»Schreiben Sie diese Geschichte irgendwann auf«, sagte er befangen. »Solche Geschichten muß man schreiben!«

»Aber ich kann sie nicht schreiben! Wie sollte ich?« erwiderte ich. »Es ist Ihre Geschichte.«

»Eine erzählte Geschichte gehört niemandem«, sagte er.

»Dann schreiben Sie sie selbst auf!« forderte ich ihn auf.

»Ich bin kein Schriftsteller«, erwiderte er beinahe empört. »Wenn ich einer wäre, würde mir die Hälfte dessen, was in der Welt passiert, entgehen, so wie Ihnen«, sagte er. »Wenn Sie klug sind, tun Sie, was ich Ihnen gesagt habe und schreiben das auf und veröffentlichen es. Dann wird man anfangen, etwas von Ihrer Arbeit zu halten, anstatt sie in den Mülleimer zu werfen.«

»Aber hinterher? Ich werde wieder auf meine alten Methoden zurückgreifen müssen.«

»Warum?«

»Weil ich nicht immer Geschichten wie diese zum Erzählen finden werde. Das war nur ein zufälliges Ereignis. Das Leben ist im allgemeinen nicht so abgerundet an den Ecken, hat keine so klaren Konturen. Das Leben ist chaotisch, seine Ereignisse stehen nicht in Beziehung zueinander, seine ...«

»Da haben wir es wieder!«

»Aber Sie werden doch sicher zugeben ...«, begann ich, um die Diskussion wieder aufzunehmen, aber diesmal blickte mich mein Freund, der Erzähler, auf höchst sonderbare Weise an, beinahe könnte man sagen, mit Abscheu.

»Bitte fangen Sie nicht wieder mit diesem Quatsch an«, sagte er, und ungerührt ging er fort.

Der Witwensohn

Dies ist die Geschichte von einem Witwensohn, allerdings ist es eine Geschichte mit zwei Enden.

Es war einmal eine Witwe, die lebte in einem kleinen, verwahrlosten Dorf am Fuße eines steilen Berges. Sie hatte nur einen Sohn, aber er war ihr gesamter Lebensinhalt. Sie lebte nur für ihn. Sie arbeitete sich für ihn zu Tode. Jeden Tag brachte sie Opfer, um ihn zu der vier Meilen entfernten Schule in der Stadt gehen zu lassen, weil es dort einen besseren Lehrer gab als den Dorftrottel, von dem sie selbst unterrichtet worden war.

Sie machte große Pläne für Packy, aber sie sagte ihm nichts von ihren Plänen. Statt dessen drohte sie ihm Tag und Nacht, ihn zu den Straßenarbeitern oder in den Steinbruch auf der anderen Seite des Berges zu schicken, wenn er sich nicht anstrengte.

Aber die Jahre gingen ins Land, und mit der Zeit konnte jeder, einschließlich Packy selbst, an der Art, wie sie ihm morgens nachsah und ihn am Abend erwartete, erkennen, daß ihr Herz allein für ihn schlug und daß ihre barschen Worte nur eine Tarnung für ihren Stolz und ihre Freude an ihm waren.

Nur Packy zuliebe lief sie Stunden an der Straße entlang und ließ ihre Kuh am Wegesrand des langen Ackers grasen, um die paar kläglichen Halme zu sparen, die zwischen den Steinen auf ihrem eigenen Feld hervorsprossen. Nur ihm zuliebe lief sie in die Stadt und wieder zurück, um ein paar Kohlköpfe zu verkaufen, sobald sie ansehnlich waren. Nur ihm zuliebe stand sie im kalten Morgengrauen zum Pilzesammeln auf, denn sie ersetzten andere Lebensmittel, die mit Geld gekauft werden mußten. Täglich krümmte sie ihren Rücken, um soviel Geld wie möglich zu verdienen, und wie es häufig so ist, brachten ihr ihre paar kahlen Morgen wegen ihres Fleißes oftmals mehr ein, als die großen, saftigen

Weiden so manch einem Bauern in ihrer Nähe einbrachten. Allein durch den Verkauf von Eiern finanzierte sie Packys Kleidung und einen Großteil seiner Bücher.

Als Packy vierzehn war, besuchte er in der Schule die letzte Klasse, und der Lehrer hatte große Hoffnung, daß er ein Stipendium für ein College in der Stadt gewinnen könne. Er war im Begriff, ein großer Bursche zu werden, und seine Gesichtszüge begannen sich deutlich auszuprägen. Die Leute im Dorf begannen ihm ebensoviel Respekt entgegenzubringen wie den Söhnen der Gutsherren, die im Sommer in blauen Anzügen und mit leuchtenden Krawatten von ihren vornehmen Colleges nach Hause zurückkamen. Und jedesmal, wenn sie mit der Witwe sprachen, waren sie voll des Lobes über ihn.

Eines Tages im Juni, die Luft war so schwer, daß der von dem Gras aufsteigende Duft unter den tiefen Wolken gefangengehalten wurde und in der Luft hing, stand die Witwe am Tor und wartete auf Packy. Es hatte einige Tage lang nicht geregnet, und die Hühner pickten verdrießlich auf dem trockenen Boden und spazierten irritiert auf der Straße umher.

Ein Nachbar ging vorbei.

»Warten Sie auf Packy?« fragte er freundlich und blieb eine Weile stehen, um seinen Hut abzunehmen und sich den Schweiß des Tages von seinem Gesicht zu wischen. Es war ein alter Mann.

»Heiß heute!« sagte er. »Packy wird schwer zu treten haben auf seinem alten Drahtesel. Ich würde darauf an einem Tag wie diesem nur ungern vier Meilen zurücklegen müssen!«

»Packy würde dreimal so weit fahren«, erwiderte die Witwe, »wenn es am anderen Ende ein Buch gibt«, mit dem Stolz jener, die kaum mehr als eine Zeile lesen können, ohne zu ermüden.

Die Minuten verstrichen langsam. Die Witwe sah weiter zur Sonne.

»Die Hitze ist wohl besser als der Regen!« sagte sie schließlich.

Der Nachbar zog einen langen Grashalm zwischen den Steinen der Mauer heraus, begann an dessen einem Ende zu kauen und sagte geistesabwesend: »An so einem Tag wie diesem könnte man einen Sonnenstich bekommen!« Er sah zur Sonne. »Die Sonne ist ein Ungeheuer«, sagte er.

Die Witwe lehnte sich weiter über das Tor hinaus. Sie sah den Berg in Richtung Stadt hinauf.

»Auf jeden Fall wird er einen schönen, kühlen Wind im Gesicht haben, wenn er den Berg hinunterfährt«, sagte sie.

Der Mann sah den Berg hinauf. »Das ist wahr. Selbst am heißesten Tag im Sommer würde einem ein kühler Wind entgegenwehen, wenn man diesen Berg auf einem Fahrrad hinunterfährt. Man spürt die Luft wie Seide auf den Wangen vorbeistreichen. Und im Winter ist sie wie zwei Messer, die an jeder Seite aufschnappen und die Haut abschälen wie die Rinde eines Weidenstocks.« Andächtig kaute er auf dem Grashalm. »Dies muß einer der steilsten Berge in Irland sein. Dieser Berg ist ein Berg, der den Namen Berg wirklich verdient.« Er nahm den Halm aus seinem Mund. »Ich bin der Überzeugung«, sagte er und sah die Witwe ernsthaft an, »ich bin der Überzeugung, daß man diesen Berg mit einem Namen versehen auf der Ordnance Survey-Karte finden kann!«

»Falls das so ist«, sagte die Witwe, »wird Packy Ihnen alles darüber sagen können. Wenn er nicht gerade ein Buch in der Hand hat, ist es eine Karte.«

»Ach, wirklich?« fragte der Mann. »Das ist interessant. Eine Karte ist etwas Großartiges. Eine Karte ist nichts Gewöhnliches. Karten lesen kann nicht jeder.«

Die Witwe hörte nicht zu.

»Da ist er. Ich kann Packy sehen!« sagte sie, und sie öffnete das Holztor und trat hinaus auf die Straße.

Oben auf dem Berg konnte man das Glitzern der Speichen erkennen, als das Fahrrad in Sichtweite kam. Dann sah man das Aufblitzen eines blauen Pullovers, als Packy nach unten geflogen kam, sich am Fahrradlenker festhaltend, und der Wind wehte sein helles Haar aus dem Gesicht. Der Berg war so steil, und er kam so schnell nach unten gefahren, daß es dem Mann und der Frau am Fuße des Bergs so vorkam, als sei es gar nicht er, der sich bewegte, sondern als seien es die Bäume und Büsche, die leuchtenden Gräben und das Gras am Wegesrand, die an seinen Seiten vorbeirauschten.

Die Hühner gluckten und gackerten und liefen auf der Suche nach einem sicheren Platz im Graben aufgeregt auf der Straße umher. Packy winkte seiner Mutter. Er kam näher und näher. Schon konnten sie die Sommersprossen auf seinem Gesicht erkennen.

»Schsch!« rief er den gackernden Hühnern zu, die die Fahrbahn noch nicht verlassen hatten, sondern mit ihren langen, nach vorne ausgestreckten Hälsen umherrannten.

»Schsch!« Packys Mutter hob ihre Schürze und schlug damit in die Luft, um die Hühner aus Packys Weg zu scheuchen.

Erst nachher, als alles zu spät war, überlegte die Witwe, ob es vielleicht das Schlagen mit ihrer Schürze gewesen sein könnte, das die alte, gackernde Henne erschreckt und dazu veranlaßt hatte, über die Mauer auf die Straße zu flattern.

Die alte Henne tauchte ganz plötzlich über dem grasigen Graben auf und sah mit verzweifeltem Blick zu den Hühnern, die nach rechts und links stoben. Ihre Federn begannen sich zu sträuben. Sie reckte ihren Hals und begann aufgeregt zu gackern und flatterte hinab in die Mitte der heißen, staubigen Straße.

Packy machte eine Vollbremsung. Die Witwe schrie. Man sah weißes Federgestöber und spritzendes Blut. Das Fahrrad schwenkte aus und stürzte. Packy flog über den Lenker.

Obwohl die Witwe schrie und obwohl der alte Mann sich nach Hilfe umsah, war es ein so einfacher Unfall, daß keiner von ihnen eine schwere Verletzung Packys für möglich hielt, aber als sie hinüberliefen und seinen Kopf hochhoben und sahen, daß er nicht sprechen konnte, wischten sie ihm das Blut vom Gesicht, blickten sich voller Verzweiflung gegenseitig an und schätzten die Entfernung ab, die sie ihn würden tragen müssen.

Bis zur Haustür waren es nur ein paar Meter, aber noch bevor sie ihn über die Schwelle getragen hatten, war Packy tot.

»Er hat sich nur den Kopf aufgeschlagen«, schrie die Witwe, und eindringlich bat sie die Menge, die sich draußen vor der Tür versammelt hatte, etwas für ihn zu tun. »Holen Sie den Arzt!« sagte sie, indem sie einen jungen Arbeiter zur Tür schubste. »Schnell! Schnell! Der Arzt wird ihn schon wieder zu Bewußtsein bringen.«

Die Nachbarn jedoch, die von allen Seiten zur Tür herein kamen, bekreuzigten sich, einer nach dem anderen, und fielen auf die Knie, sobald sie den Jungen erblickten, der ausgestreckt auf dem Bett lag, mit dem Staub und dem Dreck und den Schweißspuren des Lebens auf seinem toten Gesicht.

Als man die Witwe schließlich überzeugt hatte, daß ihr Sohn tot war, mußten die Frauen sie festhalten. Sie schlug mit den Armen um sich und versuchte freizukommen. Sie wollte jedem Huhn im Hof den Hals umdrehen.

»Ich werde sie alle umbringen. Was sollen sie mir jetzt noch bringen? Alle Hühner der Welt sind nicht einen Tropfen menschlichen Blutes wert. Diese alte Gackerhenne war kaum mehr wert als sechs Schillinge. Was sind sechs Schillinge? Sind sie das Leben von meinem armen Packy wert?«

Aber nach einer Weile hörte sie zu toben auf und sah von einem Gesicht zum nächsten.

»Warum hat er die alte Henne nicht überfahren?« fragte sie. »Warum hat er versucht, eine alte Henne zu retten, die nicht mehr als sechs Schillinge wert war? Wußte er denn nicht, daß er seiner Mutter mehr wert war als eine alte Henne, die ohnehin bald in den Topf gewandert wäre? Warum hat er das gemacht? Warum hat er auf einem der steilsten Berge im Land gebremst? Warum? Warum?«

Die Nachbarn tätschelten ihren Arm.

»Schon gut!« sagten sie. »Schon gut!« Das war alles, was ihnen einfiel, deshalb sagten sie es immer wieder. »Schon gut! Schon gut!«

Und noch Jahre später, wenn Nachbarn die Witwe besuchten, um ihr ein oder zwei Stunden Gesellschaft zu leisten, und die Sprache auf ihren Sohn kam, mußte sie dieselbe Frage stellen, dieselbe unermüdliche Frage. »Warum hat er den Preis einer alten Gackerhenne über den Preis seines eigenen Lebens gestellt?«

Und die Leute gaben immer dieselbe Antwort.

»Schon gut! Schon gut!« sagten sie. Und danach saßen sie ebenso still da wie die Witwe und sahen ins Feuer.

Aber sicherlich muß sich so manch ein Nachbar gefragt haben, was passiert wäre, wenn Packy die Henne kühn überfahren hätte. Und sicherlich muß sich so manch einer den Unfallvorgang erneut vorgestellt und dabei hier und dort ein Detail geändert und der Geschichte auf diese Weise ein anderes Ende verliehen haben. Denn diese Leute kannten die Witwe, und sie kannten Packy, und wenn man Leute gut kennt, kann man sich genauso leicht vorstellen, was sie unter bestimmten Umständen sagen und tun würden, wie man sich daran erinnern kann, was sie unter anderen Umständen tatsächlich gesagt und getan haben.

Wenn ich Ihnen also sage, was meiner Meinung nach passiert wäre, wenn Packy die alte Gackerhenne getötet hätte, werden Sie mich vielleicht nicht des Mißbrauchs meiner Schriftstellerrechte beschuldigen. Da ich mit der Kunst des Erzählens, die von dem Zurückgreifen auf Aufzeichnungen absieht, bestens vertraut bin, verlasse ich mich nun also nicht stärker auf Ihre Leichtgläubigkeit als vorher, als ich Ihnen von den Ereignissen erzählte.

In der Tat ist es bisweilen leichter zu erfinden, als sich genau zu erinnern, und wäre es anders, schwänden die Kunst des Erzählens und die Kunst des Klatsches augenblicklich dahin.

Die Geschichte beginnt genauso. Wir haben die Witwe,

die ihre Kuh am Wegesrand grasen läßt und entlang der Straße in die Stadt läuft, gebeugt unter der schweren Last eines Kohlsacks, um Packys Ausbildung zu finanzieren. Dort ist sie, wie sie ihn morgens umsorgt, damit er nicht zu spät zum Unterricht kommt. Dort ist sie, wie sie am Nachmittag in Erwartung der Stunde, in der er bei seiner Rückkehr oben auf dem Berg auftaucht, die kaputte alte Uhr auf der Anrichte beobachtet. Und dort ist auch, an einem heißen Tag im Juni, der alte Arbeiter, der die Straße hinaufkommt und eine Pause macht, um mit ihr zu plaudern, während sie an der Tür steht. Er zieht einen Grashalm zwischen den Steinen der Mauer heraus, nimmt ihn zwischen seine Zähne und kaut darauf, bevor er zu sprechen beginnt.

»Warten Sie auf Packy?« fragt der alte Mann, und dann nimmt er seinen Hut ab und wischt sich den Schweiß von der Stirn. »Heiß heute.«

»Sehr heiß«, erwiderte die Witwe und blickte besorgt den Berg hinauf. »Es ist ein heißer Tag, um meilenweit mit einem Fahrrad auf einer schlechten Straße zu fahren, auf der man im aufsteigenden Staub beinahe erstickt und die Sonne am Lenker Funken schlägt.«

»Trotzdem ist die Hitze besser als der Regen.«

»Ja, vermutlich«, antwortete die Witwe. »Auch wenn es Tage gab, an denen Packys Kleidung ganz steif war vom Regen, der wie Stärke darauf getrocknet war, wenn er nach Hause kam.«

»Ach, tatsächlich?« sagte der alte Mann.

»Ja, wenn er seine Kleider auszog, standen sie steif wie Bretter an der Wand, fast so, als hätte er sie noch an.«

»Sicher ist er früher ordentlich verwöhnt worden. Kein Sohn ist mit einem Witwensohn vergleichbar. Ein Muttersöhnchen!«

»Packy?« Angewidert wandte sich die Witwe ab. »Von dem ersten Tag seiner Geburt an ist er keine Sekunde lang verhätschelt worden. Von Anfang an hatte ich mir vorgenommen, keinen Weichling aus ihm zu machen.«

Die Witwe sah wieder den Berg hinauf und machte sich daran, den Kies vor dem Tor zu harken, als ob sie zu keinem anderen Zweck auf der Straße sei. Dann warf sie noch einen Blick den Berg hinauf.

»Da kommt er ja!« sagte sie, und sie wirbelte mit der Harke eine solche Staubwolke auf, daß sie kaum das Glänzen der Speichen erkennen konnten, oder das Aufblitzen des blauen Pullovers, als Packy mit halsbrecherischer Geschwindigkeit den Berg hinuntergefahren kam.

Er kam näher und näher, schneller und schneller, winkte mit einer Hand der Witwe und rief zu den Hühnern, damit sie aus dem Weg gingen.

Die Hühner liefen zu den Gräben, ihre Hälse in unbeholfener Angst ausgestreckt. Und als das letzte Huhn gackernd im Graben verschwunden war, war der Weg vor den schwirrenden, silbernen Speichen einen Moment lang frei. Dann tauchte unerwartet und scheinbar aus dem Nichts eine alte Henne auf, die, verzweifelnd gackernd, einen Augenblick lang oben auf der Mauer saß und dann in dem ungelenken Flug eines Bodenvogels in die Luft flatterte.

Packy hörte auf zu pfeifen. Die Witwe schrie. Ein Schotterhagel stob auf, als der Reifen bremste. Packy riß das Fahrrad herum, um es auf dem Berg anzuhalten.

Einen Moment lang konnte man nicht erkennen, was genau passiert war, aber Packy setzte seinen Fuß ab und ließ ihn in dem Staub über den Boden schleifen. Dann ließ er das Fahrrad mit einem lauten Krachen auf die harte Straße fallen und rannte zurück. Die Witwe konnte den Anblick nicht ertragen. Sie warf sich die Schürze übers Gesicht.

»Er hat die Henne getötet«, sagte sie. »Er hat sie getötet. Er hat sie getötet.« Sie ließ ihre Schürze wieder fallen und lief den Berg hinauf. Der alte Mann spuckte den Grashalm aus, auf dem er gekaut hatte, und lief der Witwe hinterher.

»Hast du die Henne getötet?« kreischte die Witwe, und als sie nah genug gekommen war, um das Blut und die Federn zu sehen, hob sie ihren Arm über den Kopf, und ballte ihre Faust, bis die Fingerknöchel weiß leuchteten. Packy kauerte sich über dem toten gesprenkelten Huhn nieder und zog die Schultern hoch, als ob er sich vor einem Schlag schützen wolle. Seine Beine waren blutbespritzt, und braun gesprenkelte Federn klebten an seinen Händen und an seiner Kleidung und waren überall auf der Straße verteilt. Einige der leichten weißen inneren Federn wirbelten noch immer mit dem Staub durch die Luft.

»Ich kann nichts dafür, Mutter. Ich kann nichts dafür. Ich habe sie erst gesehen, als es zu spät war!«

Die Witwe nahm die Henne hoch und besah sie sich von allen Seiten, indem sie sie am Brustknochen festhielt und den langen Hals baumeln ließ. Dann faßte sie sie am Bein, holte aus und schlug mit dem blutenden Körper auf den Rücken des Jungen ein, so daß das Blut über sein ganzes Gesicht und seine Kleider und den weißen Staub auf der Straße spritzte.

»Untersteh dich, mich anzulügen!« kreischte sie keuchend zwischen den Schlägen. »Du hast diese Henne gesehen. Ich weiß, daß du sie gesehen hast. Du hast aufgehört zu pfeifen. Du hast gerufen. Wir haben dich beobachtet. Wir haben es gesehen.« Sie drehte sich zu dem alten Mann. »Stimmt das nicht?« fragte sie. »Er hat die Henne gesehen, oder etwa nicht? Er hat sie doch gesehen?«

»So sah es aus«, sagte der alte Mann unsicher, seinen Blick auf den baumelnden Vogel in der Hand der Witwe gerichtet.

»Aha!« Die Witwe schmetterte die Henne auf die Straße. »Du hast die Henne vor dir gesehen, so deutlich wie du sie jetzt siehst«, klagte sie ihn an, »aber du wolltest ihretwegen nicht anhalten, weil du es so eilig hattest, nach Hause zu kommen und dir den Bauch vollzuschlagen! Ist es etwa nicht so?«

»Nein, Mutter. Nein! Doch, ich habe sie gesehen, aber es war zu spät, um etwas zu tun.«

»Jetzt gibt er schon zu, daß er sie gesehen hat!« Die Witwe drehte sich um und nickte triumphierend den

Zuschauern zu, die sich bei dem Geschrei versammelt hatten.

»Ich habe nie abgestritten, daß ich sie gesehen habe!« wandte der Junge sich an die Zuschauer, als seien sie seine Richter.

»Er streitet es nicht ab!« kreischte die Witwe. »Da steht er so dreist wie nur irgendwas und gibt vor aller Welt zu, daß er die Henne ganz deutlich gesehen hat, und er hat sie rücksichtslos überfahren!«

»Aber was hätte ich denn sonst tun sollen?« sagte der Junge und warf seine Arme hoch, sich erst an die Menschenmenge wendend, dann an die Witwe. »Wenn ich bei der Geschwindigkeit, mit der ich den Berg hinunterkam, gebremst hätte, wäre ich über den Lenker geflogen!«

»Und was hätte dir das geschadet?« fragte die Witwe. »Ich habe häufig gesehen, wie du beim Kämpfen mit Jimmy Mack abgeworfen wurdest, und nie habe ich hinterher Klagen gehört, obwohl deine Ellenbogen und Knie aufgeschlagen waren und dein Gesicht zerkratzt wie ein Viehzaun.« Sie drehte sich zur Menge um. »Bei Gott, das ist wahr. Häufig ist er mit einer Nase hereingekommen, aus der das Blut wie aus einer Pumpe herausschoß, und mit einem Auge, das so fest geschlossen war wie das Auge eines Toten. Meine Hand war oft eine Woche lang vom Auswringen der nassen Tücher steif, mit denen ich ihm Wickel gemacht hatte, um sein Gesicht wiederherzustellen.« Sie fuhr wieder zu Packy herum. »Du hast doch beim Bäumeklettern auch keine Angst zu fallen, oder? Du hast keine Angst, wegen einer Katze auf ein Dach zu steigen, oder? Oh, es steckt mehr dahinter, als ich wissen soll. Das ist mir klar. Du hast die Henne absichtlich getötet, das ist es, was ich glaube! Du hast keine Lust mehr, zur Schule zu gehen. Du möchtest am College vorbeikommen. Das ist es! Du meinst, wenn du ein paar arme Hühner tötest, wird kein Geld in der Büchse sein, wenn es an der Zeit ist, die Bücher und den Unterricht zu bezahlen! Das ist es!«

Packy wurde rot.

»Mit so einer Überlegung wäre ich etwas spät dran«, sagte er. »Wenn es mir darum ginge, hätte ich vor langer Zeit mit solchen Tricks anfangen müssen. Aber das ist nicht wahr. Ich möchte zum College gehen. Ich bin nur deshalb so schnell den Berg hinuntergefahren, weil ich dir sagen wollte, daß ich das Stipendium bekommen habe. Der Lehrer hat es mir beim Herausgehen gesagt. Deshalb habe ich so sehr gestrampelt. Deshalb habe ich gepfiffen. Deshalb habe ich dir gewinkt. Hast du nicht gesehen, wie ich gewinkt habe, als ich oben auf dem Berg in Sichtweite kam?«

Die Hände der Witwe fielen an ihren Seiten hinab. Der Wortwind in ihr flaute ab und ließ sie matt und schlapp zurück. Sie wußte nicht, was sie sagen sollte. Sie konnte die starrenden Blicke der Nachbarn spüren. Sie wünschte, daß sie fortgehen und sich um ihre eigenen Geschäfte kümmern würden. Sie wollte den Jungen in ihre Arme schließen, ihn an ihre Brust ziehen und ihn umarmen wie ein kleines Kind. Aber sie dachte daran, wie die Leute sich untereinander anblicken und nicken und kichern würden. Ein Muttersöhnchen! Diese Genugtuung gönnte sie ihnen nicht. Wenn sie jetzt ihren Gefühlen nachgab, wußten sie, wie sehr sie damit gerechnet hatte, daß er das Stipendium bekam. Den Gefallen würde sie ihnen nicht tun! Diese Genugtuung würde sie ihnen nicht lassen!

Sie blickte Packy an, und als sie ihn vor sich stehen sah, mit den wilden Federn und dem rohen Blut der Henne bespritzt, spürte sie eine heftige Enttäuschung über die Enttäuschung des Jungen, und einen heftigen Groll gegen ihn, daß er das Huhn ausgerechnet an diesem Tag getötet hatte und damit die großartige Nachricht seines Erfolgs ruiniert hatte.

In ihrem Kopf herrschte Durcheinander. Sie starrte auf das Blut in seinem Gesicht, und mit einem Mal schien es, als ob das vergossene Blut ein schlechtes Omen für seine Zukunft bedeutete. Enttäuschung, Angst, Groll und vor allem Trotz erhoben sich in ihr wie fauchende Tiere.

»Stipendium! Stipendium!« spottete sie und legte soviel Hohn wie möglich in ihre Stimme und Ausdruck.

»Du denkst wohl, daß du jetzt ein gemachter Mann bist? Du denkst wohl, daß du jetzt unabhängig bist? Du denkst wohl, daß du dich jetzt ganz allein auf und davon machen und deine arme Sklavenmutter von oben herab behandeln kannst, die mit ihrem Kohl und ihren Hühnern für dich geknapst und geschwitzt hat? Du denkst dir wohl im stillen, daß es jetzt keine Rolle spielt, ob die Hühner lebendig oder tot sind? Ist das so? Nun, ich sag dir eins! Du bist nicht so unabhängig, wie du glaubst. Das Stipendium mag für deine Bücher und deine Studiengebühren ausreichen, aber wer bezahlt deine Kleidung? Aha, das hast du vergessen, was?« Sie stemmte ihre Hände auf die Hüften. Packy ließ den Kopf hängen. Er wandte sich nicht mehr an die gaffenden Nachbarn. Sie hätten ihn vor Schlägen bewahren können, aber er wußte genug über das Leben, um zu wissen, daß keiner ihn vor der Schande bewahren konnte.

Der Witwe brannte das Herz beim Anblick seines beschämten Gesichts, ebenso wie es vor Trauer brannte. Aber auch ihre Wut loderte immer heftiger auf, und sie erreichte einen Punkt, an dem nichts die flammende Wut in ihr bezwingen konnte, bis sie von selbst niedergebrannt war. »Wer wird dir deine Anzüge kaufen?« gellte sie. »Wer wird dir deine Schuhe kaufen?« Sie hielt inne, um sich noch demütigendere Beschuldigungen zu überlegen. »Wer wird dir deine Kniehosen kaufen?« Wieder hielt sie inne und biß die Zähne aufeinander. Was würde ihn am tiefsten verletzen? Welche Schande konnte sie auf ihn ziehen? »Wer wird dir deine Nachthemden kaufen, oder wirst du im Adamskostüm schlafen?«

Darüber lachten die Nachbarn, und die Spannung war gebrochen. Die Witwe lachte selbst. Sie hielt sich den Bauch und lachte, und beim Lachen schien alles eine neue und einfachere Bedeutung zu gewinnen. Es war alles nicht so schlimm, wie es vor einer Minute noch ausgesehen hatte. Sie wollte, daß Packy auch lachte. Sie sah ihn an, aber als sie Packy ansah, erstarrte ihr Herz in einer sonderbaren, neuen Furcht.

»Geh ins Haus!« sagte sie und schubste ihn vor sich her. Sie wollte ihn unter ihrem eigenen Dach in Sicherheit bringen. Sie wollte ihn von den stierenden Nachbarn fortbekommen. Sie haßte sie, Mann, Frau und Kind. Sie hatte das Gefühl, daß ohne sie alles anders gekommen wäre. Und sie wollte vom Anblick des Bluts auf der Straße fortkommen. Sie wollte Kartoffeln stampfen und Packy ein bißchen Kartoffelkuchen backen. Das würde ihn trösten. Er liebte Kartoffelkuchen.

Packy rührte das Essen kaum an. Und selbst nachdem er sich gewaschen und geschrubbt hatte, tauchten an den unerwartetsten Stellen noch Blutflecken auf, hinter den Ohren, unter den Fingernägeln, an der Manschette seines Ärmels.

»Zieh deine guten Sachen an«, sagte die Witwe, sehr um Behutsamkeit bemüht, aber ihr Benehmen war knorrig und hart geworden wie die Zweige der Bäume auf der anderen Straßenseite, und ihre freundlichen Vorschläge klangen barsch. Der Junge saß in einer zusammengesackten Haltung auf dem Stuhl, die sie nach wie vor schrecklich nervös machte und in ihrem Herzen einen weiteren Zwiespalt zwischen Ärger und Liebe auslöste. Sie konnte es nicht ertragen, wie er da zusammengesackt in dem Stuhl saß und nicht fragte, ob er nach draußen gehen könne, und doch verunsicherte es sie jedesmal, wenn er Anstalten machte, in Richtung der Tür zu blicken. Sie fühlte sich sicher, solange er sich unter ihrem Dach befand, unter dem Türsturz, unter ihrem Blick.

Am nächsten Tag ging sie in sein Zimmer, um ihn für die Schule zu wecken, aber es war leer, sein Bett war unbenutzt, und als sie hinaus in den Hof lief und überall nach ihm rief, kam keine Antwort. Sie lief hin und her. Sie lief zu den Nachbarn, aber er war nirgends zu finden. Und sie meinte in jedem Haus, das sie verließ, Gekicher hinter ihrem Rücken zu hören, wenn sie zum nächsten lief. Er war nicht im Dorf. Er war nicht in der Stadt. Der Schulmeister empfahl ihr, der Polizei eine Beschreibung von ihm zu geben. Er sagte, daß er nie zuvor einem so sensiblen Jungen wie Packy begegnet sei. Ein Junge wie er könne schon einmal auf seltsame Gedanken kommen.

An diesem Abend gab es keine Nachricht von Packy. Wenige Tage später kam ein Brief, in dem es hieß, daß es ihm gut ginge. Er bat seine Mutter, den Lehrer zu benachrichtigen, daß er nicht zurückkäme, damit ein anderer Junge das Stipendium in Anspruch nehmen könne. Er schrieb, daß er das Geld für das Huhn schicken würde, sobald er etwas verdient habe.

In einem weiteren Brief wenige Wochen später hieß es, daß er Arbeit auf einem Trawler gefunden habe und daß er nicht sehr häufig werde schreiben können, aber daß er jede Woche etwas von seinem Lohn zur Seite legen und seiner Mutter schicken würde, sobald sie in einen Hafen kämen. Er sagte, daß er sich revanchieren wolle für alles, was sie für ihn getan habe. Er gab keine Adresse an. Sein Versprechen mit dem Geld hielt er ein, aber er gab nie eine Adresse an, wenn er schrieb.

Und auf diese Weise mochten die Leute ihre Gedanken wohl weiterspielen lassen, wenn sie mit der Witwe am Feuer saßen, an vielen Abenden, und ihrer klagenden Stimme lauschten, die immer wieder dasselbe sagte. »Warum hat er den Preis einer alten Henne über den Preis seines eigenen Lebens gesetzt?« Und möglicherweise birgt ihre Version der Geschichte ebenfalls ein gewisses Element der Wahrheit in sich. Vielleicht hat ein Großteil unserer Handlungen diese doppelte Qualität, diese Möglichkeit einer Alternative, und wir können nur durch genaue Beobachtung und absolute Aufrichtigkeit dem Weg folgen, der uns bestimmt ist, und, so tragisch er auch sein mag, er ist besser als die Tragik, die wir uns selbst zufügen.

Das Testament

»Ich könnte nicht sagen, was ich dachte, während er hier war«, sagte Kate, die Älteste der Familie, als sie die Tür hinter dem Anwalt schloß, der den Conroys soeben das Testament ihrer Mutter verlesen hatte. Sie lief zu ihrer jüngeren Schwester hinüber und warf ihre Hände hoch. »Ich kann dir gar nicht sagen, wie entsetzt ich bin, Lally. Wir hatten keine Ahnung, daß sie dermaßen verbittert über dich war. Oder?« Sie drehte sich um und wandte sich an die anderen Familienmitglieder, die in ihrer steifen, schwarzen Trauerkleidung um den großen, roten Mahagonitisch herum standen.

»Mir war immer klar, daß sie verbittert war«, sagte Matthew, der älteste Sohn. »Wir konnten deinen Namen nicht erwähnen, ohne einen Streit zu entfachen.«

»Einmal hat sie die Lampe umgeworfen«, sagte Nonny, die jüngste der unverheirateten Familienmitglieder. »In den letzten Jahren hatte sie immer einen Stock neben sich auf ihrer Tagesdecke, und immer wenn sie etwas wollte, klopfte sie damit auf den Boden. Irgendwann einmal hat irgendwer was über dich gesagt, ich weiß nicht mehr was, und sie schnappte sich den Stock und hämmerte mit aller Kraft gegen den Bettpfosten, worauf die Lampe auf den Tisch runterrasselte. Das Haus wäre uns restlos abgebrannt, wenn der Windzug die Lampe im Fall nicht gelöscht hätte.«

»Trotzdem, selbst danach hätten wir nie gedacht, daß sie dich in dem Testament überhaupt nicht berücksichtigen würde. Oder?« Kate bekräftigte jede Bemerkung, indem sie sich an den Rest der Familiengruppe wandte. »Wir waren davon ausgegangen, daß sie dir in jedem Fall irgend etwas hinterlassen würde, ganz gleich, wie wenig.«

»Aber es macht mir nichts«, sagte Lally. »Wirklich nicht. Ich wünschte, ihr würdet euch nicht so viele Gedanken darum machen.« Flehend blickte sie sie der Reihe nach an.

»Aus welchem Grund sollten wir uns keine Gedanken machen?« sagte Matthew. »Schließlich bist du unsere Schwester. Unabhängig davon, was vorgefallen ist, war sie genausogut deine Mutter wie unsere.«

»Das einzige, was ich bedauere«, sagte Lally, »ist, daß ich nicht hergekommen bin, bevor sie starb.« Tränen traten in ihre Augen.

»Ich glaube nicht, daß es einen Unterschied gemacht hätte, ob du rechtzeitig hier gewesen wärst oder nicht. Der Nachlaß wurde bereits vor Jahren geregelt.«

»Ach, so habe ich das doch überhaupt nicht gemeint«, sagte Lally bestürzt, und ein roter Schimmer machte sich auf ihrem Gesicht bemerkbar. »Ich wollte nur sagen, daß ich sie gerne gesehen hätte, einfach so, bevor sie von uns ging.« Die Tränen rannen ihr Gesicht hinab. Sie liefen ungehindert, da Lally keinen Versuch unternahm, sie zu trocknen, denn in Gedanken war sie weit weg und dachte an die längst vergangene Zeit, als sie noch zu Hause gewohnt hatte. Aber die Tränen verwirrten die anderen, denen nicht zum Weinen zumute war. Da sie mitbekommen hatten, wie die alte Dame in einer sich lang hinziehenden Krankheit schwächer und schwächer geworden war, hatten sie ihre emotionale Energie in vorausgreifender Trauer verbraucht. Jetzt waren sie gedanklich mit praktischen Überlegungen beschäftigt.

»Nimm's nicht so schwer, Lally«, sagte Kate. »Vielleicht war es am besten so. Wenn sie dich gesehen hätte, wäre sie womöglich nur wütend geworden und sitzend im Bett an einem Blutandrang im Hirn gestorben, statt des schönen, sanften Todes, den sie hatte, wo sie ausgestreckt und mit so friedlich gefalteten Händen dalag, daß kein Bestatter sie besser hätte falten können. So war alles am besten.«

»Ich nehme an, sie hat meinen Namen erwähnt, oder? Gegen Ende, meine ich.«

»Nein, das letzte Mal, als sie über dich gesprochen hat, muß so lange zurückliegen, daß ich gar nicht mehr genau sagen könnte, wann es war. Es könnte an dem einem Abend gewesen sein, als ich hinaufging, um ihr Zimmer aufzuräumen. Ich war dabei, ihre Schränke auszukehren und ihre Kommode durchzusehen. Sie paßte nicht auf, sondern starrte nur vor sich hin, bis ich ihre Kopfkissen ausschüttelte und sie wieder hinlegte. Plötzlich drehte sie sich zu mir um, als ob ich ihren Traum unterbrochen hätte, und fragte mich, wie alt du jetzt seist. Daß sie deinen Namen nach all diesen Jahren in den Mund nahm, hat mir so einen Schrecken eingejagt, daß mir dein Alter nicht einfiel, deshalb sagte ich einfach, was mir gerade in den Sinn kam.«

»Was hat sie gesagt?«

»Erst schwieg sie eine Weile, und dann begann sie, irgendwelches unzusammenhängende Zeug vor sich hin zu reden. Ich konnte die Worte nicht verstehen. Zuweilen war sie nicht ganz klar im Kopf, besonders, wenn sie in der Nacht zuvor keinen Schlaf bekommen hatte.«

»Wieso glaubst du, daß sie da über mich geredet hat?« flehte Lally. Ihr Blick schien inständig um eine positive Antwort zu bitten.

»Ach, ich weiß nicht, was sie gefaselt hat«, antwortete Kate. »Ich war darauf konzentriert, das Bett in Ordnung zu bringen, so daß sie sich bequem zurücklegen konnte. Ich habe nicht darauf geachtet, was sie sagte. Ich kann mich nur erinnern, daß sie von blauen Federn gesprochen hat. Blaue Federn, ich muß schon sagen. In dem Augenblick muß sie wohl etwas wirr im Kopf gewesen sein.«

Als sie das hörte, schossen Lally wieder Tränen in die Augen.

»An dem Morgen, als ich in ihr Zimmer ging, um ihr von meinen Heiratsplänen zu berichten, hatte ich zwei kleine blaue Federn an meinem Hut. Ich hatte nichts Neues anzuziehen, nur mein altes grünes Seidenkostüm und meinen alten grünen Hut, aber ich hatte zwei zartblaue Federn gekauft und sie vorn an den Hut gesteckt. Ich glaube, die Federn haben sie stärker aufgeregt als die Tatsache, daß ich mich ihrem Willen widersetzen wollte. Die ganze Zeit, als ich bei ihr im Zimmer war, starrte sie sie an, und selbst als sie mir befahl, ihr aus den Augen zu verschwinden, starrte sie nicht mich an, sondern die Federn an meinem Hut.«

»Weine nicht, Lally.« Kate war unbehaglich zumute. »Weine nicht. Das ist lange her. Denk nicht an die Vergangenheit. Es hat so sollen sein. Davon bin ich überzeugt.«

Matthew und Nonny waren auch davon überzeugt. Auch sie sagten ihr, daß sie nicht weinen solle. Sie sagten, daß es nichts half, es so schwer zu nehmen.

»Nicht, daß ich es je bereut habe«, sagte Lally. »Am Anfang hatten wir es schwer, aber ich habe es nie bereut.«

Kate ging hinüber und zog die roten Plüschvorhänge gerade, als sei das der einzige Grund dafür, daß sie ihren Platz wechselte; in Wirklichkeit aber hatte sie nur in die Nähe ihres Bruders, Matthew, kommen wollen, der sich unsicher am Kinn kratzte. Sie stieß ihn heftig an. »Sag, was ich dir gesagt habe«, drängte sie ihn schnell mit leiser Stimme.

Matthew räusperte sich. »Was uns betrifft, so hast du nichts zu bereuen, Lally«, sagte er, und er blickte zu Kate, die ihm durch ein Kopfnicken andeutete, daß er fortfahren solle. »Wir haben die Gefühle unserer armen Mutter nicht geteilt. Natürlich waren auch wir der Meinung, daß du eine bessere Partie hättest machen können, aber das läßt sich nun nicht mehr ändern, und du sollst wissen, daß wir alles für dich tun werden, was in unserer Macht steht.« Wieder blickte er zu seiner Schwester Kate, die noch heftiger mit dem Kopf nickte, um anzudeuten, daß das Wichtigste noch ungesagt geblieben war. »Wir möchten nicht, daß du Not leidest«, sagte Matthew.

Als soviel gesagt worden war, hatte Kate das Gefühl, daß die Autorität des Bruders hinlänglich zur Geltung gekommen war, und sie riß das Gespräch wieder an sich. »Wir werden niemandem Grund zu der Behauptung geben, daß wir dich Not leiden ließen, Lally. Wir haben alles besprochen. Wir werden eine Vereinbarung treffen.« Erneut sah sie

Matthew mit einem Blick an, der ihm die Unterhaltung wie einen Ball zuzuwerfen schien.

»Wir haben überlegt«, sagte Matthew, »daß, wenn sich jeder von uns von einem kleinen Betrag trennen würde, unterm Strich eine ordentliche Summe dabei herauskommen würde.«

Aber wieder warf Lally ihre Hände hoch.

»O nein, nein, nein«, sagte sie. »Ich möchte nichts, was mir nicht zusteht.«

»Es wäre von dem Anteil eines jeden nur ein kleiner Betrag, aber zusammengenommen wäre es ein feines Sümmchen«, beschwichtigte Nonny sie. »Das täte keinem von uns weh.«

»Nein, nein, nein«, wiederholte Lally. »Das kann ich nicht zulassen. Das hieße, sich ihrem Willen zu widersetzen.«

»Ach, und mit einem Mal findest du diesen Gedanken beunruhigend?« fragte Kate in einem ungewollten Anflug von Ungeduld, den sie sich mit einer nächsten Bemerkung gutzumachen beeilte. »Warum solltest du es nicht annehmen? Du hast auf deinen Anteil genausogut Anspruch wie alle anderen.«

»So könnte man es zumindest formulieren«, sagte Matthew, »solange wir nicht von einem juristischen Standpunkt aus argumentieren.«

»Nein, nein, nein«, entgegnete Lally zum dritten Mal. »Versteht ihr denn nicht? Es wäre mir zuwider, es anzunehmen, wenn ich die ganze Zeit weiß, daß sie es nicht für mich gedacht hatte. Und überhaupt müßt ihr an euch selbst denken.« Sie sah zu Kate. »Du hast Kinder, die zur Schule geschickt werden müssen. Und Matthew, du hast das Haus, das unterhalten werden muß. Und was dich angeht, Nonny, so hast du niemanden, der sich um dich kümmert. Von keinem von euch werde ich auch nur einen Penny nehmen.«

»Und was ist mit deinen eigenen Kindern?« fragte Kate. »Hast du die vergessen?«

»Ach, es geht ihnen gut«, sagte Lally. »In der Stadt ist alles anders. In der Stadt gibt es genügend gebührenfreie Schulen. Und bei mir läuft es bestens. Alle Zimmer im Haus sind belegt.«

Danach herrschte einige Minuten lang betretenes Schweigen, aber Kate und Nonny tauschten Blicke. Kate ging hinüber zum Feuer und nahm den Schürhaken hoch. Sie kniete sich hin und fuhr damit zwischen die glühenden Kohlen und schlug sie mit einer so ungewöhnlichen Heftigkeit, daß Matthew sie ansah. »Brauchst du denn immer eine Souffleuse?« fauchte sie ihn an, als er endlich auf sie aufmerksam wurde.

Matthew räusperte sich, und wieder blickte Lally ihn erwartungsvoll an. »Es muß noch ein weiterer Faktor berücksichtigt werden. Wir haben vor deiner Ankunft darüber gesprochen«, sagte er hastig und nervös. »Es wäre wirklich im Interesse der Familie, wenn du damit aufhören würdest, Zimmer zu vermieten.« Er warf ihr einen verstohlenen Blick zu, um zu sehen, wie sie seine Worte aufnahm.

Während Matthew sprach, war Kate mit dem Schürhaken in ihrer Hand am Kamin knien geblieben. Als er innehielt, machte sie Anstalten, sich zu erheben, aber der steife Rock ihrer neuen Trauerkleidung behinderte sie. Und anstatt sich schnell zu erheben, neigte sie sich deshalb mit der ruckartigen Bewegung eines Kamels schräg nach vorn. Es war nicht klar, ob Lally über Matthews Worte lachte oder über das kamelhafte Gebaren Kates, die ihrerseits sofort beleidigt war.

»Ich weiß nicht, was es da zu lachen gibt, Lally«, sagte sie. »Für uns ist es nicht gerade ein schönes Gefühl, daß unsere Schwester eine gewöhnliche Hauswirtin ist. Mutter hat es nie verziehen. Sie mag dir mit der Zeit deine Mesalliance verziehen haben, aber sie hätte dir niemals verzeihen können, daß du dich durch eine Pension unter dein Niveau begeben hast.«

»Von irgend etwas mußten wir schließlich leben«, sagte Lally scheinbar unberührt, und während sie sprach, zupfte sie Blattläuse von einer Pflanze auf dem Tisch.

»Ich kann nicht behaupten, daß ich Mutter einen Vorwurf mache«, mischte sich Nonny mit einer plötzlichen Gehässigkeit in die Diskussion ein. »Mir ist unklar, warum du diesen Mann unbedingt heiraten mußtest, wenn es für dich bedeutete, Zimmer zu vermieten.«

»Es war umgekehrt, Nonny«, sagte Lally eilig. »Ich war bereit, Zimmer zu vermieten, weil es bedeutete, daß ich ihn heiraten konnte.«

»Immer mit der Ruhe!« sagte Matthew. »Wir brauchen uns nicht zu streiten. Wir müssen diese Sache in Ruhe besprechen. Wir werden irgendeine Regelung finden. Es hat keinen Zweck, alles heute zu tun. Morgen ist auch noch ein Tag. Lally wird müde sein, nachdem sie den weiten Weg hergereist ist und ohne fünf Minuten Pause zur Beerdigung mußte. Wir werden alles morgen besprechen.«

Lally sah zwischen den einzelnen Gesichtern hin und her, als ob sie sich, bevor sie weitersprach, das Gesicht aussuchen wollte, das am mildesten wirkte. Schließlich wandte sie sich wieder zu Matthew.

»Morgen früh bin ich nicht mehr hier«, sagte sie eilig, als ob es nicht weiter von Bedeutung sei. »Ich muß noch heute abend zurück. Ich bin nur zur Beerdigung hergekommen. Ich kann nicht länger bleiben.«

»Wieso nicht?« verlangte Kate zu wissen, und als ob sie die Antwort auf die Frage wüßte und nicht hören wollte, stampfte sie mit dem Fuß auf. »Du mußt bleiben«, sagte sie. »Das ist alles, was es dazu zu sagen gibt.«

»Es bringt ohnehin nichts, wenn ich bleibe«, entgegnete Lally. »Ich würde das Geld nicht annehmen, heute nicht und morgen nicht, ganz gleich, was ihr sagt.«

Matthew blickte zu seinen anderen Schwestern. Sie nickten ermutigend.

»Deine Halsstarrigkeit bringt nichts, Lally«, sagte er lahm.

»Wahrscheinlich denkst du wohl, daß du dich selbstlos verhältst«, sagte Kate, »aber ich sage dir, für meine Kinder ist es nicht gerade ein schönes Gefühl, daß ihre Cousins ersten Grades gebührenfreie Schulen in der Stadt besuchen und sich unter den Pöbel mischen und Botengänge für deine schmierigen Mieter erledigen. Und da das wahrscheinlich noch nicht schlimm genug ist, wirst du sie bestimmt demnächst bei irgendeinem Gemüsehändler hinter die Theke stellen.«

Lally schwieg.

»Wenn du ein kleines Hotel hättest, sähe es nicht so schlecht aus«, sagte Matthew und blickte plötzlich mit einer Lebhaftigkeit auf, die die Tatsache verriet, daß er zum ersten Mal aus eigener Initiative gesprochen hatte. »Wenn du ein Hotel hättest, könnten wir eine Gesellschaft gründen. Wir anderen könnten Teilhaber werden. Wir könnten es den richtigen Leuten empfehlen. Wir könnten selbst dort wohnen, wann immer wir in der Stadt sind.« Mit jedem Wort, das er sprach, wuchs seine Aufregung. Er wandte sich von Lally zu Kate. »Das ist doch keine schlechte Idee. Oder?« Er wandte sich wieder an Lally. »Du mußt einfach über Nacht bleiben«, sagte er begeistert und zeigte, daß zumindest er vorher nicht daran geglaubt hatte, daß sie sich ihren Wünschen fügen würde.

»Ich kann nicht bleiben«, sagte Lally leise.

»Natürlich kannst du.« Matthew ging über ihre Schwierigkeiten hinweg, ohne sie anzuhören. »Du mußt bleiben«, sagte er. »Dein Zimmer ist schon fertig. Oder, Nonny?«

»Es ist alles fertig«, sagte Nonny. »Ich habe ihnen gesagt, daß sie ein Feuer darin anmachen und eine Wärmflasche ins Bett legen sollen.« Nach einer Weile führte sie weiter aus: »Zuerst wollten wir dich hier in einem Zimmer unterbringen, aber bei dem ganzen Wirbel hatten wir keine Zeit, uns darum zu kümmern. Wir bringen dich im Station Hotel unter. Wir haben darum gebeten, das schönste Zimmer herrichten zu lassen. Es ist alles fertig. Ich bin hingelaufen, um es mir anzusehen. Es ist ein großes, luftiges Zimmer mit einem schönen, großen Bett. Es hat zwei Fenster, und man kann hinaus auf das Spielfeld sehen. Da wirst du es bequemer haben als hier. Wenn du möchtest, könnte ich natürlich auch ein Klappbett in mein Zimmer stellen, aber ich finde, du solltest dir selbst zuliebe alles so lassen, wie ich es geplant habe. Du wirst besser schlafen können. Wenn du hier schläfst, wirst du vielleicht nur an Dinge erinnert, die du lieber vergessen solltest.«

»Ich bin dir sehr dankbar, Nonny, für all die Mühe, die du dir gemacht hast. Ich bin euch allen dankbar. Aber ich kann nicht bleiben.«

»Wieso nicht?« Kate sprach die Frage aus, die in allen Gesichtern stand.

»Es gibt Dinge, um die ich mich kümmern muß!«

»Was für Dinge?«

»Verschiedene Dinge. Ihr versteht nichts davon.«

»Die können warten.«

»Nein«, sagte Lally. »Ich muß gehen. Heute abend kommt eine Frau in das Zimmer auf dem zweiten Flur, und ich muß da sein, um ihr mit ihren Möbeln zu helfen.«

»Hast du ihre Adresse?« fragte Matthew.

»Wozu?« fragte Lally.

»Du könntest ihr ein Telegramm schicken und den Termin absagen.«

»Aber dann sitzt sie in der Klemme«, entgegnete Lally.

»Na und? Du siehst sie nie wieder. Wenn wir erst einmal das Hotel gegründet haben, wirst du es mit einer ganz anderen Klasse von Leuten zu tun haben.«

»Ich will gar kein Hotel gründen«, sagte Lally. »Jetzt werde ich nichts mehr ändern. Es wäre mir zuwider, viel Geld zu verdienen, jetzt, wo Robert sowieso nichts mehr davon hat. Jetzt ist es zu spät. Jetzt bin ich zu alt.«

Sie sah hinab auf ihre dünnen Hände mit den abgebrochenen Fingernägeln und dem feinen Geflecht von Linien, die durch den Schmutz noch dunkler wirkten. Unterdessen beobachteten die anderen ihre Schwester und blickten sie, die jünger war als sie alle, an, und ein Frösteln überkam sie, weil sie an Lallys Zerfall ihren eigenen ablesen konnten. Sie waren stärker verschont geblieben, das war alles. Das Elend hatte das Zerbröckeln von Lallys Aussehen beschleunigt. Obwohl man sich vor einem krummen Rücken, dem Schlafferwerden der Haut und dem Nachlassen des Augenlichts nicht schützen konnte, hatte sie eine unerklärliche Jugendlichkeit an sich. Ein Frösteln überfiel die Geschwister. In ihnen regte sich ein tiefer Groll.

»Langsam wird mir klar«, sagte Matthew, »daß Mutter recht hatte. Langsam wird mir klar, was sie damit sagen wollte, wenn sie behauptete, du seist so stur wie ein Baum.«

»Hat sie das denn gesagt?« fragte Lally, und einen Augenblick lang erhellte sich ihr Gesicht, während sich eine eigensinnige Vorstellung von großen Bäumen in ihrem Kopf breitmachte, die sich im Sonnenlicht grün und glänzend gegen einen Himmel abhoben, der so blau war wie die Federn am Hut eines jungen Mädchens.

Ungeduldig erhob sich Nonny. »Was nützt das ganze Gerede?« sagte sie. »Einer sturen Person wie ihr ist nicht zu helfen. Man muß sie ihren eigenen Weg gehen lassen. Aber niemand kann behaupten, daß wir nicht unser Bestes getan haben.«

»Ich bin sehr dankbar«, sagte Lally wieder.

»Ach, behalt deine Danksagungen für dich!« schnaubte Nonny. »Wie Matthew erklärt hat, ging es dabei nicht um dich. Wir wollten vermeiden, daß weiterhin Leute aus der Stadt kommen und uns erzählen, daß sie dich getroffen haben, und wir uns vorstellen können, wie du ausgesehen hast in deinen alten Lumpen, dein Haar völlig verknotet und verfilzt, und dein Gesicht womöglich auch noch schmutzig.«

»Sag mal, Lally, siehst du überhaupt manchmal in den Spiegel?« fragte Matthew. »Ich gebe gerne zu, daß ich mich geschämt habe, neben dir am Grab gesehen zu werden.«

»Wie hast du es mit deinen Zähnen so weit kommen lassen können?« fragte Nonny.

Durch die Vorhänge konnte man die Ampellichter der

Bahnlinie von Rot auf Grün umschalten sehen. Das entfernte Geräusch eines rangierenden Zuges drang durch die stille Abendluft zu ihnen herüber. Selbst als die ältliche Hausangestellte mit einer schweren Messinglampe eintrat, schien das grüne Bahnlicht noch durch die Scheibe, beharrlich wie ein Gedanke.

»Wie spät ist es?« fragte Lally.

»Du hast genug Zeit«, sagte Matthew. »Das war nur ein Güterzug. Dein Zug kommt erst in zwei Stunden.« Seine Worte deuteten an, daß ihr Aufbruch allgemein akzeptiert worden war, und eilig wurde das Abendessen auf einem Tablett hereingebracht. Ein Butler wurde nach oben geschickt, um nachzusehen, ob Lallys Handschuhe in Kates Zimmer auf dem Bett lagen.

»Wo sind sie bloß geblieben?« wurde rundum gefragt, aber in dem nervösen Durcheinander blieb eine zufriedenstellende Antwort aus.

»Möchtest du dich waschen?« fragte Nonny. »Das wird dich für die Reise erfrischen. In meinem Zimmer steht eine Kanne Wasser.«

Und ein- oder zweimal lehnte sich Matthew über den Tisch und fragte sie im Flüsterton, ob sie ganz sicher sei, daß sie alles für die Rückfahrt habe, was sie brauche. Ob sie eine Rückfahrkarte habe? Ob sie Kleingeld für die Gepäckträger habe?

Lally brauchte jedoch nichts, und als die Abfahrtszeit des Zuges näherrückte, machte es den Eindruck, als wolle sie nicht einmal mit dem Auto zum Bahnhof gebracht werden.

»Aber es regnet doch«, sagte Matthew.

»Es ist stockdunkel draußen«, sagte Kate.

Und alle, einschließlich der Hausangestellten, die gerade das Tablett wegräumte, stimmten darin überein, daß es bereits schlimm genug sei, wenn die Leute wüßten, daß sie noch am Tag der Beerdigung ihrer Mutter zurückfuhr und daß man den Skandal nicht noch dadurch verschlimmern müsse, indem man den Leuten Anlaß zu der Behauptung gab, daß ihr Bruder, Matthew, sie nicht einmal mit dem Auto zum Bahnhof brachte, und das, obwohl es in Strömen regnete.

»Man wird sagen, daß wir eine Auseinandersetzung wegen des Testaments hatten«, sagte Nonny, die sich zumindest ein Kennzeichen der Jugend – ihr übermäßiges Feingefühl – bewahrt hatte.

»Was spielt es schon für eine Rolle, was man sagt«, versetzte Lally, »solange wir wissen, daß es nicht zutrifft?«

»Wenn jeder so dächte, wäre es eine komische Welt«, sagte Matthew.

»Schließlich gibt es so etwas wie die Wahrung des Anscheins«, sagte Kate. »Übrigens, ist dieser Mantel von dir schwarz oder blau?« fragte sie unvermittelt, nahm Lally am Arm und zog sie näher zu der Lampe, um den Ärmel in Augenschein zu nehmen.

»Er ist fast schwarz«, sagte Lally. »Es ist ein sehr dunkles Blau. Ich hatte keine Zeit, mir richtige Trauerkleidung zu besorgen. Die Frau von nebenan hat mir den hier geliehen. Sie meinte, man könne es kaum von Schwarz unterscheiden.«

Nonny zuckte mit den Achseln und wandte sich an Matthew. »Sie ist zu stolz, um Dinge anzunehmen, die ihr gehören, aber sie ist nicht zu stolz, um Dinge anzunehmen, die Fremden gehören.«

»Ich muß los«, sagte Lally schließlich.

Sie schüttelte allen die Hand. Noch einmal blickte sie die Treppe hinauf, auf der man am Morgen den Sarg heruntergetragen hatte. Sie legte ihre Hand auf den Türknauf. Während sie sie noch immer zu überreden versuchten, sich mit dem Auto bringen zu lassen, öffnete sie die Tür und lief die Straße hinunter.

In der Dunkelheit hörten sie ihre Schritte auf dem Asphalt, wie sie sie so häufig gehört hatten, als sie noch ein kleines Mädchen war und in die Stadt lief, um etwas für ihre Mutter zu erledigen. Und genau wie damals, wenn sie sich einen Mantel übergeworfen hatte und die Ärmel baumelten, hatte sie die Tür hinter sich sperrangelweit offen gelassen. Einen Augenblick zögerte Matthew, dann schloß er die Tür.

»Warum warst du nicht beharrlicher?« fragte Kate knapp.

»Bei Leuten wie Lally redet man gegen eine Wand. Sie betrachten alles auf ihre Weise, und nichts wird sie ändern. Du kannst ebensogut versuchen, ein fallendes Blatt zu fangen wie herauszufinden, was in Lallys Kopf vorgeht.«

Die drei standen in dem kalten Flur. Plötzlich begann Kate zu weinen.

»Was ist los mit dir?« fragte Nonny. »Auf dem Friedhof warst du so tapfer. Du hast uns alle vor einem Zusammenbruch bewahrt. Warum weinst du jetzt?«

»Wegen Lally«, antwortete Kate. »Keiner von euch kann sich so gut an sie erinnern wie ich. Ich habe ihr ein Kleid für ihren ersten Tanz genäht. Es war aus weißem Musselin mit blauen Schleifen auf der Vorderseite. Ihr Haar glänzte wie Licht.« Kate gab heftige Schluchzer des Schmerzes von sich, die ihren ganzen Körper schüttelten und schließlich auch den dünnen, ausgemergelten Matthew, als er seinen Arm um sie legte.

Nachdem sie aus der Haustür war, rannte Lally die dunkle Straße der Kleinstadt entlang, wie sie sie vor vielen Jahren als junges Mädchen entlanggerannt war. Bis zur Abfahrt ihres Zuges war noch viel Zeit, aber ein fürchterliches Herzklopfen hatte bewirkt, daß sie losgelaufen war. Nicht einmal, als sie in das gelbe Licht der Lampen gelangte, das aus Schaufenstern und aus den offenen Türen in der Nähe des Squares flutete, dachte sie daran, ihr Tempo zu verringern und langsamer weiterzugehen. Als Kind war es gewöhnlich eine innere Aufgeregtheit der Gedanken gewesen, die sie zum Rennen veranlaßt hatte, denn damals war es ihr so vorgekommen, als sei die kleine Stadt von einer strahlenden Welt umgeben, die tags und nachts erleuchtet war. Und in dieser strahlenden Welt drumherum konnte man stets Freude und Hoffnung finden, man mußte nur weiterrennen, durch das alte Stadttor, über die dunkle Eisenbahnbrücke und weiter entlang der kurvenreichen Straße, und man würde den Mittelpunkt dieser Aufregung schon erreichen. Eines Tages, da war sie sicher, würde sie dorthin gelangen.

Und eines Tages war sie dann tatsächlich aufgebrochen. Aber die Freude war nirgends zu finden gewesen. Auch hinter dem gelben Schein der Straßenlichter war dauernde Freude nirgends zu finden. Das Leben war genau gleich, von welcher Seite auch immer man es betrachtete, in den Städten und Großstädten und auf dem kurvenreichen Land. Wahrscheinlich war es das gleiche in den Feldern und Dörfern, obwohl sie darüber wenig wußte. Im Dunkeln und im Hellen war das Leben gleich. Für die Jungfer war es das gleiche wie für die erschöpfte Familienmutter. Man blieb immer man selbst, ganz gleich, wohin man ging und was man tat. Man änderte sich nicht. Ihre Brüder und Schwestern waren genau so, wie sie immer gewesen waren. Sie selbst war genau so, wie sie immer gewesen war, obwohl sie inzwischen schlechte Zähne hatte und eine blaue Feder am Hut sie aussehen ließe wie eine alte Hexe in einem Weihnachtsspiel. Manchmal mochte man vorher denken, daß irgendeine Handlung oder irgendein Ortswechsel eine große Veränderung herbeiführen würden, aber in Wirklichkeit änderte es überhaupt nichts. Es gab nur eine Sache, die einen verändern konnte, und das war der Tod. Und niemand wußte, wie diese Veränderung sein würde.

Niemand wußte, wie der Tod war, aber alle stellten fürchterliche, quälende Vermutungen an. Bruchstücke des kleinen alten Hauskatechismus, den sie in der Schule hatte auswendig lernen müssen, fielen ihr wieder ein, verzerrt durch ein schlechtes Erinnerungsvermögen und verworrene Gefühle. Bilder von Flammen und schreienden, sich auf Höllenrosten windenden Seelen tauchten während des Laufens vor ihr auf. Sie hatte den Bahnhof fast erreicht, als sie aufhörte zu rennen, sich kurzerhand umdrehte und ein paar Meter in die Richtung zurücklief, aus der sie gekommen war. Sie tastete sich an einer dunklen Mauer entlang, die sich an dieser Stelle seitlich des Weges erhob, bis sie mit ihren Fingern die nassen, schwarzen Geländer eines Tors berührte. Dies war das Tor, das zum Pfarrhaus führte, dem Wohnsitz des Gemeindepriesters. Sie schlug das Tor mit derselben wilden Entschlossenheit zurück gegen die Pfeiler, mit der sie es geöffnet hatte. Sie rannte über die nasse, kiesbedeckte Auffahrt zu dem Haus des Priesters hinauf.

In der Dunkelheit konnte sie den Messingklopfer nicht finden, und deshalb trommelte sie mit ihren Händen gegen die Tür. Nach einer Weile wurde die Tür mit einer Grobheit aufgerissen, die zu ihrem Klopfen paßte.

»Was im Namen des Herren wollen Sie?« fragte die Haushälterin, eine ältere Frau, deren Schürze in der Dunkelheit weiß funkelte.

»Ich möchte zum Pfarrer!« sagte Lally.

»Er ist beim Essen«, sagte die Frau, deutete grimmig nach hinten und und schickte sich an, die Tür wieder zu schließen.

»Ich muß zu ihm«, sagte Lally und trat in den Flur.

»Ich darf ihn während seiner Mahlzeiten nicht stören«, sagte die Frau, »es sei denn, es stirbt jemand«, fügte sie hinzu. Ihr Ärger über die Störung wurde von Neugier verdrängt, als sie bemerkte, daß es sich bei der Frau um eine Fremde handelte. »Wen soll ich melden?« fragte sie.

»Lally Conroy«, sagte Lally. Die Erinnerungen an früher waren so gewaltig, daß ihr der Mädchenname natürlicher über die Lippen kam als der Name, den sie seit vierundzwanzig Jahren trug.

Die Haushälterin ging durch die Halle und öffnete auf der linken Seite eine Tür. Sie machte sie hinter sich zu, aber das Schloß schnappte nicht ein, und die Tür ging wieder auf. Lally setzte sich auf den glänzenden Mahagonistuhl in der Halle und hörte deutlich, wenn auch mit einer gewissen Gleichgültigkeit, was gesprochen wurde. Denn von ihrer Absicht konnte sie nun nichts mehr abbringen.

»Draußen ist eine Frau, die unbedingt zu Ihnen möchte, Herr Pfarrer.«

»Wer ist sie?« fragte der Priester mit gedämpfter Stimme, als ob er sich gerade mit einer Serviette über den Mund striche.

»Sie hat sich als Conroy ausgegeben«, antwortete die Frau, »und sie hat eine gewisse Ähnlichkeit mit Matthew Conroy, aber ich habe sie noch nie zuvor gesehen, und sie scheint arm wie eine Kirchenmaus zu sein.«

»Ich habe in der Tat eine merkwürdige Frau bei der Familie am Grab gesehen, aber ich habe nicht mit ihr gesprochen.« Der Priester sprach langsam und nachdenklich. »Ich habe einmal gehört, daß es noch eine Schwester gibt, aber das war eine traurige Geschichte. Ich weiß nicht mehr genau, was es war. Ich werde mit ihr sprechen«, sagte er. Man vernahm das Geräusch eines über den Boden kratzenden Stuhls, und bald ertönten seine Schritte auf dem gebohnerten Holz, als er das Zimmer in Richtung Halle durchquerte.

Lally saß auf dem steifen Stuhl beim Feuer, ihr Gesicht vor der Hitze der Flammen schützend, die wie kleine Schlangen auf den Holzscheiten im Kamin umherkrochen, aber als der Priester sich näherte, sprang sie auf. Also würde er doch mit ihr sprechen. Wieder vernahm sie das Pfeifen des Zuges, der – wenn auch noch in weiter Ferne – dem stillen Abend über dem Land seine Gegenwart unweigerlich aufprägte.

Ohne Umschweife begann Lally. »Ich habe es eilig, Herr Pfarrer. Ich muß mit diesem Zug weg. Es tut mir leid, daß ich Sie störe. Ich wollte Sie lediglich um einen Gefallen bitten.« Ihre Stimme war so wenig zu bändigen wie die im Kamin auflodernden Flammen. »Lally Conroy ist mein Name.«

»Setzen Sie sich, setzen Sie sich.« Der Priester nahm unter dem Umhang seiner Soutane eine Uhr hervor. »Sie haben noch sechs Minuten«, sagte er.

»Nein, nein, nein«, sagte Lally, »ich darf den Zug nicht verpassen. Ich wollte nur wissen, ob Sie gleich morgen früh eine Messe für meine Mutter lesen werden. Ich werde Ihnen das Geld für das Meßstipendium schicken, sobald ich in der Stadt bin. Ich werde es heute abend abschicken, an der Hauptpost, dort gibt es noch eine Mitternachtsleerung. Werden Sie das tun, Herr Pfarrer? Ja?« Sie erhob sich, als ob die Unterredung beendet sei, und begann rückwärts zur Tür zu gehen. Ohne eine Antwort abzuwarten, wiederholte sie ihre dringende Frage. »Ja? Werden Sie das tun, Herr Pfarrer? Gleich morgen früh!«

Der Priester blickte auf ihre schäbigen Schuhe und die dicken Strümpfe. »Es besteht kein Grund zur Sorge. Ihre Mutter war eine gute Frau«, sagte er. »Und soviel ich weiß, hat Ihre Mutter in ihrem Testament eine große Summe dafür hinterlassen, daß nach ihrem Tod Messen für sie gelesen werden.«

»Aber Herr Pfarrer, es ist nicht das gleiche, ob Leute Geld hinterlassen, damit Messen für ihre Seele gelesen werden; was zählt, sind die Messen, die andere für sie lesen lassen.« Lallys Gedanken überschlugen sich vor lauter Aufregung. »Ich möchte, daß von meinem Geld eine Messe für sie gelesen wird. Ich möchte, daß drei Messen für sie gelesen werden. Aber ich möchte, daß die erste gleich morgen früh gelesen wird, um halb acht. Und sie muß von meinem Geld gelesen werden. Von meinem Geld!« betonte Lally.

Mit unbeherrschter Neugier beugte sich der Priester nach vorn.

»Warum muß es von Ihrem Geld sein?«

»Ich habe Angst«, antwortete Lally, »ich habe Angst, daß sie leiden könnte. Ich habe Angst um ihre Seele.« Die Augen, die in das flackernde Feuer starrten, waren tatsächlich angsterfüllt, und als eine Kohle herabfiel und auf diese Weise einen klaffenden Abgrund von loderndem Feuer enthüllte, trat das blanke Entsetzen in ihre Augen, spiegelte sich ihre Vorstellung doch in den roten Flammen des Feuers wider. »Sie war sehr verbittert.« Zum ersten Mal seit der Nachricht vom Tod ihrer Mutter brach Lally Conroy zusammen. »Zwanzig oder dreißig Jahre lang war sie sehr verbittert über mich, und sie ist gestorben, ohne mir zu vergeben. Ich habe Angst um ihre Seele.« Sie blickte zum Priester auf. »Sie werden die Messe doch lesen, sobald Sie können, Herr Pfarrer?«

»Ich werde sie lesen«, sagte der Priester. »Aber sorgen Sie sich nicht wegen des Geldes. Ich werde sie ohne Entgelt lesen.«

»Aber das möchte ich nicht«, rief Lally eilig. »Ich möchte, daß sie von meinem Geld bezahlt wird. Das ist es, was am meisten zählt, daß sie von meinem Geld bezahlt wird.«

Demütig akzeptierte der Priester die Anweisungen der erschöpften Frau vor ihm.

»Ganz wie Sie wünschen«, sagte er. »Gibt es noch etwas, was Ihnen Sorgen bereitet?«

»Der Zug! Der Zug!« rief Lally und suchte nach dem Türriegel.

Wieder nahm der Priester seine Uhr hervor.

»Sie werden gerade noch Zeit haben, ihn zu erreichen«, sagte er, »wenn Sie sich beeilen.« Und er öffnete die Tür. Lally rannte hinaus auf die dunkle Straße.

Einen Augenblick lang verschaffte ihr der Gedanke an das, was sie getan hatte, Beruhigung, und als sie die nasse, kiesbedeckte Auffahrt hinunterrannte und ihr der kalte Regen in das gerötete Gesicht schlug, konnte sie sich gedanklich mit praktischen Überlegungen über die Heimfahrt beschäftigen. Als sie jedoch das heiße und stickige Abteil des Zuges betrat, begannen die Tränen wieder über ihr Gesicht zu strömen, und sie fragte sich, ob sie sich dem Priester verständlich gemacht hatte. Als sich der Zug langsam in Bewegung setzte, streckte sie ihren Kopf aus dem Fenster des Abteils und rief einem Gepäckträger, der draußen mit einer grünen Fahne in der Hand stand, zu: »Um wieviel Uhr kommt dieser Zug in der Stadt an?«, aber der Gepäckträger konnte sie nicht hören. Er legte seine Hand an sein Ohr, aber genau in dem Moment rauschte der Zug in die Dunkelheit unter der Eisenbahnbrücke. Lally schob das Fenster hoch und lehnte sich in ihrem Sitz zurück.

Falls der Zug nach Mitternacht ankam, wollte sie die Nachtglocke des Franziskanerklosters läuten und darum bitten, daß auf der Stelle eine Messe für die Seele ihrer Mutter gelesen würde. Sie hatte einmal gehört, daß in dem Mönchskloster Tag und Nacht Messen gelesen wurden. Sie versuchte sich zu erinnern, wo sie das gehört hatte und wer es ihr gesagt hatte, aber in ihrem Kopf herrschte ein großes Durcheinander. Sowie der Zug in die Nacht hineindonnerte, lehnte sie sich mit dem Kopf gegen die Kissen und begann fieberhaft, die Mietpreise zusammenzurechnen, wieviel an Miete von den Bewohnern der oberen Zimmer noch ausstand. Dann zog sie von der Gesamtsumme den Betrag ab, den sie in der Woche für das Essen für die Kinder benötigen würde. Sie würde genau zwei Pfund fünfzig haben. Davon konnte sie mindestens sechs Messen lesen lassen. Vielleicht blieb sogar Geld übrig, um im Konvent der Immerwährenden Vergebung ein paar Lichter anzuzünden. Sie versuchte, sich mit ihren Berechnungen zu beruhigen, aber sowie der Zug durch die Nacht rauschte, setzte sie sich auf den rot gepolsterten, nach Staub riechenden Sitzen aufrecht hin und preßte ihre Hände fest zusammen und dachte an die Qualen des Fegefeuers. Als an dem Fenster des Abteils kleine Rußpartikel von der Lok vorbeiflogen, begann sie still zu beten, mit schnellen, unvollständigen Worten, die sich in ihrem Kopf mit brennenden Funkengarben zusammendrängten.

Der kleine Prinz

I

Gegen vier Uhr am Nachmittag, sie war gerade oben und gab ihrem Vater seine Medizin, meinte Bedelia unten im Laden die Stimme ihres Bruders zu hören. Sie eilte nach unten. Außer Daniel war niemand im Laden.

»Ich meinte Toms Stimme gehört zu haben«, sagte sie. »Ist das richtig?«

Es widerstrebte Daniel, Tom zu verraten, aber er wollte nicht lügen. Er nickte.

»Also hat er sein Versprechen nicht gehalten!« rief sie. »Was hat er gesagt? Wer war außer ihm hier?«

Allem Anschein nach war es die alte Geschichte. Ihr Bruder Tom hatte wieder einmal den guten Kumpel gespielt, wie immer, war mit einer Schar nichtsnutziger Freunde in den Laden marschiert, direkt zur Theke, und hatte allen Drinks spendiert, als wäre er ein Kunde! Unter diesen Umständen würde er mit dem Gewinn wohl kurzen Prozeß machen, wenn er die Geschäfte in seine Hand nähme.

»O wie kann er bloß so dumm sein!« rief sie, und die Impulsivität ihres Ausrufs schien bedeuten zu wollen, daß es eine Zeit gegeben hatte, als man mehr von ihm erwartet hatte. Aber das war nicht der richtige Augenblick für Rührseligkeiten. Sie mußte etwas unternehmen. »Ich muß ihn sprechen«, sagte sie entschlossen. »Es ist leicht zu erkennen, daß er ein Gewohnheitssäufer geworden ist.«

Aber während sie das sagte, wußte sie, daß das Wort Säufer für ihren Bruder Tom weder gerecht noch passend war. Seine Fehler konnten nicht mit einem Wort beschrieben werden, das Alter oder Zerfall suggerierte; es waren noch immer die Fehler der Jugend, und wenn sie und Daniel nicht ausgerechnet mit seinem Ruin in Zusammenhang ständen, hätte sie in seiner rücksichtslosen Verschwendungssucht möglicherweise sogar noch etwas Reizvolles entdecken können. Aber so wie die Dinge jetzt standen, konnte man ihm nicht gestatten, so weiterzumachen.

»Es muß etwas getan werden, Daniel, und zwar sofort«, sagte sie. »Ich hatte heute noch keine Gelegenheit, es dir zu sagen, aber nach Meinung des Arztes sieht es nicht gut aus für Vater. Heute morgen sagte er, daß er nicht mehr lange Zeit haben wird.« Sie hielt inne. »Und du weißt, was das bedeutet«, fügte sie vielsagend hinzu. »Du weißt, was getan werden muß.«

Daniel wußte es. »Ich wünschte bloß, ich könnte es dir abnehmen, Bedelia«, sagte er, »aber ich habe dir meinen Standpunkt erklärt und –«

»Ach, laß nur!« sagte sie ungeduldig. Sie hatte völliges Verständnis für seinen Standpunkt. Wenn ihr Bruder schon nicht in der Lage war, die Dinge im richtigen Licht zu sehen, sollte er wenigstens keinen falschen Eindruck von Daniel bekommen, besonders wenn er, wie alle anderen in der Familie, noch immer nichts von dem Verhältnis zwischen ihr und Daniel wußte. Vielleicht wäre es anders, wenn Daniel bereits sein Schwager wäre. Obwohl es für sie dann wahrscheinlich *noch* heikler wäre, die Situation auf ihre Art in den Griff zu bekommen. Sie hatte zwar nicht das Gefühl, daß es eine übermäßig schwierige Aufgabe war. Tom war nicht wirklich gefährlich. Er wäre der letzte, da war sie sicher, der einer Fliege etwas zuleide täte, geschweige denn seiner eigenen Schwester oder ihrem zukünftigen Mann. Möglicherweise würde oder könnte er sich nicht dazu bringen lassen, seinen Lebensstil zu ändern, aber er könnte sich durchaus zu der Einsicht bringen lassen, daß sich sein Lebensstil mit dem ihren nicht vertrug und daß es, falls er seinen unbedingt beibehalten wollte, ratsam war, wenn er das unter einem anderen Himmelsstrich täte. »Er wird auf mich hören, das weiß ich«, sagte sie. »Ich kenne ihn in- und auswendig. Ich durchschaue ihn genau. Habe ich dir nicht gesagt, daß er sein Versprechen nie und nimmer halten würde?

Habe ich dir nicht gesagt, daß es pure Zeitverschwendung ist, ihm noch eine Chance zu geben?«

Tom war mit Rücksicht auf Daniels Bedenken eine letzte Chance gegeben worden. Allerdings war das ein Fehler gewesen, wie Daniel nun selbst zugeben mußte. Damit war nur eine Unannehmlichkeit aufgeschoben worden, die ansonsten längst vom Tisch wäre.

»Noch heute abend werde ich ihm deutlich meine Meinung sagen«, sagte Bedelia. »Sobald der Laden geschlossen ist, werde ich ihn hierherbringen, wo wir nicht gestört werden. Während ihr anderen beim Essen seid, wäre doch eine gute Zeit, oder? Da ist er!« rief sie, als sie genau in diesem Moment hinter der grünen Vorhangtür, die von dem Laden zu den Wohnräumen des Anwesens führte, seine Stimme bei einer Balgerei mit der jüngeren Schwester vernahmen. Bedelia warf einen Blick zur Uhr. »Könntest du nicht schon anfangen, die Fensterläden zu schließen?« fragte sie, und als Daniel ihren Vorschlag befolgte, beobachtete sie ihn gereizt. Sie wollte ihn loswerden, um ungehindert zur Tat schreiten zu können.

Als Daniel wenige Minuten später jedoch gegangen war und sie allein in der Dunkelheit stand, verharrte sie noch einen Augenblick regungslos. Ihr Blick fiel in der Düsterkeit unwillkürlich dorthin, wo über der Kasse an der Wand ein illustrierter Kalender von einer jener zahlreichen Reedereien hing, bei denen ihr Vater angestellt gewesen war. Von Kindesbeinen an hatte ihr Blick täglich auf dem vergilbten und schmutzigen Bild geruht, und selbst in der Dunkelheit konnte sie den großen Liniendampfer auf seinem tiefblauen Ozean sonnenklar erkennen. Tom wäre nicht das erste schwarze Schaf, das über den Ozean geschickt würde. Die Neue Welt war jedoch weit entfernt, und auch wenn man sie nur erreichen konnte, indem man den riesigen Atlantik überquerte – was gab es denn sonst schon für ein Mittel gegen einen Verschwender wie Tom, der kein Gespür dafür hatte, was er seiner Familie schuldig war? So manch ein junger Mann wie er war in Ungnade fortgegangen, um als völlig neuer Mensch nach Hause zurückzukehren; als respektabler Mann, als wohlhabender Mann mit einem pelzgefütterten Mantel, seine Zähne mit Gold plombiert, und mit den entsprechenden Mitteln, Autos zu leihen und seine Verwandtschaft durchs Land zu fahren. Ob nicht auch Tom dort sein Glück machen konnte? Es schien nicht wahrscheinlich, aber zumindest war es möglich.

Unvermittelt unterbrach sich Bedelia in ihren Überlegungen und ging durch die Vorhangtür in das kleine Wohnzimmer hinter dem Laden. Sie hatten bereits mit dem Abendessen begonnen. Liddy goß Tee ein, und Alice schnitt das Brot. Tom hatte angefangen zu essen, und mit vollem Mund blickte er als Antwort auf seinen Namen hoch.

»Ich möchte dich sprechen, Tom«, sagte Bedelia. »Sofort!« sagte sie unerbittlich, als er protestierte, er sei hungrig. Als er jedoch seine Untertasse über seinen Tee legte, den Liddy ihm soeben erst eingegossen hatte, als ob er davon ausginge, daß er in einer Minute zurück sei, war ihr unbehaglich zumute.

»Was gibt's?« fragte er, als er ihr aus dem Zimmer folgte. »He, wieso gehen wir hierhin?« rief er, als sie die Tür öffnete und in die Dunkelheit des Ladens trat.

»Ich möchte bei dem, was ich zu sagen habe, nicht unterbrochen werden«, sagte seine Schwester kurz, und sie hielt ihm die Tür auf wie einem kleinen Kind.

»Aber es ist stockdunkel hier drin«, protestierte er, als er sich unbeholfen zwischen den zahlreichen Warenfächern, die auf der Mitte des Bodens angeordnet waren, seinen Weg bahnte.

Bedelia bahnte sich dagegen zielstrebig ihren Weg, und als sie ihn über einen Gegenstand nach dem andern stolpern hörte, konnte sie sich eine Bemerkung über seine mangelnde Vertrautheit mit den Räumlichkeiten nur schwer verbeißen.

»Komm hier lang«, sagte sie, als sie die andere Seite des Ladens erreichte, wo es hinter der Theke einen kleinen

Raum für Kunden gab, die sich etwas Privatsphäre wünschten, und der allgemein ›die Koje‹ genannt wurde. Auch hier waren die Läden des kleinen, auf den Hinterhof hinausführenden Fensters für die Nacht verschlossen, aber im Unterschied zu den einfachen Holzläden an der Vorderseite des Geschäfts hatte irgend jemand einmal aus einer Laune heraus in das mittlere Feld des Fensterladens eine Öffnung in der Form eines Herzens geschnitzt. Durch diese kleine herzförmige Öffnung kam für Bedelias Absicht ausreichend Licht herein. Als sie sich umdrehte, konnte sie das Gesicht ihres Bruders erkennen.

Er sah erstaunlich gut und, das mußte sie zugeben, unverlebt aus. Aber das wird nicht lange anhalten, sagte sie sich, und ohne Umschweife schnitt sie ihr Thema an. »Nun, Tom! Vermutlich ist dir klar, warum ich mit dir sprechen möchte?«

Zur ihrer Verärgerung jedoch schien er ihr nicht einmal zuzuhören. Statt dessen hob er eine alte gesprungene Jardiniere von gelber Glasur hoch, die auf einem wackeligen Bambustisch stand und in die man einen riesigen, schlecht passenden Blumentopf hineingequetscht hatte, der nichts außer einem einzigen erbärmlichen Geranienstengel enthielt. »Hörst du mir zu?« fragte sie, weil er in die Betrachtung der erbärmlichen Topfblume versunken zu sein schien.

Noch immer antwortete er nicht. Er hob den Blumentopf aus dem Übertopf, hielt ihn sich unter die Nase und führte den vertrockneten Stengel an seine Nasenlöcher, als ob es sich um eine wohlduftende Blume handele. Allmählich glaubte sie, daß er sie zum Narren halten wollte.

»Du meinst vielleicht, ich wüßte nicht Bescheid darüber, daß du dein Versprechen nicht gehalten hast?« fuhr sie ihn an. »Ich habe gehört, daß du den ganzen Nachmittag mit deinen Freunden hier warst.«

Mit Genugtuung beobachtete sie, daß er erschrocken aufblickte.

»Dir entgeht nicht viel, was?« sagte er. »Ich nehme an, der getreue Daniel hat dir über mein Betragen ausgiebig Bericht erstattet?«

»Es geht dich überhaupt nichts an, woher ich meine Informationen habe«, schnaubte sie und bemühte sich sehr, noch nicht die Beherrschung zu verlieren.

»Im Gegenteil, es geht mich sehr wohl etwas an, liebes Schwesterchen, denn ob du's glaubst oder nicht, zufällig bist du falsch informiert.«

Sie war perplex, aber nicht lange. »Beschuldigst du etwa Daniel, daß er lügt?«

»Ich beschuldige niemanden«, sagte Tom mit der Ruhe desjenigen, der noch etwas in Reserve hat. Langsam wurde sie unsicher. »Ich habe meine Fehler, Bedelia, aber meine Versprechen halte ich.«

Das stimmte. Als kleiner Junge war er immer ehrlich gewesen, aber sagte man nicht, daß Alkohol den Charakter einer Person ruinierte? Sie blickte ihn unumwunden an. »Wem von euch beiden soll ich glauben?« fragte sie.

»Warum nicht mir, Bedelia?« Und dann nahm er plötzlich den Blumentopf aus der Jardiniere und schob ihn ihr unter die Nase. »Riechst du was?« fragte er.

Unwillkürlich wich sie zurück, nicht aber ohne zuvor den beißenden Geruch wahrgenommen zu haben, der aus dem rissigen Lehm aufstieg. »Es riecht wie Whiskey«, sagte sie überrascht. Tom lachte. »Mit deiner Nase ist jedenfalls alles in Ordnung, Bedelia«, sagte er fröhlich. Er hatte seine normale, ungezwungene Art zurück. »Glaubst du mir jetzt, wenn ich sage, daß ich mein Versprechen gehalten habe? Es ist richtig, daß ich heute nachmittag mit meinen Freunden hier war, und immer wenn ich ihnen nachgefüllt habe, habe ich auch mir nachgefüllt, aber ich habe keinen Tropfen getrunken. Keinen Tropfen! Wenn keiner hinsah, hab ich das Zeug hier reingekippt«, und erneut schwenkte er den Blumentopf hin und her. »Sie sah auch so aus, als könnte sie eine kleine Wässerung gut gebrauchen«, sagte er. »Obwohl sie jetzt auch nicht viel besser aussieht.« Er lachte beschwingt. Beschwipst, dachte Bedelia.

Sie verspürte ein bitteres Gefühl der Enttäuschung. Ihre Pläne waren zunichte gemacht. Nun gab es keine direkte Rechtfertigung für den Vorschlag mehr, den sie ihm hatte unterbreiten wollen. Oder doch? Mit einem Mal erspähte sie eine Lücke in seiner Erklärung. »Du hältst dich wohl für besonders schlau?« sagte sie. »Du glaubst wohl, daß ich mich über deine Gewitztheit zu Tode amüsiere. Nun, dem ist nicht so.« Sie sah ihn nicht an, aber sie spürte, daß sie ihn beunruhigt hatte, und das schenkte ihr Zuversicht. »Wahrscheinlich hielte ich mehr von dir, wenn du das Zeug getrunken hättest«, fauchte sie. »Du mußt ein ausgemachter Schwachkopf sein, einen so guten Whiskey einfach wegzuschütten. Ist dir nicht klar, daß es Geld war, das du weggeschüttet hast? Geld!« Das letzte Wort schrie sie beinahe. »Nun, ist es etwa nicht so?« fragte sie defensiv, weil ihr bei dem Ausdruck auf seinem Gesicht einen Augenblick lang angst und bange wurde.

Er ließ die Jardiniere sinken. »Es tut mir leid, ich dachte, es würde dich freuen, Bedelia«, sagte er.

Sie biß sich auf die Lippe.

Das hatte er als kleiner Junge immer gesagt, wenn sie ihn bei irgendeiner kleinen Missetat erwischt hatte, und er hatte immer ihr Herz damit gewonnen. Jetzt zwang sie sich jedoch zu glauben, daß er ihr die Sache bloß schwermachen wollte.

»Ich fürchte, Tom, daß du zu diesen Leuten gehörst, die man schützen muß – vor sich selbst, meine ich«, fügte sie rasch hinzu, als sie sah, wie er seine Augenbrauen hob. »Für jemanden wie dich war es fatal, in die Lage hineinzugeraten, in die du durch Vaters Krankheit hineingeraten bist. Es war nie meine Art, um den heißen Brei herumzureden, und deshalb kann ich dir auch sagen, daß ich, als ich dich hergebeten hatte, schon davon ausgegangen war, daß du dein Versprechen nicht gehalten hattest, und ich hatte fest beschlossen, daß nur noch eins übrigblieb, und zwar dich ganz aus dieser

Stadt wegzubringen, weg von deinem schlechten Umgang, den Faulpelzen und Schnorrern, die wissen, daß sie dir nur ein bißchen Honig um den Bart zu streichen brauchen, um mit Drinks abgefüllt zu werden. Nein, unterbrich mich nicht! Ich weiß, daß du ein paar Freunde hast, die dich nicht so ohne weiteres geschröpft hätten wie andere und dir sogar Geld geliehen haben, aber glaub mir, sie wußten, daß für sie eher noch etwas dabei herausspringt. Ein junger Mann mit deinen Perspektiven! Deine Freunde waren immer deine ärgsten Feinde. Nun, das ist es, was ich dir sagen wollte, aber nach dem, was du mir gerade erzählt hast, glaube ich langsam, daß du dir selbst dein ärgster Feind bist. Guten Whiskey in einen Blumentopf zu gießen! Ich glaub's nicht.«

Während sie sprach, blickte Tom hinunter auf den Boden.

»Wahrscheinlich hast du recht, Bedelia«, sagte er leise. »Aber was für einen Ausweg gibt es? Ich nehme an, daß du, da du im ersten Fall einen wußtest, auch in diesem Fall einen parat haben wirst. Vielleicht ist es sogar in beiden Fällen derselbe?«

Wurde er unverschämt? Wenn die Situation nicht so heikel und ein vorsichtiger Umgang damit nicht zwingend notwendig gewesen wäre, hätte sie die Beherrschung verloren. »Die Stadt ist nicht der richtige Ort für dich, Tom«, sagte sie kalt. »Wenn du fortgehen würdest, für eine Weile jedenfalls, noch einmal von vorne anfangen würdest sozusagen, vielleicht –«

Aber er unterbrach sie. »Also ist der Ausweg in beiden Fällen derselbe?« Er lachte. »Der ist gut, weißt du das? Das erinnert mich an einen Witz, den ich neulich gehört hab. Möchtest du ihn hören?«

Bedelia war nicht in Stimmung für Witze, aber wenn er eine gute Geschichte zu erzählen hatte, konnte ihn ohnehin nichts davon abbringen.

»Schau nicht so sauer. Warte, bis du ihn hörst. Es war einmal ein kleiner Mann, der war mit einer großen Gewitterziege verheiratet, die ihn überhaupt kaum im Haus duldete, außer an Zahltagen. Natürlich mußte sie ihn bekochen, aber ich glaube, sie setzte sich nie mit ihm zu Tisch, sondern knallte ihm das Essen immer nur hin, ohne ein Wort, und während er aß, lief sie die ganze Zeit in der Küche umher und hämmerte mit dem Handfeger herum, oder was sie sonst gerade in der Hand hatte, und beachtete ihn kaum mehr als einen Hund.

Naja, eines Tages jedenfalls, als er zum Abendessen nach Hause kam, knallte sie ihm wie immer seine Tasse und seinen Teller hin und schmiß ein paar Scheiben Brot auf den Teller und goß ihm aus einer alten, braunen Kanne eine Tasse Tee ein, der wahrscheinlich stundenlang hinten auf dem Herd gestanden hatte und längst bitter war. Es war ein riesiges Vieh von einer Teekanne, mit einem blöden Schnabel, und der Tee tropfte immer heraus, als ob die Kanne irgendwie verstopft wäre, was wahrscheinlich auch der Fall war.

Als sie ihm an diesem Tag jedenfalls eine Tasse Tee eingeschüttet und die Milchkanne in seine Richtung geschoben hatte, begab sie sich wie immer an ihre Arbeit zurück, aber obwohl sie ihn gar nicht beachtete, bekam sie nach einer Weile das Gefühl, daß irgend etwas nicht stimmte. Vielleicht hörte sie ihn nicht mit dem Löffel in der Tasse rühren. Oder sie hörte nicht, wie er sich den Tee von seinem Schnurrbart lutschte, jedenfalls warf sie einen Blick zu ihm hinüber, und tatsächlich hatte er seinen Tee nicht angerührt. Und als sie ein paar Minuten später wieder nachsah, stand die Tasse immer noch randvoll vor ihm.

›Hey! Was ist los?‹ fragte sie, unterbrach die Arbeit und stemmte ihre Hände auf die Hüften. ›Warum trinkst du deinen Tee nicht?‹

Daraufhin wurde der arme Kerl rot über beide Ohren, und entschuldigend sah er zu ihr hoch. ›Da ist eine Maus drin, Maggie‹, antwortete er.

Vermutlich bekam sie da einen kleinen Schrecken, denn du wirst zugeben, daß man so etwas nicht unbedingt erwarten würde. Nachdem sie ihm einen Blick zugeworfen hatte, als ob es irgendwie sein Fehler wäre, ging sie deshalb hinüber und sah in die Tasse. Und tatsächlich schwamm in der Tasse oben im Tee eine tote Maus; sie mußte in die alte Teekanne gekrochen sein, während sie hinten auf dem Herd gestanden hatte, und den Schnabel hinuntergekommen sein – vielleicht war es das, was ihn die ganze Zeit verstopft hatte. Na jedenfalls war sie da, eine tote Maus.

›Hmm!‹ sagte die Frau, und sie nahm die Tasse und trug sie zur Spüle hinüber, und mit einem Löffel fischte sie die Maus heraus und warf sie in den Eimer für die Schweine. ›Da!‹

Aber wie beim letzten Mal dauerte es nicht lang, bis sie das Gefühl hatte, daß er noch immer vor der Tasse saß, ohne sie anzurühren, und noch einmal sah sie zu ihm hinüber. Er hatte den Tee tatsächlich nicht angerührt. Er saß einfach davor. Allein der Anblick machte sie rasend. › Nun, und was ist jetzt mit dir los?‹ wollte sie wissen. Und sie erhob die Augen zum Himmel. ›Wirklich, ich weiß beim besten Willen nicht, was du für ein Mann bist! Du willst deinen Tee mit Maus nicht trinken, und du willst ihn ohne Maus nicht trinken.‹«

Es war eine gute Geschichte. Oder zumindest hatte Tom das gemeint, als er sie zum ersten Mal gehört hatte, und selbst jetzt, als er zum Ende kam, hätte er wieder lachen mögen, aber beim Anblick von Bedelias Gesicht wurder er ernst. Er unternahm keinen Versuch, ihr die Anwendung dieser Parabel klarzumachen. Statt dessen richtete er sich auf, als ob er bitteren Wert darauf legte, das zu tun, was man von ihm erwartete. »Wann und wohin soll ich gehen?«

Bedelias Gesicht zuckte bei der Frage.

»Amerika«, antwortete sie trocken. Als sie jedoch den ungläubigen Blick und dann, schlimmer noch, Glauben in seinen Augen dämmern sah, versagte ihr beinahe die Stimme. »Das bietet sich wohl am besten an«, murmelte sie. »Ein anderes Land, ein Neubeginn –«

Aber er hob seine Hand und winkte ab.

»O ja! Ja! Mein liebes Schwesterchen. Ich weiß, daß du mich für außerordentlich desinteressiert hältst, was das Geschäft angeht, aber auch ich habe gelegentlich durch die Schiffskataloge geblättert, und ich weiß so ziemlich alles über die schöne neue Welt. Darüber brauchen wir uns nicht zu unterhalten. Laß uns zu den praktischen Dingen kommen.« Er blickte hinab auf seine Weste, auf der sich ein paar Lehmspuren von dem Blumentopf befanden, und bürstete sie ab. »Was ein Segen, daß dieser Anzug in so gutem Zustand ist. Das erspart den Kauf eines neuen.«

Meinte er das etwa ernst? Dann ließ er es aussehen, als ob sie ihn fortjagte. »Man sollte meinen, du fährst morgen früh«, sagte Bedelia.

»Und ist das nicht zutreffend?«

»Du weißt ganz genau, daß eine Anzahl Abmachungen getroffen werden müssen. Wir werden zu irgendeiner Übereinkunft kommen.«

»Abmachungen? Übereinkunft?«

»Natürlich hast du Anspruch auf deinen Geschäftsanteil«, sagte sie kalt.

»Ach ja. Dann lauf nach oben und sag dem alten Herrn, daß ich ihn jetzt nehme«, sagte er. »Wie geht's ihm heute abend überhaupt?« fragte er plötzlich in einem anderen Ton. »Ich bin den ganzen Tag nicht bei ihm oben gewesen.«

»Ach, recht gut«, sagte Bedelia ungeduldig, »aber du weißt ganz genau, daß er von alldem nichts weiß. Ich spreche nicht von der Gegenwart, ich spreche von der Zeit, wenn –«

»Aha, verstehe. Ich bin froh, daß der alte Herr nichts damit zu tun hat. Du sprichst von der Zeit, wenn unser armer Vater aus dem Weg ist«, sagte er und blickte an die Decke über ihren Köpfen.

»Selbstverständlich müssen Änderungen vorgenommen werden, wenn es soweit ist«, sagte sie steif.

»Selbstverständlich!« sagte Tom sarkastisch, aber Bedelia schien es, als käme er allmählich zur Vernunft. »Wie Daniel gesagt hat –«, begann sie.

»Aha, Daniel hat also auch damit zu tun?«

Bedelia biß sich auf die Lippe. Hier war ihr ein Patzer unterlaufen, aber das war nicht die Zeit für Ausflüchte. »Du kannst eigentlich ruhig wissen, daß Daniel und ich heiraten«, sagte sie ohne Umschweife.

»Liebe Güte!«

Bedelia merkte, daß sie ihm einen Schock versetzt hatte. Aber er beherrschte sich.

»Ich nehme an, du meinst hinterher«, antwortete Tom und deutete mit seinem Daumen nach oben an die Decke. Im nächsten Augenblick streckte er blitzschnell seine Hand aus. »Nun! Na dann viel Glück euch beiden! Tut mir leid, daß ich zur Hochzeit nicht hier sein kann.«

»Ach, aber das versuche ich doch gerade zu erklären«, sagte sie. »Du brauchst doch erst hinterher zu gehen. Daniel und ich wollen zunächst einmal nur wissen, wo wir finanziell stehen. Und selbst dann wird es sicherlich noch eine Zeit dauern, bis wir heiraten.«

Aber Tom hörte nicht zu. Er hatte seinen Kopf gehoben, und auch wenn es eine absurde Vorstellung war, spürte sie, daß er in Gedanken bereits in weiter Ferne war – vielleicht stand er bereits auf dem Deck des ausfahrenden Atlantik-Dampfers, wie sie in den Kalendern der Reedereien abgebildet waren, und atmete die frischen Meeresbrisen ein, von denen sie glaubte, daß sie immer und ewig über dem wilden Atlantik wehten. Dann kam er mit einem Mal zurück auf die Erde, zurück in das kleine, finstere Hinterzimmer.

»Ich muß schon sagen, das habt ihr alles hübsch ausgeklügelt, du und Daniel«, sagte er und lächelte, diesmal – dessen war sie sich sicher – völlig ohne Boshaftigkeit. »Ich glaube jedoch nicht, daß es mir möglich sein wird, mich nach euren Plänen zu richten. Wenn ich überhaupt gehen muß, gehe ich sofort.«

»Aber was ist mit deinem Vater? Was sollen wir ihm bloß sagen?«

Wieder lächelte Tom. »Ich habe keine Zweifel, daß du

auch dafür eine zufriedenstellende Lösung ausklügeln wirst.«

»Und was ist mit deinem Geschäftsanteil?« rief Bedelia. »Da werden wir uns etwas einfallen lassen müssen. Wie kannst du an deinen Anteil kommen, ohne Vater in die Sache einzuweihen? Du siehst, uns sind die Hände gebunden. Du kannst nicht gehen, bevor er geht.«

Tom schien in der Situation kein größeres Problem zu sehen. Er sah sich um. »Hast du einen Stift?« fragte er. »Ich werde dir und Daniel meinen Anteil überschreiben. Wie wär das? Wäre dann nicht alles in Ordnung? Es wird ein kleines Hochzeitsgeschenk von mir, oder wenn du es lieber anders nennen möchtest, dann eben ein kleines Abschiedsgeschenk.«

Aber Bedelia hatte ihren Stolz, oder vielleicht sollte man richtiger sagen, sie hatte Daniels Ehrgefühl, das sie schützen mußte.

»Das würde Daniel niemals zulassen«, sagte sie steif. »Ich werde mit ihm darüber sprechen müssen. Ich könnte mir vorstellen, daß wir eine Übergangsregelung treffen. Und hinterher können wir einen Anwalt hinzuziehen, der ein entsprechendes Schreiben aufsetzt. In der Zwischenzeit schicken wir dir jedes Jahr dein Geld.« Genau in diesem Augenblick jedoch fuhr ihr noch ein weiterer Aspekt der Situation durch den Sinn. »Und noch etwas«, rief sie. »Wir müssen uns auf den Teil von Amerika einigen, den du zuerst ansteuerst. Normalerweise zieht es die Leute ja dorthin, wo auch andere von zu Hause sind, aber in deinem Fall halte ich es für ratsamer –«

»Ach ja, richtig, ein Neuanfang für mich! Ich weiß, worauf du hinauswillst, meine Liebe, aber ich denke, diese Entscheidung kannst du getrost mir überlassen. Und nun?« Er blickte zur Tür.

Bedelia war mit dem abrupten Ende der Unterredung nicht zufrieden. »Sobald du dich niedergelassen hast, wirst du uns natürlich schreiben?«

In dem dunklen Licht der Koje machte Tom eine Bewegung, so daß der Lichtstrahl aus dem Fensterladen nicht mehr auf sein Gesicht fiel.

»Lassen wir's dabei bewenden«, sagte er. »Sobald ihr meine Adresse wißt – meine feste Adresse, heißt das –, könnt ihr mir schreiben.«

Einen Augenblick lang meinte sie einen sonderbaren Ausdruck auf seinem Gesicht festzustellen, aber im nächsten Augenblick sprach er ganz normal, und sie sagte sich, daß sie sich getäuscht hatte.

»Und jetzt werde ich, wenn du nichts dagegen hast, Bedelia, zurück zu meinem Abendessen gehen.«

Nachdem er gegangen war, fühlte Bedelia sich so müde, daß sie sich gegen die Wand des Hinterzimmers lehnte und so aus dem Lichtstrahl heraustrat, der während ihres Gesprächs in gebrochenen Linien auf das Gesicht ihres Bruders gefallen war, der nun jedoch auf die gegenüberliegende Wand fiel, genau umrissen, ein vollkommener, kleiner goldener Lichtfleck in der Form eines Herzens.

II

Wenngleich ihr Vater noch sieben Monate lebte, nachdem Tom nach Amerika aufgebrochen war, und wenngleich sie von ihm seitdem nicht ein einziges Mal gehört hatten, war es unmöglich, nicht anzunehmen, daß er sich wenigstens zum jetzigen Anlaß mit ihnen in Verbindung setzen würde. »Diesmal müßte er sich doch wirklich melden, oder nicht?« sagte Bedelia zu Daniel, der inzwischen ihr Mann war, als sie aus der Kirche kamen. Es war das Jahrgedächtnis ihres Vaters.

Bis dahin hätte man Toms Schweigen auf seine Gedankenlosigkeit zurückführen können, aber jetzt schien es, als ob etwas anderes dahinter stecken mußte. Sie konnten sich auch nicht damit trösten, daß er die Nachricht von dem Tod seines Vaters vielleicht nicht vernommen hatte, denn abgesehen davon, daß sie die Todesanzeige auch in die amerikanischen Zeitungen hatten setzen lassen, hatten sie ihm außerdem ein Telegramm c/o Mary Conaty geschickt, einer ehemaligen Bediensteten, die wenige Jahre zuvor nach Boston emigriert war und die unlängst in einem Brief an ihre Schwester zu Hause berichtet hatte, Tom Grimes auf der Straße getroffen zu haben, und nicht nur einmal, sondern zwei- oder dreimal. Er hatte versprochen, sie zu besuchen, und obwohl dieser Besuch bis zu ihrem letzten Brief noch nicht erfolgt war, durfte durchaus angenommen werden, daß sie ihm die traurige Nachricht hatte übermitteln können.

Sie waren so sicher gewesen, von ihm zu hören, daß Daniel dem Fall zuvorgekommen war, indem er Toms Namen in den Zeitungen unter denen aufgenommen hatte, von denen sie Beileidsbezeugungen erhalten hatten, obschon er dabei leichte Bedenken gehabt hatte. Bedelia jedoch hatte für solche Bedenken kein Verständnis. »Ich hätte seinen Namen in jedem Fall aufgenommen, selbst wenn ich gewußt hätte, daß er sich nicht melden würde. Wir konnten die Leute nicht denken lassen, daß er gänzlich aus unserem Leben verschwunden ist.«

Daniel seufzte. Er hatte die Befürchtung, daß Tom Grimes genau das getan hatte. Bedelia jedoch konnte sich mit einer solchen Vorstellung keineswegs anfreunden. »Er wird schon schreiben. Demnächst werden wir aus heiterem Himmel einen Brief von ihm bekommen«, behauptete sie.

Solange sie seine Adresse nicht hatten, legte Daniel in der Zwischenzeit jeden Monat gewissenhaft einen Teil des Gewinns auf die Seite, und dieses Geld wurde auf ein Konto eingezahlt, das er einen Tag nach dem Tod seines Schwiegervaters auf Toms Namen eröffnet hatte.

»Geld scheint er nicht gerade dringend zu brauchen, soviel steht fest«, sagte Bedelia in bissigem Ton am Ende des zweiten Jahres, als sie die Abrechnungen machten und ihr auffiel, wieviel Geld sich auf Toms Konto angehäuft hatte.

»Da wäre ich mir nicht so sicher«, entgegnete Daniel. »Er war tiefgründig, der Tom.«

Eine weitere Erklärung wartete Bedelia jedoch nicht ab. »Ach, verlaß dich drauf, wir werden schon von ihm hören, wenn er es braucht.«

Aber in dieser Einschätzung der menschlichen Natur gründete sie ihr Urteil auf die Allgemeinheit der Menschen, nicht auf das betreffende besondere Individuum. Und wenngleich er auch nicht völlig ihrer Meinung war, zahlte Daniel das Geld doch gewissenhaft jeden Monat ein.

Und insofern war er auch nicht gänzlich überrascht, als Bedelia eines Nachmittags mit vor Aufregung geröteten Wangen durch die grüne Vorhangtür in den Laden kam und ihn ohne Rücksicht auf Kundschaft zu sich winkte. Als er sah, daß sie in ihrer Hand einen Brief hielt, zog er den vorschnellen Schluß, daß er von dem Verschollenen stammen müsse.

Aber der Brief stammte nicht von Tom Grimes. Er stammte von Mary Conaty. Darin teilte sie mit, daß sie Tom wiedergetroffen und lange mit ihm gesprochen habe. Sie wußte, daß man sich zu Hause um ihn ängstigte und hatte geschrieben, um zu sagen, daß kein Grund zur Sorge bestand.

»Es geht ihm blendend, und er scheint erfolgreich zu sein«, zitierte Bedelia aufgeregt aus dem Brief. »Ist das nicht nett von ihr, daß sie geschrieben hat?« rief sie. »Sich soviel Mühe zu machen, die ganze Sache zu beschreiben. Sie lief die Tremont Street hinunter – das muß eine Straße in Boston sein –, und wen anderes sah sie in ein Schaufenster sehen als unseren Tom. Kannst du dir das vorstellen, Daniel, so ein Zufall!«

Obwohl Daniel enttäuscht war – hatte er doch angenommen, der Brief sei von Tom selbst –, wollte er Bedelias Freude nicht dämpfen und versuchte deshalb, hoffnungsfroh zu wirken. »Also sind wir ihm schließlich doch noch auf die Spur gekommen«, sagte er. »Nun, erzähl mir alles.

Wie geht es ihm? Was macht er?« Er streckte seine Hand nach dem Brief aus.

Aber Bedelia schien irgendeine zurückhaltende Scheu überkommen zu haben, und, die ausgestreckte Hand übersehend, entfernte sie sich ein Stück. »Ach, ich gebe ihn dir später«, sagte sie. »Ich habe ihn selbst noch nicht richtig gelesen, sondern nur überflogen.«

Ihr ausweichendes Verhalten war Daniel nicht entgangen, und augenblicklich betrübte es ihn. Vor ihrer Heirat, vor dem Tod ihres Vaters, schien es ein festeres Band zwischen ihnen gegeben zu haben als jemals danach. Er hatte immer gedacht, daß sie gemeinsam das Beste für Tom gewollt hatten, aber inzwischen glaubte er, daß es nur eine gemeinsame Verschwörung gegen ihn gewesen war.

Erst als er zum Essen hineinging, bekam er mehr von Mary Conatys Brief zu hören.

»Was diesen Brief angeht, den ich heute morgen bekommen habe, Daniel«, sagte sie. »Wahrscheinlich wäre es das beste, wenn wir niemandem davon erzählen, zumindest im Augenblick. Schließlich ist es eine sehr indirekte Information, im Grunde nicht viel besser als Tratsch, und was wissen wir schon, möglicherweise war Mary Conaty in einigen Dingen, die sie von ihm berichtet, auch falsch informiert.« Hier hielt sie inne, und Daniel wußte, daß sie sich widerstrebend dazu entschlossen hatte, ihm irgend etwas Unverdauliches aus dem Brief mitzuteilen. »Es ist zum Beispiel gut möglich, daß sie sich mit seinem Beruf vertan hat«, sagte sie langsam und vorsichtig, als ob sie zwischen einem Wort und dem nächsten Lotungen seiner Reaktion vorzunehmen versuchte.

Was für eine geborene Intrigantin sie doch war, dachte er mit gemischten Gefühlen. Sie konnte doch nicht wirklich glauben, daß sie ihm von der Tätigkeit ihres Bruders bereits erzählt hatte. Aber wenn ihr das die Sache erleichterte, war er bereit, sich auf ihr Spiel einzulassen, und er erhob keinen Widerspruch.

»Es scheint kaum möglich, daß er eine Stelle als Kellner angenommen hat, oder?« sagte sie.

»Als Kellner!«

Trotz seines Entschlusses, sich auf ihr Spiel einzulassen, vermochte Daniel einen entsetzten Aufschrei nicht zurückzuhalten, aber als er sie zusammenzucken sah, bereute er seine Taktlosigkeit.

»Naja, wir dürfen nicht vergessen, daß es seine Zeit braucht, in einem fremden Land Fuß zu fassen«, sagte er rasch.

Ohne zu zögern, ging Bedelia auf dieses rettende Argument für ihren Bruder ein. »In Amerika sind solche Berufe auch ganz anders angesehen. Dort drüben nehmen die Leute alle möglichen Stellen an, und niemand hält deswegen weniger von einem. Es ist nicht wie hier! Außerdem scheint es ein sehr exklusives Hotel zu sein.« An dieser Stelle fischte sie eilig mit der Hand in ihrer Tasche und zog den Umschlag von Mary Conatys Brief heraus, auf dem sie den Namen des Hotels vermerkt hatte. »The Parker House heißt es«, sagte sie, als ob das Eindruck auf ihn machen müßte. »Mary Conaty sprach davon, als ob es ein großes Verdienst sei, ins Parker House zu kommen.«

Es war ein schwieriger Augenblick für Daniel, der behutsam und ehrlich zugleich sein wollte.

»In den Augen einer Person von Mary Conatys Herkunft stellt eine Anstellung als Kellner vermutlich etwas sehr Besonderes dar – aber ich fürchte, man kann nicht leugnen, daß es für deinen Bruder ein Abstieg ist, Bedelia.«

Bedelia brauste auf.

»Ach, aber es ist ja nicht nur Mary Conaty, die so denkt. Die Westropps, das sind die Leute, bei denen sie dort drüben arbeitet – sie erwähnt sie in all ihren Briefen –, sie haben Mary Conaty gesagt, daß es für einen jungen Mann sehr schwer ist, im Parker House eine Arbeit zu bekommen. Mary hat ihnen anscheinend davon erzählt, weil sie wußte, daß sie dort ein- und ausgingen, und sie haben sie gebeten, ihn zu beschreiben, und als sie das tat, konnten sie sich sofort an ihn erinnern. Ich nehme an, sie hatten schon gemerkt, daß er anders als die anderen war. Wie auch immer, sie sagten ihr, sie könne stolz auf ihn sein. Sie sagten, er wäre wie ein kleiner Prinz.«

Als sie diese Worte der unbekannten Westropps wiederholte, stockte Bedelia auf einmal.

»Was ist, Bedelia?« rief Daniel.

»Ach nichts, nichts«, anwortete sie. »Mir ist nur gerade etwas eingefallen, was die Leute vor langer Zeit immer über ihn sagten, als er noch klein war. Als Mutter damals zu kränkeln anfing, mußte meistens ich auf ihn aufpassen, und manchmal zog ich ihm einen kleinen Samtanzug mit einem weißen Spitzenkragen an, so daß ich von den Leuten auf der Straße angehalten wurde, die ihn ansehen und bewundern wollten, und genau das haben sie immer gesagt – daß er aussah wie ein kleiner Prinz. Bis zu diesem Augenblick hatte ich es vergessen.«

Zu seiner Verwunderung nahm sie ein Taschentuch hervor und preßte es an ihre Augen.

»Ach, schon gut!« sagte er und legte seinen Arm um ihre Schulter. »Das ist jetzt nicht der richtige Augenblick zum Weinen. Im Gegenteil. Jetzt haben wir zum ersten Mal seine Adresse, wir sind nicht mehr auf irgendwelche umständlichen Umwege angewiesen, um uns mit ihm in Verbindung zu setzen. Wer kann schon wissen, ob er all die anderen Nachrichten je erhalten hat? Jetzt können wir direkt an ihn schreiben. Ein an das Parker House adressierter Brief wird ihn ganz bestimmt erreichen.«

Er war so zuversichtlich, daß Bedelia das Taschentuch wegsteckte. Der Brief, der noch am selben Tag an das Parker House Hotel gesandt wurde, kam allerdings ungeöffnet zurück, mit einer Notiz von der Direktion auf der Rückseite, der zufolge Tom Grimes seine Anstellung bei ihnen aufgegeben hatte, ohne eine Adresse für die Nachsendung seiner Post anzugeben. Das Hotel wisse nichts über seinen derzeitigen Verbleib.

»Und was machen wir jetzt?« rief Bedelia und starrte auf den zurückgesandten Brief.

Natürlich war es ein kleiner Schlag, das mußte Daniel zugeben, aber er hatte beschlossen, es nicht allzu ernst zu nehmen. »Mach dir nichts draus«, sagte er. »Wir werden bald wieder von ihm hören.«

Es vergingen jedoch siebenundzwanzig Jahre seit dem Tag, an dem Daniel jene einzigartig unprophetische Bemerkung von sich gab, bis sie wieder Nachricht von dem kleinen Prinzen erhielten. Nicht, daß sie ihn während all der Jahre jemals lange Zeit vergessen hätten. Zum Beispiel wurden sie regelmäßig einmal im Monat an ihn erinnert, wenn sie bei der Bank Geld auf seinen Namen einzahlten, auch wenn ihre Reaktionen unterschiedlich waren, und insbesondere Daniels hatte sich mit der Zeit bis zur Unkenntlichkeit verändert. Zunächst hatten ihn bei den sorgfältigen Einzahlungen nur seine eigene Ehrlichkeit und Integrität beschäftigt, und anfangs hatte es ihm auch Freude bereitet zu beobachten, wie das Geld sich anhäufte. Jeden Monat, wenn er bei der Bank die Überweisung fertiggemacht hatte, machte er dem Kassierer gegenüber dieselbe Bemerkung. »Nun«, sagte er immer selbstgefällig, »es ist da für ihn, falls er jemals kommen und danach suchen sollte.« Und wenn er nach Hause ging, dachte er gewöhnlich mit einer gewissen Portion Stolz darüber nach, wie sich ein verhältnismäßig kleiner Geldbetrag vergrößern kann, wenn man ihn nicht anrührt und auf Zinseszins berechnet. Es war bereits zu einer ziemlich beträchtlichen Summe angewachsen.

Aber irgendwie begann sich Daniels Einstellung mit dem Anhäufen des Geldes zu ändern. Bedenken, die mit den Jahren hätten schrumpfen sollen, vergrößerten sich. Und während es einst kaum der Rede wert erschienen war, daß jemand auf den kleinen Anteil eines kleinen Geschäftes verzichtete, erlangte dessen wahrer Verlust inzwischen in den Augen aller Beteiligten, ausgenommen Tom selbst, ein gigantisches Ausmaß. »Ich glaube kaum, daß er eine Vorstellung davon hat, wieviel es inzwischen geworden ist«, sagte Daniel zu Bedelia. Und im gleichen Zug wandelte er seine Rede bei der Bank ab. »Er wird überrascht sein, wenn er auftaucht und sieht, was auf ihn wartet.«

Als sich die Jahre seit Toms Verschwinden dann allmählich in Dekaden zählen ließen, fing Daniel an, ausgiebig über das geringer werdende Verhältnis zwischen der Summe und den Jahren nachzudenken, die Tom zur Nutzung derselben noch zur Verfügung standen. Selbst wenn er noch am selben Tag auftauchte, was sollte er schon damit anfangen? Ein Gefühl großen Mitleids für Tom bemächtigte sich seiner, vermischt mit Selbstmitleid. Denn Tom würde ein reicherer Mann sein, als es ihm selbst je vergönnt sein würde. Denn das Geschäft war nicht so gut gegangen, wie es seinerzeit zu erwarten gestanden hatte, als Matthias Grimes noch lebte und Daniel selbst ein unerfahrener Ladenjunge mit großer Ehrfurcht vor den Räumlichkeiten war, in denen er untertänig bediente. Traurig sah er sich nun immer in dem kleinen Laden um und fragte sich, wie er jemals hatte glauben können, daß es sich um ein großes und blühendes Geschäft handelte, denn besonders in der Dämmerung, bevor die Laternen angezündet wurden, schien es manchmal nicht mehr als eine kleine Schachtel zu sein, und es war schwer faßbar, daß sich ein Drittel der Gewinne zu einer so großen Summe, wie sie nun auf Tom Grimes' Namen auf der Bank lag, hatte anhäufen können. Er und Bedelia hatten nichts Vergleichbares an Gewinnen vorzuzeigen. Schließlich war es unwahrscheinlich, daß das ganze Geschäft, Räumlichkeiten, Lager und Wohlwollen auch nur halb so viel wert waren wie die Summe auf der Bank. Und obwohl man ihn im Umgang mit Zahlen immer für befähigt gehalten hatte, war er nun von etwas verwirrt, was den Anschein eines mathematischen Fehlschlusses hatte. Wie hatte es dahin kommen können, daß der Teil größer war als das Ganze? Er und Bedelia hatten doch ihr Bestes getan. Was war geschehen, daß ihre Errungenschaft so weit hinter ihrem Ehrgeiz zurückgeblieben war? Oder lag es daran, daß ihre Ambitionen verzerrt gewesen waren und in keinem Verhältnis zu dem möglich Erreichbaren gestanden hatten?

War der Laden vielleicht schon immer eine kleine Schachtel gewesen und seine damalige Hochachtung davor nicht mehr als die Illusionen eines mittellosen Ladenjungen?

Aber was für gewaltige Illusionen mußten es gewesen sein, die ihn den Laden so sehr hatten begehren und so wichtig hatten erscheinen lassen, daß Tom Grimes davor bewahrt werden mußte, ihn zu ruinieren!

Und wenn er sich noch spät am Abend im Laden aufhielt, kam ihm manchmal die Frage in den Sinn, was wohl aus ihm geworden wäre, wenn Tom Grimes sich hartnäckig gezeigt hätte und nicht von seinem Geburtsrecht abgerückt wäre? Aber darüber grübelte er nie lange nach, weil es unwahrscheinlich war, daß es viel an seinem Leben geändert hätte. Möglicherweise hätte er die Anstellung bei *Grimes & Son* aufgegeben, dann aber höchstens, um sich hinter den Ladentisch eines ähnlichen Betriebs zu stellen, wahrscheinlich in derselben Stadt, denn obwohl es ihm jetzt so vorkam, als hielte das Leben – so wie er es geführt hatte – nichts sehr Edles oder Erhebendes bereit, wußte er, daß ihm dieses philosophische Wissen nur als Frucht des Alters und der Erfahrung zugetragen worden war und daß es in seiner Jugend nichts in ihm selbst gegeben hatte, was es hätte erzeugen können. Er hatte den einzigen Weg gewählt, der ihm damals offengestanden hatte.

Es gab nur eine Sache, die ihn tröstete, und das war der Gedanke an die kleinen Gefälligkeiten, die er anderen Leuten hin und wieder hatte erweisen können, womit er den Kredit meinte, den er den armen, erbärmlichen Geschöpfen gelegentlich gewährte, die bedrückt und ohne Geld zum Bezahlen ihrer täglichen Einkäufe zu ihm kamen. Wenn er sein ganzes Leben lang ein bezahlter Verkäufer geblieben wäre, hätte er niemals die Kraft für diese kleinen Gefälligkeiten aufgebracht. Wenn er also spät am Abend lange nach Geschäftsschluß unten im Laden noch an einige dieser armen Leute dachte, derer er sich angenommen hatte, hob sich seine Stimmung hinreichend, um seine düsteren Grübeleien zu beschließen, die Kerze auszupusten und hinauf ins Bett zu tappen.

Bedelias Einstellung war gänzlich anders. Ihr war es bereits zu Beginn unnötig erschienen, Tom einen so großen Anteil des Gewinns zu überlassen. Schließlich steckte er nichts in das Geschäft hinein – ein Faktor, der ihrer Meinung nach mit in Erwägung hätte gezogen werden müssen, als man den ihm zustehenden Anteil errechnet hatte. Und deshalb ärgerte es sie von Anfang an jeden Monat, wenn sie Daniel seinen Hut aufsetzen und die Straße zur Bank hinaufgehen sah. In den ersten Jahren nach dem Tod ihres Vaters gab sie sich redlich Mühe, ihre Bedenken zu unterdrükken. Sie konnte sehen, daß das Geschäft einigermaßen gut lief, aber es florierte nicht mehr. Eines Tages, als Daniel ihr das Hauptbuch zeigte, sagte sie: »Sollte Tom nicht etwas zum Warenbestand beisteuern?«

Daniels Einwand, daß das bloß die Buchhaltung erschweren würde, ließ sie nur deshalb gelten, weil sie es von Herzen leid war, daß er seine Nase unentwegt in den Hauptbüchern stecken hatte. Sie zuckte mit den Schultern. Er muß es schließlich wissen, dachte sie und erinnerte sich an seine Kompetenz zu Lebzeiten ihres Vaters.

Mit voranschreitender Zeit jedoch schienen sich die Hoffnungen, zu denen er damals Anlaß gegeben hatte, als unbegründet zu erweisen. Warum sollten sie sonst so wenig Erfolg gehabt haben? Es fehlte ihm nicht an Fleiß, aber wenn sie ihn beobachtete, wie er den Boden mit Sägemehl bestreute, die Fensterläden schloß oder öffnete, konnte sie sich bisweilen des Eindrucks nicht erwehren, daß es überhaupt nicht das Geschäft war, das ihn kümmerte, sondern der Laden selbst, das gegenständliche Ding, auf das er seine Sorgfalt und seine Aufmerksamkeit verwenden konnte.

Dann war da noch die Sache, daß er, was das Anschreiben betraf, kaum zögerte, die Initiative eines Besitzers zu ergreifen. Das sorgte sie so sehr, daß sie vom Arzt davor gewarnt wurde, sich zu stark aufzuregen. Und in den folgenden Jahren nahm die Geburt eines Sohnes ihre Gedanken mit routinemäßigen Haushaltsdingen in Anspruch.

Später, nachdem sie die Hauptbücher eingesehen hatte, wurde aus ihren Bedenken Groll. Der Laden war unlängst frisch gestrichen worden, sowohl innen als auch außen, und das griff ihren Gewinn stark an. Sie besah sich die Spalte mit den Zahlen, die unter dem Namen ihres Bruders eingetragen waren. »Also ist er auch diesmal ungeschoren davongekommen«, sagte sie verärgert. Sie fuhr zu Daniel herum. »Es würde mich nicht stören, wenn er es bräuchte«, rief sie. Denn sie war felsenfest davon überzeugt, daß er sein Glück in Amerika gemacht hatte und daß das der Grund war, weshalb er nie geschrieben hatte oder zurückgekommen war, um Anspruch auf seinen Anteil zu erheben. »Wahrscheinlich würde er inzwischen allein bei dem Gedanken daran lachen«, sagte sie. »Es wäre eine Lappalie für ihn. Amerikaner haben ein gänzlich anderes Wertesystem als wir, während –«

Niedergeschlagen blickte sie im Laden umher. Paradoxerweise sah er seit dem Anstrich irgendwie kümmerlicher aus als vorher, und die auf den hell gestrichenen Regalen neu aufgestellten Warenbestände wirkten dürftiger als zuvor, dachte sie. Oder bildete sie sich das bloß ein? Aus einem Impuls heraus ging sie hinaus in das Vorratslager am hinteren Ende des Geschäfts und sah sich um. Dort hatte es eindeutig immer eine größere Reserve an Vorräten gegeben. Entschlossen, von Daniel eine Erklärung zu verlangen, kam sie zurück, aber als sie in den Laden trat und ihn wie immer tief in die Hauptbücher versunken sah, kam ihr die Erklärung von selbst. Es war nicht möglich, Geld gleichzeitig in zwei Richtungen zu investieren, und es gab, wie sie wußte, eine beträchtliche Summe, die noch durch nicht beglichene Rechnungen ausstand.

Die Kreditgeschichte hatte zu Lebzeiten ihres Vaters hitzige Diskussionen ausgelöst. »Es tut mir leid«, hatte sie Daniel immer murmeln hören, »aber es steht mir nicht zu, auf eigene Verantwortung hin anzuschreiben.«

Sie hatte gewöhnlich auf der anderen Seite hinter dem Ladentisch gesessen, darauf geachtet, daß sie nicht gesehen wurde, und seinem taktvollen Verhalten in dieser heiklen Situation Beifall gespendet. Es lag für sie außerhalb des Vorstellbaren, daß er nicht mehr als die einfache Wahrheit sagte und daß er, sobald er selbst das Sagen hatte, beginnen würde, nach allen Seiten hin anzuschreiben.

Zunächst war es nur hin und wieder vorgekommen. Dann fand sie im Hauptbuch gewöhnlich einen Eintrag, und wenn sie ihn darauf ansprach und bezweifelte, daß es ratsam war, einer bestimmten Person zu vertrauen, schüttelte er nur seinen Kopf.

»Aber sie sind sehr arm dran, Bedelia. Wenn ihnen niemand Kredit gäbe, würden sie verhungern.«

»Aber warum mußten diese Leute ausgerechnet zu uns kommen? Warum konnten sie nicht woanders hingehen?«

Daniel gab stets dieselbe Antwort. »Ich bin sicher, daß sie es zurückzahlen werden, falls sie dazu jemals in der Lage sind.«

»Falls?« Sie konnte sich vor Ärger kaum beherrschen.

Bald barsten die Hauptbücher vor Schulden. Wie konnte man bei so vielen Außenständen auch erwarten, daß das Lager genauso aufgefüllt war wie in alten Tagen. Vielleicht hatte Daniel recht und es würde mit der Zeit alles zurückgezahlt werden, aber wo sollte man unterdessen das Geld zum Fortkommen hernehmen?

Zu solchen Zeiten war der Gedanke an Toms Geld, das untätig und nutzlos auf der Bank lag, äußerst aufreibend. Alles wäre weniger schlimm gewesen, wenn es wenigstens auf ihre Namen eingezahlt worden wäre. Aber Daniel hätte sich im Leben nicht damit zufriedengegeben, es auf einen anderen Namen als den ihres Bruders einzuzahlen.

»Wir hätten vorübergehend Gebrauch davon machen können«, beklagte sie sich eines Tages bitterlich. Das ihnen dies nicht möglich war, schien nur noch ein weiterer Beweis dafür zu sein, daß ihrer Fähigkeit, eigene Interessen zu fördern, durch Daniels Gewissenhaftigkeit Grenzen gesetzt worden waren.

Aber Daniel blieb hartnäckig.

»Von Dingen, die anderen Leuten gehören, läßt man am besten grundsätzlich die Finger.«

»Anderen Leuten gehören!« entfuhr es ihr. Sie konnte seine Worte nur entrüstet wiederholen. Sie betrachtete das eingesperrte Geld von Monat zu Monat mehr als das ihre, an das sie lediglich aufgrund einer Formsache nicht herankamen.

»Ich bin überzeugt, daß er seinen Anteil als Hochzeitsgeschenk für uns gedacht hatte«, sagte sie eines Tages. »Als wir sagten, daß wir es ihm schicken würden, sobald er uns seine Adresse wissen ließe, sagte er bloß, daß wir alles so lassen sollten, wie es war. Damals habe ich dem keine große Beachtung geschenkt, aber jetzt erinnere ich mich genau an den sonderbaren Ausdruck, mit dem er mich dabei ansah, und obwohl ich ihn damals nicht verstanden habe, scheint es jetzt, als ob er nie beabsichtigt hatte, seine Adresse zu schikken. Mit anderen Worten: Auf diese Weise wollte er mir sagen, daß ich das Geld behalten soll.«

Daniel hielt es nicht für ausgeschlossen, daß Bedelia recht hatte. Ein solches Verhalten hätte zu Toms großzügigem Wesen gepaßt. Aber darauf konnten sie sich jetzt nicht verlassen, es konnte keine Auswirkung auf ihre derzeitigen Umstände haben, was auch immer sie aus dieser Interpretation seines Wesens schließen mochten. »Was du sagst, mag durchaus zutreffen, Bedelia«, sagte er, eine Spur sarkastisch, »aber ich fürchte, deine Worte werden auf den Filialleiter der Bank wenig Eindruck machen. Es war ein Fehler von dir, daß du dir nichts hast schriftlich geben lassen.«

Bedelia seufzte, als ob noch nichts zu spät sei. »Ach, wenn

wir uns doch bloß mit ihm in Verbindung setzen könnten«, rief sie.

Ihre Diskussionen liefen am Ende immer auf diesen Wunsch hinaus, mit nur einem Unterschied: während Daniel es in der Hoffnung wünschte, dem Abwesenden nützlich zu sein, wünschte Bedelia es in der Hoffnung, selbst davon zu profitieren.

»Na ja, wer weiß! Demnächst werden wir vielleicht aus heiterem Himmel von ihm hören.« Er hatte es so häufig gesagt, daß es inzwischen überhaupt keine Bedeutung mehr hatte, außer daß es mittlerweile von beiden als Abschlußphrase einer unangenehmen Unterhaltung aufgefaßt wurde.

Diesmal jedoch verspottete Bedelia ihn freiheraus. »Wie oft habe ich das gehört? Weißt du, was ich glaube? Nun, ich sag's dir. Ich bin überzeugt, daß er tot ist.«

Schockiert über ihre Unverblümtheit blickte Daniel auf.

»Vielleicht ist er schon seit vielen Jahren tot«, rief sie. »Schließlich ist es doch sehr komisch, daß Mary Conaty ihm nie wieder über den Weg gelaufen ist oder daß niemand anders aus Irland ihm begegnet ist. Ach, und wenn man dann bedenkt, wie nutzlos das Geld dort auf der Bank liegt, wo wir es doch so gut gebrauchen könnten.«

Daniel war fassungslos. Hatte sie denn überhaupt kein Gefühl, daß sie so herzlos von dem Leben ihres Bruders sprechen konnte? Es war etwas völlig anderes, wenn er sich um seine Schulden kümmerte. Es war eine geschäftliche Angelegenheit für ihn. Sie waren schließlich nicht blutsverwandt. »Wenn er tot ist, gehört das Geld uns«, sagte er, »es sei denn, er war verheiratet und hatte Kinder.« Das war noch ein weiterer Faktor.

In diesem Punkt beruhigte Bedelia ihn jedoch, fest davon überzeugt, daß ihr Bruder unverheiratet geblieben war. »Du kannst davon ausgehen, daß er sein Geld andernfalls schleunigst eingefordert hätte«, sagte sie. »Was für alberne Ansichten er auch immer gehabt haben mag – du kannst davon ausgehen, daß seine Frau ihn schnurstracks eines Besseren belehrt hätte. Ganz gleich, zu wieviel er es auf der anderen Seite des Ozeans gebracht hat – du kannst davon ausgehen, daß sie uns die paar Pfund auf dieser Seite nicht gegönnt hätte. Und falls er gestorben ist, hätte sie mit Sicherheit Schritte eingeleitet, um an das Geld heranzukommen. Ach, ich glaube, wir können sicher sein, daß er nie geheiratet hat.«

Da seine Kenntnis des weiblichens Verstandes ganz und gar auf seinen Kontakt mit Bedelias Verstand beschränkt war, fühlte Daniel sich geneigt, an die Richtigkeit ihrer Argumentation zu glauben. »Es könnte Mittel und Wege geben, diese Dinge festzustellen und einen Gegenanspruch auf uns zustehende Kosten zu stellen. Wir könnten an das Geld herankommen, wenn eine gerichtliche Verfügung erlassen würde, nach der der Betreffende als mutmaßlich verstorben gilt.« Daniel hatte sich dieses eigenartige Stückchen Information für den Fall gemerkt, daß es ihnen beiden eines Tages von Nutzen sein könnte.

»Wo hast du das gehört?« rief sie ungläubig, aber mit einem Anflug von Interesse in ihrem Blick aus. Bisher hatte sie die Möglichkeit, einen Rechtsweg zu beschreiten, noch nicht in Erwägung gezogen. Es war tatsächlich, als ob es in ihrem Kopf zwei Fächer gäbe. In einem Fach konnte sie die Vorstellung, daß Tom das Zeitliche längst gesegnet hatte, nicht nur ertragen, sondern sogar begrüßen, aber in dem anderen lehnte sie es entschieden ab, so etwas zu glauben. Mit der langjährigen Gewohnheit konnte nicht ohne weiteres gebrochen werden. Wie häufig hatte sie sich in den vergangenen Jahren bei dem Geräusch einer Stimme im Laden erschreckt, weil sie sie für die Stimme ihres Bruders gehalten hatte? Und in den Tagen nach Daniels Vorschlag, daß sie einen Antrag auf Todeserklärung stellen sollten, ließ sie eine schuldbewußte Nervosität bei dem Geräusch jeder fremden Stimme heftig zusammenfahren. »Wir warten noch eine Weile, bis wir etwas unternehmen!« sagte sie.

Daniel schlug vor, unterdessen noch einmal an Mary Conaty zu schreiben.

Bedelia schrieb noch am selben Abend.

Bis sie eine Antwort auf ihren Brief erhielten, dauerte es jedoch vier Monate, und sie war nicht von Mary Conaty.

»Die arme Mary Conaty ist tot, Daniel«, sagte sie, nachdem sie den Inhalt der ersten Seite überflogen hatte.

»Na, damit hätte sich's dann wohl«, erwiderte Daniel mit einer für ihn ungewöhnlichen Barschheit.

»Nein, wart mal«, rief Bedelia, als sie den Brief weiter überflog und dann zu dem Namen am Ende sprang. »Dieser ist von ihrer Tochter Biddy, und Biddy schreibt –« Sie sah wieder zum Anfang. »Ist das nicht nett von ihr? Sie wird für uns nach ihm suchen. Und was glaubst du wohl? Sie war an dem Tag, als Mary ihn draußen vorm Parker House Hotel getroffen hatte, dabei! Was sagst du dazu? Natürlich war sie damals noch ein Kind, aber sie schreibt, daß sie sich noch gut an ihn erinnert. Es hatte wirklich ein auffälliges Äußeres, oder nicht, Daniel? Er hatte so eine gewisse Ausstrahlung. Er muß auf jeden Fall irgendwie auf das Kind gewirkt haben, daß sie sich so an ihn erinnert. Bestimmt hat er damals tiefen Eindruck auf sie gemacht, da sie so gerne dazu bereit ist, uns in dieser Sache zu helfen – obwohl ich mir denken könnte, daß sie es auch um ihrer Mutter willen tut. Sie wußte, daß Mary unserer Familie sehr verbunden war. Ich muß sofort schreiben und ihr für das Angebot danken.«

Eine fiebrige Korrespondenz zwischen Bedelia und Biddy Conaty begann. Von beiden gingen regelmäßig in bestimmten Abständen Briefe los, wie Kanonenkugeln, ohne abzuwarten, bis das Federfeuer erwidert worden war.

Daniel war etwas skeptisch, ob diese junge Frau Erfolg haben konnte, wo ihre Mutter gescheitert war, aber ihre Tüchtigkeit konnte er nicht abstreiten. Denn in ihrem dritten Brief schilderte Biddy ihnen, wie sie, nachdem sie in Erwägung gezogen hatte, daß Tom tot sein könne, im Personenstandsbuch nachgeschlagen hatte, und zwar zurück bis zu dem Zeitpunkt, zu dem Tom zum letzten Mal nachweislich noch am Leben war. Für eine junge Frau war das eine bemerkenswert gründliche Arbeit, dachte Daniel. Und darüber hinaus hatte sie, da sie keinen Eintrag über das Ableben einer solchen Person gefunden hatte, richtigerweise geschlossen, daß er aller Wahrscheinlichkeit nach noch lebte. Aber, fügte sie hinzu, und das fand Daniel äußerst scharfsinnig, er müßte inzwischen ein betagter Mann sein, und höchstwahrscheinlich altersschwach, und deshalb lautete ihr nächster Vorschlag, bei allen großen bundesstaatlichen Krankenhäusern nachzufragen, bei allen Pflegeheimen für unheilbar Kranke und auch bei den Altenheimen für Mittellose.

»Mein armer Bruder«, sagte Bedelia, als sie zu diesem Teil des Briefes kamen und gab sich große Mühe, Mitleid zu empfinden, aber alles, was sie tatsächlich empfand, war ein aufgefrischtes Hochgefühl bei der Jagd. »Ist sie nicht wunderbar, Daniel?« rief sie, als ein Brief nach dem anderen im Briefkasten landete, die wechselweise Anlaß zu kleinen Hoffnungen und kleinen Sorgen gaben. »Was für eine nette Frau sie sein muß. Wenn das alles vorbei ist, sollten wir sie einladen, uns im Sommer zu besuchen. Sie hat natürlich außerhalb der Stadt auch Verwandte ihrer Mutter, aber sie scheint nicht die Sorte Frau zu sein, die einen Aufenthalt auf dem Land genießen würde, ohne jeglichen Komfort. Wir werden sie fragen, ob sie nicht bei uns wohnen möchte.«

»Sie ist schon eine großartige Frau«, stimmte Daniel zu. »Und sie wird ihn finden.«

»Das wird sie, das wird sie«, sagte Bedelia.

Dennoch war es ein leichter Schock für sie, als ein Telegramm eintraf, in dem Biddy Conaty behauptete, tatsächlich genau das erreicht zu haben, was sie so unbekümmert prophezeit hatte. Sie meinte, Tom Grimes gefunden zu haben.

Unerklärlicherweise beunruhigte Daniel diese Nachricht.

»Sie hat Tom Grimes gefunden«, berichtete Bedelia. »Er ist krank«, fuhr sie aufgeregt fort. »Biddy hat ihn in einem Pflegeheim für Sterbende gefunden.«

Sie sprach, als ob sie nichts dabei empfände, und Daniel

fiel auf, daß sie den Nachnamen ihres Bruders gebrauchte. Aber das überraschte ihn nicht, denn er empfand selber nichts. »Hat sie mit ihm gesprochen? Was hat er gesagt?« fragte er schließlich.

»Nein, sie hat ihn noch nicht besucht«, sagte Bedelia. »Sie hat nur schnell einen Brief abgeschickt, um uns mitzuteilen, daß sie ihm auf der Spur ist. Die Klinik ist in einem Ort namens Norwood. Sie hat sich mit den Beamten nur per Post und Telefon in Verbindung gesetzt.« Plötzlich fiel ihr schlagartig ein neuer Aspekt der Angelegenheit ein, und sie hielt inne. »Wir müssen sie für all das Porto und die Telegramme entschädigen«, sagte sie. »Wir können nicht zulassen, daß sie alles selbst zahlt. Laß uns bloß hoffen, daß sie uns keine allzu hohen Kosten verursacht hat.«

Daniel winkte ab. »Ach, mach dir deswegen keine Sorgen. Das können wir als Nichtigkeit betrachten, wenn sie ihn wirklich ausfindig gemacht hat.« Es gab immer noch Toms Geld, auf das man zurückgreifen konnte, aber möglicherweise gab es eine Menge Amtsschimmel, bevor sie drankamen. Zwischenzeitlich würden sie sich Bargeld besorgen müssen. Sie müßten ein Darlehen aufnehmen, indem sie Tom Grimes' Vermögen als Sicherheit anboten.

»Zu schade, daß sie mit dem Schreiben nicht gewartet hat, bis sie bei ihm war«, sagte er.

»Daniel, ich muß schon sagen, das ist wohl das Undankbarste, was ich je gehört habe. Die arme Frau geht davon aus, daß sie mir die Nachrichten nicht schnell genug zukommen lassen kann. Aber ich kann wohl kaum erwarten, daß du das verstehst. Schließlich ist er nicht dein Bruder.« Sie zog ein Taschentuch hervor. »Mein einziger Bruder!« schluchzte sie. »Und wenn man sich vorstellt, daß er ernsthaft krank ist und sich in einer Klinik für unheilbar Kranke befindet. Für Sterbende!«

Daniel jedoch behielt einen kühlen Kopf.

»Ein Mann namens Tom Grimes stirbt«, sagte er nüchtern. »Es ist keineswegs unmöglich, daß es sich dabei um deinen Bruder handelt, aber ebensowenig unmöglich ist es, daß es sich um eine völlig andere Person handelt, die zufälligerweise denselben Namen trägt.«

Bedelia war so erstaunt, daß sie ihn nur stumm anstarren konnte, und ein an Schwachsinn grenzender Ausdruck kam über ihr Gesicht.

»Natürlich kann es gut sein, daß er es ist«, sagte er eilig, »und ich habe die Frau zu Unrecht kritisiert. Ich muß sagen, sie hat Erstaunliches geleistet.«

Ja. Biddy Conaty hatte sicherlich keine Mühe gescheut. Sie hatte alles getan, was in ihrer Macht stand. Die Tatsachen, die sie enthüllte, waren es, die sich als nicht zufriedenstellend erwiesen, wie ihr nächster Brief zeigte.

Meine lieben Freunde,

vergangenen Samstag war ich in Norwood, wie ich Ihnen in meinem letzten Brief angekündigt hatte. Es stellte sich heraus, daß es dort, wie die Verwaltung mich unterrichtet hatte, tatsächlich einen Patienten namens Thomas Grimes gibt. Sie konnten mir nicht sehr viel über ihn sagen, da er ein Notfall war, der mit dem Krankenwagen aus einer Pension in einem Armenviertel der Stadt eingeliefert worden war. Allem Anschein nach war er vor Erschöpfung zusammengebrochen, der arme Mann.

Bei diesen Worten biß sich Bedelia auf die Lippe, las aber weiter:

Als er eingeliefert wurde, konnte ich ihn nicht besuchen. Er befand sich in einem bedenklichen Schwächezustand, war aber in der Lage, seinen Namen anzugeben, der mit dem übereinstimmte, den er der Pensionswirtin angegeben hatte, die wenige Tage später vorbeikam, um sich nach ihm zu erkundigen. Als die Verwaltung diese Dame befragte, konnte sie ihnen allerdings keinerlei Auskunft über ihn geben, da er sich erst am Abend vor seinem Zusammenbruch bei ihr ein-

gemietet hatte. Diese Person, die ich auch versuchen werde zu besuchen, wußte offensichtlich überhaupt nichts über ihn. Sie war nur für den Fall zum Krankenhaus gekommen, daß man sie der unterlassenen Hilfeleistung bezichtigen sollte, denn er war sehr dünn und wirkte unterernährt. Außerdem wollte sie sein Gepäck aushändigen.

Ich dachte, daß sich in dem Gepäck vielleicht irgend etwas befand, anhand dessen man ihn identifizieren könnte, aber die Verwaltung hatte offenbar dieselbe Idee gehabt und war alles durchgegangen, aber ohne Erfolg. Es gab lediglich ein paar persönliche Habseligkeiten: einen etwas verschlissenen Wollpullover, einen kleinen Ballen aus rotem Flanell mit zwei daran befestigten Sicherheitsnadeln, ein Rasiermesser, einen Rasierpinsel, ein Extrapaar Schuhe und einen Zugfahrplan. Die Inhalte seiner Taschen waren für die Identifizierung nicht von Bedeutung.

An dieser Stelle war der Brief offensichtlich unterbrochen worden. Er war mit einer anderen Tinte weitergeschrieben worden und lautete folgendermaßen:

Seit ich diesen Brief angefangen habe, hat es mehrere Unterbrechungen gegeben, und sicherlich fragen Sie sich, warum ich mich nicht beeile, Ihnen mitzuteilen, ob ich nochmals nach Norwood gefahren bin – was nämlich der Fall ist.

Nun, ich fürchte, mein Besuch war nicht so zufriedenstellend, wie ich gehofft hatte. Der arme alte Mann bemühte sich so kooperativ wie möglich zu sein, aber die Verwaltung hatte recht, und er war wirklich bei schlechter Gesundheit, und sein Zustand verschlechterte sich zusehends. Die Krankenschwester sagte, daß er geistig absolut normal sei, was das Befolgen bestimmter Anweisungen bezüglich der Medikamente oder ähnliches betraf, aber er schien völlig außerstande zu begreifen, warum ich zu ihm gekommen war. Selbstverständlich konnte ich ihm nicht zu viele Fragen stellen, aber immerhin gelang es mir, nach und nach Namen in mein Ge-

spräch einfließen zu lassen, um zu sehen, ob sie ihm vertraut vorkamen. Ich habe zuerst meine Mutter erwähnt, und dann habe ich Ihren Namen erwähnt, wobei ich mir die Freiheit erlaubt habe, Ihre Vornamen zu gebrauchen. Dann kam ich langsam auf Irland zu sprechen. Ich meine, daß sich der Ausdruck auf seinem Gesicht änderte, als ich »das alte Land« erwähnte, wie meine Mutter es immer genannt hatte, aber andererseits ist die Stimmung alter Leute natürlich sehr schwer zu beurteilen, und die Krankenschwester meinte, es könnte einfach eine Zuckung gewesen sein.

Ich persönlich meine allerdings schon, daß sich sein Gesichtsausdruck änderte, und deshalb wagte ich, noch etwas über die alte Zeit zu reden, und erzählte ihm, an was ich mich aus den Erzählungen meiner Mutter noch erinnerte, und diesmal gab er eindeutig ein Zeichen des Erkennens. Zumindest legte er wie ein Kind seine Hände über sein Gesicht. Ich vermute, daß es ihm Unbehagen bereitet haben muß oder etwas ähnliches. Es tat mir auf jeden Fall sehr leid für ihn. Aber in diesem Moment war ich absolut sicher, daß er Ihr Bruder ist.

O je, ich fürchte, dieser Brief ist für Sie nicht sehr zufriedenstellend, aber ich kann nur hoffen, daß Sie mir glauben, wenn ich Ihnen versichere, mein Bestes getan zu haben. Ich werde ihn natürlich noch einmal besuchen, und ich habe bei der Krankenhausverwaltung meine Adresse hinterlassen, die mich benachrichtigen wird, falls sein Zustand sich ändert. Falls er wieder zu Kräften kommen sollte, könnte ich ihn vielleicht ein bißchen über sein früheres Leben befragen.

Ich hoffe, daß es Ihnen allen gut geht. Ich wünschte, ich könnte Ihnen Genaueres sagen.

Mit herzlichen Grüßen
Biddy Conaty

P.S. Soeben ist mir in den Sinn gekommen, daß Sie sich fragen werden, warum ich nichts darüber gesagt habe, ob es bei mir einen Wiedererkennungseffekt gab, denn schließlich hatte ich von meiner Begegnung mit ihm als Kind berichtet. Aber bestimmt werden Sie verstehen, daß ihn die Jahre vermutlich stark verändert haben, von Krankheit und Armut einmal ganz abgesehen. Außerdem glaube ich, daß Leute immer verändert aussehen, wenn sie bettlägerig sind, besonders im Krankenhaus. Ich war schließlich sehr jung, als ich ihn getroffen haben soll, und es ist denkbar, daß ich ihn in der Zwischenzeit mit jemand anders verwechselt habe.

B.C.

»Hat man jemals solchen Quatsch gehört«, rief Bedelia im selben Atemzug mit der letzten Zeile. »Ich glaube, sie ist doch ein wenig auf den Kopf gefallen. Oder sie ist ihm nie begegnet. Es ist mir gleich, was sie über Alter oder solche Dinge sagt: wenn sie ihn jemals zu Gesicht bekommen hat, sollte sie in der Lage sein, ihn wiederzuerkennen, es sei denn, sie ist dumm.« Mit einem verzweifelten Ausdruck auf ihrem Gesicht blätterte sie flüchtig noch einmal durch den Brief. »Konnte sie uns nicht sagen, ob er so gebaut war wie unser Tom, ob er dieselben Züge hatte? War er überhaupt Ire?« Aber sie war zu verärgert, um länger darüber nachzudenken.

»Und was jetzt?« rief sie. »Was sollen wir als nächstes tun?«

Es war eine außerordentlich aufreibende Situation. Selbst Daniel erkannte, daß sie in der Klemme saßen. »Am besten schicken wir ihr erst einmal ein bißchen Geld«, sagte er schließlich. »Bitte sie zu überprüfen, ob er alles hat, was er braucht.« Denn soviel stand fest. Wenn es sich bei diesem Mann um ihren Bruder handelte, war aus ihm nicht der Millionär geworden, den Bedelia sich so häufig vorgestellt hatte.

»Aber gesetzt den Fall, es ist gar nicht unser Tom?« rief Bedelia.

Daniel schüttelte seinen Kopf.

»So oder so wird es uns nicht in große Unkosten stürzen,

denke ich«, sagte er. »Oder jedenfalls nicht lange«, und er streckte seine Hand aus und nahm den Brief.

»Da wäre ich mir nicht so sicher«, erwiderte Bedelia. »Die Frau sagte etwas von einem erneuten Besuch, wenn er zu Kräften kommt.«

»*Falls*, nicht *wenn* er zu Kräften kommt«, korrigierte Daniel sie. »Und irgendwie glaube ich nicht, daß das der Fall sein wird«, fügte er hinzu.

»Damit willst du wohl nicht sagen, daß er einfach sterben und uns in der grotesken Lage zurücklassen wird, keine Gewißheit darüber zu haben, ob er mein Bruder Tom war oder nicht?« Es schien, als ob all die Jahre mit ihrem wechselnden Grad an Spannung in einen einzigen unerträglichen Moment gepreßt worden waren. »Ach, wie kann diese Frau nur so dumm sein.« Sie rieb sich nervös die Hände. »Wenn man bedenkt, daß alles in einem Augenblick geklärt werden könnte, wenn ich ihn bloß einmal ganz kurz zu Gesicht bekäme, nur einmal!« Es war nur ein Ausruf, nur ein Ausdruck von Ärger und Verdruß, aber es war der Keim einer Idee, der nur freigesetzt werden mußte, um zu sprießen.

»Du könntest dir nicht vorstellen hinzufahren, oder, Bedelia?«

»Bist du noch ganz bei Trost? Ich?« Bedelia war eine Reise nach Amerika in diesem Augenblick unvorstellbar vorgekommen.

Trotzdem dauerte es kaum fünf Tage – Daniel als Vertreter der Schiffahrtsgesellschaft war es möglich gewesen, die Sache zu beschleunigen –, bis er und Bedelia sich auf den Weg nach Cork machten, um dort an Bord der S.S. Samaria in Richtung Boston Harbour zu gehen.

Es war eine unangenehme Überfahrt. Der Nebel, bei dem sie in Cork ausgefahren waren, lichtete sich während der gesamten Reise nicht, und das Nebelhorn ertönte ohne Unterlaß. Es machte Bedelia beinahe verrückt. Während der ersten vier Tage blieb sie unten in ihrer Kabine, todkrank.

Daniel erging es etwas besser. Er wurde nach ungefähr einem Tag seefest und zerstreute sich bei kleinen Bordspielen und beteiligte sich an Schätzungen darüber, wie viele Knoten sie jeden Tag gefahren waren. Außerdem hielt er emsig nach Tümmlern Ausschau, und er interessierte sich stark für vorbeifahrende Schiffe, besonders nachts, wenn sie erleuchtet waren wie schwimmende Hotels. Einmal meinte er eine Unruhe im Wasser beobachtet zu haben und hatte geschlossen, daß es sich um einen Wal gehandelt haben könnte. Er lernte auch ein paar neue Freunde kennen, aber Bedelia gegenüber erwähnte er davon nichts, es hätte sie nur geärgert.

Am fünften Tag kam Bedelia nach oben ans Deck, schwach und mit einem wäßrig anmutenden Gesicht.

Es war typisch für Bedelia, daß die erste und einzige Bekanntschaft, die sie mit anderen Passagieren machte, die einer Person von quadratischer Gestalt war, die von Kopf bis Fuß in tiefer Trauer war. Sie und ihr Mann waren zum ersten Mal seit vierzig Jahren in ihre Heimat nach England zurückgefahren, und während dieser Reise war ihr Mann gestorben. Jetzt brachte sie seinen Leichnam zur Beerdigung zurück nach Amerika. Er befand sich im Frachtraum.

Bis zu ihrer Begegnung mit Bedelia hatte diese Frau auf der Reise mit niemandem gesprochen, aber mit Bedelia freundete sie sich binnen kurzem an. Man sah sie beständig in düsteren Diskurs vertieft auf dem Deck entlangpromenieren. Nach ein oder zwei Tagen spürte Daniel, daß sich eine leichte Abscheu, die die anderen Passagiere gegen die Witwe hegten, auch auf Bedelia ausgedehnt hatte, denn sie trug während der Reise ebenfalls schwarz. Tatsächlich, als er eines Nachmittags an der Bar stand, wo er, obwohl er Abstinenzler war, einen Großteil seiner Zeit verbrachte – zumal sich dort das Schwarze Brett befand, auf dem die Ergebnisse diverser Wettbewerbe angeschlagen wurden –, deutete ein Engländer, dem er bis dahin noch nicht begegnet war, mit seinem Glas in Richtung der beiden Frauen, die man durch die Bullaugen draußen auf dem Deck langsam auf und ab schreiten sehen konnte.

»Komische Sache, sich den Kerl da unten im Frachtraum vorzustellen, hm?« sagte der Mann. »Vielleicht wäre es besser gewesen, den armen Teufel an Ort und Stelle unter die Erde zu bringen, statt ihn so mit sich herumzuschleppen.«

Einen Augenblick lang hatten beide Männer eine düstere Vision von dem Sarg dort unten im Frachtraum, der zwar zweifellos solide ausgepfählt und festgeschnürt war, in dem sie sich jedoch den toten Mann vorstellten, von dem unruhigen Seegang wie ein Weberschiffchen hin- und hergerüttelt. Sie lachten verlegen.

»Ich wette, meine Frau würde sich diese Mühe nicht machen«, sagte der Mann, aber seine warme Stimme ließ auf ein so munteres Verhältnis schließen, daß Daniels Kopf augenblicklich das Bild einer großen Frau heraufbeschwor, rot im Gesicht und mit einem Busen, der vor Lachen immerfort auf und ab wippte.

Als ob der Engländer seine Gedanken erraten hätte, deutete er wieder hinaus auf die beiden Frauen in Schwarz, die eine Runde auf dem Deck beendet hatten und sich nun zur nächsten aufmachten. »Auf mich wirkt die wie ein kalter Fisch. Ich wette, sie hat irgendeinen hinterlistigen Grund dafür, seine sterblichen Überreste zurück in die Staaten zu verfrachten. Sehen Sie sich mal ihr Gesicht an. Ich kann intrigante Frauen nicht ausstehen.«

Erschrocken stellte Daniel fest, daß der Engländer versehentlich Bedelia für die Besitzerin des Leichnams gehalten hatte. Zu betreten, zu verlegen, die Sache richtigzustellen, murmelte er eine Entschuldigung und verließ den Raum. Aber er konnte den Gedanken an die mißfällige Beschreibung Bedelias nicht loswerden.

Die arme Bedelia, sie war während der Fahrt in denkbar schlechter Verfassung. Später, als er versuchte, zumindest so lange Ordnung in seine Gedanken zu bringen, bis er seine Prognose für die Tagesgeschwindigkeit des Schiffs abgegeben hatte, erblickte er sie wieder. Die andere Frau war offenbar nach unten gegangen. Bedelia war allein. Die rauhen Salzwinde wehten ihr das strähnige Haar aus dem dünnen Gesicht, und plötzlich fiel ihm auf, wie bedürftig sie aussah. Wie sehr sie in den vergangenen Monaten gealtert war. Sie hatte sich in der letzten Zeit stark verändert. Vielleicht hatte er sie vernachlässigt. Er beeilte sich, sich zu ihr aufs Deck zu begeben.

»Ach, da bist du ja, Bedelia«, rief er. »Heute abend gibt es ein Schiffskonzert«, sagte er. »Ich dachte mir, daß wir dafür vielleicht aufbleiben könnten?«

Bedelia sah ihn empörten Blickes an. »Ich fürchte, ich kann den Anlaß unserer Reise nicht so ohne weiteres vergessen wie du, Daniel«, sagte sie. Sie wandte sich ab und schickte sich wieder dazu an, mit trauervollen Schritten auf dem Deck auf- und abzugehen.

Als er ihr nachsah, dachte Daniel bei sich, daß sie in gewissem Sinne recht hatte mit ihren Worten. Er hatte die Reise genossen, sehr sogar, aber er konnte nicht einsehen, daß das in irgendeiner Weise ein Vergehen war. Natürlich war Tom Grimes auch nur sein Schwager. Trotzdem waren vierzig Jahre vergangen, seit Bedelia ihn selbst zum letzten Mal gesehen hatte. Wer hätte gedacht, daß ihre Gefühle noch so innig sein könnten.

Wenn Daniel sich während der Reise auch ein bißchen amüsiert hatte, so war er jedoch, als sie auf der anderen Seite anlangten, keinen Deut weniger verloren und sicherer auf seinen Füßen als sie.

Zunächst einmal hatten sie noch nie im Leben so ein Getöse gehört. Unter dem Krach von heulenden Sirenen entfernten sie sich vom Hafen, und als sie gerade glaubten, aus dem Durcheinander des Hafenviertels herauszukommen, schnellte ihr Taxi in eine Straße, über der oberhalb eine elektrische Hochstraßenbahn entlangfuhr, und zwar mit einem derartig ohrenbetäubendem Geräusch, daß die beiden stumm Seite an Seite saßen und verzweifelt darauf warteten, daß sich ihnen der wahre Charakter der Stadt offenbarte. Da aber Biddy Conaty ihr Hotel ausschließlich aufgrund seiner Nähe zum Krankenhaus ausgewählt hatte, das in einem Armenviertel gelegen war, stellten sie wenige Minuten später fest, daß das Taxi in einer kleinen Straße hielt, die kaum besser war als jene, durch die sie gefahren waren, und langsam glaubten sie, daß die ganze Stadt lärmend und dröhnend sein müsse.

Und dann, kurz bevor das Taxi hielt, entdeckten sie auf der anderen Straßenseite, daß sich dort, wo eine kleine Gasse zur Hauptstraße abführte, eine Menschenmenge versammelt hatte.

»Oh, gab es einen Unfall?« rief Bedelia und zögerte, aus dem Auto auszusteigen.

Aber Daniel scheuchte sie heraus und die Treppen zum Hotel hinauf. Auf der obersten Stufe blieb sie jedoch stehen und sah über die Straße, und da sie nun einen vollen Überblick über die Köpfe der Menge hatte, konnte sie deutlich sehen, was vor sich ging, sehen, ja, aber verstehen? Nein. Verwirrt preßte sie sich an Daniel, denn aus dem Loch eines scheinbar ganz gewöhnlichen weißen Bettlakens, das man unordentlich an einem Holzgestell aufgehängt hatte, ragte ein schwarzer Haarschopf heraus, und genau in dem Augenblick, als Bedelia hinsah, nahm ein Mann aus der Menge irgend etwas zur Hand, sie konnte nicht sehen, was es war, es sah aus wie ein Stein oder eine Rübe, jedenfalls war es groß und rund, und zielte allem Anschein nach genau auf das schwitzende, schwarze Gesicht und traf nur um Haaresbreite daneben.

»Ach du lieber Gott, was machen die da?« rief sie. Ihr war schlecht und sie fühlte sich schwach.

Wirre Bruchstücke von Dingen, die sie über Morde und Lynchjustiz gehört hatte, schossen ihr aus der Erinnerung durch den Kopf, und sie legte die Hände über ihr Gesicht. Dann holten ein halbes Dutzend Männer rasch einer nach dem anderen mit dem Arm aus und schleuderte Wurfgeschosse nach dem am Pranger stehenden Kopf. »Oh, was ist das, Daniel?« rief sie wieder.

»Komm da weg«, war alles, was Daniel hervorzubringen vermochte, aber keiner von beiden konnte sich auch nur ein Stück von der Stelle rühren.

Dann, als sie vorsichtig zwischen ihren Fingern hervorlugte, sah Bedelia wieder diesen runden Gegenstand durch die Luft fliegen, und diesmal sah sie ihn mit einem gräßlichen Geräusch aufklatschen, als er direkt in dem Gesicht des Farbigen landete, aufplatzte und alles – das schwitzende Gesicht, das Laken, alles – mit einer weichen, breiigen Masse vollspritzte.

Ihr Herz versteinerte sich. Einen Augenblick lang dachte sie, es sei das lebendige, fleischige Gesicht des Opfers, aus dem die breiige Masse herausgeplatzt war, aber dann bemerkte sie, daß es sich um irgendeinen grotesken, unnatürlich aussehenden Flaschenkürbis handelte, der ihr unbekannt war. Und der Farbige, außerstande, den Brei von seinen Augen und seinem Mund zu wischen, schüttelte seinen Kopf, um sich von den Spritzern der gräßlichen Masse zu befreien. Aber noch bevor er den Pamps vollständig von sich abschütteln konnte, sah sie, wie sich sein großer Mund zu einem Lachen öffnete. Während sich vor dem Stand ein in einen weißen Mantel gekleideter Schausteller dazu anschickte, dem erfolgreichen Kürbiswerfer betont auffällig eine Bezahlung zu überreichen, spendete die Menge tosenden Beifall.

Es war eine Nebenvorstellung. Als Bedelia mit Ekel und Verachtung ins Hotel ging, folgte Daniel ihr. Es war Pech, daß sie eine solche Sache ausgerechnet zu so einem Zeitpunkt hatte mitansehen müssen. Es war zwar nicht mehr als eine öffentliche Darbietung, aber es ließ sie einen Unterschied in der Haltung erkennen, den sie in Kürze am eigenen Leibe zu spüren bekommen sollten, bei bevorstehenden Ereignissen im privaten Bereich. Hätten sie damit gerechnet, eine Nebenvorstellung geboten zu bekommen, wären sie dafür am richtigen Ort gewesen.

Es war vereinbart worden, daß sie Biddy Conaty im Hotel treffen würden. Als sie also das Foyer betraten und die junge Frau, die dort gesessen hatte, sich erhob und auf sie zukam, waren sie vorbereitet. Auf ihre Erregung waren sie allerdings weniger vorbereitet.

»Oh, ich freue mich so sehr, daß Sie endlich da sind«, rief sie, und eine peinliche Röte verteilte sich über ihrem hübschen Gesicht.

Er ist tot, dachte Bedelia, und sagte es.

»Ja, vorletzte Nacht«, sagte die junge Frau beinahe gleichgültig, und dann fuhr sie mit dem Rest der Geschichte eilig fort, als ob der Tod lediglich ein Detail sei, eine Sache von geringer Bedeutung im Vergleich zu dem Rest, den sie zu erzählen hatte. Sie gab Bedelia keine Zeit, sich von dem Schock zu erholen. Aus irgendeinem Grund schien sie nur an sich zu denken. Sie zitterte und war kaum in der Lage, zusammenhängend zu sprechen.

»Sie müssen verzeihen«, rief sie, »aber etwas Schreckliches ist passiert. Ich habe in meinen Briefen nichts davon geschrieben, zu der Zeit schien es noch nicht von Belang zu sein, aber jetzt ist mir klar, daß ich es vielleicht hätte erwähnen sollen. Wissen Sie, außer mir gab es noch einen Mann, der Ihren Bruder – ich nenne ihn einfach weiterhin so – immer besuchte. Der andere Besucher war ein wohlhabender Mann, ein Farmer aus dem mittleren Westen, der an die Ostküste gezogen war, und eines Tages fand er zufällig – wie genau, weiß ich nicht – heraus, daß Ihr Bruder im Krankenhaus war, und er besuchte ihn, weil Tom – so nannte er ihn – offenbar vor etlichen Jahren für ihn gearbeitet hatte, und er hatte eine hohe Achtung vor ihm. Ich muß sagen, daß er sich meiner Meinung nach sehr großzügig zeigte. Er brachte dem sterbenden Mann Obst und Zeitschriften und alles mögliche andere und sagte den Krankenschwestern, daß sie bei ihm an nichts sparen und die Rechnung einfach an ihn schicken sollten. Ich habe deshalb nichts gesagt, weil Ihr Bruder natürlich ohne weiteres während all der Jahre, in denen niemand etwas von ihm wußte, im mittleren Westen gewesen sein konnte, und wenn er bereit gewesen war, als Kellner zu arbeiten, konnte er ebensogut eine Stelle als Arbeiter auf einer Farm angenommen haben.«

Biddy schien sich der Wirkung nicht bewußt zu sein, die ihre Worte auf Bedelia hatten, deren Erregung zusehends wuchs. Was in ihren Augen eine angemessene Beschäftigung für jemanden gewesen war, der in der Welt voranzukommen versuchte, war in den Augen Biddy Conatys ganz offensichtlich nicht das richtige. Nach dieser langen Zeit fiel Daniel die Bemerkung wieder ein, die er seinerzeit über Mary Conatys Achtung vor dem Kellnerberuf gemacht hatte. Nun, ihre Tochter schien anderer Meinung zu sein.

Erhobenen Hauptes zahlte sie Biddy die Bemerkung mit gleicher Münze heim. »Was für einen Beruf auch immer er ausgeübt haben mag, er ist immer noch mein Bruder und verdient, von uns in Ehren gehalten zu werden.«

Daniel spürte das Blut in seine Wangen schießen. Selbst hier, selbst in den Staaten, wo alle Uhren anders tickten, war seine Frau von derselben Aufgeblasenheit und genauso stolz.

Biddy fuhr fort. »Um ehrlich zu sein, fand ich nichts dabei, daß sich dieser Mann Ihrem Bruder gegenüber so freundlich zeigte. Vielleicht hätten Sie die Dinge an meiner Stelle anders geregelt. Es erschien jedoch alles in einem anderen Licht, als ich bemerkte, daß er Anspruch auf den Leichnam erhob. Er kümmerte sich um die Beerdigung, und ich mußte ihn abfangen. Ich lief zum Krankenhaus und teilte der Verwaltung mit, daß Sie auf Ihrem Weg hierher waren und rechtzeitig zum Begräbnis da sein wollten.«

»Und, was haben sie dazu gesagt?« fragte Daniel.

»Ach, es hat keinen Zweck, jedes einzelne Wort wiederzugeben«, sagte Biddy taktvoll, aber als Daniel die Stirn runzelte, überwand sie ihre Bedenken bezüglich Daniels und Bedelias Gefühlen.

»Nun, was er sagte, war: ›Wer zum Teufel sind Sie?‹ Ich

fürchte, ich habe ihn anfangs falsch eingeschätzt, wissen Sie. Er ist ein bißchen rüde und keiner von der Sorte, mit der man sich ohne weiteres anlegt. Natürlich habe ich die Lage sofort erklärt, aber dann sagte er etwas, was mir den Boden unter den Füßen wegzog. Er sagte, soweit er wisse, sei Tom sein Lebtag nicht in Irland gewesen; Tom selbst habe ihm zu verstehen gegeben, daß er in Amerika geboren worden war – und zwar dort im mittleren Westen. ›Oh, aber das kann nicht sein!‹ habe ich gesagt und ihm alles erzählt, was ich über Ihren Bruder wußte.« Sie stockte. »Über unseren Tom Grimes, meine ich, aber darüber konnte er nur lachen. Das war nicht gerade nett von ihm, oder was meinen Sie? Und er sagte, daß er Tom Grimes dreißig Jahre gekannt habe, und er habe ihn nicht ein einziges Mal das alte Land erwähnen hören.«

Bedelia konnte sich das nicht länger anhören.

»Wollen Sie damit sagen, daß Sie uns für nichts und wieder nichts den ganzen weiten Weg über den Atlantik hergeholt haben?« rief sie. Trotz Biddys feinem Äußeren erinnerte Bedelia sich daran, daß ihre Mutter einst eine Bedienstete von ihnen gewesen war. »Ich muß schon sagen –«, begann sie.

Aber die Ereignisse der letzten paar Stunden hatten Biddy in einen Zustand der Aufregung versetzt, der sie unempfänglich für Bedelias Ärger machte. Sie tat ihn als Lappalie ab. »Ach, Sie verstehen nicht«, sagte sie ungeduldig. »Es ist viel schlimmer, als Sie glauben. Während der ganzen Woche, als Sie auf See waren, konnte ich mich nicht mit Ihnen in Verbindung setzen, aber in den letzten Tagen, bevor er starb, ich meine, obwohl es keinen eindeutigen Anzeichen gab, hatte ich so ein Gefühl, bloß so ein Gefühl natürlich, aber man weiß ja, wie absolut verläßlich Gefühle sein können. Nun, wie gesagt, ich hatte so ein Gefühl, daß der Mann aus dem mittleren Westen vielleicht gar keine Ahnung hatte. Er sagte, er habe den armen, alten Mann niemals das alte Land erwähnen hören. Nun, falls es Ihr Bruder war, könnte er doch seine Gründe dafür gehabt haben, oder? Es könnte für ihn eine Frage des Stolzes gewesen sein, andere nichts von seinem Abstieg zu einem gewöhnlichen Arbeiter wissen zu lassen. Möglicherweise hat auch der Gedanke eine Rolle gepielt, daß er Ihnen und Ihrer Familie keine Schande bereiten wollte. Man weiß nie! Und noch etwas kommt mir gerade in den Sinn! Ich hatte den alten Mann immer aufgrund der Dinge beurteilt, die meine Mutter und andere Leute aus Irland, die ich getroffen habe, gesagt hatten. Sie erzählten immer von ihrem alten Irland, aber natürlich hatten sie auf dem Land gelebt, also redeten sie auch immer davon und dachten dabei an die Weißdornbüsche und den Kuckuck und den Wachtelkönig, die Torfmoore und die kleinen, mit Hecken eingefaßten Reitwege. Aber Ihr Bruder hatte doch nur in der Stadt gelebt. Daran konnte es nicht so viele Erinnerungen geben, oder doch?«

Unwillkürlich schoß Daniel in den Sinn, daß Bedelia sich mit der zweiten Generation der Conatys verschätzt hatte, als sie davon sprach, wieviel lieber Biddy bei ihnen anstatt bei der Verwandtschaft ihrer Mutter wohnen würde.

»Nun, wie gesagt, ich hatte dieses Gefühl, daß ich vielleicht doch nicht so ganz unrecht hatte, was den alten Mann anging, und dann, als ich ihn zum allerletzten Mal vor seinem Tod sah, obwohl er natürlich sehr viel schwächer war und überhaupt nicht sprechen konnte, war ich fast völlig sicher, daß er Ihr Bruder war.« Sie zuckte mit den Schultern. »Es war natürlich nur so ein Gefühl, aber wie gesagt –«

Aber Bedelia war auch eine Frau. Sie kannte diese Gefühle. »Ich weiß!« rief sie.

Daniel bemerkte, daß Biddy in Bedelias Augen nun vollständig freigesprochen und in ihrer früheren Position als Vertraute und Verbündete rehabilitiert war. Bedelia faßte sie am Arm. »Glauben Sie, daß dieser Mann ein Schwindler ist?« rief sie. »Glauben Sie, daß er versucht, Anspruch auf unseren Tom zu erheben?« Fieberhaft glühten zwei Flecken auf ihren Wangen, und sie wandte sich an Daniel. »Ach, was für ein Segen, daß wir hergekommen sind!« rief sie. »Alles, was ich auf diesem elenden Schiff durchgemacht habe, in dieser stickigen Kabine mit dem Nebelhorn, das die ganze Zeit dröhnte, war nicht umsonst. Es war Vorsehung, höhere Gewalt. Dieser Mann wußte von dem Geld, glaube ich«, rief sie aufgewühlt, »und er denkt, daß er auf diese Weise drankommt. Das ist es! Er denkt, daß er, wenn er überzeugende Argumente liefert –«

Daniel jedoch bewahrte die Ruhe.

»Nun mal langsam, Bedelia, ich bitte dich«, sagte er. »Verstehst du denn nicht, daß dieser Mann, falls er von dem Geld wußte, was höchst unwahrscheinlich ist, und falls er es darauf abgesehen hat, was ebenfalls unwahrscheinlich ist, da Biddy doch sagt, er sei ein reicher Mann, aber falls es so wäre, verstehst du denn nicht, daß er genau den falschen Weg ginge, um seine Interessen zu verfolgen? Er tut ziemlich genau das Gegenteil. Unserem Tom gehört das Geld. Sein Tom Grimes könnte unmöglich irgendeinen Anspruch darauf haben. Nein, meine Liebe, ich fürchte, so leicht werden wir es nicht haben.«

»Aber wieso –«, begann Bedelia.

Daniel zuckte mit den Schultern. Und auch Biddy schien keinen Grund für ein solches Verhalten sehen zu können.

»Er sagt, er wolle sich nur loyal einem treuen Bediensteten gegenüber zeigen«, sagte sie, errötete jedoch, als ihr Blick auf Bedelias schlichte, aber anständige Kleidung fiel, weil sie das Wort Bediensteter gebraucht hatte. Ein Teil ihrer Aufregung kam zu Erliegen. Etwas nervös fuhr sie fort. »Er hat ein Grab auf dem Friedhof bestellt, und er hat einen schönen Sarg bestellt, und er sagt –«

Aber noch bevor sie ihnen etwas von einem Gedenkstein erzählt hatte, von dem sie ein Muster gesehen hatte, fiel ihr etwas anderes ein, und etwas betreten griff sie in ihre Tasche und zog ein kleines Bündel Banknoten heraus. »Das ist das Geld, das Sie mir für die Bestattungskosten geschickt haben«, sagte sie. Ganz eindeutig war sie dem Mann aus dem Mittelwesten nicht gewachsen gewesen. »Ach, hoffentlich machen Sie mir keine Vorwürfe«, sagte sie, und dabei sah sie nicht nur sehr unerfahren aus, sondern es war auch klar zu erkennen, daß sie es in diesem Augenblick bedauerte, überhaupt jemals in die Angelegenheit verwickelt worden zu sein. Dann nahm sie sich zusammen, und zwar so, daß ihre Stimmung fast in Trotz umschlug. »Ich sehe so oder so nicht richtig ein, was es ausmacht«, fügte sie hinzu, »wo er doch tot ist. Und der Gedenkstein, den der Mann errichten läßt, ist wirklich wunderschön. Er hat mir ein Bild davon im Katalog des Bestattungsunternehmers gezeigt. Man hätte wirklich nichts Besseres aussuchen können. Er hat sicherlich keine Kosten gescheut.« Damit deutete sie an, daß allein diese Kosten den Betrag überstiegen, den sie ihr geschickt hatten. »Er hat auch dafür gesorgt, daß Messen für ihn gelesen werden«, fügte sie einen Moment später hinzu. »Dieser Vorschlag kam von mir. Wissen Sie, der alte Mann hatte ein Medaillon um seinen Hals hängen. Als ich Ihnen das erste Mal schrieb, wußte ich nichts davon. Ich erfuhr es erst nach seinem Tod. Die Krankenschwester fragte mich, was sie damit machen sollte. Ich sagte natürlich, sie sollte es ihm umgehängt lassen, und ich dachte nicht weiter darüber nach, bis ich in meiner Wohnung war. Dann kam es mir mit einem Schlag so vor, als sei das Medaillon der Beweis, daß er unser Mann war. Aber als ich mich mit Mr Coulter – so heißt der Rancher – deswegen in Verbindung setzte, meinte er, das sei von keiner Bedeutung. Er sagte, er habe nie einen Paddy gekannt, der nicht irgendwo einen Medaillon an sich angeheftet hätte. Er sagte, immer wenn ein Paddy betrunken würde, oder zusammengeschlagen, fände man beim Öffnen seines Hemdes als erstes ein Medaillon. Ich habe alles versucht, aber er hat mich jedesmal vor den Kopf gestoßen.«

Dann, vielleicht weil sie begriff, daß die Verantwortung, die so schwer auf ihr gelastet hatte, inzwischen von ihr abgefallen war, wurde sie fröhlicher. »Vielleicht werden Sie ja mit ihm fertig, jetzt, wo Sie hier sind«, rief sie. »Vielleicht hört er auf Sie. Ich habe ihm gesagt, daß Sie heute ankommen.« Schuldbewußt blickte sie zur Uhr. »Ich hatte ihm gesagt, daß wir direkt nach Ihrer Ankunft zum Krankenhaus kämen.«

Besorgt legte Daniel einen Arm um Bedelia. »Fühlst du dich dazu in der Lage, Bedelia?« fragte er.

Natürlich gab es für Bedelia nur eine Anwort auf die Frage. Alles hing von ihrer Zeugenaussage ab. Sie erhob sich. »Laß uns sofort hingehen.«

Daniel wollte beide Frauen gleichzeitig beruhigen. Wie sehr er Melodramen doch verabscheute. »Ich denke, dieser Fremde aus dem mittleren Westen wird dem Wort der eigenen Schwester des Mannes wohl kaum widersprechen.« Er hatte nur eine einzige Sorge, und die betraf die Frage, ob die Krankenhausverwaltung sie ihn sehen lassen würde.

»Sie haben mir versichert, daß der Deckel nicht eher geschlossen wird, als bis der Leichnam identifiziert wurde. Sie tun sie nicht in den Sarg, bis der Leichenwagen am Schauhaus ankommt«, fügte Biddy hinzu.

Der Portier rief ein Taxi.

Daniel ließ die beiden Damen einsteigen. Er setzte sich neben Bedelia, aber selbstverständlich wurde nicht erwartet, daß ihr danach zumute war, sich zu unterhalten. Sie drehte ihr Gesicht zum Fenster. Daniel, der sich verpflichtet fühlte, sich Biddy gegenüber zuvorkommend zu verhalten, neigte sein Ohr in ihre Richtung.

»Die Krankenhausverwaltung war in dieser ganzen Sache äußerst anständig, indem sie so unvorschriftsmäßig gehandelt hat«, plapperte Biddy. »Im Grunde fanden sie es fürchterlich dumm von mir, Anstoß an dem Angebot des anderen Mannes zu nehmen. Sie konnten nicht verstehen, warum ich soviel Aufhebens machte, solange er ein katholisches Begräbnis bekommen sollte.« Ungeachtet des ernsten Anlasses kicherte sie. »Sie fanden, daß ich mich darüber freuen sollte, daß er ein so schönes Begräbnis auf Kosten einer anderen Person bekam.«

Als sie den Ausdruck auf Daniels Gesicht bemerkte, wurde sie jedoch stiller.

Sie näherten sich dem Krankenhaus. Bedelia, die dem Geplapper der Frau wie in einem Traum zugehört hatte, sah aus dem Fenster des Taxiwagens nach draußen, wo auf den überfüllten Bürgersteigen eine gewaltige Menschenmasse auf und ab zu hetzen schien. Dazwischen meinte sie verschiedentlich hier und da junge Männer zu sehen, die eine merkwürdige Ähnlichkeit mit Tom hatten, obwohl keiner von ihnen ein so feiner Mann war wie er. Er war so attraktiv gewesen. Sie fragte sich, ob das ein Teil seines Ruins gewesen war. Sie fragte sich, ob sich sein gutes Aussehen in den Jahren, die seit ihrer letzten Begegnung verstrichen waren, wohl gehalten hatte. Ich muß auf eine große Veränderung an ihm gefaßt sein, sagte sie sich, aber richtig klar wurde ihr das nicht. Er war ein kleiner Prinz gewesen. Langsam füllten sich ihre Augen mit Tränen, die anschließend ihre Wangen hinunterliefen. Zum ersten Mal seit ihrer Kindheit war Bedelias Herz frei von aller Hinterhältigkeit. Sämtliche finanziellen Erwägungen waren dahingeschwunden. Es war, als ob ein Engel des Lichts gekommen wäre und sich in dem finsteren Taxi neben sie gesetzt und alles mit einem blendenden Strahlen erleuchtet hätte.

Daniel, der sie verstohlen anblickte, stellte eine große Veränderung an ihr fest und konnte sie sich nicht erklären. Er hoffte bloß, daß sie nicht zusammenbrechen würde. Sie hatten das Krankenhaus inzwischen fast erreicht. Er streckte seine Hand aus und tätschelte ihr beruhigend das Knie. »Du bereust nicht, daß wir gekommen sind?« fragte er, und er war über die Heftigkeit ihrer Antwort überrascht.

»O nein, ich bin so froh, so froh, Daniel«, antwortete sie. Und es war wahr. Ihr Herz war mit Liebe für ihren Bruder erfüllt, ihren kleinen Bruder, auf den sie aufgepaßt hatte, als er noch ein Kind war, ihren lustigen, leichtsinnigen Bruder, dessen Charme für ihn eine so große Gefahr bedeutet hatte, daß sie ihm zuliebe sein Schicksal für ihn in die Hand hatte nehmen müssen, ihren eigenen Bruder, der auf ein Wort von ihr hin alle Brücken hinter sich abgebrochen hatte und in dieses fremde Land gegangen war.

Jahrelang hatte sie damit gerechnet, nie wieder in sein Gesicht zu blicken, aber das Schicksal hatte es so gewollt, daß sie es schließlich doch noch sehen sollte. Verglichen mit der Qual, die es ihr bereitet hätte, dieses Gesicht nie wiederzusehen, würde ihr der Anblick trotz des Schmerzes und der Trauer eine Freude sein. Denn es war ihr Tom. Im Grunde ihres Herzens war sie sich dessen sicher.

Das Taxi hielt an.

»Da sind wir!« sagte Biddy.

»Hier entlang«, sagte Daniel, als sie die Treppen hinaufstiegen.

»Hier entlang, bitte!« sagte eine Krankenschwester, als sie sie einen langen, weißen Korridor hinunterführte.

»Jetzt!« rief Daniel unwillkürlich aus, als die Krankenschwester die Tür der Leichenschauhalle öffnete, wo sie der Leichnam erwartete.

Jetzt! Vierzig Jahre war es her, seit Bedelia die bejahrte Gestalt, die nun schwer wie ein Stein unbedeckt vor ihr lag, zuletzt gesehen hatte. Vierzig Jahre war es her, daß sie dieses Gesicht zuletzt gesehen hatte. Oder hatte sie es niemals gesehen?
In Anbetracht der Auswirkungen von Armut und Krankheit flüchtete sie sich in einen plötzlichen Zweifel.

War es denkbar, daß alle anderen recht hatten und daß dies überhaupt nicht ihr Bruder war? Es konnte sich doch niemand so stark verändern, selbst wenn soviel Zeit vergangen war, selbst wenn er tot war?

Diese Nase! Tom hatte nie diesen verkniffenen, abgehärmten Zug um die Nase gehabt. Das Haar allerdings, obwohl es weiß war, war kräftig und dicht wie Toms Haar. Aber war Tom nicht größer gewesen? Verzweifelt heftete sich ihr Blick auf ein Detail nach dem anderen. Und dann begann ein Stimme, nein, mehrere Stimmen begannen auf sie einzureden. »Und?« sagten sie, Daniel und Biddy und noch jemand, nach dem umzudrehen sie sich nicht die Mühe machte. »Ist er's? Ja?«

Wieder blickte sie in das Gesicht des toten Mannes. Aber wenn es ihr Bruder war, waren sie irgendwie voneinander getrennt worden, irgend etwas hatte das Band zwischen ihnen zerschnitten – sie kannte ihn nicht mehr. Und wenn ich dort läge, dachte sie, würde er mich auch nicht kennen. Es war ohne Bedeutung, daß sie irgendwann vielleicht aus demselben Leib gekrochen waren. Jetzt waren sie Fremde. Verwirrt drehte sie sich zu Daniel um. »Ich kann es nicht sicher sagen, Daniel«, wimmerte sie, »ich weiß es nicht.«

Sie spürte die Blicke aller auf ihr, und eine näselnde Stimme, erst laut, dann schwach, wie eine Stimme, die unter dem ersten Einfluß einer Narkose vernommen wird, sagte immer wieder dasselbe.

»Das kann doch nicht wahr sein, das kann doch einfach nicht wahr sein!«

Und dann, als man sie aus dem Saal herausführte, hörte sie das hysterische Geschrei einer Frau, und nur verwirrt begriff sie, daß sie selbst diese Frau war, die sich so unziemlich gebärdete.

Schnell stolperte Bedelia vorwärts und ließ sich von den anderen ins Taxi helfen. Denn dort war doch schließlich der Engel erschienen und hatte sich neben sie gesetzt und die Strahlen der Liebe um sich herum verbreitet. Und vielleicht würde sie ja wieder so empfinden wie vorher, als sie zu Tom gefahren waren. Denn jetzt, da alle ihre Hinterhältigkeit tot war, schloß sie ihr Herz auch der Trauer um ihn auf. Aber ihr Herz war ein zu altes und brüchiges Gefäß, um Gefühle aufnehmen zu können, wie kostbar sie auch sein mochten, wie winzig der Tropfen auch sein mochte.

In dem Taxi war kein Engel. Es war stickig und eng und roch nach Fußschweiß.

Trastevere

Die Ampel an der Ecke Madison und Sixty-Ninth sprang um. Mrs Traske beeilte sich, um noch rechtzeitig hinüberzukommen. Sie hatte die andere Seite gerade erreicht, da hörte sie, wie jemand ihren Namen rief. Wie schön, gleich an ihrem ersten Tag zurück in New York einfach jemanden auf der Straße zu treffen! Gespannt drehte sie sich um. Aber der junge Mann, der gerufen hatte, war nicht mehr bei Grün herübergekommen, und nun floß ein Strom von Autos zwischen ihnen entlang. Vom anderen Ufer aus winkte er ihr wild zu, und obwohl sie ihn nicht ganz einordnen konnte, blieb Mrs Traske stehen und wartete mit einem ermutigenden Lächeln.

Wer war er? Sein Gesicht kam ihr eindeutig bekannt vor, also lächelte sie weiter. Er wirkte freundlich, lebhaft und intelligent. Als die Ampel wieder umschaltete, kam er herübergesprungen.

»Mrs Traske! Erinnern Sie sich an mich? Paul Martin. Wir sind uns in Rom begegnet.«

Hätte sie einen Augenblick mehr Zeit gehabt, wäre sie von allein wieder darauf gekommen. Er war einer der jungen Dichter, denen sie diesen Sommer begegnet war. Rom war voll davon, aber er war mit Abstand der netteste.

»Natürlich!« sagte sie. »Sie haben mir Trastevere gezeigt – mir und meiner Tochter.«

Sie war außerordentlich dankbar gewesen, daß er Gloria eingeschlossen hatte; hübsche junge Töchter waren manchmal schwieriger zu unterhalten, als man meinen sollte. Andererseits mußte es ihm leichter gefallen sein, mit Gloria umzugehen als mit einer Romanschriftstellerin mittleren Alters. Die meisten Dichter in Rom hatten Mrs Traske ein wenig die kalte Schulter gezeigt, besonders wenn sie wußten, daß sie in der Via Veneto wohnte. Glücklicherweise hatte sie ein Alter erreicht, in dem man sich von dem Druck freimachen konnte, die Atmosphäre über den Komfort stellen zu müssen. Ihr Aufenthalt in Rom hatte sich gerade dem Ende genähert, da waren sie Paul begegnet. Als er hörte, daß sie nie auf der anderen Seite des Flusses in Trastevere gewesen waren, bot er sich ihnen sofort als Begleiter an. Er plante einen interessanten Nachmittag und schlug zu ihrer Begeisterung vor, den Tag mit einem Besuch bei Freunden ausklingen zu lassen, die in einem phantastischen alten, mittelalterlichen Palazzo des Viertels ein Appartement bewohnten.

»Ich dachte, Sie seien noch immer in Rom, Mr Martin«, sagte sie, und da sie annahm, daß sie beide den gleichen Weg hatten, wollte sie weitergehen. Aber er rührte sich nicht und ließ auch nicht ihre Hand los. Er drückte sie sogar noch fester, und sie merkte, daß er sehr bestürzt war. Das Merkwürdige war, daß er sie auf irgendeine Weise mit seinem Kummer in Verbindung zu bringen schien.

»Oh, Mrs Traske, Sie wissen gar nicht, wie gut es war, aufzusehen und Sie zu entdecken. Ich war in einer Telefonzelle auf der anderen Straßenseite. Ausgerechnet Sie, dachte ich. Ich hatte keine Ahnung, daß Sie in New York sind. Ich *mußte* einfach nach Ihnen rufen. Erinnern Sie sich an meine Freunde in Trastevere, die, mit denen wir an dem einen Abend zusammen waren – Simon Carr und Della?«

Er war wirklich sehr aufgewühlt. Immer wieder wischte er sich über die Stirn.

»Aufzusehen und Sie zu entdecken!« rief er. »Jemand, der sie kannte! Ich hatte es gerade erst gehört, wissen Sie – eine Minute vorher. Ich weiß noch nichts Näheres, aber o Gott, Mrs Traske, sie hat sich umgebracht – Della –, letzte Nacht!«

»O nein.« Jetzt drückte sie *seine* Hand. »Wie schrecklich. Ich kann Ihnen gar nicht sagen, wie leid es mir tut.« Leid für ihn, meinte sie, er war so bestürzt – die junge Frau hatte sie schließlich nur dieses eine Mal getroffen. Natürlich tat es ihr auch für sie leid und für ihren armen Mann. Ihr unmittelbares Mitleid jedoch betraf den jungen Mann vor ihr. Er war so unglaublich jung in seiner Trauer. »Was ist passiert?« fragte sie. »Eine andere Frau?«

Paul war empört. Er hob seine Hände zum Protest. »Er gehörte ganz ihr, mit Körper und Seele!« rief er.

»Was war es dann?«

»Das ist ja das Schreckliche!« rief der junge Mann. »Ich weiß es nicht. Ich habe nur gehört, daß sie tot ist. Ich wollte gerade nach Rom telefonieren – dort drüben«, sagte er und nickte zurück, »als ich Sie entdeckte. O Gott, ist das nicht unglaublich? Sie waren wahnsinnig verliebt. Das muß Ihnen an dem Abend in Trastevere selbst aufgefallen sein.«

Jetzt hielt er sie mit beiden Händen fest. »Ich habe solche Sorge, daß Simon sich umbringen könnte. Er wird nicht ohne sie leben können.« Ein erregter Ausdruck zeigte sich in seinem Blick. »Und Della wird im Grab nicht ohne ihn ruhen. Sie wird –«

Hier jedoch zog Mrs Traske ihre Hände weg. »Reden Sie keinen Unsinn«, sagte sie. Plötzlich wurde sie ungeduldig. »Lassen Sie uns weitergehen«, sagte sie. »Oder noch besser, kommen Sie mit in mein Hotel und essen Sie etwas. Es ist nicht weit von hier. Es wird Ihnen besser gehen, wenn Sie etwas gegessen haben. Wir können uns unterhalten.«

Paul machte einen Satz nach hinten. »Das geht nicht«, rief er. »Ich muß unbedingt diesen Anruf nach Rom machen. Vielleicht muß ich sofort zurück.« Einen Augenblick lang blieb er noch vor ihr stehen. »Nochmals vielen Dank einfach dafür, daß Sie hier sind!« rief er. Dann war er fort.

Erschüttert ging Mrs Traske alleine weiter. Das arme Mädchen, dachte sie – junge Frau wohl eher, denn Della war bestimmt ein wenig älter als ihr Mann. Oder doch nicht? Vielleicht hatte sie diesen Eindruck auch nur aufgrund seiner Abhängigkeit von ihr gewonnen. Wie auch immer, das war alles sehr traurig. Was Mr Martins Ängste über einen doppelten Selbstmord anging, darauf wollte sie offenbar nichts geben. Sie war selbst früh Witwe geworden und vernünftig genug, eine zweite, späte, dafür aber tief befriedigende Beziehung nicht durch Heirat publik zu machen, und hatte insofern ihre eigenen Vorstellungen von Liebe.

Aber was war bloß passiert? Sie konnte sich nur noch daran erinnern, daß Della schön war, schöne Augen hatte und glänzendes, schwarzes Haar. Der Abend, den Gloria und sie mit den drei jungen Leuten verbracht hatten, hätte ganz amüsant sein können, aber irgendwie war er es nicht. Ein paarmal war es ihr so vorgekommen, als sei Della zu dominant, aber da es die jungen Männer nicht zu stören schien – eher im Gegenteil –, hatte Mrs Traske keinen Grund gesehen, es *ihre* Sorge sein zu lassen.

Während sie die Madison Avenue entlangging, kam sie ins Nachdenken. Nach Mittagessen stand ihr der Sinn ebensowenig wie Paul. Sie verspürte das Bedürfnis, Mack anzurufen, aber sie widerstand der Versuchung. Wahrscheinlich war er noch nicht einmal zurück im Büro, denn er hatte sie am Schiff abgeholt und so lange gewartet, bis sie im Hotel untergebracht war. Sie würde ihn ohnehin zum Abendessen sehen. Sie hielt an. Sie mußte in der Nähe des Central Park sein. Ah ja, sie konnte die Wipfel der Bäume erkennen. Vielleicht sollte sie dort eine Weile in der Sonne spazierengehen. Der Meinung ihrer New Yorker Freunde nach war der Central Park gefährlich, aber sicher doch nicht am hellichten Tag? Wenn man Mr Martin Glauben schenken wollte, nicht so gefährlich wie die Liebe! Denn obwohl sie ihm über den Mund gefahren war, war sie durch Pauls phantastische Anschauungen von Liebe ins Grübeln gekommen. Mrs Traske überquerte die Straße und ging in Richtung Park. Sie würde das Mittagessen ganz streichen. Wenn man über vierzig war, durfte man ruhig eine Mahlzeit auslassen. In Rom wäre ihr das nie gelungen. Dort war sie immerzu hungrig gewesen. Sie war schon heißhungrig geworden, wenn sie nur eine dieser schmalen Straßen hinunterlief, die sich ganz und gar dem Essen verschrieben haben – mit Geschäften, die jeweils nur für eine einzige Warensorte da sind: Käse, Pasta, Salami; Obst- und Gemüsestände, die mit soviel Rücksicht auf

Farbe, Form und Größe angerichtet waren wie die Mosaike in der Vatikanischen Werkstatt. Im Vorbeigehen hatte es sie gewöhnlich in den Fingern gejuckt, in eine fleischige Feige oder einen dicken Pfirsich zu drücken, um zu testen, ob sie von so vorzüglicher Qualität waren, wie sie aussahen. Aber sie fürchtete, eine Lawine auszulösen, die sie bis zum Hals in Äpfeln und Birnen begrub, in Feigen, Tomaten, Granatäpfeln, Melonen...

An jenem Tag in Trastevere hatten sie im Hotel zuvor noch ein exzellentes Mittagessen zu sich genommen, aber kaum hatten sie die Ponte Palatino überquert, war sie schon wieder ausgehungert, angeregt von den verschiedenen Düften, die aus den Wohnungsfenstern drangen – dem Duft von heißem kochenden Öl, Knoblauch, Oregano. Und das viele Laufen machte sie noch doppelt hungrig. Paul hatte ihnen alles gezeigt – Basiliken, Krypten, Paläste, Brunnen, Piazzen. Er war unermüdlich. Am besten gefielen ihnen die schmalen Gassen, wie die Via dell'Atleta, die ganz in das Flair von Trastevere eintauchte, mit Orangenschalen am Boden und lustiger bunter Wäsche, die wie Fahnentücher über ihren Köpfen quer von einer Seite zur anderen gespannt war.

Als sie daran dachte, was ihr in einer dieser kleinen Gassen passiert war, mußte Mrs Traske lächeln. Es war äußerst heiß, und sie alle schwitzten, und deshalb war sie, obwohl sie nur ein leichtes Seidenkleid trug, wirklich erleichtert, als ein paar Tropfen Regen vom Himmel auf ihren nackten Arm fielen. Sie legte ihren Kopf zurück, den Tropfen entgegen, »als ob«, sagte Gloria später lachend, »als ob du eine Blume wärst, Mutter!« Bloß war es überhaupt kein Regen! Als sie aufsah, erblickte sie hoch oben den nackten Po eines kleinen Jungen, der von den starken, braunen Armen seiner Mutter nach draußen gehalten wurde.

Wie sie gelacht hatten. Danach hatte Paul vorsichtig vorgeschlagen, ihren Weg fortzusetzen, weil Della sie erwartete. Sie esse gerne früh, weil sie berufstätig war, erklärte er, und wolle am liebsten immer sofort nach ihrer Rückkehr aus dem Büro zu Abend essen.

»Oh, dann dürfen wir sie nicht warten lassen«, sagte Mrs Traske, die zunächst davon augegangen war, daß sie in der Wohnung essen würden. Das schien doch überhaupt der Grund für den Besuch zu sein. Von außen hatten sie genügend alte Palazzi zu sehen bekommen.

»Warten Sie, bis Sie ihre Wohnung sehen!« rief Paul. »Ich habe Ihnen ja gesagt, daß es einer der ältesten Palazzi in Rom ist – mit Balkonen vor den Fenstern und verzierten Türen –, und sie haben sogar eine Gartenterrasse auf dem Dach. Da ist es!« verkündete er, als sie eine *piazzale* betraten, von der eine Straße abführte, die so schmal wie eine Rinne war.

Beeindruckt blieben sie stehen und starrten die gewaltige verzierte Fassade an, die über die Hauptstraße ragte.

»Es hat natürlich auch Nachteile, wie Sie sehen können«, sagte Paul, als sie sich näherten und ihnen aus den randvollen Mülltonnen, die noch nicht geleert worden waren, ein beißender Gestank entgegenschlug. Die Tonnen ließen wie Füllhörner eine großzügige Gabe an Hummerscheren, Fischköpfen, Eierschalen, verwelkten Blumen und verfaultem Fruchtmark herausschwappen. Und als sie vorbeigingen, stieg aus dem üppigen Haufen in schillerndem Glanz ein riesiger Fliegenschwarm empor, zischend wie Gänse.

»Tut mir leid«, sagte Paul gelassen. »Das ist der Preis für das Wohnen in diesem Viertel. Aber sehen Sie sich dafür das Relief an!« Er deutete hinauf zu dem sagenhaften Portikus.

Sie hatten jedoch Schwierigkeiten, sich an den Mülltonnen vorbeizuschlängeln, und in dem Eingang selbst mußten sie sich ihren Weg durch eine Horde Kinder bahnen, die auf dem Marmorboden und den unteren Stufen der großen Marmortreppe spielten. Der Flur wimmelte nur so von Kindern. Sie waren sehr niedlich, sehr reizend, aber sie mußte ihren Rock vor ihren dreckigen, kleinen Händchen bewahren. Als sie die Treppe erreichten, mußte sie laut auflachen, als sie beobachtete, wie ein kleines Kind die große Marmorstufe hinaufzuklettern versuchte. Seine schweren und vollen Windeln hingen wie ein Euter unter ihm und hinterließen überall dort, wo er mit den Stufen in Berührung gekommen waren, eine nasse Spur.

»Wie eine Schnecke!« sagte Gloria und hob es zur Seite, so daß sie vorbeigehen konnten, obwohl die Treppe eigentlich breit genug war, daß sie auch so problemlos an ihm vorbeigekommen wären. Sie hätten alle drei nebeneinander hochgehen können. Eine sagenhafte Treppe. Und an den Wänden waren in den Verputz wunderhübsche Keramikmedaillons eingesetzt, auch wenn sich die Kinder überall sonst auf dem Verputz, so hoch sie kamen, mit Kreide und Wachsmalstiften vergangen hatten.

»Ich rate Ihnen, nicht zu genau hinzusehen«, warnte Paul unsicher. Und tatsächlich hatte Mrs Traske soeben eine sehr ungehörige Zeichnung entdeckt. Es war nicht überall das Werk von Kindern, auf gar keinen Fall. Da sie den jungen Mann nicht in Verlegenheit bringen wollte, ging sie zu etwas Allgemeinerem über.

»Graffiti finde ich faszinierend«, sagte sie. »Kürzlich habe ich einen hochinteressanten Artikel darüber gelesen.«

Sie hatte die Worte kaum ausgesprochen, als sich oben eine Tür öffnete und eine Stimme nach unten rief. »Wo bleibt ihr denn? Wir sterben vor Hunger.«

Diese Ungezwungenheit ließ sie ihre Scheu verlieren, und die Traskes eilten hinauf. Als Mrs Traske jedoch den Flur erreichte, konnte sie nicht umhin, noch einmal stehenzubleiben und sich begeistert über das intensive venezianische Rot der Wände zu äußern, das sich so schön von dem reinen Weiß der Tür und dem giebelähnlichen Architrav abhob. »Was für eine phantastische Farbe!« rief sie zu dem jungen Mann auf dem Flur – Simon?

Er lächelte. »Es war gewagt von uns, den Flur zu streichen, weil er uns rechtlich gesehen nicht gehört. Er ist eigentlich als Gemeinschaftsgelände gedacht, aber da wir oben wohnen, haben wir es drauf ankommen lassen und auch den Flur mitgestrichen, als wir schon einmal dabei waren.«

Gloria und Paul waren hinzugetreten.

»Ich sage immer«, sagte Paul, »daß dieser Flur einen Vorgeschmack auf das liefert, was noch kommt!« Er ging an Simon vorbei und riß die Wohnungstür sperrangelweit auf.

Beim Anblick der Wohnung atmete Mrs Traske tief ein und stieß dann einen weiteren entzückten Schrei aus.

»Du klingst überrascht, Mutter«, sagte Gloria scharf. »Mr Martin hatte doch versucht, uns darauf vorzubereiten.«

Mrs Traske lächelte ihrer Tochter aus Dankbarkeit darüber zu, daß sie ihr half, ihre Überraschung in etwas taktvollere Worte der Würdigung umzuwandeln.

»Aber wie hätte man auf so eindrucksvolle Farben gefaßt sein können?« sagte Mrs Traske rasch. »Dieses glänzende Rubinrot, und dann dieses Grün. Es ist so grün wie der Campanile«, fügte sie hinzu, als sie beim Eintreten in den Raum durch eins der großen Fenster am hinteren Ende die Kuppel von Santa Maria in Cappella erspähte. Sie drehte sich zu ihrem Gastgeber um: »Ist Ihre Frau Künstlerin?«

Aus einem ihr nicht ersichtlichen Grund fingen Simon und Paul beide zu lachen an – ziemlich laut sogar.

»Nun, dann muß es ein Dichterzimmer sein«, murmelte sie. Der Raum verlangte nach einem Charakter mit Stil.

An dieser Stelle öffnete sich die Tür einer kleinen Küche, und eine junge Frau trat heraus. Della? Wie ihr Mann verzichtete sie auf eine Begrüßung und mischte sich sofort in die Unterhaltung ein. Wiederum bewirkte diese Ungezwungenheit, daß den Traskes ihre Befangenheit genommen wurde. »Ein Dichterzimmer?« wiederholte die junge Frau fragend, und sie blickte sich um wie eine Fremde. »Sie hätten das Zimmer sehen sollen, in dem wir vor unserer Heirat gewohnt haben«, sagte sie, aber sie nahm den Arm ihres Mannes und drückte ihn liebevoll. Sie nickte in Richtung der Radierungen an der Wand. »Die Radierungen gehörten natürlich Simon«, sagte sie. »Ich habe sie nur neu gerahmt.

Und der alte Schreibtisch ist von ihm – ich habe ihn bloß abschmirgeln und wachsen lassen. Und die Bücher gehören ihm.« Sie runzelte jedoch leicht die Stirn, denn einige der Bücher sahen etwas abgegriffen aus. Sie umfaßte seinen Arm fester. »Ich glaube, die Farbe war auch deine Idee, oder? Oder Pauls?« Sie streckte ihren Arm aus und zog Paul zu sich heran. »Ich habe bloß bezahlt!« Sie wandte sich an Mrs Traske. »Vielleicht haben Sie recht. Vielleicht ist es ein Dichterzimmer, nur der Ton ist um ein oder zwei Oktaven erhöht worden – mit Geld.«

Daß Geld auf diese Art und Weise zur Sprache gebracht wurde, hätte Mrs Traske Unbehagen bereitet, wären die jungen Männer – und zwar alle beide – nicht so offensichtlich entzückt von Della gewesen.

»Dazu muß man sagen«, erklärte Paul, »daß Della eine der besten Stellen in ganz Rom hat.« Er lachte. »Deshalb sind sie hergezogen – und ich auch.«

Wohnte er bei ihnen? fragte sich Mrs Traske. Dieses Zimmer war so geräumig, daß es dahinter nicht mehr viele Schlafmöglichkeiten geben konnte.

Paul schien ihre Gedanken zu erraten. »Ich wohne nicht *bei* ihnen. Ich lebe nur *von* ihnen.«

Darüber lachten wieder alle drei, und Mrs Traske lachte mit. Sie merkte jedoch, daß Gloria Della ziemlich penetrant fand. Was für eine starke Persönlichkeit. Wie sie dort mit den beiden jungen Männern, bei denen sie sich untergehakt hatte, in der Mitte ihres schönen Zimmers stand, beschwor sie in Mrs Traskes Vorstellung das ausgefallene Bild eines mit Bändern geschmückten Maibaums herauf, die die jungen Männer im Drehen immer näher an sie heranzogen.

»Simon, möchtest du ihnen nichts zu trinken anbieten?« Della ließ los und sammelte ein leeres Glas auf, das offensichtlich ihres gewesen war und stellte es wieder hin. »Ich möchte nichts mehr«, sagte sie, und unschwer konnte man dahinter den Tadel für ihr Zuspätkommen wittern. Trotzdem nahmen Mrs Traske und Gloria die Gläser, die ihnen ungefragt angeboten wurden, und Mrs Traske ging Gloria, die Campari verabscheute und ihn so schwer herunterzuschlucken fand wie Hustensaft, mit gutem Beispiel voran, indem sie sofort begann, ihren in kleinen Schlückchen zu trinken.

»Schön, daß Sie gekommen sind«, sagte Della dann unerwartet. »Paul hat uns viel von Ihnen erzählt.«

Mrs Traske setzte das bescheidene Lächeln auf, mit dem sie gewöhnlich auf seichtes, nichtssagendes Lob für ihre Arbeit reagierte, als Della fortfuhr. »Von Ihrer Großzügigkeit gegenüber jungen Leuten, meine ich«, sagte sie.

Wie froh Mrs Traske nun über die offenen Eingeständnisse bezüglich Dellas Gehalt war, denn falls das Geld knapp gewesen wäre, hätte sie angenommen, daß die junge Frau auf eine Bitte um Darlehen hinauswollte. So wie die Dinge lagen, kam ihr der Gedanke, daß sie sich vielleicht etwas anderes als Geld von ihr erhofften. Sie wandte sich an Simon. »Bedauerlicherweise muß ich gestehen, nie etwas von Ihrer Lyrik gelesen zu haben«, murmelte sie.

Della griff nach ihrem leeren Glas. »Wie sollten Sie auch?« sagte sie. »Sie ist nie veröffentlicht worden«, und bevor Mrs Traske noch irgend etwas sagen konnte, hob sie warnend ihre Hand. »Schlagen Sie nicht vor, in dem Manuskript zu lesen«, rief sie, »es sei denn, Sie sind Ägyptologin oder Hieroglyphistin«, und sie streckte ihre Arme aus und faßte die beiden Männer wieder unter. »Sie nennen sich Schriftsteller, und niemand kann ihre Schrift lesen.« Sie lachte. »Und sie beherrschen die Rechtschreibung nicht.« Wieder lachte sie. »Sie kennen nicht einmal die Bedeutungen von Wörtern. Wissen Sie, was dieser junge Mann hier dachte?« Sie zog Paul näher an sich heran. »Er dachte, imprägnieren hieße imponieren! Und dieser junge Mann hier«, sie drückte den Arm ihres Mannes, »dieser junge Mann dachte, eine Hysterektomie sei eine Lobotomie! Nicht, daß man ihm daraus einen großen Vorwurf machen könnte – die mittelalterlichen Philosophen dachten schließlich alle, die Gebärmutter sei das Zentrum der Emotionen.« Sie ließ sie los. »Ach, sie sind hoffnungslose Fälle. Ich habe keine Ahnung, was sie ohne mich machen würden.«

Und tatsächlich kam es Mrs Traske allmählich so vor, als ob Della ihnen Kraft gäbe. In dem riesigen Zimmer, in dem sie und Gloria wie vereinzelte Leute weit auseinander standen, schienen die drei jungen Leute so dicht beisammen zu stehen wie zuvor, als sie einander an den Armen untergefaßt hatten.

»Nimm dem Mädchen das Glas ab«, sagte Della zu Simon. »Und wenn wir fertig sind, laß uns gehen und etwas essen.«

Aber sie ging zu der Tür hinüber, durch die sie hereingekommen waren, öffnete sie und führte sie auf den Flur hinaus.

»Essen wir denn nicht hier?« fragte Mrs Traske. Zu spät ging ihr auf, daß sie sich ihre Enttäuschung hatte anmerken lassen. Sie hatte sich das Zimmer noch nicht richtig angesehen, hatte die Radierungen und Bücher noch nicht angeschaut, und vor allem hatte sie keine Zeit gehabt, aus dem Fenster zu blicken, um den herrlichen Blick über Trastevere zu genießen. Betrübt blickte sie umher.

»Darf ich bitten?« sagte Della beinahe frech und hielt ihnen die Tür auf. Mrs Traske konnte das Gefühl nicht loswerden, daß man ihr einen Gefallen damit tun wollte.

»Wir nehmen auch gern einfach das, was da ist, wissen Sie«, sagte sie nervös. »Gloria würde es nichts ausmachen, behilflich zu sein. Sie ist eine ziemlich gute Köchin. Sie macht hervorragende Omelettes.« Die Wahrheit war, daß sie nach Monaten des Hotelaufenthalts und Auswärtsessens selbst Lust gehabt hätte, bei der Zubereitung einer Mahlzeit zu helfen. Ihr fielen wieder die Gemüsestände ein, und sie konnte fast das Knacken junger Bohnen unter ihren Fingern spüren, und das Rascheln von Spinat.

Della jedoch hatte sich umgedreht. »Wir essen nie in der Wohnung«, sagte sie. »Im Keller des Palazzos gibt es eine Trattoria – Sie müßten das Schild im Eingang gesehen haben, als Sie hochgekommen sind. Dort essen wir jeden Abend – hier oben essen wir an sich nur zu seltenen Anlässen.«

»Traurigen Anlässen, keinen angenehmen«, erklärte Paul schnell. »Wenn einer der beiden krank ist oder so etwas.«

»Ich finde es widerlich, wenn der Essensgeruch den ganzen Abend in der Wohnung hängt«, sagte Della.

Mrs Traske war immer noch nicht glücklich. »Wir hätten überhaupt nicht zum Essen kommen sollen«, murmelte sie.

»Aber wieso denn das?« fragte Simon. »Es liegt ja nicht daran, daß Della müde ist oder so etwas, sondern einfach daran, daß wir es uns leisten können, essen zu gehen – wegen ihrer Stelle.«

»Das stimmt«, sagte Della etwas liebenswürdiger. »Ohne meine Stelle hätten wir wahrscheinlich überhaupt nichts zu essen!« Sie bemerkte Glorias überraschten Blick und lachte kurz auf. »Mach dir keine Sorgen«, sagte sie und nickte zu ihrem Mann. »Er bezahlt auf andere Art und Weise.« Sie hielt inne. »Er wäscht die Windeln.« Als sowohl Mrs Traske als auch Gloria ihre Überraschung darüber nicht verbergen konnten, quietschte sie vor Vergnügen. »Im übertragenen Sinn!« rief sie. »Wir haben überhaupt keine kleinen Windeln.«

Nervös blickte Mrs Traske zu Simon. Da jedoch sowohl er als auch Paul lachten, versuchte sie ebenfalls zu lachen. Gloria starrte sie nur stumm an.

»Keine Sorge«, flüsterte Paul beruhigend, als sie die Treppe hinuntergingen. »Della weiß, was sie tut. Sie spart dort, wo andere sich Luxus erlauben.«

Aber es waren gar nicht mehr ihre sozialen Verpflichtungen, die Mrs Traske beschäftigten. »Sind sie schon lange verheiratet?« fragte sie.

»Drei Monate ungefähr«, antwortete Paul. Er kam näher. »Sie hatten in London schon einige Zeit zusammengewohnt, aber als Della diese tolle Stelle in Rom bekam, entschlossen sie sich zu heiraten.« Er senkte seine Stimme noch mehr. »Ich glaube, Simon behagte die Vorstellung zu heiraten zunächst nicht besonders – das meinte Della wohl mit den kleinen Windeln –, aber er wußte, daß er nicht ohne sie leben konnte.« Er grinste. »Ich kann selbst fast nicht ohne sie leben. Ich bin mit einem Stipendium hier, und ich bin in einer ganz guten *pensione* untergebracht, aber – naja, die meiste Zeit bin ich hier in ihrer Wohnung. Ich fürchte, ich kann auch nicht ohne sie. Sie ist diese Sorte Mensch. Ich hatte von Leuten wie ihr vorher schon gehört, aber nie so jemanden getroffen – Leute, deren Kraft eine Art Magnet für Leute wie Simon und mich ist, die nämlich ziemlich hilflos sind, wenn es ums Leben geht. Wirklich!« sagte er, als Mrs Traske ihn zweifelnd ansah.

Sie hatten das Ende der großen Treppe erreicht, und jetzt konnte sie sehen, daß es ein fettiges Schild an der Wand gab und eine steilere, dunklere Treppe, die zu der Trattoria im Keller hinunterführte.

Die Trattoria war klein, aber voller Leute. Als Della jedoch auf der Bildfläche erschien, kam der kleine, dicke Wirt, sein Gesicht glänzend vom Schweiß, sofort auf sie zugeeilt, um sie zu begrüßen, als ob man ihn wie einen Ball zu ihnen gerollt hätte, und wies ihnen unter Verbeugungen den Weg zu dem einzigen freien Tisch in dem Raum, ganz hinten in der Nähe der Küchentüren.

»Signore! Signora!« Er strahlte, bis er plötzlich Mrs Traske und Gloria erblickte. Da er nicht davon ausging, daß sie dazugehörten, geriet er durcheinander, und ihm brach im Gesicht noch mehr Schweiß aus – als wäre es einmal in Öl getaucht worden. Einen Augenblick lang war es, als ob er irgendeine niedere Lebensform sei, die sich zweiteilen konnte, so daß beide Hälften gleichzeitig auf eine Gruppe zugehen und sie willkommen heißen konnten. Da dies jedoch unmöglich war, klatschte er in die Hände und rief einen Kellner mit einer langen, schmalen Schürze, die bis zu seinen Schuhen reichte, herbei, und forderte ihn auf, sich um die Fremden zu kümmern. *»La carta per gli Inglesi!«* rief er. Dann, als er verstand, daß sie zusammengehörten, kam ein

glückseliges Lächeln der Erleichterung über sein Gesicht. *»Momento!«* rief er zu dem Kellner. *»Carta per tutti.«* Ohne die Befolgung seiner Anweisung abzuwarten, eilte er zu einem Tisch und kam mit ein paar so fettigen und weinverklebten Speisekarten zurückgeflitzt, daß an ihrer Reichhaltigkeit kein Zweifel bestehen konnte, und teilte sie aus.

»Prego.« Eine gab er Della. *»Prego.«* Eine Mrs Traske. *»Prego, prego, prego«*, rief er und gab jeder Person eine. Aber im nächsten Augenblick hatte er sie schon wieder eingesammelt und fortgebracht. Wie ein die Noten verachtender Dirigent begann er aus dem Gedächtnis die Gaumenfreuden seiner Küche zu preisen. *»Pollo al diavolo? Saltimbocca? Abbacchio alla cacciatora?* Ist heute abend sehr zart« – er verbeugte sich zu Gloria – »wie die Augen von der *Signorina*.« Dann senkte er verschwörerisch seine Stimme. *»Ossobuco«*, flüsterte er. »Heute abend ist es –« Er hielt inne, plazierte einen Kuß auf seinen dicken Fingern und pustete ihn in himmelwärts. Da es noch immer keine Reaktion gab, schwieg er einen Augenblick. Dann erhob er erneut seine Stimme. »Steak!« rief er. Ein Wort bloß. Jetzt war er allerdings kein Gastronom mehr, sondern ein Generalissimus. Zu ihrer Beachtung hielt er seine Hand empor. *»Momento!«* rief er, und stapfend verschwand er durch die Küchentüren. Triumphierend kam er kurz darauf wieder heraus, mit einem rohen Stück Steak in seiner Hand, dessen Blut zwischen seinen Fingern heruntertropfte. »Nie ein Steak wie dieses«, sagte er feierlich. »Nie!«

Alle bis auf Mrs Traske und Gloria prüften das Steak mit einem genauen, musternden Blick, Della hob es sogar hoch und drehte es um. Aber Simon zwinkerte Gloria zu und setzte eine Miene gespielter Bestürzung auf. »Wie gut, daß wir zu fünft sind«, sagte er.

»Scusi?« Angelo verstand nicht sofort, daß es als Witz gemeint war. Dann runzelte er beleidigt die Stirn. »Ich spreche von die kleinen florentinischen Färse, aus der wir das Steak gemacht haben!« sagte er gravitätisch. *»Molto* steak, *molto!«*

sagte er. Und in der Annahme, daß eine Bestellung gemacht worden war, reichte er das Fleisch dem Kellner. Kaum waren seine Hände frei, da klatschte er sie gebieterisch zusammen. »Steak *per tutti!*« rief er.

Mrs Traske hätte ein Omelette bevorzugt, und Gloria verabscheute Steak. Zu allem Überfluß hatte Della dem kleinen Wirt auch noch »blutig!« hinterhergerufen.

»*Capisco!*« rief Angelo und war im Begriff davonzutänzeln.

»Aber ich –«, sagte Gloria.

Angelo blieb stehen.

Allerdings war Simon derjenige gewesen, der ihn festgehalten hatte. »Einen Augenblick, Angelo«, sagte Simon. »Ich denke, heute abend werde ich den *ossobuco* probieren.«

»Simon!« Della war erstaunt. »Du weißt doch, daß du sämige Speisen nicht ausstehen kannst.«

»*Ossobuco*«, wiederholte Simon.

»Simon!« Della faßte ihn beim Arm. »Es wird ewig dauern – zwanzig Minuten mindestens – ist dir das klar? So lange möchtest du doch wohl nicht warten.«

Aber Angelo wollte den Wünschen nur allzu gerne Folge leisten. »Für den *Signore* – nein!« Vorsichtig schätzte er die Entfernung zwischen ihm und den anderen Tischen ab und senkte seine Stimme. »Für den, der von der Straße hereinkommt, ja, vielleicht, aber *per il cliente – il Signore* – nein, nein. Ich mache es selbst, sofort.« Er hielt fünf dicke Finger empor. »*Cinque minuti.*«

Della lehnte sich zurück. »Nun, bringen Sie unseres, wenn es fertig ist, Angelo – ohne zu warten«, sagte sie. Sie wirkte noch immer verblüfft. Sie wandte sich an Mrs Traske. »Ich wüßte nicht, daß er jemals *Ossobuco* gegessen hat«, sagte sie. Dann, als Angelo davoneilte, rief sie wieder: »Blutig!«

Mrs Traske sah sie an. Die beiden Männer mochten sagen, was sie wollten, Mrs Traske hatte den Eindruck, daß Della wirklich müde aussah. Natürlich konnte es daran liegen, daß sie hungrig war, denn sie hatte ein Brötchen genommen und angefangen, den weichen, inneren Teig herauszuzupfen.

»Paul und Simon haben leicht reden«, sagte sie. »Sie essen hier auch zu Mittag – falls sie zum Mittagessen überhaupt aufstehen, heißt das.« Plötzlich sah sie Mrs Traske merkwürdig an. »Um wieviel Uhr beginnen Sie Ihren Tag?«

Mrs Traske war überrascht und zögerte. »Meinen Sie, wenn ich zu Hause bin, oder meinen Sie hier in Rom? Heute morgen sind wir nicht sehr früh aufgestanden, weil Paul uns warnend darauf vorbereitet hatte, daß wir einen anstrengenden Tag vor uns haben würden, wenn wir mit ihm durch die ganze Stadt laufen und alles besichtigen wollten.«

Als Paul nickte, lächelte Della ihm liebevoll zu. »Hast du ihnen wirklich alles gezeigt?« fragte sie ihn. »Für dich muß der Tag außerordentlich strapaziös gewesen sein.«

Paul lachte. »Della ist nicht der Meinung, daß Gedichteschreiben auch nur im entferntesten etwas mit Arbeit zu tun hat«, sagte er.

»Aber sie hat doch selbst einen Dichter geheiratet!« sagte Mrs Traske, die das Gefühl hatte, die junge Frau verteidigen zu müssen.

Betroffen stellte sie fest, daß sie sie statt dessen verärgert hatte. »Ich habe einen Mann geheiratet – einen Mann wie jeden anderen, hoffe ich«, sagte Della scharf. »Mir ist schleierhaft, wieso man Nachsicht aufgrund seiner Arbeit üben sollte. Ich wäre beleidigt, wenn irgend jemand mit *mir* wegen *meiner* Arbeit Nachsicht üben würde.«

»Oh, aber –«, begann Mrs Traske, aber da meldete Gloria sich zu Wort.

»Mutter erwartet selbst auch nie, daß man Nachsicht mit ihr übt«, sagte sie heftig. »Aber es ist nicht dasselbe, als wenn sie einfach Anwältin oder Kinderärztin wäre! Wenn sie arbeitet, kann sie nicht schlafen, und sie kann nicht essen, und über jedes kleine bißchen regt sie sich auf. Schriftsteller arbeiten oft, wenn wir denken, daß sie nur am Fenster stehen und hinausschauen! Wußten Sie das nicht?« fragte sie verärgert und so sehr in dem Ton eines kleinen Kindes, daß ihre Mutter sich ein Lächeln nicht verkneifen konnte.

Glücklicherweise war Della nicht beleidigt. Im Gegenteil, sie war belustigt. »Meinst du also, daß Simon vielleicht arbeitet, wenn er um drei Uhr nachmittags fest schläft?«

So leicht ließ Gloria sich nicht beirren. »Das ist nicht fair«, sagte sie. »Es kann wirklich sein, daß sein Kopf dabei arbeitet – unbewußt –, und das kann eine Person sehr schlauchen. Der Künstler ist immer als eine Opferfigur betrachtet worden und –«

»Gloria!« Mrs Traske konnte sie einfach nicht so weiterreden lassen. »Sie hat *The Wound and the Bow* gelesen«, erklärte sie Della entschuldigend.

Della ging über die Entschuldigung allerdings hinweg und ermunterte das Mädchen sogar. »Weiter«, sagte sie. »Das interessiert mich. Ich nehme an, du spürst, daß mein Mann irgendein besonderes Wesen ist.«

Mit einem Mal war Gloria verunsichert und blickte hilfesuchend zu ihrer Mutter, aber das Eis war dünn und würde unter keinen Umständen das Gewicht von zweien aushalten.

»Also«, sagte Gloria langsam, um Zeit zu gewinnen, in ihrem Kopf herumzustöbern. »Schriftsteller und Künstler und solche Leute – sie haben doch einen gewissen Einblick, meinen Sie nicht?«

Della sah sie ernst an. Dann sah sie, ebenso ernst, Simon an. »Glaubst du« – sie hielt inne – »glaubst du, er ist vielleicht so eine Art Spinner?«

An dieser Stelle brach Paul in schallendes Gelächter aus, und auch Mrs Traske hätte gelacht, wenn sie nicht ein wenig besorgt um Gloria gewesen wäre, die wahrscheinlich den Tränen nahe war.

Das Mädchen jedoch war viel zu aufgeregt, um zu weinen. »Nennen Sie es, wie Sie wollen!« rief sie. »Manche Leute glauben vermutlich wirklich, daß Schriftsteller spinnen! Nur, weil sie Erfolg nicht am Geld messen!« Ihre Wangen glühten.

Und Della war ganz offensichtlich berührt. Sie legte dem Mädchen eine Hand auf den Arm. »Wie schön es sein muß, dich zur Tochter zu haben«, sagte sie mit einer ungekünstelten Liebenswürdigkeit, aber dann wandte sie sich scharf an Mrs Traske. »Natürlich stimmt es, daß Sie Schriftsteller tatsächlich über dem Geld stehen, oder etwa nicht?« sagte sie, und zu Mrs Traskes Verwunderung wanderte ihr Blick – wirklich ziemlich unverschämt – über ihr Kleid und blieb auf ihrer Opal-Diamant-Brosche haften.

Nun war Mrs Traske gezwungen, selber etwas zu sagen, und sah Della in die Augen. »Mein Mann war Börsenmakler«, sagte sie.

Zum Glück kamen in diesem Augenblick die Steaks.

»Laßt uns doch schon anfangen, ja?« sagte Della, als alle bis auf Simon ihr Essen vor sich stehen hatten. »Armer Simon«, sagte sie. »Ich habe dir ja gesagt, daß es zwanzig Minuten dauert. Tut es dir jetzt nicht leid, daß du nicht zur breiten Masse gehörst?«

»Momento. Momento«, gluckste Angelo.

»Langsam, Gloria. Du bekommst Magenprobleme«, sagte Mrs Traske in dem Versuch, sie zu bremsen, obwohl sie Verständnis für ihre Beweggründe hatte, es hastig herunterzuschlingen – die Steaks waren wirklich blau.

Obwohl sie alle langsam aßen – sogar Della aß langsam – waren sie fertig, bevor Angelo mit dem Teller *Ossobuco* zurückkam, den er stolz in Brusthöhe vor sich hertrug.

»Sieht gut aus«, sagte Gloria, während sie ihren leeren Teller einem Kellner reichte.

»Es riecht köstlich, Simon«, sagte Della, und als Angelo ihren Teller nahm, langte sie hinüber und schnappte sich ihre Gabel. Indem sie sich über den Tisch lehnte, steckte sie die Gabel in den *Ossobuco*. Zur Verwunderung aller ließ Simon, der seine eigene Gabel soeben erst in die Hand genommen hatte, diese nun mit einem Krachen auf seinen Teller fallen.

»Aber Simon, was hast du denn?« rief Della. »Ich wollte doch nur –«

Simon sah sie nicht an. Er schob seinen Teller über den Tisch. »Wenn du es wolltest, warum hast du es dann nicht bestellt? Hier. Du kannst es haben.«

»Aber Simon!« Della war so entgeistert, daß sie die Gabel weiterhin hochhielt, auf halbem Wege zu ihrem Mund. Unbemerkt fiel das Fleisch von den Zacken. Dann schob sie es still und vorsichtig wieder auf ihre Gabel, legte es auf ihren Salatteller und die Gabel zurück auf den Tisch und rückte sie gerade, als ob sie einen Tisch deckte. »Ich wollte nur probieren, wie es schmeckt«, murmelte sie mit einer für sie ungewöhnlich leisen und undeutlichen Stimme.

»Ich möchte es nicht«, sagte Simon.

Verdutzt rissen alle die Augen auf.

»Möchtest du dann ein Steak?« fragte Della.

»Nein. Ich bin nicht hungrig«, sagte Simon. »Du kannst es essen, wenn du möchtest.«

Della sah hinunter auf den vollen Teller vor ihr. »Aber ich möchte es nicht«, sagte sie. »Ich habe gegessen, was ich bestellt hatte, ich wollte nur –« Sie unternahm keinen weiteren Versuch einer Entschuldigung. »Sei nicht albern, Simon. Wir warten mit unserem Nachtisch, bis du aufgegessen hast. Iß auf«, sagte sie und schob den Teller zurück. Frustriert wandte sie sich an Paul. »Was hat er bloß?« rief sie. »Sag ihm, daß er nicht kindisch sein soll.« Sie wandte sich an ihren Mann. »Iß auf, Simon.«

Simon indes hatte sich schon zurückgelehnt und rief nach Angelo. »Nehmen Sie das weg«, sagte er und zeigte auf den Teller.

Angelo starrte ihn an.

»Keine Sorge, Angelo«, sagte Della schnell. »Er ist einfach nicht hungrig.« Als der Wirt den Teller hochnahm, aber unsicher stehenblieb und ihn wie einen Kollektenteller in niedriger Höhe vor sich hielt, sprang sie von ihrem Stuhl auf und flüsterte ihm etwas ins Ohr. »Gehen Sie, Angelo«, sagte sie dann laut, »und bringen Sie uns Nachtisch.« Sie drehte sich wieder zu den anderen am Tisch um. »Was wollt ihr?

Obst? Käse?« Mit Gloria sprach sie nett wie mit einem kleinen Kind. »Wie wär's mit einer *Cassata* für dich, hm?«

Verlegen deuteten alle durch Kopfnicken an, daß sie mit dem, was ihnen offensichtlich verordnet worden war, einverstanden waren.

Es schien kaum möglich, daß diese Betretenheit überwunden würde. Als sie jetzt bei ihrem Spaziergang in der Sonne darüber nachdachte, hatte Mrs Traske das Gefühl, daß sich hier, in diesem Vorfall – wenn überhaupt irgendwo – ein Hinweis auf den Grund für den Selbstmord der jungen Frau finden könnte. Aber nein. Soweit sie sich erinnern konnte, war danach alles gut gegangen. Es wurde kein weiteres Wort mehr über den *Ossobuco* verloren. Simon war plötzlich wieder in besserer Verfassung. Eigentlich war die nächste Viertelstunde sogar die amüsanteste des ganzen Abends gewesen. Bald war bei allen die Befangenheit verflogen, und zum ersten Mal zeigte Simon sich wirklich an den Traskes und ihren Reisen interessiert. »Wie lange werden Sie noch in Rom bleiben?«

»Ich bin noch nicht sicher«, hatte sie erwidert, ohne richtig zu überlegen, da ihr einzig und allein daran gelegen war, die Unterhaltung auf ein sicheres Thema zu konzentrieren. »Eigentlich wollten wir übermorgen nach Milan fahren, aber irgendwie haben wir auf dem Weg von Florenz nach Rom Viterbo ausgelassen, und man sagte mir –«

»O ja, ja. Sie können nicht nach Hause fahren, ohne in Viterbo gewesen zu sein.« Er lachte. »Obwohl ich eigentlich nur einmal dort war, vor vielen Jahren, und nicht gerade viel von der Stadt gesehen habe. Ich war betrunken. Sturzbetrunken.« Er drehte sich zu Paul. »Erinnerst du dich an diesen Tag?« Er drehte sich wieder zu Mrs Traske. »Wir hatten ein altes Auto gemietet, das wir in Rom zurückgeben sollten. Aber wir rechneten kaum damit, daß es die Tour überstehen würde. Wir tuckerten so daher, als wir das Schild nach Viterbo sahen und meinten, daß wir es uns ansehen sollten. Also bogen wir von der Hauptstraße ab.

Wir dachten, daß wir dort vielleicht essen könnten. Aber nachdem wir durch ein paar dieser alten Straßen gefahren waren – Viterbo besteht *ganz* aus alten Straßen, und sie sind *alle* krumm, *alle* dunkel, *alle* feucht, sogar am allerheißesten Tag –, naja, wir waren also nicht gerade begeistert und hatten schon gar keine Lust, dort zu essen, und deshalb versuchten wir den Ausweg zu finden, als die alte Benzinkutsche plötzlich einen Ruck machte. Blubb machte es. Und wieder blubb. Blubb, blubb, blubb. Paul, weißt du noch?«

Paul schüttelte sich vor Lachen. »Weiter!« rief er.

Simon erzählte weiter. »Können Sie sich das vorstellen, ein platter Reifen in so einer Stadt? Wir sahen uns verzweifelt an, warfen unsere Hände hoch und entschieden weiterzufahren. Blubb machte es, blubb, blubb, blubb, blubb, blubb. Langsam dachten wir, daß alle vier Räder einen Platten hatten. Und obwohl uns der Ort zunächst, als wir angekommen waren, wie eine Geisterstadt vorgekommen war, in der weit und breit keine Menschenseele zu sehen war, kamen *jetzt*, um die Sache noch hektischer zu machen, von allen Seiten Leute herbeigelaufen. Männer, Frauen, Kinder – besonders Kinder. Die Kinder fingen an, schreiend und kreischend hinter uns herzurennen. Ich trat aufs Gas. In einem so abgelegenen Ort wie dem ist ein Rudel Kinder genauso schlimm wie ein Rudel Wölfe. Wir versuchten, etwas Abstand zwischen ihnen und uns zu schaffen, und als die Kinder plötzlich alle zurückblieben, dachte ich, daß wir Geschwindigkeit bekamen. Sie waren sogar ganz stehengeblieben und kauerten sich aneinander. Das letzte, was ich von ihnen sah, war, wie sie uns mit aufgesperrten Mündern hinterherstarrten. Dann wurde ich mit einem Ruck nach hinten geschleudert, als mit einem Mal der Boden unter den Rädern verschwand. Als nächstes gab es einen lauten, klatschenden Schlag und einen mächtigen Platscher. Wir hatten überhaupt keinen Platten. Wir waren eine Treppe in den Fluß runtergefahren. Das war alles!«

»O Simon, die Geschichte hast du mir nie erzählt«, sagte Della. »Da möchte ich hin. Ich möchte diese Treppe sehen.«

Sie lachte so vergnügt, daß Mrs Traske dachte, daß der *Ossobuco*-Vorfall vielleicht doch nichts gemacht hatte.

»Wie haben Sie das Auto denn aus dem Fluß herausbekommen, Mr Carr?« fragte Gloria.

Das gute Mädchen. Wie sie über sie lachten.

»Man darf nie hinter das Ende einer guten Geschichte gucken, Gloria«, sagte Paul. »Hat dir deine Mutter das etwa nie gesagt?«

Alle waren wieder vergnügt.

»Jetzt werden wir Viterbo ganz gewiß nicht auslassen«, sagte Mrs Traske und streifte sich ihre Handschuhe über. »Also werden wir auch noch einen Tag in Rom bleiben – dann könnten wir morgen vielleicht alle zusammen in meinem Hotel zu Mittag essen. Wie wäre das?«

»Aber Della ißt nicht zu Mittag«, entgegnete Simon.

»Ich esse immer nur eine Kleinigkeit in der Kantine«, erklärte Della.

»Ach wie schade«, sagte Gloria, und Mrs Traske wandte sich an Paul, den Angelo von seinem Stuhl befreit hatte, indem er den Tisch von der Wand weggezogen hatte. »Vielleicht wollen Sie und Simon –«, begann sie.

Unsicher blickten beide Männer zu Della.

»Warum nicht?« sagte Della. »Für Simon wäre es eine Abwechslung.« Sie hielt inne. »Eine Abwechslung zum Im-Bett-Liegen, meine ich.«

Wieder wurde Mrs Traske angesichts dessen, was in ihren Ohren wie eine unnötige Stichelei klang, einen Moment lang bang ums Herz, aber die jungen Männer schienen es wieder in einem etwas anderen Licht zu sehen, denn beide lachten. Es schien abgemacht, daß die jungen Männer zum Mittagessen kämen.

Unterdessen bewegten sie sich auf die Treppe zu, und Paul war nach oben gelaufen, um ein Taxi zu rufen.

»Um wieviel Uhr?« fragte Simon.

»Gegen zwölf vielleicht?« sagte sie; sie war gerade im Begriff, Angelo Komplimente über das Essen zu machen, als er sie verabschiedete. Sein Gesicht glänzte wegen der Hitze im Raum inzwischen so sehr, als schwitze er Glyzerin.

Della sah den Wirt an und drehte sich plötzlich zu ihrem Mann um. »Simon! Ich habe etwas vergessen. Du kannst nicht mit. Du mußt morgen *hier* Mittag essen. Nicht wahr, Angelo?« fragte sie und lächelte ihn an.

»Sì, sì, Signora.« Angelo nickte mit dem Kopf.

Della streckte ihre Hand aus und tätschelte seinen Arm. »Sie sind ein Schatz, Angelo«, sagte sie, bevor sie Simons Arm nahm und zur Tür ging. »Angelo hebt dir dein *Ossobuco* zum Mittagessen morgen auf«, sagte sie. »Diese sämigen Speisen werden auf diese Weise sogar noch besser – wenn sie eine Nacht stehenbleiben, entfalten sie ihr Aroma.« Dann drehte sie sich zu Mrs Traske um und hielt ihr die Hand entgegen. »Kommen Sie mal wieder nach Rom«, sagte sie ausdruckslos.

Simon schwieg, und als sie sich die Hände schüttelten, sah Mrs Traske ihn aus irgendeinem Grund nicht an. Aus dem Augenwinkel hatte sie beobachtet, wie er sich von Della weggezogen hatte. Sie stieg die dunkle Treppe hinauf, und als sie die Straße erreichte, stand Paul mit dem Taxi da. Sie hielt es für am besten, wenn die anderen ihm die Sache mit dem Mittagessen erklärten. Gloria und sie stiegen in den Wagen.

Als er losfuhr, blickte sie zurück zu den dreien, die auf dem Bordstein standen. Simon schien größer zu sein, als sie gedacht hatte, und Della war im Grunde ziemlich klein. Dieses Bild vom Maibaum war absurd gewesen, dachte sie, und selbst Pauls Beschreibung von ihr als einer mächtigen Stütze erschien ihr nicht mehr richtig. Mrs Traske blieb stehen. War es denkbar, daß Della überhaupt nicht stark war – und daß sie die ganze Zeit Kraft genommen hatte und nicht gegeben, wie die jungen Männer dachten?

Überrascht stellte Mrs Traske fest, daß sich ihre Augen

mit Tränen gefüllt hatten. Sie wischte sie fort und sah sich nach einer Sitzmöglichkeit um. Ihre Bemühung, die Triebfeder menschlichen Handelns zu ergründen, hatte sie erschöpft, und nun fühlte sie sich merkwürdig einsam. Sie seufzte und warf einen Blick auf ihre Uhr. Sie rief Mack nie gern während der Bürozeit an, aber vielleicht würde sie es dieses eine Mal tun. Vielleicht könnte er schnell eine Tasse Kaffee mit ihr trinken. Es wäre schön, ihn zu dieser banalen Tageszeit zu treffen und nicht bis zu den besonnenen Abendstunden warten zu müssen.

Sie seufzte wieder. Das Leben war so kurz. Und sie erinnerte sich an etwas, was Mack eines Tages zu ihr gesagt hatte und dem sie damals keine Bedeutung beigemessen hatte. Sie hatte gesagt, daß sie keinen Sinn darin sähe, in ihrem Alter noch zu heiraten, wo sie doch beide nicht mehr viel übrig hatten, was sie einander geben konnten, woraufhin er nur verständnislos seinen Kopf geschüttelt hatte.

»Immerhin hemmen wir uns gegenseitig nicht«, erwiderte er.

Begingen sie einen Fehler, fragte sie sich, sie und Mack? Obwohl sie alles so häufig durchgesprochen und die Heiratsidee verworfen hatten –, allein bei der Vorstellung gelacht hatten – war es letzten Endes vielleicht doch ...

Sie hatte ein großes Tor erreicht, das zurück zur Straße führte, und dort würde es in der Nähe eine Telefonzelle geben. Sie wollte Mack auf jeden Fall anrufen. Selbst am Telefon konnte er sie aufheitern – sie glücklich machen, sie zum Lachen bringen. Sie ging schneller. Für eine Frau in ihrem Alter war ihr Gang in diesem Moment sehr beschwingt.

Quellenhinweise

Inmitten der Felder *(In the Middle of the Fields)* in:
In the Middle of the Fields (Constable, London 1967).
Eine Familienähnlichkeit *(A Family Likeness)* in:
A Family Likeness (Constable, London 1985).
Limonade *(Lemonade)* in:
The Great Wave (Macmillan & Co Ltd., London 1961).
Tom *(Tom)* in:
The Shrine (Constable, London 1977).
Eine sanfte Seele *(A Gentle Soul)* in:
The Stories of Mary Lavin (Constable, London 1964).
Die Spritztour *(The Joy-Ride)* in:
The Becker Wives (Michael Joseph Ltd., London 1946).
Der Bekehrte *(The Convert)* in:
A Single Lady (Michael Joseph Ltd., London 1951).
In einem Café *(In a Café)* in:
The Great Wave (Macmillan & Co Ltd., London 1961).
Eine Geschichte mit Muster *(A Story with a Pattern)* in:
A Single Lady (Michael Joseph Ltd., London 1951).
Der Witwensohn *(The Widow's Son)* in:
The Stories of Mary Lavin (Constable, London 1964).
Das Testament *(The Will)* in:
The Stories of Mary Lavin (Constable, London 1964).
Der kleine Prinz *(The Little Prince)* in:
The Stories of Mary Lavin (Constable, London 1964).
Trastevere *(Trastevere)* in:
A Memory (Constable, London 1972).